해커스 공인중개사
출제예상문제집

1차 민법 및 민사특별법

land.Hackers.com

합격을 좌우하는 최종 마무리

불철주야로 학업에 정진하시는 많은 수험생분들의 중단 없는 노력에 보답하고자 본 출제예상문제집에는 학습효율성과 효과적인 내용연계성, 그리고 문제 적중력을 담보하도록 집필과 편집에 각고의 심혈을 기울였습니다. 최근의 민법 시험문제는 제34회 기준으로 신규지문비율이 27%, 제35회 기준으로 23% 출제되었습니다. 기존의 출제패턴을 일정 부분 변화시키는 양상을 보여주고 있다는 점에 주목하여 다음과 같은 3가지에 주안점을 두고 집필하였습니다.

1 최근 공인중개사·감정평가사·주택관리사의 기출논점을 연계적으로 망라하여 반영하였습니다.

중개사 시험출제위원과 감정평가사의 시험출제위원이 겹치고 지문의 유사성이 두드러지고, 중개사 기출연습만으로는 한계가 존재하여 감정평가사·주택관리사 기출문제 등 관련 국가고시 시험지문에서도 연계되는 지문의 분석과 논점의 정리가 가능하도록 적절한 배치와 반영을 하여 완벽한 문제 적응력과 논점해결능력을 배양하도록 하였습니다.

2 기본서의 논점과 목차를 연계한 출제예상문제집의 편제를 하여 학습효율성을 제고하였습니다.

기본서의 중요논점이 반드시 출제예상문제집에 반영되도록 관련 쟁점을 점검하고 학습의 변별력을 증진하는 데에 중점을 두었습니다. 그리고 자연스럽게 반복된 논점훈련으로 중요쟁점을 놓치지 않도록 치밀하게 문제를 배치하여 논점의 완결성과 학습효과성을 고양하도록 하였습니다.

3 최근의 판례내용과 법령의 개정도 충실히 반영하였습니다.

난관을 극복하는 지혜로움과 각고의 열정으로 작금의 현실에 좌절하거나 안주하지 않고 정진하고 또 연마를 거듭한다면 바라던 목표점에 반드시 도달할 것입니다.

더불어 공인중개사 시험 전문 **해커스 공인중개사(land.Hackers.com)** 에서 학원강의나 인터넷 동영상강의를 함께 이용하여 꾸준히 수강한다면 학습효과를 극대화할 수 있습니다.

"본 출제예상문제집 안에 중개사 실제 시험논점이 90% 이상 들어있다."는 자신감을 수험생 여러분과 공유하고자 합니다.

2025년 5월
양민, 해커스 공인중개사시험 연구소

이 책의 차례

이 책의 특징	6	학습계획표	12
이 책의 구성	8	시험에 나오는 포인트 70개 한눈에 보기	14
공인중개사 시험안내	10		

제1편 | 민법총칙

제1장 법률관계와 권리변동	18
제2장 법률행위	21
제3장 의사표시	40
제4장 법률행위의 대리	62
제5장 법률행위의 무효와 취소	81
제6장 조건과 기한	96

제2편 | 물권법

제1장 총설	106
제2장 물권의 변동	114
제3장 점유권	132
제4장 소유권	143
제5장 용익물권	166
제6장 담보물권	190

제3편 | 계약법

제1장 계약총론 — 224

제2장 계약각론(매매 · 교환 · 임대차) — 252

제4편 | 민사특별법

제1장 주택임대차보호법 — 284

제2장 상가건물 임대차보호법 — 294

제3장 가등기담보 등에 관한 법률 — 302

제4장 집합건물의 소유 및 관리에 관한 법률 — 309

제5장 부동산 실권리자명의 등기에 관한 법률 — 316

[책 속의 책] 해설집

이 책의 특징

01 전략적인 문제풀이를 통해 합격으로 가는 실전 문제집

2025년 공인중개사 시험 대비를 위한 실전 문제집으로 합격에 꼭 필요한 문제만을 엄선하여 수록하였습니다. 출제 가능성이 높은 다양한 유형의 예상문제를 풀어볼 수 있도록 구성함으로써 주요 내용만을 전략적으로 학습하여 단기간에 합격에 이를 수 있도록 하였습니다.

02 기출 심층분석으로 선별한 70개 출제포인트로 민법 및 민사특별법 최종 마무리

제29회부터 제35회까지 최근 7개년 기출문제를 분석하여 주요 출제포인트를 선정하였습니다. 민법 및 민사특별법의 방대한 내용을 70개 출제포인트로 정리하여 출제 가능성이 높은 문제를 빠르게 학습할 수 있도록 구성하고, 출제경향과 학습전략을 💡Tip 으로 제시하여 학습효과를 높였습니다.

03 확실한 이해를 돕는 정확하고 꼼꼼한 해설 수록

모든 문제에 대한 정확하고 꼼꼼한 해설을 수록하고, 문제와 관련된 판례·공식·암기사항 등을 풍부하게 제시하여 개념을 다시 한 번 정리하고 실력을 향상시킬 수 있도록 하였습니다. 또한 정답의 단서가 되는 부분에 강조 표시하고, 문제집과 해설집을 분리하여 보다 편리한 학습이 가능하도록 하였습니다.

04 최신 개정법령 및 출제경향 반영

최신 개정법령 및 시험 출제경향을 철저하게 분석하여 문제에 모두 반영하였습니다. 또한 기출문제의 경향과 난이도가 충실히 반영된 중요·고득점·신유형 문제를 수록하여 다양한 문제유형에 충분히 대비할 수 있도록 하였습니다.

해커스 공인중개사 민법 및 민사특별법

05 효율적인 학습을 위한 3주 완성 및 자기주도 학습계획표 제공

개인의 학습방법과 속도에 따라 선택하여 활용할 수 있는 과목별 3주 완성 학습계획표와 자기주도 학습계획표를 수록하였습니다. 또한 학습계획표에 학습체크란을 제시하여 계획적으로 학습할 수 있도록 하였으며, '학습계획표 이용 Tip'을 수록하여 본 교재를 더욱 효과적으로 활용할 수 있도록 하였습니다.

06 학습효과 극대화를 위한 명쾌한 온·오프라인 강의 제공(land.Hackers.com)

해커스 공인중개사학원에서는 공인중개사 전문 교수진의 쉽고 명쾌한 강의를 제공하고 있습니다. 해커스 공인중개사(land.Hackers.com)에서는 학원강의를 온라인으로 학습할 수 있도록 동영상으로 제공하고 있으며, 교수님께 질문하기 게시판을 통하여 교수님에게 직접 질문하고 답변을 받으며 현장강의를 듣는 것과 같은 학습효과를 얻을 수 있습니다.

07 다양한 무료 학습자료 및 필수 합격정보 제공(land.Hackers.com)

해커스 공인중개사(land.Hackers.com)에서는 제35회 기출문제 동영상 해설강의, 온라인 전국 실전모의고사 그리고 각종 무료강의 등 다양한 학습자료와 시험 안내자료, 합격가이드 등 필수 합격정보를 제공하고 있습니다. 이러한 유용한 자료와 정보들을 효과적으로 얻어 시험 관련 내용에 빠르게 대처할 수 있도록 하였습니다.

이 책의 구성

전략 술술! 출제경향   실력 쑥쑥! 예상문제

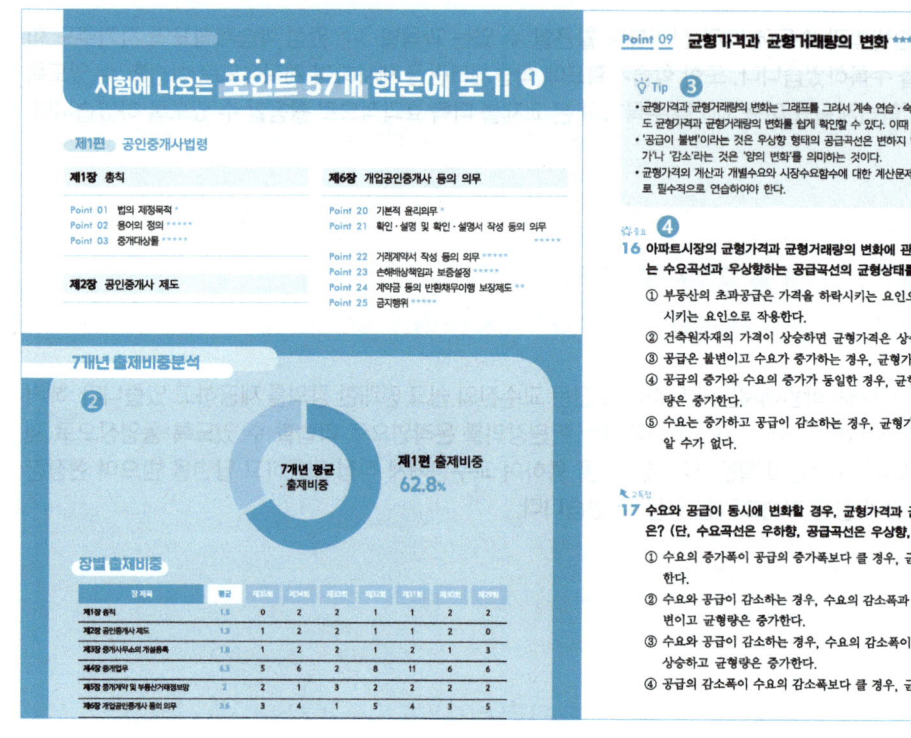

❶ 시험에 나오는 포인트 한눈에 보기

각 단원별로 흩어져 있는 출제포인트를 교재 앞부분에 모아 수록함으로써 시험에 자주 출제되는 포인트와 포인트별 중요도를 한눈에 확인할 수 있도록 하였습니다.

❷ 7개년 출제비중분석

최근 7개년의 공인중개사 기출문제를 심층적으로 분석하여 도출한 편별·장별 출제비중을 각 편 시작 부분에 시각적으로 제시함으로써 단원별 출제경향을 한눈에 파악하고 학습전략을 수립할 수 있도록 하였습니다.

❸ 문제 해결능력을 높이는 Tip

학습방향, 문제풀이 방법 등을 담은 Tip을 수록하여 출제경향에 따라 전략적으로 문제를 해결할 수 있도록 하였습니다.

❹ 다양한 유형의 예상문제

출제예상문제를 중요·고득점·신유형으로 구분하여 전략적인 문제풀이가 가능하도록 하였습니다.
- ⭐중요: 60점 이상을 목표로 한다면 각 포인트에서 꼭 숙지하여야 할 문제
- 🔖고득점: 고득점을 목표로 한다면 풀어봐야 할 문제
- 🔍신유형: 기존에 출제되지 않았지만 출제될 것으로 예상되는 새로운 유형 대비 문제

해커스 공인중개사 민법 및 민사특별법

이해 쏙쏙! 해설

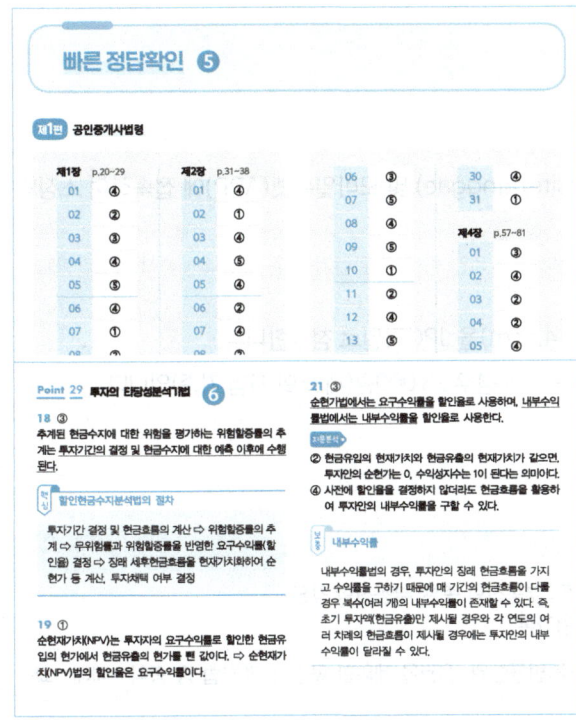

❺ 빠른 정답확인

각 단원별로 제시된 정답박스를 모아 놓은 '빠른 정답확인'을 활용하여 문제풀이 후 간편하게 정답을 확인할 수 있도록 하였습니다.

❻ 이해를 돕는 상세한 해설

문제에 대한 자세하고 친절한 해설뿐만 아니라 '지문분석', '핵심', '보충'과 같은 다양한 학습장치를 수록하여 해설만으로도 관련 이론을 충분히 정리할 수 있도록 하였습니다.

공인중개사 시험안내

응시자격

학력, 나이, 내·외국인을 불문하고 제한이 없습니다.

* 단, 법에 의한 응시자격 결격사유에 해당하는 자는 제외합니다(www.Q-Net.or.kr/site/junggae에서 확인 가능).

원서접수방법

- 국가자격시험 공인중개사 홈페이지(www.Q-Net.or.kr/site/junggae) 및 모바일큐넷(APP)에 접속하여 소정의 절차를 거쳐 원서를 접수합니다.
  * 5일간 정기 원서접수 시행, 2일간 빈자리 추가접수 도입(정기 원서접수 기간 종료 후 환불자 범위 내에서만 선착순으로 빈자리 추가접수를 실시하므로 조기 마감될 수 있음)
- 원서접수시 최근 6개월 이내 촬영한 여권용 사진(3.5cm×4.5cm)을 JPG파일로 첨부합니다.
- 응시수수료는 1차 13,700원, 2차 14,300원, 1·2차 동시 응시의 경우 28,000원(제35회 시험 기준)입니다.

시험과목

차수	시험과목	시험범위
1차 (2과목)	부동산학개론	· 부동산학개론: 부동산학 총론, 부동산학 각론 · 부동산감정평가론
	민법 및 민사특별법	· 민법: 총칙 중 법률행위, 질권을 제외한 물권법, 계약법 중 총칙·매매·교환·임대차 · 민사특별법: 주택임대차보호법, 상가건물 임대차보호법, 집합건물의 소유 및 관리에 관한 법률, 가등기담보 등에 관한 법률, 부동산 실권리자명의 등기에 관한 법률
2차 (3과목)	공인중개사의 업무 및 부동산 거래신고에 관한 법령 및 중개실무	· 공인중개사법 · 부동산 거래신고 등에 관한 법률 · 중개실무(부동산거래 전자계약 포함)
	부동산공법 중 부동산중개에 관련되는 규정	· 국토의 계획 및 이용에 관한 법률 · 도시개발법 · 도시 및 주거환경정비법 · 주택법 · 건축법 · 농지법
	부동산공시에 관한 법령 및 부동산 관련 세법*	· 부동산등기법 · 공간정보의 구축 및 관리 등에 관한 법률(제2장 제4절 및 제3장) · 부동산 관련 세법(상속세, 증여세, 법인세, 부가가치세 제외)

* 부동산공시에 관한 법령 및 부동산 관련 세법 과목은 내용의 구성 편의상 '부동산공시법령'과 '부동산세법'으로 분리하였습니다.
* 답안은 시험시행일 현재 시행되고 있는 법령 등을 기준으로 작성합니다.

시험시간

구분		시험과목 수	입실시간	시험시간
1차 시험		2과목 (과목당 40문제)	09:00까지	09:30~11:10(100분)
2차 시험	1교시	2과목 (과목당 40문제)	12:30까지	13:00~14:40(100분)
	2교시	1과목 (과목당 40문제)	15:10까지	15:30~16:20(50분)

* 위 시험시간은 일반응시자 기준이며, 장애인 등 장애 유형에 따라 편의제공 및 시험시간 연장이 가능합니다(장애 유형별 편의제공 및 시험시간 연장 등 세부내용은 국가자격시험 공인중개사 홈페이지 공지사항 참고).

시험방법

- 1년에 1회 시험을 치르며, 1차 시험과 2차 시험을 같은 날에 구분하여 시행합니다.
- 모두 객관식 5지 선택형으로 출제됩니다.
- 답안작성은 OCR 카드에 작성하며, 전산자동 채점방식으로 채점합니다.

합격자 결정방법

- 1·2차 시험 공통으로 매 과목 100점 만점으로 하여 매 과목 40점 이상, 전 과목 평균 60점 이상 득점자를 합격자로 합니다.
- 1차 시험에 불합격한 사람의 2차 시험은 무효로 합니다.
- 1차 시험 합격자는 다음 회의 시험에 한하여 1차 시험을 면제합니다.

최종 정답 및 합격자 발표

- 최종 정답 발표는 인터넷(www.Q-Net.or.kr/site/junggae)을 통하여 확인 가능합니다.
- 최종 합격자 발표는 시험을 치른 한 달 후에 인터넷(www.Q-Net.or.kr/site/junggae)을 통하여 확인 가능합니다.

학습계획표

학습계획표 이용 Tip

- 본인의 학습 진도와 속도에 적합한 학습계획표를 선택한 후, 매일·매주 단위의 학습량을 확인합니다.
- 목표한 분량을 완료한 후에는 ☑와 같이 체크하거나 '학습 기간'에 기록하여 학습 진도를 스스로 점검합니다.

[학습 Tip]

- '출제비중분석'을 통해 단원별 출제비중과 해당 단원의 출제경향을 파악하고, 포인트별로 문제를 풀어나가며 다양한 출제 유형을 익힙니다.
- 틀린 문제는 해설을 꼼꼼히 읽어보고 '지문분석', '핵심', '보충' 코너에 수록된 내용을 확실히 이해하고 넘어가도록 합니다.
- 시험에 자주 출제되는 포인트와 포인트별 중요도를 확인하고, 문제풀이 전 단원별 주요 이론을 학습합니다.

[복습 Tip]

- 문제집을 학습하면서 어려움을 느낀 부분은 기본서 페이지를 찾아 관련 이론을 확인하고 주요 내용을 확실히 정리합니다.
- 문제집을 다시 풀어볼 때에는 ★의 개수가 많은 '핵심포인트' 위주로 전체 내용을 정리하고, 틀린 문제가 많았던 '핵심포인트'는 💡Tip 에서 강조한 내용을 노트에 정리해 봅니다.
- 다양한 유형과 난이도에 대한 적응력을 높일 수 있도록 고득점·신유형·중요 문제의 지문과 해설을 다시 한 번 꼼꼼히 살펴봅니다.

민법 및 민사특별법 3주 완성 학습계획표

한 과목을 3주에 걸쳐 1회독 할 수 있는 학습계획표로, 한 과목씩 집중적으로 공부하고 싶은 수험생에게 추천합니다.

구분	월	화	수	목	금	토
1주차	Point 01~07	Point 08~14	Point 15~19	Point 20~24	Point 25~27	Point 28~30
2주차	Point 31~33	Point 34~37	Point 38~40	Point 41~44	Point 45~46	Point 47~50
3주차	Point 51~53	Point 54~57	Point 58~61	Point 62~64	Point 65~68	Point 69~70

자기주도 학습계획표

자율적으로 일정을 설정할 수 있는 학습계획표로, 자신의 학습속도에 맞추어 공부하고 싶은 수험생에게 추천합니다.

	과목	학습 범위	학습 기간
1			
2			
3			
4			
5			
6			
7			
8			
9			
10			
11			
12			
13			
14			
15			
16			
17			
18			
19			
20			
21			
22			
23			
24			
25			

활용예시

	과목	학습 범위	학습 기간
3	민법	2편 2장	8월 1일 ~ 8월 3일

시험에 나오는 포인트 70개 한눈에 보기

제1편 민법총칙

제1장 법률관계와 권리변동

Point 01 권리변동과 준법률행위 *

제2장 법률행위

Point 02 법률행위의 요건, 종류 **
Point 03 법률행위의 목적 ***
Point 04 반사회적 법률행위(제103조) ***
Point 05 2중매매 ***
Point 06 불공정한 법률행위(제104조) ***
Point 07 법률행위의 해석

제3장 의사표시

Point 08 진의 아닌 의사표시 **
Point 09 통정허위표시 ***
Point 10 은닉행위의 사례 **
Point 11 허위표시의 제3자 여부 ***
Point 12 착오문제 **
Point 13 제3자의 사기 사례 ***
Point 14 의사표시의 종합 문제 **
Point 15 의사표시의 효력발생 *

제4장 법률행위의 대리

Point 16 대리제도의 종합 **
Point 17 대리제도의 사례문제 적용 ***
Point 18 복대리의 성질·복임권 여부 **
Point 19 무권대리의 사례 적용 ***
Point 20 표현대리 ***

제5장 법률행위의 무효와 취소

Point 21 무효의 종류 *
Point 22 무효행위의 추인 **
Point 23 유동적 무효의 사례 적용 ***
Point 24 취소 **
Point 25 법정추인 ***

제6장 조건과 기한

Point 26 조건 **
Point 27 기한과 기한의 이익 **

제2편 물권법

제1장 총설

Point 28 물권의 객체/물권법정주의 *
Point 29 물권적 청구권 ***

제2장 물권의 변동

Point 30 물권변동에서 등기 ***
Point 31 중간생략등기와 가등기 ***
Point 32 등기청구권의 성질 **
Point 33 물권의 소멸 **

제3장 점유권

Point 34 점유제도 *
Point 35 점유자와 회복자 관계 ***
Point 36 점유보호청구권 **

제4장 소유권

Point 37 상린관계 **
Point 38 취득시효 ***
Point 39 부합 **
Point 40 공유 ***

제5장 용익물권

- Point 41 지상권 *
- Point 42 분묘기지권 ***
- Point 43 (관습법상)법정지상권 ***
- Point 44 지역권 ***
- Point 45 전세권 ***

제6장 담보물권

- Point 46 유치권 ***
- Point 47 저당권의 성립요건 *
- Point 48 저당권의 효력 ***
- Point 49 법정지상권·일괄경매·제3취득자 ***
- Point 50 근저당 **
- Point 51 공동저당/공동근저당의 사례 ***

제3편 계약법

제1장 계약총론

- Point 52 계약의 종류 **
- Point 53 계약의 성립문제 ***
- Point 54 동시이행항변권 ***
- Point 55 위험부담과 대상청구권 ***
- Point 56 제3자를 위한 계약 ***
- Point 57 해제 **
- Point 58 해제시 보호받는 제3자의 여부 ***

제2장 계약각론(매매·교환·임대차)

- Point 59 매매와 매매의 예약 *
- Point 60 계약금 ***
- Point 61 담보책임 ***
- Point 62 환매와 교환 **
- Point 63 임대차의 기간, 차임, 빚3 ***
- Point 64 양도·전대차의 법리 ***
- Point 65 임대차의 종료 문제 및 특례 규정 *

제4편 민사특별법

제1장 주택임대차보호법

- Point 66 주택임대차의 기간, 대항력, 보증금 보장 ***

제2장 상가건물 임대차보호법

- Point 67 상가건물 임대차보호법 ***

제3장 가등기담보 등에 관한 법률

- Point 68 가담법의 적용, 귀속청산, 양도담보 ***

제4장 집합건물의 소유 및 관리에 관한 법률

- Point 69 집합건물법의 공용부분, 대지사용권, 관리 및 재건축 ***

제5장 부동산 실권리자명의 등기에 관한 법률

- Point 70 2자간 명의신탁/3자간 명의신탁의 법리 ***

7개년 출제비중분석

제1편 출제비중 25%

7개년 평균 출제비중

장별 출제비중

장 제목	평균	제35회	제34회	제33회	제32회	제31회	제30회	제29회
제1장 법률관계와 권리변동	0.1	0	1	0	0	0	0	0
제2장 법률행위	1.1	1	2	0	2	1	1	1
제3장 의사표시	2	5	1	2	1	2	2	1
제4장 법률행위의 대리	3.3	2	3	4	4	3	4	3
제5장 법률행위의 무효와 취소	2.4	1	2	3	2	3	2	4
제6장 조건과 기한	1	1	1	1	1	1	1	1

*평균: 최근 7개년 동안 출제된 각 장별 평균 문제 수입니다.

제1편 민법총칙

제1장　법률관계와 권리변동
제2장　법률행위
제3장　의사표시
제4장　법률행위의 대리
제5장　법률행위의 무효와 취소
제6장　조건과 기한

제1장 법률관계와 권리변동

★중요 출제가능성이 높은 중요 문제   ↖고득점 고득점 목표를 위한 어려운 문제   🍃신유형 기존에 출제되지 않은 신유형 대비 문제

> 💡 **Tip 출제의 맥**
> - 원시취득의 사례에 속하는 것을 꼭 정리해두어야 한다.
> - 이전적 승계와 설정적 승계를 구별하기가 출제의 논점이다.
> - 준법률행위의 유형을 반드시 대비해야 한다.

Point 01 권리변동과 준법률행위 ★

정답 및 해설 p.11

🍃신유형

01 다음 중 원시취득에 속하지 <u>않는</u> 것을 모두 고르면? (판례에 의함)

  ㉠ 건물의 신축으로 소유권 취득
  ㉡ 취득시효로 인한 소유권 취득
  ㉢ 선점, 가공으로 소유권 취득
  ㉣ 상속으로 지상권의 취득
  ㉤ 매매, 교환에 의한 소유권 취득
  ㉥ 건물주가 집에 저당권을 설정한 때

① ㉠, ㉡, ㉣   ② ㉡, ㉣, ㉤
③ ㉢, ㉣, ㉤   ④ ㉣, ㉤, ㉥
⑤ ㉢, ㉤, ㉥

02 다음 중 권리변동에 관한 설명으로 틀린 것은? 중개사 18회

① 건물신축으로 소유권의 취득, 시효취득은 원시취득에 해당한다.
② 甲이 乙소유의 토지를 저당 잡은 경우, 이는 설정적 승계에 해당한다.
③ 건물인도채무가 이행불능으로 손해배상채무로 변경된 경우, 이는 권리의 작용상 변경이다.
④ 甲이 소유하는 가옥을 乙에게 매각하여 그 소유권을 상실한 경우, 이는 권리의 이전적 승계이고, 상대적 소멸이다.
⑤ 상속에 의하여 피상속인이 가지고 있던 권리가 상속인에게 승계된 경우, 이는 권리의 이전적 승계이다.

03 다음 중 준법률행위를 모두 고르면? 2018 감평사 유사

㉠ 무권대리에서 추인 여부의 확답의 최고	㉡ 채권양도의 통지
㉢ 청약자가 하는 승낙연착 사실의 통지	㉣ 수권행위의 철회
㉤ 무주물의 선점	㉥ 소유권의 포기

① ㉠, ㉡
② ㉠, ㉡, ㉢, ㉤
③ ㉠, ㉡, ㉤, ㉥
④ ㉡, ㉢, ㉤, ㉥
⑤ ㉣, ㉥

04 다음 중 연결이 바르지 못한 것은? 중개사 34회 유사

① 저당권의 설정 – 이전적 승계
② 무권대리에서 상대방의 추인 여부 최고 – 준법률행위(의사의 통지)
③ 지명채권의 양도 – 준물권행위
④ 취득시효로 소유권의 취득 – 원시취득
⑤ 임차인의 지상물매수청구권 – 형성권

05 법률사실에 관한 설명으로 <u>틀린</u> 것은? *중개사 17회 유사*

① 임대차계약은 청약과 승낙이라는 두 개의 법률사실의 합치로 성립하는 법률요건이다.
② 「민법」 제131조의 무권대리에서 상대방이 본인에게 추인 여부의 확답을 "최고"하였으나 본인이 확답이 없으면 추인을 거절한 것으로 본다.
③ 시간의 경과는 사람의 정신작용에 의하지 않는 법률사실이다.
④ 무권대리행위의 추인 여부에 관한 상대방의 최고는 의사의 통지이다.
⑤ 「민법」 제552조에 따라 상대방이 최고했음에도 해제권자의 통지가 없기 때문에 해제권이 소멸하는 효과는 당사자의 의사에 근거한다.

06 다음 권리 중 형성권을 모두 고르면? *2023 감평사 유사*

> ㄱ. 임차인의 부속물매수청구권
> ㄴ. 임차인의 지상물매수청구권
> ㄷ. 매수인의 등기청구권
> ㄹ. 점유자의 비용상환청구권
> ㅁ. 예약완결권

① ㄱ, ㄷ, ㄹ
② ㄴ, ㅁ
③ ㄷ, ㅁ
④ ㄱ, ㄴ, ㅁ
⑤ ㄱ, ㄴ, ㄷ

제2장 법률행위

중요 출제가능성이 높은 중요 문제　고득점 고득점 목표를 위한 어려운 문제　신유형 기존에 출제되지 않은 신유형 대비 문제

> 💡 Tip 출제의 맥
> - 법률행위의 종류를 연결형으로 대비해야 한다.
> - 제103조·제104조·2중매매의 사례를 반드시 출제 맥으로 대비해야 한다.
> - 자연적 해석을 반드시 출제대비하여야 한다.

Point 02 법률행위의 요건, 종류 ★★

정답 및 해설 p.12

01 법률행위의 효력이 발생하기 위한 요건이 아닌 것은? 중개사 24회

① 대리행위에서 대리권의 존재
② 정지조건부 법률행위에서 조건의 성취
③ 농지거래계약에서 농지취득자격증명
④ 법률행위 내용의 적법성
⑤ 토지거래허가구역 내의 토지거래계약에 관한 관할관청의 허가

중요
02 상대방 없는 단독행위에 해당하는 것을 모두 고르면?　2022 주관사

> ㉠ 1인의 설립자에 의한 재단법인 설립행위
> ㉡ 공유지분의 포기
> ㉢ 유증
> ㉣ 시효 이익의 포기
> ㉤ 소유권의 포기

① ㉠, ㉤
② ㉠, ㉢, ㉤
③ ㉡
④ ㉡, ㉢
⑤ ㉢, ㉣

🔖 신유형

03 법률행위의 종류에 관한 연결이 옳지 못한 것은?   중개사 16 · 24회 종합

┌───┐
│ ㉠ 의무부담행위 – 매매의 예약, 교환   │
│ ㉡ 상대방 없는 단독행위 – 공유지분의 포기, 시효이익의 포기 │
│ ㉢ 처분행위 – 저당권설정   │
│ ㉣ 준물권행위 – 채권양도   │
│ ㉤ 출연행위 – 소유권의 포기   │
└───┘

① ㉠, ㉡, ㉢   ② ㉢, ㉣
③ ㉣, ㉤   ④ ㉡, ㉣
⑤ ㉡, ㉤

⭐ 중요

04 다음 중 의무부담행위가 아닌 것을 모두 고르면?   중개사 23회 유사

┌───┐
│ ㉠ 교환   ㉡ 채무면제   │
│ ㉢ 매매의 예약   ㉣ 주택분양계약   │
│ ㉤ 채권양도   ㉥ 저당권설정   │
└───┘

① ㉠, ㉡, ㉣   ② ㉡, ㉣, ㉤
③ ㉢, ㉤, ㉥   ④ ㉣, ㉥
⑤ ㉡, ㉤, ㉥

⭐ 중요

05 다음 중 단독행위가 아닌 것을 모두 고르면?   중개사 18 · 20회 기출

┌───┐
│ ㉠ 매매의 일방예약   ㉡ 합의해제   │
│ ㉢ 법정해제   ㉣ 수권행위의 철회   │
│ ㉤ 의사표시의 취소   ㉥ 법정대리인의 동의 │
│ ㉦ 무권대리의 추인   │
└───┘

① ㉠   ② ㉠, ㉡
③ ㉡, ㉣, ㉥   ④ ㉤, ㉥, ㉦
⑤ ㉡, ㉢, ㉣, ㉦

Point 03 법률행위의 목적 ★★★

고득점
06 법률행위의 목적에 관한 설명으로 옳지 <u>못한</u> 것을 모두 고르면? 중개사 16·19회 종합

> ㉠ 타인소유 부동산의 매매, 교환, 임대차는 무효다.
> ㉡ 정지조건부 법률행위에서 조건의 성취는 법률행위의 효력발생요건이다.
> ㉢ 법률행위의 목적은 법률행위의 성립 당시에 반드시 확정되어야 한다.
> ㉣ 사회질서의 위반을 이유로 하는 법률행위의 무효는 선의의 제3자에게 대항할 수 없다.
> ㉤ 불공정한 법률행위는 추인하여도 유효로 될 수 없다.
> ㉥ 계약이 체결된 후 매매목적 건물이 전소된 경우, 그 매매계약은 무효가 아니다.

① ㉠, ㉡
② ㉠, ㉢, ㉣
③ ㉢, ㉤
④ ㉣, ㉥
⑤ ㉡, ㉤

중요
07 법률행위의 목적에 대한 설명으로 맞는 것을 모두 고르면? (판례에 의함) 2023 감평사

> ㉠ 甲이 乙에게 매도한 건물이 계약체결 후 甲의 방화로 전소하여 이전할 수 없는 경우, 甲의 손해배상책임이 문제된다.
> ㉡ 甲이 乙에게 매도한 토지가 계약 체결 후 재결수용으로 이전할 수 없는 경우, 위험부담이 문제된다.
> ㉢ 甲이 乙에게 매도하기로 한 건물이 계약체결 전에 지진으로 전파된 경우, 계약체결상의 과실책임이 문제된다.
> ㉣ 반사회적 법률행위는 선의 제3자가 당사자에게 유효를 주장할 수 있다.
> ㉤ 법률행위의 반사회성, 불공정성 여부의 판단하는 시기는 법률행위 성립 당시가 아니라 효력발생시점이다.

① ㉠, ㉡
② ㉡, ㉢, ㉤
③ ㉢, ㉣, ㉤
④ ㉠, ㉣
⑤ ㉠, ㉡, ㉢

중요
08 법률행위의 목적에 관한 설명으로 옳지 않은 것은?   2013 감평사

① 관계 법령에서 정한 한도를 초과하는 부동산 중개수수료 약정은 한도를 초과하는 범위에서 법규위반으로 무효이다.
② 강제집행을 면할 목적으로 부동산에 허위의 근저당권설정등기를 경료하는 행위는 반사회적 법률행위로서 무효이다.
③ 보험계약자가 다수의 보험계약을 통하여 보험금을 부정취득할 목적으로 보험계약을 체결한 경우, 이러한 보험계약은 반사회적 법률행위로서 무효이다.
④ 소송에서 사실대로 증언하여 줄 것을 조건으로 어떠한 급부를 할 것을 약정한 경우, 급부가 통상적으로 용인될 수 있는 수준을 초과한다면 무효이다.
⑤ 법률행위의 성립과정에서 강박이라는 불법적 방법이 사용된 데 불과한 때에는 반사회적 법률행위로서 무효라고 할 수 없다.

09 다음 중 효력규정이 아닌 것을 모두 고르면? (판례에 의함)   중개사 19·21·25·32회 종합

㉠ 「부동산등기 특별조치법」상 중간생략등기를 금지하는 규정
㉡ 중개인과 의뢰인간의 직접거래 금지하는 「공인중개사법」의 규정
㉢ 「주택법」의 전매행위제한을 위반하여 한 전매약정
㉣ 관할관청의 허가 없이 한 학교법인의 기본재산 처분
㉤ 「부동산 실권리자명의 등기에 관한 법률」상 명의신탁약정에 기초한 물권변동에 관한 규정
㉥ 「국토의 계획 및 이용에 관한 법률」상 토지매매에 대하여 허가를 요하는 규정

① ㉠, ㉡, ㉢   ② ㉡, ㉤   ③ ㉢, ㉥
④ ㉠, ㉡, ㉥   ⑤ ㉡, ㉢, ㉣

10 다음 중 무효인 법률행위는? (판례에 따름)   중개사 33회

① 개업공인중개사가 임대인으로서 직접 중개의뢰인과 체결한 주택임대차계약
② 공인중개사 자격이 없는 자가 우연히 1회성으로 행한 중개행위에 대한 적정한 수준의 수수료 약정
③ 민사사건에서 변호사와 의뢰인 사이에 체결된 적정한 수준의 성공보수약정
④ 매도인이 실수로 상가지역을 그보다 가격이 비싼 상업지역이라 칭하였고, 부동산 거래의 경험이 없는 매수인이 이를 믿고서 실제 가격보다 2배 높은 대금을 지급한 매매계약
⑤ 보험계약자가 오로지 보험사고를 가장하여 보험금을 취득할 목적으로 선의의 보험자와 체결한 생명보험계약

Point 04 반사회적 법률행위(제103조) ★★★

정답 및 해설 p.13~14

11 반사회적 법률행위(「민법」 제103조)에 관한 설명으로 옳지 <u>않은</u> 것은? 2015 감평사

① 어떠한 일이 있어도 이혼하지 않겠다는 약속은 무효이다.
② 법정에 나와 증언할 것을 조건으로 대가를 지급하기로 약정한 경우, 그 대가의 내용이 통상적으로 용인될 수 있는 수준을 초과하면 그 약정은 무효다.
③ 이중매매임을 알고 부동산을 매수한 것만으로 제2매매가 사회질서에 반하여 무효인 것은 아니다.
④ 양도소득세의 일부를 회피할 목적으로 매매계약서에 실제로 거래한 가액보다 낮은 금액을 매매대금으로 기재한 경우에 그 매매계약은 무효이다.
⑤ 반사회질서의 법률행위는 당사자가 그 무효임을 알고 추인하여도 새로운 법률행위를 한 효과가 생길 수 없다.

12 반사회적 법률행위로서 무효가 <u>아닌</u> 것은? (판례에 의함) 중개사 25회 수정

① 과도하게 중한 위약벌 약정
② 도박자금에 제공할 목적으로 금전을 대여하는 행위
③ 소송에서의 증언을 조건으로 통상 용인되는 수준을 넘는 대가를 받기로 한 약정
④ 이미 매도된 부동산임을 알면서 매도인의 배임행위에 적극가담하여 근저당권을 취득한 경우
⑤ 부동산에 대한 강제집행을 면할 목적으로 허위의 근저당권을 설정하는 행위

13 반사회질서의 법률행위로 무효에 해당하는 것이 <u>아닌</u> 것을 모두 고른 것은? (판례에 따름)

중개사 19 · 26회 수정

> ㉠ 법률행위의 반사회적인 동기가 표시된 경우
> ㉡ 처음부터 보험사고를 가장하여 보험금을 취할 목적으로 체결한 보험계약
> ㉢ 민사사건에서 변호사와 의뢰인간의 성공보수 약정
> ㉣ 수사기관에서 참고인으로서 자신이 잘 알지 못하는 내용에 대한 허위진술을 하고 대가를 제공받기로 하는 약정
> ㉤ 양도소득세를 회피할 목적으로 실제로 거래한 매매대금보다 낮은 금액으로 매매계약을 체결한 행위
> ㉥ 변호사 아닌 자가 승소를 조건으로 소송당사자로부터 소송물의 일부를 양도받기로 하는 약정

① ㉠, ㉡
② ㉢, ㉤
③ ㉡, ㉢, ㉤
④ ㉣, ㉥
⑤ ㉢, ㉣

⭐ 중요
14 반사회질서의 법률행위에 해당하여 무효로 되는 것을 모두 고른 것은? (판례에 따름)

중개사 27회 수정

> ㉠ 증여의 성립 과정에서 국가기관의 불법적 강박에 의하여 증여를 한 경우
> ㉡ 부첩관계의 종료를 해제조건으로 하는 증여
> ㉢ 산모가 우연한 사고로 인한 태아의 상해에 대비하기 위해 자신을 보험수익자로, 태아를 피보험자로 하여 체결한 상해보험계약
> ㉣ 이미 매도된 부동산임을 알면서도 매도인의 배임행위에 적극 가담하여 이루어진 저당권 설정행위
> ㉤ 비자금을 소극적으로 임치하는 행위
> ㉥ 도박채무의 변제를 위하여 부동산의 처분을 위임받은 채권자가 이를 제3자에게 매도한 행위

① ㉢, ㉥
② ㉡, ㉣
③ ㉠, ㉡
④ ㉠, ㉢, ㉥
⑤ ㉡, ㉣, ㉤, ㉥

15 반사회질서의 법률행위로 무효인 것은? (판례에 따름) 2020 주관사

① 양도소득세 회피 목적의 미등기 전매계약
② 부첩관계인 부부생활의 종료를 해제조건으로 하는 증여계약
③ 매매계약에서 매도인에게 부과될 공과금을 매수인이 책임진다는 취지의 특약
④ 강제집행을 면할 목적으로 자신의 아파트에 허위의 근저당권설정등기를 마치는 행위
⑤ 도박채무의 변제를 위하여 채무자로부터 부동산의 처분을 위임받은 도박채권자가 이를 모르는 제3자와 체결한 매매계약

16 사회질서에 반하는 법률행위를 모두 고르면? (판례에 따름) 2024 주관사

> ㉠ 양도소득세의 회피를 목적으로 자신 앞으로 소유권등기를 하지 아니하고 미등기인 채로 부동산의 매매계약을 체결한 경우
> ㉡ 보험계약자가 다수의 보험계약을 통하여 보험금을 부정취득할 목적으로 보험계약을 체결한 경우
> ㉢ 민사사건에서 변호사와 의뢰인간의 성공보수약정
> ㉣ 이미 매도된 부동산임을 알면서 매도인의 배임행위에 적극가담하여 부동산에 근저당권을 취득한 경우

① ㉠, ㉡
② ㉡, ㉣
③ ㉢, ㉣
④ ㉠, ㉢
⑤ ㉡, ㉢

⭐중요
17 법률행위의 효력에 관한 설명으로 틀린 것은? (판례에 따름) 중개사 31회

① 무효행위 전환에 관한 규정은 불공정한 법률행위에 적용될 수 있다.
② 경매에는 불공정한 법률행위에 관한 규정이 적용되지 않는다.
③ 강제집행을 면할 목적으로 허위의 근저당권을 설정하는 행위는 반사회질서의 법률행위로 무효이다.
④ 상대방에게 표시되거나 알려진 법률행위의 동기가 반사회적인 경우, 그 법률행위는 무효이다.
⑤ 소송에서 증언할 것을 조건으로 통상 용인되는 수준을 넘는 대가를 지급하기로 하는 약정은 무효이다.

18 반사회질서의 법률행위에 관한 설명으로 틀린 것은? (판례에 따름)   중개사 30회

① 반사회질서의 법률행위에 해당하는지 여부는 해당 법률행위가 이루어진 때를 기준으로 판단해야 한다.
② 반사회질서의 법률행위의 무효는 이를 주장할 이익이 있는 자는 누구든지 주장할 수 있다.
③ 법률행위가 사회질서에 반한다는 판단은 부단히 변천하는 가치관념을 반영한다.
④ 다수의 보험계약을 통하여 보험금을 부정취득할 목적으로 체결한 보험계약은 반사회질서의 법률행위이다.
⑤ 대리인이 매도인의 배임행위에 적극 가담하여 이루어진 부동산의 이중매매는 본인인 매수인이 그러한 사정을 몰랐다면 반사회질서의 법률행위가 되지 않는다.

Point 05 2중매매 ★★★

정답 및 해설 p.14~15

☆중요

19 甲소유의 X부동산을 乙에게 매도하고 매매대금을 수령하였으나, 등기 경료 전에 이를 알고 있는 丙이 적극적으로 권유하여 甲으로부터 위 부동산을 매수하고 소유권이전등기를 경료하였다. 틀린 것을 모두 고르면? (판례에 의함)   중개사 17·23·28회 종합

> ㉠ 乙은 甲에게 소유권이전채무불이행을 이유로 매매계약을 최고 없이 해제하고 불능 당시의 시가를 전보배상청구할 수 있다.
> ㉡ 乙은 甲을 대위하지 않고 丙에 대하여 직접 등기의 말소를 청구할 수 있다.
> ㉢ 乙은 자신의 등기청구권의 보전을 위하여, 甲과 丙 사이의 매매계약을 채권자취소권을 행사할 수 있다.
> ㉣ 丙으로부터 X부동산을 전득한 丁이 선의라면 유효하게 소유권을 취득할 수 있다.
> ㉤ 甲은 丙에 대하여 무효를 주장하여 소유물반환을 청구할 수 있다.

① ㉠, ㉤
② ㉡, ㉢
③ ㉡, ㉢, ㉣
④ ㉠, ㉡, ㉣
⑤ ㉡, ㉢, ㉣, ㉤

🔍신유형

20 甲소유의 X부동산을 乙에게 매도하고 매매잔금을 수령하였으나, 등기 경료 전에 그 사실을 잘 아는 丙이 甲의 배임행위에 적극 가담하여 그 부동산을 매수하여 소유권이전등기를 받은 경우에 관한 설명으로 **틀린** 것은? (판례에 의함)

> ㉠ 乙은 직접 丙에게 소유권이전등기를 청구할 수 없다.
> ㉡ 乙은 제3자의 채권침해를 원인으로 직접 丙에게 불법행위책임을 추궁할 수 있다.
> ㉢ 乙은 자신의 등기청구권의 보전을 위하여, 甲과 丙 사이의 매매계약을 채권자취소권으로 행사할 수 있다.
> ㉣ 甲의 丙에 대한 소유권이전등기는 불법원인급여로 甲은 丙에게 소유권에 기하여 등기말소를 청구할 수 없다.

① ㉠
② ㉡
③ ㉢
④ ㉡, ㉢
⑤ ㉢, ㉣

🔍신유형

21 甲과 乙 사이에 甲소유의 토지를 乙에게 이전하는 매매계약을 체결하고 중도금까지 받은 후, 甲은 丙에게 이를 다시 매도하고 이전등기까지 마친 경우, 다음 중 **옳은** 것은? (판례에 의함)

① 甲·乙간의 매매계약체결만으로 즉시 乙이 소유권을 취득하므로 甲의 소유권을 丙에게 이전하는 것은 원칙적으로 불가능하다.
② 丙이 甲·乙간의 매매사실을 알았거나 알 수 있었을 경우 2중매매는 무효다.
③ 丙이 甲의 제2매매행위에 적극 가담한 경우 계약자유의 원칙상 문제는 발생하지 않는다.
④ 특별한 사정이 없는 한 먼저 등기를 경료한 丙이 소유권을 취득하고 乙은 丙에게 소유권이전등기를 청구할 수 없다.
⑤ 甲은 계약금의 배액을 상환하고 甲·乙간의 매매계약을 해제할 수 있다.

22 甲은 자신의 X토지를 乙에게 매도하고 중도금을 수령한 후, 다시 丙에게 매도하고 소유권이전등기까지 경료해 주었다. 틀린 것을 고르면? (판례에 따름) 중개사 26회 유사

① 특별한 사정이 없는 한 丙은 X토지의 소유권을 유효하게 취득한다.
② 乙은 甲의 소유권이전의무의 이행불능을 원인으로 최고 없이도 甲과의 매매계약을 해제할 수 있다.
③ 丙이 배임행위에 적극 가담한 경우, 乙은 丙을 상대로 진정명의회복을 원인으로 이전등기를 청구할 수 없다.
④ 丙이 적극가담한 경우, 丙으로부터 X토지를 전득한 丁은 선의이더라도 그 소유권을 취득하지 못한다.
⑤ 만약 丙의 대리인 戊가 丙을 대리하여 X토지를 매수하면서 甲의 배임행위에 적극 가담하였다면, 그 사정을 모르는 丙은 유효하게 소유권을 취득한다.

23 甲은 자신의 X부동산을 乙에게 매도하고 계약금과 중도금을 지급받았으나 등기 경료 전에 丙이 甲의 배임행위에 적극 가담하여 甲과 X부동산에 대한 매매계약을 체결하고 자신의 명의로 소유권이전등기를 마쳤다. 다음 설명 중 틀린 것을 모두 고르면? (판례에 따름) 중개사 28회 유사

㉠ 乙은 직접 丙에게 소유권이전등기를 청구할 수 없다.
㉡ 乙은 직접 丙에 대하여 불법행위를 이유로 손해배상을 청구할 수 있다.
㉢ 만약 선의의 丁이 X부동산을 丙으로부터 매수하여 이전등기를 받은 경우, 丁은 甲과 丙의 매매계약의 유효를 주장할 수 있다.
㉣ 甲은 계약금의 배액을 상환하고 매매계약을 해제할 수 있다.
㉤ 甲·丙간의 매매는 반사회적 행위로서 무효이고 丙 명의의 등기는 甲이 추인하더라도 유효가 될 수 없다.

① ㉠, ㉢ ② ㉡, ㉣
③ ㉠, ㉤ ④ ㉢, ㉣
⑤ ㉠, ㉣

24 甲은 자기소유의 X토지에 관하여 乙과 유효한 제1매매계약을 체결한 후 乙로부터 매매대금 전액을 지급받았다. 丙은 甲의 배임행위에 적극가담하여 제2매매계약을 체결하고 甲으로부터 X토지에 대한 소유권이전등기를 경료하였다. 다음 중 옳은 것을 모두 고르면?

2025 감평사

> ㉠ X토지에 관하여 丙명의로 경료된 소유권이전등기는 원인무효이다.
> ㉡ 만약 丙이 토지를 丁에게 매각하고 소유권이전등기를 경료하였다면 丁은 제2매매계약이 유효하다고 주장할 수 있다.
> ㉢ 만약 丙이 토지를 무단점유하고 있는 戊에게 토지에 대한 소유물반환청구를 주장한 경우, 戊는 제2매매계약의 무효를 주장할 수 있다.

① ㉠
② ㉡
③ ㉠, ㉢
④ ㉡, ㉢
⑤ ㉠, ㉡, ㉢

25 부동산의 이중매매에 관한 설명으로 틀린 것은? (판례에 따름)

중개사 33회

① 반사회적 법률행위에 해당하는 제2매매계약에 기초하여 제2매수인으로부터 그 부동산을 매수하여 등기한 선의의 제3자는 제2매매계약의 유효를 주장할 수 있다.
② 제2매수인이 이중매매사실을 알았다는 사정만으로 제2매매계약을 반사회적 법률행위에 해당한다고 볼 수 없다.
③ 특별한 사정이 없는 한, 먼저 등기한 매수인이 목적 부동산의 소유권을 취득한다.
④ 반사회적 법률행위에 해당하는 이중매매의 경우, 제1매수인은 제2매수인에 대하여 직접 소유권이전등기말소를 청구할 수 없다.
⑤ 부동산이중매매의 법리는 이중으로 부동산임대차계약이 체결되는 경우에도 적용될 수 있다.

▶ 고득점

26 甲은 乙에게 X토지를 m²당 98만원에 매도하려고 했는데, 잘못하여 청약서에 m²당 89만원으로 기재하였고, 이에 대해 乙이 승낙하였다. 그 후 X토지의 시가가 m²당 158만원으로 폭등하자 甲이 丙에게 X토지를 m²당 158만원에 매도하고 소유권을 이전해 주었다. 다음 설명 중 옳은 것은? (판례에 의함)   중개사 24회 유사

① 乙은 甲과 丙 사이의 매매계약을 사기를 이유로 취소할 수 있다.
② 甲과 乙 사이의 매매계약은 특별한 사정이 없는 한 m²당 98만원에 성립한다.
③ 乙은 직접 丙 명의로 이루어진 소유권이전등기의 말소를 청구할 수 있다.
④ 만일 甲과 乙이 m²당 98만원으로 합의하였으나 m²당 89만원으로 기재되었다면 甲은 착오를 이유로 매매계약을 취소할 수 없다.
⑤ 만일 甲의 배임행위에 적극 가담한 丙으로부터 선의의 丁이 X토지를 취득하였다면 丁은 甲과 丙 사이의 매매계약의 유효를 주장할 수 있다.

27 甲은 乙 소유 토지 위에 식재된 입목등기가 되어 있지 않은 소나무 50그루에 대하여 매매계약 체결과 동시에 소유권을 이전받기로 약정하였다. 甲은 계약체결 후 잔금을 지급하지 않은 채 乙의 동의하에 소나무 50그루에 각각 '소유자 甲'이라는 표기를 써서 붙였다. 이후 乙은 이 소나무를 丙에게 이중으로 매도하였다. 이에 관한 설명으로 옳은 것은? (판례에 따름)   2017 감평사

① 乙은 여전히 소나무에 대하여 소유권을 가진다.
② 甲은 소나무에 대하여 입목등기 없이 소유권을 취득한다.
③ 丙이 乙과의 계약에 의해 명인방법을 갖추면 丙이 소유권을 취득한다.
④ 甲은 명인방법을 통해 소나무에 대하여 저당권을 설정할 수 있다.
⑤ 甲은 소나무에 대하여 입목등기 없이 丙에게 대항할 수 없다.

Point 06 불공정한 법률행위(제104조) ★★★

정답 및 해설 p.15~16

☆중요
28 불공정한 법률행위에 관한 설명으로 옳은 것은? 중개사 24회 유사

① 무경험이란 거래 일반의 경험부족을 말하는 것이 아니라 해당 특정영역에서의 경험부족을 말한다.
② 불공정한 법률행위가 되기 위해서는 피해자에게 궁박·경솔과 무경험의 3가지를 모두 갖추어야 한다.
③ 급부와 반대급부가 현저하게 공정을 잃었다면 곧 주관적 요건인 궁박·경솔 또는 무경험으로 이루어진 것으로 추정된다.
④ 불공정한 법률행위로 불이익을 입는 당사자가 불공정성을 소송 등으로 주장할 수 없도록 하는 부제소합의는 특별한 사정이 없으면 유효하다.
⑤ 불공정한 법률행위인지의 판단시기는 법률행위가 성립한 때를 기준으로 판단한다.

29 불공정한 법률행위에 관한 설명으로 틀린 것은? (판례에 의함) 중개사 25회 유사

① 궁박은 경제적 원인, 심리적 원인에 의한 것을 포함한다.
② 불공정한 법률행위를 당사자가 추인하면 유효로 될 수 있다.
③ 불공정한 법률행위에도 무효행위의 전환의 법리가 적용될 수 있다.
④ 대리인에 의한 법률행위에서 경솔, 무경험은 대리인을 기준으로 궁박은 본인을 기준으로 판단한다.
⑤ 경매절차에서 매각대금이 시가보다 현저히 저렴하더라도 불공정한 법률행위를 이유로 그 무효를 주장할 수 없다.

30 불공정한 법률행위에 대하여 옳지 못한 것은? (판례에 따름) 2024 감평사
① 불공정한 법률행위에 해당하는지 여부는 법률행위 당시가 기준이다.
② 대리인에 의한 법률행위에서 궁박 여부는 본인이 기준이다.
③ 경매에서는 불공정한 법률행위가 적용되지 아니한다.
④ 불공정한 법률행위는 추인에 의하여 유효로 할 수 있다.
⑤ 불공정한 법률행위는 이를 기초로 새로운 이해관계를 맺은 선의 제3자에 대해서도 무효이다.

★중요
31 불공정한 법률행위에 대한 설명으로 틀린 것을 모두 고르면? (판례에 의함)

㉠ 불공정한 법률행위도 무효행위의 전환이 인정될 수 있다.
㉡ 불공정한 법률행위를 추인하여도 유효로 될 수 없다.
㉢ 법률행위가 성립한 이후에 주변의 지가의 변동으로 인하여 일방이 커다란 폭리를 얻게 된 경우 불공정한 법률행위가 성립한다.
㉣ 불공정한 법률행위의 무효는 선의의 제3자에게 대항할 수 있다.
㉤ 불공정한 법률행위의 무효는 양 당사자가 급여물의 부당이득반환을 청구할 수 없다.

① ㉡, ㉢
② ㉠, ㉤
③ ㉡, ㉣
④ ㉢, ㉤
⑤ ㉡, ㉤

32 불공정한 법률행위에 관한 설명으로 옳은 것은? (판례에 따름) 2020 감평사
① 불공정한 법률행위로 무효가 된 행위의 전환은 인정되지 않는다.
② 불공정한 법률행위라도 당사자가 무효임을 알고 추인한 경우 유효로 될 수 있다.
③ 불공정한 법률행위에 해당하는지 여부는 그 행위를 한 때를 기준으로 판단한다.
④ 불공정한 법률행위의 요건을 갖추지 못한 법률행위는 반사회질서행위가 될 수 없다.
⑤ 증여와 같이 아무런 대가관계 없이 당사자 일방이 상대방에게 일방적인 급부를 하는 행위도 불공정한 법률행위가 될 수 있다.

33 불공정한 법률행위에 대한 설명으로 옳지 못한 것은? 2025 감평사

① 매매계약이 불공정한 법률행위에 해당하는지는 계약 체결 당시를 기준으로 판단한다.
② 궁박은 심리적 원인도 될 수 있다.
③ 무경험은 특정거래영역에서의 경험부족을 뜻한다.
④ 대리행위의 경우에 궁박은 본인을 기준으로 판단한다.
⑤ 현저하게 공정을 잃었는지는 거래상의 객관적 가치에 따라 판단한다.

34 불공정한 법률행위에 관한 설명으로 옳은 것을 모두 고른 것은? (판례에 따름) 2020 주관사

> ㉠ 무상증여에는 불공정한 법률행위에 관한 규정이 적용되지 않는다.
> ㉡ 불공정한 법률행위로서 무효인 경우, 특별한 사정이 없는 한 추인에 의하여 무효인 법률행위가 유효로 될 수 없다.
> ㉢ 급부와 반대급부가 현저히 균형을 잃은 법률행위는 궁박·경솔 또는 무경험으로 인해 이루어진 것으로 추정된다.
> ㉣ 어떠한 법률행위가 불공정한 법률행위에 해당하는지는 이행기를 기준으로 판단해야 한다.

① ㉠, ㉡ ② ㉠, ㉢ ③ ㉡, ㉣
④ ㉠, ㉢, ㉣ ⑤ ㉡, ㉢, ㉣

35 불공정한 법률행위에 관한 설명으로 옳지 못한 것은? (판례에 따름) 2024 주관사

> ㉠ 경매에 있어서도 불공정한 법률행위가 적용된다.
> ㉡ 급부와 반대급부간에 현저한 불균형이 존재하면 궁박, 경솔, 무경험으로 인해 이루어진 것으로 추정된다.
> ㉢ 대리인에 의한 법률행위가 불공정한 법률행위에 해당할 때, 무경험인지 여부는 대리인을 기준으로 한다.
> ㉣ 대물변제의 예약의 경우에 있어서 대차의 목적물의 가격과 대물변제의 목적물의 가격이 불균형한지 여부는 대물변제의 예약 당시를 기준으로 한다.

① ㉠, ㉢ ② ㉡, ㉢ ③ ㉢, ㉣
④ ㉠, ㉡ ⑤ ㉠, ㉣

★중요

36 甲소유 X부동산을 대리인 乙에게 매각해달라고 위임하였고 대리인 乙은 매수인 丙과 매매계약을 체결하였다. X부동산은 丙에서 다시 丁으로 매각된 상태이나 甲은 위 매매가 불공정한 법률행위로 무효임을 주장하고 있다. 다음 중 옳은 것은? (판례에 따름)

① 甲이 급부와 반대급부가 현저히 불균형을 입증하면 甲은 궁박상태가 추정된다.
② 불공정한 법률행위를 판단할 때 궁박 여부는 乙이 기준이고 경솔·무경험 여부는 甲이 기준이다.
③ 위 계약이 불공정한 법률행위로서 무효인 경우 무효임을 모르고 매수한 丁은 甲에게 선의로 유효임을 항변할 수 있다.
④ 불공정한 법률행위를 판단하는 시기는 乙과 丙의 매매의 효력발생시가 기준이다.
⑤ 丙이 궁박·무경험을 이용하려는 악의가 없었다면 위 계약은 불공정한 법률행위가 성립할 수 없다.

37 법률행위의 효력에 관한 설명으로 옳은 것을 모두 고른 것은? (판례에 따름) *2020 감평사*

⊙ 매매계약을 체결하면서 양도소득세를 면탈할 의도로 소유권이전등기를 일정기간 유보하는 약정은 반사회질서행위로 볼 수 없다.
ⓒ 경매목적물과 매각대금이 현저하게 공정을 잃은 경우에도 그 경매는 불공정한 법률행위에 해당하지 않는다.
ⓒ 도박에 쓸 것을 알면서 빌려준 금전을 담보하기 위하여 저당권을 설정한 사람은 저당권설정등기의 말소를 청구할 수 있다.

① ⊙
② ⓒ
③ ⊙, ⓒ
④ ⓒ, ⓒ
⑤ ⊙, ⓒ, ⓒ

Point 07 법률행위의 해석 ★

신유형

38 법률행위의 해석에 관한 설명 중 틀린 것은? (판례에 의함)

① 자연적 해석이란 표의자의 진의(실제의 의사)를 밝히는 것을 말한다.
② 규범적 해석이란 표의자의 진의가 아니라 표시행위의 객관적 의미를 탐구하는 것을 말한다.
③ 임의 법규와 다른 관습이 있는 경우 당사자 의사가 불분명할 때는 관습에 의한다.
④ 행위자가 타인의 이름으로 매매계약을 체결한 경우, 행위자 또는 명의인 중 누구를 계약당사자로 볼 것인가에 관하여 행위자와 상대방의 의사가 일치한 경우에는 그 일치한 의사에 따라 계약의 당사자를 확정하여야 한다.
⑤ 의사표시해석에 있어서 당사자의 진정한 의사를 상대방이 알지 못한 경우, 의사표시는 내심적 효과의사를 기준으로 하여 해석하여야 한다.

39 甲이 자기 소유의 고화(古畵) 한 점을 乙에게 960만원에 매도할 의사로 청약하였는데 청약서에는 690만원으로 기재되었다. 아래의 질문에 타당한 법률행위의 해석방법은 무엇인가?

중개사 22회 수정

> ㉠ 甲의 진의를 알 수 있는 다른 해석 자료가 없어서 계약서에 표시된 690만원에 매매계약이 성립한 것으로 보는 법률행위의 해석방법은?
> ㉡ 甲의 진의를 알 수 있는 경우, 甲의 진의대로 960만원에 계약이 성립한다고 해석하는 방법은?

	㉠	㉡
①	예문해석	규범적 해석
②	유추해석	자연적 해석
③	자연적 해석	규범적 해석
④	규범적 해석	자연적 해석
⑤	보충적 해석	규범적 해석

▶ 고독점

40 2018년 8월에 매도인은 자기 소유의 X토지[969-36번지]에 대하여 매수인과 매매계약을 체결하였으나 X토지의 지번 등에 착오를 일으켜 Y토지[969-63번지]에 관하여 매수인 명의로 소유권이전등기를 경료하였다. 다음 설명 중 틀린 것은? (판례에 의함)

중개사 15회 유사

① 당사자의 진의대로 자연적 해석에 의하여 X토지에 관하여 매매계약이 성립한다.
② Y토지에 관하여 경료된 소유권이전 등기는 원인무효이다.
③ Y토지가 매수인으로부터 제3자에게 적법하게 양도되어도 제3자는 유효하게 소유권을 취득할 수 없다.
④ 매도인은 착오를 이유로 X토지에 대한 계약을 취소할 수 있다.
⑤ 현재 매수인은 X토지에 관하여 소유권이 아니라 소유권이전등기청구권을 가진다.

41 甲은 乙소유의 X토지를 임차하여 사용하던 중 이를 매수하기로 乙과 합의하였으나, 계약서에는 Y토지로 잘못 기재하였다. 옳은 것을 모두 고르면? (판례에 따름)

㉠ 매매계약은 X토지에 대하여 유효하게 성립한다.
㉡ 매매계약은 Y토지에 대하여 유효하게 성립한다.
㉢ X토지에 대하여 매매계약이 성립하지만, 당사자는 착오를 이유로 취소할 수 있다.
㉣ X와 Y 어느 토지에 대해서도 매매계약이 성립하지 않는다.
㉤ Y토지에 대하여 매매계약이 성립하지만, 당사자는 착오를 이유로 취소할 수 있다.
㉥ Y토지를 乙로부터 제3자가 매수하여 소유권이전등기를 경료한 경우 제3자가 선의라도 유효하게 소유권을 취득할 수 없다.

① ㉠, ㉢
② ㉡, ㉣
③ ㉠, ㉥
④ ㉢, ㉤
⑤ ㉢, ㉣

42 계약당사자의 확정에 관한 설명으로 틀린 것은? (판례에 의함)   중개사 19·21회 수정

① 명의신탁약정이 3자간 등기명의신탁인지 아니면 계약명의신탁인지의 구별은 계약당사자가 누구인가를 확정하는 문제로 귀결된다.

② 3자간 명의신탁에서 신탁자가 제공한 매수자금으로 수탁자가 매수자가 되어 수탁자 명의로 소유권이전등기를 경료한 경우 특별한 사정이 없는 한 계약명의신탁이다.

③ 어떤 사람이 부동산을 매수할 때 매수인 명의를 그 타인명의로 하기로 하였다면 매수인 명의 신탁관계는 그들 사이의 내부관계에 불과할 뿐, 대외적으로는 명의자를 매매당사자로 보아야 한다.

④ 행위자가 타인의 이름으로 계약을 한 경우, 행위자 또는 명의인 중 누구를 계약당사자로 볼 것인가에 관하여 행위자와 상대방의 의사가 일치한 경우 그 일치한 의사대로 당사자를 확정한다.

⑤ 은행대출한도를 넘은 甲을 위해 乙이 은행대출약정서에 주채무자로 서명날인을 한 경우, 은행이 이런 사정을 알았던 경우 乙이 아니라 甲이 원칙적으로 대출금반환채무를 진다.

제3장 의사표시

중요 출제가능성이 높은 중요 문제 고득점 고득점 목표를 위한 어려운 문제 신유형 기존에 출제되지 않은 신유형 대비 문제

> **Tip 출제의 맥**
> - 비진의표시가 무효인 경우를 정리한다.
> - 허위표시의 사례문제·허위표시의 제3자에 해당 여부/착오의 관련 문제를 필수정리한다.
> - 제3자의 사기와 대리인의 사기를 구별한다.

Point 08 진의 아닌 의사표시 ★★

정답 및 해설 p.17~18

신유형
01 진의 아닌 표시에 관한 설명 중 틀린 것은? (판례에 의함)

> ㉠ 진의란 표의자가 진정으로 마음속에서 바라는 사항을 뜻하는 것이다.
> ㉡ 증여를 하는 자가 재산을 강제로 뺏기는 것이라고 생각하더라도 당시 상황에서 최선이라고 생각하였다면 진의 아닌 의사표시는 성립하지 않는다.
> ㉢ 진의 아닌 의사표시는 유효가 원칙이나, 진의 아님을 상대방이 알았거나 알 수 있었을 경우에는 취소할 수 있다.
> ㉣ 비진의표시는 공법행위에도 적용되므로 공무원이 사직하려는 의사 없이 사직서를 제출한 것임을 상대방이 알 수 있었다면 사직서의 제출은 무효이다.
> ㉤ 표의자의 진의 아닌 의사표시에 대하여 상대방이 선의이며 과실 없는 경우, 비진의 표시는 유효다.

① ㉠, ㉡
② ㉡, ㉣
③ ㉢, ㉤
④ ㉠, ㉢, ㉣
⑤ ㉢, ㉣, ㉤

02 진의 아닌 의사표시에 관한 설명으로 <u>틀린</u> 것은? (판례에 의함) 중개사 19회 유사

① 표의자가 진의 아님을 알고 한 것이라도 표시된 내용대로 유효함이 원칙이다.
② 비진의표시에 관한 규정은 대리인이 대리권을 남용한 경우 유추적용될 수 없다.
③ 자의로 사직서를 제출하여 한 중간퇴직의 의사표시는 비진의표시가 아니다.
④ 비진의표시는 상대방이 이를 비진의표시 당시 안 경우 통정허위표시와 마찬가지로 무효이다.
⑤ 대출한도를 넘은 甲을 위해 乙이 대출약정서에 주채무자로 서명날인한 경우, 은행이 이런 사정을 알았을 경우 乙은 원칙적으로 대출금반환채무를 진다.

신유형
03 진의 아닌 의사표시에 관한 설명으로 <u>틀린</u> 것을 고르면? (판례에 의함)

> ㉠ 비진의표시는 진의와 표시의 불일치를 표의자가 알고서 한다는 점에서 착오와 구별된다.
> ㉡ 표의자가 비진의표시임을 이유로 의사표시의 무효를 주장하는 경우, 상대방이 자신의 선의·무과실을 증명해야 한다.
> ㉢ 사직의사 없는 사기업의 근로자가 사용자의 지시로 어쩔 수 없이 일괄사직서를 제출하는 형태의 의사표시는 비진의 표시이다.
> ㉣ 甲의 X토지 증여 의사표시가 진의 아님을 乙이 알 수 있었던 경우, 乙로부터 X토지를 선의로 丙이 매수한 경우, 甲은 비진의표시의 무효를 乙에게 주장할 수 있으나 丙에게는 무효를 대항할 수 없다.
> ㉤ ㉣에서 乙이 진의 아님을 모르고 무과실인 경우, 丙이 악의라면 소유권을 취득할 수 없다.

① ㉠, ㉢   ② ㉡, ㉤   ③ ㉣, ㉤   ④ ㉡, ㉢   ⑤ ㉢, ㉤

04 비진의표시에 관한 설명으로 <u>맞는</u> 것은? (판례에 의함) 중개사 25회 수정

① 甲을 위하여 乙이 대출절차상 편의를 위하여 명의대여사실을 은행이 알고 있는 경우, 乙명의로 대출받을 때 채무부담의 의사를 가졌다면 이는 비진의표시이다.
② 표의자가 상대방의 강박에 의하여 증여를 하기로 하고 증여의사를 표시한 경우, 표의자가 최선이라 판단하여 증여한 경우 증여의 내심적 효과의사가 결여된 것이므로 비진의표시에 해당한다.
③ 자의로 심사숙고하여 중간퇴직한 경우 이는 진의 아닌 의사표시에 해당한다.
④ 사직의사가 전혀 없는 사기업의 근로자가 사용자의 지시로 어쩔 수 없이 일괄사직서를 제출하여 의원면직 처리한 경우 이는 비진의표시가 아니다.
⑤ 표의자의 진의가 없었음을 알았다는 것은 무효를 주장하는 자가 증명하여야 한다.

05 진의 아닌 의사표시에 관한 설명으로 옳지 <u>않은</u> 것은? 2018 감평사

① 사인의 공법행위에는 적용되지 않으므로 공무원의 사직 의사가 외부에 표시된 이상 그 의사는 표시된 대로 효력을 발생한다.
② 진의는 특정한 내용의 의사표시를 하려는 생각을 말하는 것이지 표의자가 진정으로 마음에서 바라는 사항을 뜻하는 것은 아니다.
③ 표의자가 강박에 의하여 어쩔 수 없이 증여의 의사표시를 하였다면 이는 비진의표시에 해당하지 않는다.
④ 표의자가 비진의표시임을 이유로 의사표시의 무효를 주장하는 경우, 비진의표시에 해당하는 사실은 표의자가 증명해야 한다.
⑤ 표의자가 비진의표시임을 이유로 의사표시의 무효를 주장하는 경우, 상대방이 자신의 선의·무과실을 증명해야 한다.

06 진의 아닌 의사표시에 관하여 옳지 <u>못한</u> 것은? 2025 감평사

① 진의 아닌 의사표시에 관한 규정은 공무원의 사직의 의사표시에는 적용되지 않는다.
② 진의란 특정한 의사표시를 하고자 하는 표의자의 생각을 말한다.
③ 진의 아닌 의사표시의 무효를 주장하는 경우, 상대방의 악의나 과실에 대한 입증책임은 그 무효를 주장하는 자가 증명하여야 한다.
④ 대리행위에서 진의인지 여부는 대리인을 표준으로 한다.
⑤ 표의자가 강제에 의하여 증여를 하기로 하고 그에 따른 증여표시를 한 경우에 재산을 강제로 빼앗긴다는 것이 표의자의 본심에 잠재되어 있다면 증여의 내심의 효과의사가 결여된 것이다.

고득점

07 甲은 그의 X토지를 진의 없이 乙에게 기부하고, 乙 앞으로 이전등기를 마쳤다. 甲·乙 사이의 법률관계에 관한 설명으로 옳은 것은? 중개사 23회 유사

① 甲의 의사표시는 무효가 원칙이므로, 乙이 甲의 진의를 모르고 무과실인 경우 X토지의 소유권을 취득할 수 없다.
② 甲의 의사표시는 단독행위이므로 비진의표시가 적용되지 않는다.
③ 甲의 진의 없음을 乙이 알았거나 알 수 있었을 경우, 무효를 주장하는 甲은 乙의 악의를 증명하여 X토지의 소유권을 회복할 수 있고, 이때 乙은 甲에게 그로 인한 손해배상을 청구할 수 있다.
④ 乙이 통상인의 주의만 기울였어도 甲의 진의를 알 수 있었다면, 비진의표시는 무효로서 乙은 X토지의 소유권을 취득할 수 없다.
⑤ 乙이 진의 아님을 알고 토지를 丙에게 양도한 경우, 丙이 선의이나 과실 있는 경우라면 유효하게 소유권을 취득할 수 없다.

Point 09 통정허위표시 ★★★

정답 및 해설 p.18~19

08 통정허위표시에 관한 설명으로 틀린 것은? (판례에 따름) 중개사 30회

① 통정허위표시가 성립하기 위해서는 진의와 표시의 불일치에 관하여 상대방과 합의가 있어야 한다.
② 통정허위표시로서 무효인 법률행위라도 채권자취소권의 대상이 될 수 있다.
③ 당사자가 통정하여 증여를 매매로 가장한 경우, 증여와 매매 모두 무효이다.
④ 통정허위표시의 무효로 대항할 수 없는 제3자의 범위는 통정허위표시를 기초로 새로운 법률상 이해관계를 맺었는지 여부에 따라 실질적으로 파악해야 한다.
⑤ 통정허위표시의 무효로 대항할 수 없는 제3자에 해당하는지의 여부를 판단할 때, 파산관재인은 파산채권자 모두가 악의로 되지 않는 한 선의로 다루어진다.

09 통정허위표시에 관한 설명으로 옳지 <u>않은</u> 것은? (판례에 따름) 2019 감평사

① 상대방과 통정한 허위의 의사표시는 무효이지만, 이러한 무효는 과실로 인하여 허위표시라는 사실을 인식하지 못한 제3자에게 대항할 수 없다.
② 강제집행을 면할 목적으로 허위의 근저당권설정등기를 경료하는 행위는 선량한 풍속 기타 사회질서에 위반한 사항을 내용으로 하는 법률행위이다.
③ 선의의 제3자에 대해서는 통정허위표시의 당사자뿐만 아니라 그 누구도 통정허위표시의 무효로 대항할 수 없다.
④ 가장양수인으로부터 부동산을 취득한 제3자 A가 악의이고, 그로부터 전득한 B가 선의라면 통정허위표시의 무효로써 B에게 대항할 수 없다.
⑤ 당사자들이 실제로는 증여계약을 체결하면서 매매계약인 것처럼 통정허위표시를 하였다면 은닉행위인 증여계약은 유효할 수 있다.

10 통정허위표시(「민법」 제108조)에 관한 설명으로 옳은 것은? (다툼이 있으면 판례에 따름) 중개사 33회 유사

① 통정허위표시는 표의자가 의식적으로 진의와 다른 표시를 한다는 것을 상대방이 알았다면 성립한다.
② 허위표시의 제3자가 선의인 경우, 선의에 대한 과실이 있는 경우 제3자는 소유권을 취득할 수 없다.
③ 대리인이 본인 몰래 대리권의 범위 안에서 상대방과 통정허위표시를 한 경우, 본인은 선의의 제3자로서 그 유효를 주장할 수 있다.
④ 「민법」 제108조 제2항에 따라 보호받는 선의의 제3자에 대해서는 그 누구도 통정허위표시의 무효로써 대항할 수 없다.
⑤ 가장소비대차에 따른 대여금채권의 선의의 양수인은 「민법」 제108조 제2항에 따라 보호받는 제3자가 아니다.

11 甲소유 아파트에 대해 채권자 A의 강제집행을 면탈할 목적으로 乙과 통정하여 乙명의로 이전등기를 하였다. 그 후 乙은 이 사정을 모르는 丙에게 그 아파트를 매도하여 丙명의로 이전등기가 경료되었다. 다음 중 옳은 것은?   중개사 16·19회 종합

① 甲은 허위표시의 무효를 선의나 과실 있는 丙에게 주장할 수 있다.
② 丙이 스스로 선의를 입증할 책임이 있다.
③ 만약 丙이 乙의 상속인이고 허위표시임을 모른 경우라면 甲은 허위표시의 무효를 선의인 丙에게 주장할 수 없다.
④ 甲은 乙에게 원인무효를 이유로 부당이득반환을 청구할 수 있다.
⑤ 丙이 보호받기 위하여는 선의이고 무과실이어야 한다.

▶ 고득점
12 통정허위표시에 대하여 옳은 설명은?   2023 감평사

① 통정허위표시에 의한 급부는 불법원인급여에 해당한다.
② 대리인이 대리권의 범위 안에서 현명하여 상대방과 통정허위표시를 한 경우 그에 관하여 본인이 선의라면 본인은 허위표시의 유효를 주장할 수 있다.
③ 가장행위인 매매계약이 무효인 경우 은닉행위도 당연히 무효이다.
④ 통정허위표시의 무효로 보호되는 제3자는 통정허위표시임을 알지 못한 것에 대하여 과실이 없어야 한다.
⑤ 가장양수인과 직접 이해관계를 맺은 자가 악의여도 그로부터 전득자가 선의라면 허위표시의 무효로서 전득자에게 대항할 수 없다.

13 甲은 강제집행을 면하기 위하여 乙과 통모하여 그의 부동산을 매매의 형식을 빌려 乙명의로 소유권이전등기를 마쳤고, 乙은 그 사정을 모르는 丙에게 저당권을 설정해 주면서 금원을 차용하였다. 다음 중 틀린 것은? (판례에 의함)   중개사 22회 유사

① 甲·乙 사이의 매매계약은 무효이다.
② 甲은 乙에게 진정명의회복을 원인으로 한 소유권이전등기를 청구할 수 있다.
③ 丙이 과실로 가장매매 사실을 모른 경우에도 丙의 저당권은 보호된다.
④ 丙의 저당권 실행으로 甲에게 손해가 발생한 경우, 甲은 乙에게 불법행위로 인한 손해배상을 청구할 수 있다.
⑤ 丙의 저당권 실행으로 제3자가 부동산을 매수한 경우, 甲은 乙에게 부당이득반환을 청구할 수 없다.

14 甲은 乙과 통정허위표시로 대출약정을 체결하고 이를 통하여 乙에 대하여 가장채권을 보유하고 있다. 이에 관한 아래의 설명으로 옳은 것을 모두 고르면? (각 지문은 독립적이며, 판례에 따름)

> ⊙ 甲의 일반채권자 丙이 甲, 乙간의 대출약정이 유효하다고 믿고서 甲의 채권을 가압류한 경우, 丙이 위와 같이 믿는 것에 과실이 있는 경우, 乙은 丙에게 대출약정이 무효라고 대항할 수 없다.
> ⓒ 丁이 대출약정과 관련한 甲의 계약상 지위를 이전받은 경우, 乙은 丁에게 대출약정이 무효임을 항변할 수 있다.
> ⓒ 甲의 상속인 A가 甲, 乙간의 대출약정이 허위표시임을 모른 경우, 乙은 A에게 무효임을 대항할 수 없다.
> ② 甲에게 파산선고가 된 경우, 파산관재인 B가 대출약정이 허위표시임을 알았을 경우, 파산채권자 중 일부가 선의라면 乙은 B에게 대출약정의 무효를 대항할 수 있다.

① ⊙, ②
② ⓒ, ⓒ
③ ⓒ, ②
④ ⊙, ⓒ
⑤ ⓒ, ②

Point 10 은닉행위의 사례 ★★

정답 및 해설 p.19

☆중요

15 甲은 자기소유 토지를 乙에게 증여하기로 약정하였다. 그런데 세금문제를 우려하여 乙과 짜고 마치 매매계약을 체결한 것처럼 꾸며 乙 앞으로 이전등기를 하였다. 다음 중 옳은 것은? (판례에 의함)

중개사 16·18회

① 매매계약은 유효하다.
② 증여계약은 은닉행위로서 무효이다.
③ 甲은 乙을 상대로 이전등기의 말소를 청구할 수 없다.
④ 乙이 이런 사실을 모르고 있는 丙에게 매도하고 이전등기한 경우, 甲은 丙을 상대로 등기의 말소를 청구할 수 있다.
⑤ 乙이 이런 사실을 알고 있는 丙에게 매도하고 이전등기한 경우, 甲은 丙을 상대로 등기의 말소를 청구할 수 있다.

☆중요
16 甲은 자신의 X토지를 乙에게 증여하고, 세금을 아끼기 위해 이를 매매로 가장하여 乙명의로 소유권이전등기를 마쳤다. 그 후 乙은 X토지를 丙에게 매도하고 소유권이전등기를 마쳤다. 다음 중 **틀린** 것을 모두 고른 것은? (판례에 따름)

중개사 29회 유사

> ㉠ 甲과 乙 사이의 매매계약은 무효이다.
> ㉡ 甲과 乙 사이의 증여계약은 무효이다.
> ㉢ 甲은 악의인 丙에게 X토지의 소유권이전등기말소를 청구할 수 있다.
> ㉣ 丙이 甲과 乙 사이에 증여계약이 체결된 사실을 알지 못한 데 과실이 있는 경우 丙은 유효하게 소유권을 취득할 수 없다.

① ㉠
② ㉠, ㉢
③ ㉡, ㉣
④ ㉡, ㉢, ㉣
⑤ ㉠, ㉡, ㉢, ㉣

Point 11 허위표시의 제3자 여부 ★★★

정답 및 해설 p.19~20

17 통정허위표시의 무효로 대항할 수 없는 제3자에 해당하지 <u>않는</u> 자는?

2024 감평사

① 가장 소비대차의 계약상 지위를 이전받은 자
② 가장 매매의 목적물에 대하여 저당권을 설정받은 자
③ 가장 금전소비대차에 기한 대여금채권을 가압류한 자
④ 가장매매에 기한 매수인으로부터 목적부동산을 다시 매수하여 소유권이전등기를 마친 자
⑤ 가장 전세권 설정에 기하여 등기가 마쳐진 전세권에 관하여 저당권을 취득한 자

☆중요
18 통정허위표시의 무효는 선의의 '제3자'에게 대항하지 못한다는 규정의 '제3자'에 해당하는 자를 모두 고른 것은? (다툼이 있으면 판례에 따름)

중개사 26회 수정

> ㉠ 통정허위표시에 의한 채권을 가압류한 자
> ㉡ 가장소비대차에 따른 대여금채권의 선의의 양수인
> ㉢ 대리인의 통정허위표시에서 이를 알지 못한 본인
> ㉣ 가장양수인의 상속인
> ㉤ 차주와 통정하여 가장소비대차계약을 체결한 금융기관으로부터 그 계약을 인수한 자
> ㉥ 가장소비대차의 대주가 파산선고를 받았을 경우 파산관재인

① ㉠, ㉡
② ㉠, ㉡, ㉥
③ ㉡, ㉤
④ ㉡, ㉤, ㉥
⑤ ㉢, ㉣

⭐중요

19 통정허위표시를 기초로 새로운 법률상 이해관계를 맺은 제3자에 해당하지 <u>않는</u> 자는? (다툼이 있으면 판례에 따름)

중개사 31회

> ㉠ 가장채권을 가압류한 자
> ㉡ 채권의 가장양도에서 변제 전 채무자
> ㉢ 파산선고를 받은 가장채권자의 파산관재인
> ㉣ 가장채무를 보증하고 그 보증채무를 이행한 보증인
> ㉤ 가장 소비대차의 계약상 지위를 이전받은 자

① ㉠, ㉡
② ㉡, ㉢
③ ㉢, ㉣
④ ㉡, ㉤
⑤ ㉢, ㉤

20 통정허위표시에 기초하여 새로운 이해관계를 맺은 제3자에 해당하는 자를 모두 고르면?

2024 주관사

> ㉠ 가장 소비대차에서 가장소비대주의 계약상 지위를 이전받은 자
> ㉡ 제3자를 위한 계약의 수익자
> ㉢ 가장채권을 보유한 자가 파산선고를 받은 경우 파산관재인
> ㉣ 가장 전세권설정계약에 의하여 형성된 법률관계로 생긴 전세금반환채권을 가압류한 채권자

① ㉠, ㉢
② ㉡, ㉣
③ ㉡, ㉢
④ ㉢, ㉣
⑤ ㉠, ㉣

Point 12 착오문제 ★★

정답 및 해설 p.20~21

21 다음 중 착오에 관한 설명으로 <u>틀린</u> 것은? (판례에 의함) 중개사 16·21회, 감평사 종합

① 착오는 의사와 표시의 불일치를 모르고 한다는 점에서 비진의표시와 구별된다.
② 토지 전부를 경작할 수 있는 농지인 줄 알고 매수하였으나 측량결과 절반의 면적이 하천인 경우, 중요부분의 착오에 해당한다.
③ 신원보증서류에 서명한다는 착각에 빠진 상태에서 문서를 읽지 않고 연대보증서면에 서명한 경우 사기로 취소할 수 없고 표시상의 착오로 취소할 수 있다.
④ 동기의 착오로 취소하기 위해서는 동기를 의사표시의 내용으로 삼기로 하는 데 대하여 상대방과 합의가 이루어져야 한다.
⑤ 건물 및 그 부지를 현상대로 매수하는 경우에 부지의 면적 0.211평이 다소 부족하면 매매계약의 중요부분의 착오가 아니다.

☆ 중요
22 착오로 인한 의사표시에 관한 설명으로 옳지 <u>않은</u> 것은? 2018 감평사

① 제3자의 기망으로 표시상의 착오가 발생한 경우, 표의자는 사기를 이유로 의사표시를 취소할 수 있다.
② 착오로 인하여 표의자가 경제적인 불이익을 입지 않았다면, 법률행위 내용의 중요부분의 착오라고 할 수 없다.
③ 표의자의 착오를 알고 상대방이 이를 이용한 경우에는 착오가 표의자의 중대한 과실로 발생하여도 취소할 수 있다.
④ 당사자의 합의로 착오로 인한 의사표시의 취소를 배제하는 특약은 유효하다.
⑤ 동기의 착오로 취소할 때 그 동기를 표시하여 의사표시의 내용으로 되면 족하고, 의사표시의 내용으로 하는 당사자의 합의까지는 필요 없다.

23 「민법」 제109조의 중요부분의 착오에 대한 설명으로 옳은 것을 모두 고르면? (판례에 따름)

> ㉠ 경작할 수 없는 하천 땅을 논으로 오인하여 매입한 경우, 중요부분의 착오에 해당한다.
> ㉡ 매매 목적물의 시가의 착오가 현저하지 아니한 경우, 중요부분의 착오에 해당한다.
> ㉢ 착오에 의하여 표의자가 경제적 불이익을 입지 아니한 경우, 중요부분의 착오에 해당하지 아니한다.
> ㉣ 양도소득세액에 관한 법률의 착오를 일으켜 토지를 매도하였으나 그 후 법률개정으로 불이익이 소멸된 경우, 중요부분의 착오에 해당한다.
> ㉤ 담장을 기준으로 토지의 교환이 이루어졌으나 측량결과 그 담장이 실제 경계와 많은 차이가 있는 경우, 중요부분의 착오에 해당한다.

① ㉠, ㉡
② ㉡, ㉤
③ ㉢, ㉣
④ ㉠, ㉤
⑤ ㉡, ㉣

24 착오에 의한 법률행위에 관한 설명으로 틀린 것은? (판례에 의함) 중개사 23회

① 단순히 장래의 미필적 사실의 발생에 대한 기대나 예상이 빗나간 것에 불과한 경우 착오라고 할 수 없다.
② 주채무자 소유의 부동산에 가압류 등기가 없다고 믿고 보증하였더라도, 그 가압류가 원인무효로 밝혀졌다면 착오를 이유로 취소할 수 없다.
③ 상대방에 의해 유발된 동기의 착오는 동기가 표시되지 않았더라도 중요부분의 착오가 될 수 있다.
④ 공인중개사를 통하지 않고 토지매수를 하는 경우, 토지대장 등을 확인하지 않은 매수인은 목적물의 동일성에 착오가 있어도 착오로 매매계약을 취소할 수 없다.
⑤ 매수인의 중도금을 미지급을 이유로 매도인이 적법하게 계약을 해제한 경우, 매수인은 착오를 이유로 계약을 다시 취소할 수는 없다.

25 착오에 관한 설명으로 틀린 것을 모두 고르면? (판례에 따름) 중개사 26회 수정

㉠ 매도인이 계약을 적법하게 해제한 후 매수인은 해제에 따른 불이익을 면하기 위하여 착오로 취소권을 행사하여 계약 전체를 무효로 할 수 없다.
㉡ 표의자가 착오를 이유로 의사표시를 취소한 경우, 취소된 의사표시로 인해 손해를 입은 상대방은 불법행위를 이유로 손해배상을 청구할 수 있다.
㉢ 매매계약 내용의 중요부분에 착오가 있는 경우, 매수인은 매도인의 하자담보책임이 성립하는지와 상관없이 착오를 이유로 매매계약을 취소할 수 있다.
㉣ 착오가 표의자의 중대한 과실로 인한 경우에는 상대방이 표의자의 착오를 알고 이용하더라도 표의자는 의사표시를 취소할 수 없다.
㉤ 표의자의 중과실 유무의 입증책임은 의사표시의 효력을 부인하는 착오자가 아니라 상대방이 증명하여야 한다.

① ㉠, ㉢
② ㉡, ㉢, ㉤
③ ㉠, ㉡, ㉣
④ ㉠, ㉢, ㉣
⑤ ㉡, ㉢, ㉣, ㉤

26 착오에 관한 설명 중 옳지 않은 것은? (판례에 의함) 2020 변시 수정

① 매매계약 내용의 중요부분에 착오가 있는 경우, 매수인은 매도인의 하자담보책임이 성립하는지와 상관없이 착오를 이유로 매매계약을 취소할 수 있다.
② 매도인이 매수인의 중도금 지급채무 불이행을 이유로 매매계약을 적법하게 해제한 후라도 매수인은 착오를 이유로 취소하여 매매계약 전체를 무효로 만들 수 있다.
③ 착오가 표의자의 중대한 과실로 발생하였으나 상대방이 표의자의 착오를 알고 이용한 경우, 표의자는 의사표시를 취소할 수 있다.
④ 상대방의 부정한 방법으로 동기를 유발한 경우 그 동기가 표시되지 않아도 착오로 취소할 수 있다.
⑤ 경과실에 의한 착오로 의사표시를 취소한 자는 상대방이 의사표시의 유효를 믿었음으로 인하여 발생한 손해에 대해 불법행위책임을 진다.

27 乙의 X부동산을 甲은 매수하였는데 계약 내용의 중요부분에 착오가 있어 이를 이유로 매매계약을 취소하고자 한다. 이에 관한 설명으로 옳은 것은? (다툼이 있으면 판례에 따름)

2020 · 2021 주관사 종합

① 하자담보책임과 착오의 요건을 갖춘 경우, 甲은 하자담보책임을 물을 수 있을 뿐 착오를 이유로 매매계약을 취소할 수는 없다.
② 甲의 매매계약 취소가 인정되기 위해서는 甲은 자신에게 중대한 과실이 없었음을 주장·증명해야 한다.
③ 乙이 甲의 대금채무불이행을 이유로 매매계약을 적법하게 해제한 경우, 甲은 해제로 인한 불이익을 면하기 위하여도 착오로 인한 취소권을 행사할 수 없다.
④ 경과실로 인해 착오에 빠진 甲이 매매계약을 취소한 경우, 乙은 甲에게 불법행위책임을 물을 수 있다.
⑤ 착오로 인한 甲의 불이익이 사후에 사정변경으로 소멸되었을 경우, 甲은 착오를 입증하여도 취소할 수 없다.

28 乙의 X부동산을 甲은 매수하였는데 계약 내용의 중요부분에 착오가 있어 이를 이유로 매매계약을 취소하고자 한다. 이에 관한 설명으로 옳은 것은? (판례에 따름)

2024 감평사

> ⊙ 甲의 매매계약 취소가 인정되기 위해서는 甲은 자신에게 중대한 과실이 없음을 주장·증명해야 한다.
> ⓒ 乙이 甲의 대금채무불이행을 이유로 매매계약을 적법하게 해제한 경우, 甲은 해제로 인한 불이익을 면하기 위하여도 착오로 인한 취소권을 행사할 수 있다.
> ⓒ 甲에게 중과실이 존재하는 경우 乙이 甲의 착오임을 알면서 이용하였다면 甲은 착오로 취소할 수 없다.
> ⓔ 하자담보책임이 성립하는 경우 甲은 중요부분의 착오가 있더라도 착오를 이유로 매매계약을 취소할 수 없다.

① ⊙
② ⓒ
③ ⓒ, ⓒ
④ ⓒ, ⓔ
⑤ ⓒ, ⓔ

29 착오로 인한 의사표시에 대하여 옳지 못한 것은?

① 매도인의 하자담보책임이 성립하더라도 착오로 인한 취소권은 배제되지 않는다.
② 계약 당시를 기준으로 하여 장래의 미필적 사실에 대한 기대나 예상이 빗나간 경우 착오로 인한 취소는 인정되지 않는다.
③ 토지매매에서 특별한 사정이 없는 한 매수인에게 측량을 하거나 지적도와 대조하는 등의 방법으로 매매목적물이 지적도상의 그것과 정확히 일치하는지 여부를 미리 확인하여야 할 주의의무가 있다.
④ 매매계약에서 매수인이 시가에 관한 착오를 하더라도 원칙적으로 중요부분의 착오에 해당하지 않는다.
⑤ 상대방이 표의자의 착오를 알고 이용하였다면 표의자의 착오에 중과실이 있더라도 착오로 취소할 수 있다.

30 사기에 의한 의사표시에 관한 설명으로 옳은 것을 모두 고르면? (판례에 의함)

㉠ 신원보증서류라는 인식하에 연대보증서면의 문서내용을 읽지 않고 서명, 날인한 경우 판례는 사기로 취소할 수 있다는 입장이다.
㉡ 기망행위가 위법할 때는 사기로 인한 취소와 불법행위로 인한 손해배상청구권이 경합한다.
㉢ 사기에 의한 의사표시의 취소는 제3자에게 대항하지 못하는데 여기서 제3자는 선의이며 과실이 없어야 한다.
㉣ 사기에 의한 의사표시의 취소는 선의 제3자에게 대항하지 못하는데 이때 제3자의 선의는 추정된다.
㉤ 상가의 수익률을 다소 과장광고한 경우 이는 위법한 기망행위에 해당하여 사기로 취소를 인정한다.

① ㉠, ㉡
② ㉡, ㉣
③ ㉠, ㉢
④ ㉢, ㉣
⑤ ㉣, ㉤

31 사기, 강박에 의한 의사표시에 관하여 옳은 것을 모두 고른 것은? 2025 감평사

> ㉠ 상대방의 대리인에 의한 강박은 제110조 제2항의 제3자의 강박에 해당한다.
> ㉡ 제3자가 사기에 의한 의사표시에 대항하기 위하여는 특별한 사정이 없는 한 자신의 선의를 증명하여야 한다.
> ㉢ 거래에서 중요한 사실을 신의칙에 비추어 비난받을 정도의 방법으로 허위로 고지한 것은 기망행위에 해당한다.

① ㉠
② ㉢
③ ㉠, ㉡
④ ㉡, ㉢
⑤ ㉠, ㉡, ㉢

32 사기에 의한 의사표시에 관한 설명으로 옳은 것은? (판례에 의함) 중개사 19회

① 표의자가 제3자의 사기로 의사표시를 한 경우, 상대방이 그 사실을 과실 없이 알지 못한 때에도 그 의사표시를 취소할 수 있다.
② 사기에 의한 의사표시의 상대방의 포괄승계인은 사기를 이유로 한 법률행위의 취소로써 대항할 수 없는 선의의 제3자에 포함된다.
③ 제3자의 기망행위로 신원보증서면에 서명한다는 착각에 빠져 연대보증서면에 서명한 경우, 사기를 이유로 의사표시를 취소할 수 있다.
④ 교환계약의 당사자 일방이 상대방에게 그가 소유하는 목적물의 시가를 허위로 고지한 경우, 원칙적으로 사기를 이유로 취소할 수 있다.
⑤ 甲의 대리인 乙의 사기로 乙에게 매수의사를 표시한 상대방 丙은 甲이 그 사실을 알지 못한 경우에도 사기를 이유로 법률행위를 취소할 수 있다.

Point 13 제3자의 사기 사례 ★★★

정답 및 해설 p.21~22

★중요

33 甲은 자기소유의 X건물을 제3자 A의 기망행위로 인하여 매수인 乙에게 매도하고 소유권을 이전하였고 乙은 X건물을 제3자 丙에게 양도하였다. 다음 중 <u>틀린</u> 것을 모두 고르면? (판례에 의함)

중개사 18 · 26회 종합

> ㉠ 甲이 사기당한 사실을 乙이 알았거나 알 수 있었을 경우에 한하여 甲은 매매계약을 취소할 수 있다.
> ㉡ 甲이 사기당한 사실을 乙이 모르고 무과실인 경우 甲은 취소할 수 없다.
> ㉢ 乙이 건물을 선의인 丙에게 양도한 경우, 甲이 乙과의 매매계약을 사기로 취소하면 그 효과를 선의의 丙에게도 대항할 수 있다.
> ㉣ 甲이 A를 상대로 불법행위를 원인으로 하는 손해배상을 청구하기 위해서는 반드시 먼저 乙과의 매매계약을 반드시 취소하여야 한다.
> ㉤ 만약 甲의 대리인 A가 乙을 기망한 경우 乙은 본인 甲이 대리인 A의 사기사실을 알았거나 알 수 있었을 경우에 한하여 매매계약을 취소할 수 있다.

① ㉠, ㉣ ② ㉡, ㉢ ③ ㉢, ㉣
④ ㉢, ㉣, ㉤ ⑤ ㉢, ㉤

★중요

34 甲은 제3자 乙의 기망으로 자기 소유의 X토지를 丙에게 매매하였고, 丙은 그의 채권자 丁에게 X토지에 근저당권을 설정하였다. 甲은 기망행위를 이유로 매매계약을 취소하려고 한다. 다음 중 옳지 <u>않은</u> 것은? (판례에 따름)

2020 감평사 수정

> ㉠ 甲은 乙의 기망사실을 丙이 과실 없이 알지 못한 경우에도 계약을 취소할 수 있다.
> ㉡ 丙의 악의 또는 과실은 취소하려는 甲이 증명하여야 한다.
> ㉢ 甲은 丙과 토지매매계약의 취소 없이도 乙에게 불법행위책임을 물을 수 있다.
> ㉣ 제3자 丁의 선의는 추정된다.
> ㉤ 매매계약을 취소한 甲은, 丁이 선의이지만 과실이 있으면 근저당권설정등기의 말소를 청구할 수 있다.

① ㉠, ㉣ ② ㉡, ㉢ ③ ㉢, ㉤
④ ㉢, ㉣, ㉤ ⑤ ㉠, ㉤

35 A의 대리인 B가 C를 기망하여 A소유 X건물을 C와 매매계약을 체결한 경우, 그 법률관계에 관하여 옳지 않은 것을 모두 고르면? (판례에 의함)

> ㉠ C는 A가 B의 기망사실을 알았거나 알 수 있었을 경우에 한하여 매매계약을 취소할 수 있다.
> ㉡ C는 A가 B의 기망사실을 알지 못한 경우 취소할 수 없다.
> ㉢ C는 A가 B의 기망사실에 대하여 선의, 악의 관계없이 취소할 수 있다.
> ㉣ 대리인 B의 사기는 「민법」제110조 제2항의 제3자의 사기에 해당한다.

① ㉠
② ㉠, ㉡, ㉣
③ ㉢, ㉣
④ ㉢
⑤ ㉠, ㉢

36 사기에 의한 의사표시에 관한 설명으로 옳지 않은 것은? (판례에 따름) 〔중개사 27회〕

① 아파트분양자가 아파트단지 인근에 공동묘지가 조성되어 있다는 사실을 분양계약자에게 고지하지 않은 경우에는 기망행위에 해당한다.
② 아파트분양자에게 기망행위가 인정된다면, 분양계약자는 기망을 이유로 분양계약을 취소하거나 취소를 원하지 않을 경우 손해배상만을 청구할 수도 있다.
③ 분양회사가 상가를 분양하면서 그곳에 첨단 오락타운을 조성하여 수익을 보장한다는 다소 과장된 선전광고를 하는 것은 기망행위에 해당한다.
④ 제3자의 사기에 의해 의사표시를 한 표의자는 상대방이 그 사실을 알았거나 알 수 있었을 경우에 그 의사표시를 취소할 수 있다.
⑤ 대리인의 기망행위에 의해 계약이 체결된 경우, 계약의 상대방은 본인이 선의이더라도 계약을 취소할 수 있다.

37 사기, 강박에 의한 의사표시에 대하여 옳은 것은? (판례에 따름)   2024 감평사

① 피기망자에게 손해를 가할 의사는 사기에 의한 의사표시의 성립요건이다.
② 상대방이 불법으로 어떤 해악을 고지하였으나 표의자가 어떤 공포심을 느끼지 않았어도 강박에 의한 의사표시에 해당한다.
③ 상대방의 대리인이 한 사기는 제3자의 사기에 해당한다.
④ 단순히 상대방의 피용자에 지나지 않는 사람이 행한 강박은 제3자의 강박에 해당하지 아니한다.
⑤ 매도인을 기망하여 부동산을 매수한 자로부터 그 부동산을 다시 매수한 제3자는 선의로 추정된다.

38 강박에 의한 의사표시에 관한 설명으로 옳지 못한 것은? (판례에 의함)

① 강박이란 해악을 고지하여 공포심을 느껴서 부당한 의사결정을 하게 하는 것을 말한다.
② 부정행위에 대한 고소, 고발은 부정한 이익을 목적으로 하는 경우에도 정당한 권리행사로서 위법성이 인정되지 않는다.
③ 해악의 고지 없이 각서에 서명할 것을 강력히 요구한 것은 위법한 강박행위가 아니다.
④ 의사표시의 상대방이 표의자의 진의에 동의하여 쌍방의 공통된 진의에 따라 법률효과가 인정되는 경우 착오에 의한 표시를 이유로 취소할 수 없다.
⑤ 강박에 의해 자유로운 의사결정의 여지가 완전히 박탈되어 그 외형만 있는 법률행위는 무효이다.

39 강박에 의한 의사표시에 관한 설명으로 옳은 것은? (판례에 의함)   중개사 23회 유사

① 상대방의 강박에 의해 증여의 의사표시를 한 경우 증여의 내심의 효과의사가 결여된 것으로 비진의표시에 해당한다.
② 법률행위의 성립과정에 강박이라는 불법적 방법이 사용된 것에 불과한 경우 반사회질서의 법률행위에 해당한다.
③ 제3자의 강박에 의해 의사표시를 한 경우, 상대방이 그 사실을 알 수 있었다면 표의자는 자신의 의사표시를 취소할 수 없다.
④ 강박에 의해 자유로운 의사결정의 여지가 완전히 박탈되어 그 외형만 있는 법률행위는 무효이다.
⑤ 어떤 해악의 고지가 그 해악의 고지로써 추구하는 이익 달성을 위한 수단으로 부적당한 경우에는 위법성이 인정되지 않는다.

Point 14 의사표시의 종합 문제 ★★

40 의사표시에 관하여 옳지 못한 것은? (판례에 따름) 2024 감평사

① 의사표시자가 통지를 발한 후 사망하여도 그 의사표시의 효력에 영향을 미치지 아니한다.
② 통정허위표시는 통정의 동기나 목적은 허위표시의 성립에 영향이 없다.
③ 통정허위표시로서 무효인 경우 당사자는 가장행위의 채무불이행이 있어도 이를 이유로 손해배상을 청구할 수 없다.
④ 착오로 인하여 표의자가 경제적 불이익을 입지 아니한 경우, 중요부분의 착오라고 할 수 없다.
⑤ 상대방이 표의자의 착오를 알고 이용한 경우, 착오가 표의자의 중대한 과실로 인한 경우에는 표의자는 착오로 취소할 수 없다.

41 의사와 표시가 불일치하는 경우에 관한 설명으로 옳은 것은? (판례에 따름) 중개사 32회

① 통정허위표시의 무효로 대항할 수 없는 제3자에 해당하는지를 판단할 때, 파산관재인은 파산채권자 일부가 선의라면 선의로 다루어진다.
② 비진의 의사표시는 상대방이 표의자의 진의 아님을 알 수 있었을 경우 취소할 수 있다.
③ 비진의 의사표시는 상대방과 통정이 없었다는 점에서 착오와 구분된다.
④ 통정허위표시의 무효에 대항하려는 제3자는 자신이 선의라는 것을 증명하여야 한다.
⑤ 매수인의 채무불이행을 이유로 매도인이 계약을 적법하게 해제했다면, 착오를 이유로 한 매수인의 취소권은 소멸한다.

고득점
42 「민법」상 '제3자'에 관한 설명 중 옳지 않은 것을 모두 고른 것은? (판례에 의함)

2020 변시 수정

> ㉠ 명의신탁 약정의 무효는 선의·악의에 관계없이 제3자에게 대항할 수 없다.
> ㉡ 제한능력으로 인한 의사표시의 취소는 선의의 제3자에게 대항할 수 없다.
> ㉢ 당사자의 궁박, 경솔, 무경험으로 인하여 현저하게 공정을 잃은 법률행위의 무효는 선의의 제3자에게 대항할 수 없다.
> ㉣ 무권대리행위의 추인에 따른 계약의 소급효는 배타적 권리를 취득한 제3자의 권리를 해하지 못한다.
> ㉤ 상대방 있는 의사표시에 관하여 제3자가 강박을 행한 경우 그 의사표시의 취소는 그 의사표시를 기초로 새로운 이해관계를 맺은 선의의 제3자에게 대항할 수 없다.

① ㉠, ㉤ ② ㉠, ㉣ ③ ㉡, ㉢
④ ㉡, ㉣, ㉤ ⑤ ㉢, ㉣, ㉤

Point 15 의사표시의 효력발생 ★

정답 및 해설 p.22~23

43 상대방 있는 의사표시의 효력발생에 관한 설명 중 틀린 것은?

① 상대방이 의사표시를 받은 때에 제한능력자인 경우 그 상대방의 법정대리인이 도달한 사실을 안 후 표의자는 의사표시로써 대항할 수 있다.
② 도달이란 의사표시의 내용을 상대방이 수령하거나 알 것까지는 요하지 않으며, 사회관념상 상대방이 그 내용을 알 수 있는 객관적 상태에 있음을 뜻한다.
③ 매매의 청약을 발한 후 도달하기 전에 청약자가 사망한 경우에 청약은 그 효력이 생기지 않는다.
④ 의사표시의 수령자가 제한능력자인 경우 표의자는 의사표시의 도달을 대항할 수 없으나 그 법정대리인이 안 때는 도달을 주장할 수 있다.
⑤ 보통우편의 방법으로 발송된 사실만으로는 발송일로부터 상당한 기간 내에 수취인에게 도달된 것으로 추정할 수 없다.

44 의사표시의 효력발생시기에 관한 설명으로 옳지 않은 것은? (판례에 따름) 2020 감평사
① 상대방 있는 의사표시는 상대방에게 도달한 때에 그 효력이 생긴다.
② 표의자가 의사표시의 통지를 발송한 후 제한능력자가 되어도 그 의사표시의 효력은 영향을 받지 아니한다.
③ 상대방이 현실적으로 통지를 수령하거나 그 내용을 안 때에 도달한 것으로 본다.
④ 상대방이 정당한 사유 없이 통지의 수령을 거절한 경우, 상대방이 그 통지의 내용을 알 수 있는 객관적 상태에 놓여 있는 때에 의사표시의 효력이 생긴다.
⑤ 등기우편으로 발송된 경우, 상당한 기간 내에 도달하였다고 추정된다.

45 의사표시의 효력발생에 관한 설명으로 틀린 것은? (판례에 따름)
① 표의자가 매매의 청약을 발송한 후 사망하여도 그 청약의 효력에 영향을 미치지 아니한다.
② 상대방이 정당한 사유 없이 통지의 수령을 거절한 경우에도 그가 통지의 내용을 알 수 있는 객관적 상태에 놓인 때에 의사표시의 효력이 생긴다.
③ 의사표시가 기재된 내용증명우편이 발송되고 달리 반송되지 않았다면 특별한 사정이 없는 한 그 의사표시는 도달된 것으로 봄이 상당하다.
④ 표의자가 그 통지를 발송한 후 제한능력자가 된 경우, 그 법정대리인이 통지 사실을 알기 전에는 의사표시의 효력이 없다.
⑤ 매매계약을 해제하겠다는 내용증명우편이 상대방에게 도착하였으나 정당한 사유 없이 우편물의 수취를 거절한 경우 해제의 의사표시가 도달한 것으로 볼 수 있다.

46 의사표시에서 발신주의가 적용되는 경우를 모두 고른 것은? 중개사 20회 유사

> ㉠ 격지자간의 계약에 있어 승낙의 의사표시
> ㉡ 매매예약완결권 행사 여부의 최고에 대한 확답
> ㉢ 해제권 행사 여부의 최고에 대한 해제의 통지
> ㉣ 제3자를 위한 계약에 있어 계약이익 향수 여부의 최고에 대한 수익자의 확답
> ㉤ 무권대리에서 상대방이 본인에게 추인 여부의 확답을 최고한 경우 본인의 확답

① ㉠, ㉤　　　② ㉠, ㉢　　　③ ㉠, ㉡
④ ㉡, ㉤　　　⑤ ㉢, ㉣

47 의사표시의 효력발생에 관한 설명으로 옳은 것은? 2020 주관사 유사
① 의사표시자가 그 통지를 발송한 후 제한능력자가 된 경우, 그 의사표시는 효력이 없다.
② 보통우편의 방법으로 발송되었다는 사실만으로 그 우편물은 상당기간 내에 도달한 것으로 추정된다.
③ 의사표시가 상대방에게 도달하더라도 상대방이 그 내용을 알기 전에는 그 효력이 발생하지 않는다.
④ 의사표시의 상대방이 의사표시를 받은 때에 제한능력자인 경우에는 표의자는 그 의사표시로써 대항할 수 없다.
⑤ 표의자는 의사표시가 상대방에게 도달 전이어도 철회할 수 없다.

제4장 법률행위의 대리

☆중요 출제가능성이 높은 중요 문제   고득점 고득점 목표를 위한 어려운 문제   신유형 기존에 출제되지 않은 신유형 대비 문제

> **💡 Tip 출제의 맥**
> - 대리제도의 종합적 사례이해가 출제의 맥이다.
> - 무권대리는 사례문제로 대비해야 한다.
> - 복대리는 조문 중심으로 대비하는 것이 필수적이다.
> - 표현대리는 특징과 종류를 중점적으로 학습한다.

Point 16 대리제도의 종합 ★★

01 대리에 관한 설명으로 옳지 않은 것은? 2014 감평사
① 본인이 결정한 것을 전달하는 사자는 의사능력자일 필요는 없다.
② 대리행위가 효력을 발생하기 위해서는 대리인은 행위능력자이어야 한다.
③ 대리인이 의사무능력자인 경우 그의 대리행위는 무효다.
④ 수권행위는 불요식행위로서 묵시적으로도 할 수 있고 본인은 언제든지 수권행위를 철회할 수 있다.
⑤ 대리인이 자신의 이름으로 선임한 사자는 복대리인이 아니다.

02 대리권의 범위가 명확하지 않은 임의대리인이 일반적으로 할 수 있는 행위가 아닌 것은? (특별한 사정이 없는 것을 전제로 함) 중개사 22회 유사

> ㉠ 미등기 부동산을 등기하는 행위
> ㉡ 부패하기 쉬운 물건의 매각행위
> ㉢ 채무의 일부를 면제하는 행위
> ㉣ 소의 제기로 채권의 소멸시효를 중단시키는 행위
> ㉤ 계약을 해제하는 행위
> ㉥ 은행예금을 찾아 보다 높은 금리로 개인에게 빌려주는 행위

① ㉠, ㉡, ㉣   ② ㉡, ㉣, ㉥   ③ ㉢, ㉤, ㉥
④ ㉣, ㉤, ㉥   ⑤ ㉠, ㉢

03 대리권의 범위에 관한 설명으로 옳지 <u>않은</u> 것은? (판례에 의함) 2018 감평사

① 매매계약의 체결과 이행에 관하여 포괄적으로 대리권을 수여받은 대리인은 특별한 사정이 없는 한 대금수령권, 약정된 대금지급기일을 연기하여 줄 권한도 가진다.
② 권한을 정하지 않은 임의대리인은 본인의 특별수권이 없이도 보존행위, 이용행위를 할 수 있다.
③ 예금계약의 체결을 위임받은 자의 대리권에는 특별한 사정이 없는 한 그 예금을 담보로 대출을 받을 수 있는 권한이 포함되어 있다.
④ 계약체결의 대리권을 수여받은 대리인은 특별한 사정이 없는 한 체결된 계약을 해제할 수 있는 권한을 갖지 않는다.
⑤ 대여금의 수령권한만을 위임받은 대리인이 대여금 채무의 일부를 면제하기 위해서는 본인의 특별수권이 필요하다.

04 대리권의 범위와 제한에 관한 설명으로 <u>틀린</u> 것은? (판례에 따름) 중개사 27회 수정

① 대리인에 대한 본인의 금전채무가 기한이 도래한 경우 대리인은 본인의 특별수권 없이 그 채무를 변제하지 못한다.
② 담보권설정계약을 체결할 권한이 있는 임의대리인은 특별한 사정이 없는 한 계약을 해제할 권한까지는 없다.
③ 본인의 허락이 있거나 다툼이 없는 채무의 이행은 자기계약, 쌍방대리가 허용된다.
④ 대리인이 수인인 때에는 각자가 본인을 대리함이 원칙이나, 법률 또는 수권행위에서 달리 정할 수 있다.
⑤ 권한을 정하지 않은 대리인은 본인의 특별 수권 없이 보존행위, 그리고 성질이 변하지 않는 범위에서 이용, 개량행위를 할 수 있다.

☆중요
05 「민법」의 규정상 임의대리권의 소멸사유가 <u>아닌</u> 것은?

┌───┐
│ ㉠ 본인이 사망한 경우   ㉡ 본인이 피성년후견 개시   │
│ ㉢ 대리인이 파산한 경우   ㉣ 대리인이 피성년후견 개시   │
│ ㉤ 대리인이 피한정후견 개시   ㉥ 본인이 수권행위를 철회한 경우│
│ ㉰ 원인된 법률관계가 종료   │
└───┘

① ㉠, ㉢, ㉤, ㉥ ② ㉡, ㉣, ㉤ ③ ㉡, ㉤
④ ㉣, ㉤, ㉰   ⑤ ㉡, ㉥, ㉰

🔖신유형
06 대리에 관한 설명으로 **틀린** 것은? (판례에 의함)

① 매매위임장을 제시하고 자기의 이름으로 매매계약을 체결하는 자는 특별한 사정이 없는 한 본인을 대리하여 매매행위를 하는 것으로 보아야 한다.
② 대리인이 본인을 위한 것임을 표시하지 않은 의사표시는 대리인을 위한 것으로 본다.
③ 의사표시가 의사의 흠결, 사기·강박, 어느 사정을 알았느냐 여부로 영향을 받을 경우 그 사실의 유무는 대리인을 기준으로 결정한다.
④ 대리인의 기망행위로 계약을 체결한 상대방은 본인이 그 기망행위를 알지 못한 경우, 사기를 이유로 계약을 취소할 수 없다.
⑤ 대리인이 수인인 때에 법률이나 수권행위로 다른 정함이 없으면 각자 본인을 대리한다.

☆중요
07 대리에 관한 설명으로 옳지 **않은** 것을 고르면? (판례에 따름)　　　2020 주관사 유사

> ㉠ 법정대리권은 원인된 법률관계의 종료에 의하여 소멸한다.
> ㉡ 대리인은 본인의 허락이 없어도 쌍방을 대리하여 다툼이 없는 채무의 이행을 할 수 있다.
> ㉢ 복대리인이 그 권한 내에서 본인을 위한 것임을 표시한 의사표시는 직접 본인에게 효력이 생긴다.
> ㉣ 법률행위에 의해 대리권을 부여받은 대리인은 특별한 사정이 없는 한 복대리인을 선임할 수 있다.
> ㉤ 복대리인은 행위능력자임을 요하지 아니한다.

① ㉠, ㉡　　② ㉡, ㉣　　③ ㉠, ㉣　　④ ㉡, ㉢　　⑤ ㉣, ㉤

08 甲은 乙의 임의 대리인이다. 이에 관한 설명으로 옳은 것은? (판례에 따름)　　2024 감평사

① 甲이 乙로부터 매매계약체결의 대리권한을 포괄적으로 위임받은 경우, 甲은 그 계약에서 정한 계약금, 잔금을 수령할 권한을 가질 수 없다.
② 甲이 乙로부터 금전소비대차계약의 대리권한을 위임받은 경우, 특별한 사정이 없는 한 甲은 그 계약의 해제권한을 가진다.
③ 乙이 사망하더라도 특별한 사정이 없는 한 甲의 대리권은 소멸하지 아니한다.
④ 미성년자인 甲이 乙로부터 매매계약체결의 권한을 위임받아 매매계약을 체결한 경우, 乙은 甲이 체결한 매매계약을 甲이 미성년임을 이유로 취소할 수 없다.
⑤ 甲이 부득이한 사유로 丙을 복대리로 선임한 경우, 丙은 甲의 대리인이다.

09 대리에 관한 설명으로 옳지 않은 것은? (판례에 따름) 2019 감평사, 변시 종합

① 대리인을 통한 부동산거래에서 상대방 앞으로 소유권이전등기가 마쳐진 경우, 대리권 유무에 대한 증명책임은 대리행위의 유효를 주장하는 상대방에게 있다.
② 대리행위의 하자로 인한 취소권은 원칙적으로 본인에게 귀속된다.
③ 대리인의 대리행위가 사회질서에 반하는 경우, 본인이 그 사정을 몰랐다고 하더라도 그 대리행위는 무효로 됨에 장애가 되지 않는다.
④ 대리인이 상대방에게 사기·강박을 하였다면, 상대방은 본인이 그에 대해 선의·무과실이라 하더라도 대리인과 행한 법률행위를 취소할 수 있다.
⑤ 복대리인은 본인의 대리인이다.

10 대리에 관한 설명으로 옳지 못한 것은? (판례에 따름) 2024 주관사

① 매수인의 대리인이 계약에서 착오를 일으켰으나 매수인에게는 착오가 없었던 경우, 매수인은 매매계약을 착오로 취소할 수 있다.
② 매매계약을 체결할 대리권을 수여받은 대리인이 상대방으로부터 매매대금을 지급받았으나 이를 본인에게 전달하지 않은 경우 특별한 사정이 없는 한 상대방의 대금지급의무는 소멸한다.
③ 임의대리의 경우 대리권수여의 원인이 된 법률관계가 종료되면 그 시점에 대리권은 소멸한다.
④ 매매계약의 체결과 이행에 관하여 포괄적인 대리권을 수여받은 자는 특별한 사정이 없는 한 약정한 매매대금의 지급기일도 연기할 권한을 가진다.
⑤ 매매계약이 매도인의 대리인에 의한 채무불이행으로 상대방에 의하여 적법하게 해제된 경우, 그 해제로 인한 원상회복의무는 대리인과 상대방이 부담한다.

Point 17 　대리제도의 사례문제 적용 ★★★

정답 및 해설 p.24

🌟중요

11 甲의 대리인 乙은 甲소유의 X부동산을 丙에게 매도하기로 약정하였다. 다음 설명 중 **틀린** 것은? (다툼이 있으면 판례에 의함)　　　　　　　　　　　　　　중개사 24·30회 종합

① 丙의 채무불이행이 있는 경우 대리인 乙은 특별한 사정이 없으면 계약을 해제할 수 없다.
② 乙이 丙의 기망행위로 사기를 당한 경우, 대리행위의 하자는 乙을 기준으로 판단하고, 甲은 이를 취소할 수 있다.
③ 乙의 채무불이행을 원인으로 丙에 의해서 매매계약이 해제된 경우 특별한 사정이 없는 한 해제로 인한 원상회복책임은 乙과 丙이 진다.
④ 乙이 계약을 체결하면서 甲을 위한 것임을 표시하지 않은 경우, 특별한 사정이 없으면 그 의사표시는 대리인을 위한 것으로 본다.
⑤ 만일 乙이 미성년자인 경우, 甲은 乙이 제한능력자임을 이유로 이미 이루어진 매매계약을 취소할 수 없다.

▲고득점

12 甲으로부터 甲 소유의 X토지의 매도 대리권을 수여받은 乙은 甲을 대리하여 丙과 X토지에 대한 매매계약을 체결하였다. 다음 설명 중 타당한 것은? (다툼이 있으면 판례에 따름)

중개사 34회 유사

① 乙이 甲을 위한 것임을 현명하지 아니한 경우 乙 자신을 위한 것으로 추정한다.
② 丙의 채무불이행이 있는 경우, 특별한 사정이 없는 한 乙은 매매계약을 해제할 수 있다.
③ 매매계약의 해제로 인한 원상회복의무는 甲과 丙이 부담한다.
④ 丙이 매매계약을 해제한 경우, 丙은 乙에게 채무불이행으로 인한 손해배상을 청구할 수 있다.
⑤ 乙이 자기의 이익을 위하여 배임적 대리행위를 하였고 丙도 이를 알고 있는 경우, 乙의 대리행위는 甲에게 효력을 미친다.

13 부동산매도인 甲의 대리인 乙이 매수인 丙과 X부동산 매매계약을 체결하였다. 다음 설명 중 옳은 것은? (판례에 의함) 감평사 유사

① 乙이 丙에게 사기를 당하여 계약을 체결한 경우, 사기를 당했는지 여부는 乙을 기준으로 하고, 취소는 甲이 할 수 있다.
② 乙이 丙에게 사기를 행한 경우 매수인 丙은 매도인 甲이 그 사실을 알았거나 알 수 있었을 경우에 한하여 매매계약을 취소할 수 있다.
③ 甲의 대리인 乙이 수권행위 당시부터 제한능력자인 경우, 甲은 대리인의 제한능력자임을 이유로 대리행위를 취소할 수 있다.
④ 乙은 甲의 허락이 없이도 甲을 대리하여 자신이 X토지를 매수하는 계약을 체결할 수 있다.
⑤ 매매계약이 불공정한 법률행위인가를 판단함에는 경솔·무경험은 甲을 표준으로 판단하여야 하고, 궁박 여부는 乙의 입장에서 판단하여야 한다.

14 대리에 관한 설명으로 옳지 않은 것은? (판례에 따름) 2020 주관사

① 임의대리권은 원인된 법률관계의 종료에 의하여 소멸한다.
② 대리인은 본인의 허락이 없어도 쌍방을 대리하여 다툼이 없는 채무의 이행을 할 수 있다.
③ 복대리인이 그 권한 내에서 본인을 위한 것임을 표시한 의사표시는 직접 본인에게 효력이 생긴다.
④ 법률행위에 의해 대리권을 부여받은 대리인은 특별한 사정이 없는 한 복대리인을 선임할 수 있다.
⑤ 매매계약의 체결과 이행에 관한 포괄적 대리권을 수여받은 대리인은 특별한 사정이 없는 한 약정된 매매대금 지급기일을 연기해 줄 권한도 가진다.

15 甲은 자신의 X토지를 매도할 것을 미성년자 乙에게 위임하고 대리권을 수여하였다. 乙은 甲을 대리하여 丙과 X토지의 매매계약을 체결하였는데, 계약체결 당시 丙의 위법한 기망행위가 있었다. 다음 중 옳은 것은? (특별한 사정은 없는 것을 전제함, 판례에 따름)

2020 주관사

① 乙이 사기를 당했는지 여부는 甲을 표준으로 하여 결정한다.
② 乙이 사기를 이유로 丙과의 매매계약을 취소할 수 있다.
③ 甲은 乙이 제한능력자라는 이유로 乙이 체결한 계약을 취소할 수 없다.
④ 乙이 사망하면 특별한 사정이 없는 한 乙의 상속인에게 그 대리권이 승계된다.
⑤ 乙이 丙의 사기에 의해 착오를 일으켜 계약을 체결한 경우, 착오에 관한 법리는 적용되지 않고 사기에 관한 법리만 적용된다.

Point 18 복대리의 성질·복임권 여부 ★★

정답 및 해설 p.24~25

☆중요

16 복대리에 관한 설명으로 옳은 것은?

중개사 19·21회 종합

㉠ 복대리인은 그 권한 내에서 본인을 대리한다.
㉡ 법정대리인이 선임한 복대리인은 역시 법정대리인이다.
㉢ 복대리인은 행위능력자임을 요한다.
㉣ 대리인이 복대리인을 선임하더라도 대리권은 소멸하지 않으며, 대리인의 대리권이 소멸하더라도 복대리권은 소멸하지 아니한다.
㉤ 복대리인은 본인이나 제3자에 대하여 대리인과 동일한 권리의무가 있다.

① ㉠, ㉡　　　　　　　　　② ㉡, ㉢
③ ㉢, ㉤　　　　　　　　　④ ㉠, ㉤
⑤ ㉠, ㉣

17 복대리에 관한 설명으로 틀린 것은? 중개사 21회 유사

① 복대리인은 그 권한 내에서 대리인을 대리한다.
② 복대리인은 행위능력자임을 요하지 아니한다.
③ 임의대리인은 원칙적으로 복임권이 없으나 본인의 승낙이나 부득이한 사유가 있으면 복대리인을 선임할 수 있다.
④ 법정대리인은 자기책임하에 언제나 복대리를 선임할 수 있으나 부득이한 사유로 복대리인을 선임한 법정대리인은 그 선임감독에 관해서만 책임이 있다.
⑤ 임의대리인이 본인의 지명에 의하여 복대리인을 선임한 경우에는 그 불성실함을 알고 본인에 대한 통지나 그 해임을 게을리한 때가 아니면 책임이 없다.

18 다음 중 복대리에 관하여 옳지 못한 것은? (판례에 의함) 2014 감평사

① 법정대리인은 자기 책임으로 언제나 복대리인을 선임할 수 있다.
② 복대리인은 행위능력자임을 요하지 않으며, 항상 임의대리인이다.
③ 복대리인의 대리행위가 대리권의 소멸 후 이루어졌고 상대방이 선의, 무과실이면 표현대리가 성립할 수 있다.
④ 복대리인은 제3자에 대하여 대리인과 동일한 권리·의무가 있다.
⑤ 복대리인이 대리행위를 함에는 대리인의 이름으로 하여야 한다.

19 복대리에 관한 설명으로 옳지 못한 것은? 2025 감평사

① 임의대리인은 본인의 승낙이나 부득이한 사유가 있는 때가 아니면 복대리인을 선임하지 못한다.
② 복대리인이 적법하게 선임되면 대리인의 대리권은 소멸한다.
③ 대리인의 대리권이 소멸하면 복대리인의 대리권도 소멸한다.
④ 복대리인은 대리인과 동일한 권리, 의무를 부담한다.
⑤ 복임권 없는 대리인에 의하여 선임된 복대리인의 권한도 제126조의 기본대리권이 될 수 있다.

20 甲은 자기 소유 X토지를 매도하기 위해 乙에게 대리권을 수여하였다. 이후 乙은 丙을 복대리인으로 선임하였고, 丙은 甲을 대리하여 X토지를 매도하였다. 이에 관한 설명으로 옳은 것은? (다툼이 있으면 판례에 따름)

중개사 32·34회

① 丙은 甲의 대리인임과 동시에 乙의 대리인이다.
② 甲이 채권자를 특정하지 아니하고 X부동산을 담보로 제공하여 乙에게 금원의 차용을 위임하였다면 성질상 乙에 의한 처리가 필요하지 않는 사무로서, 특별한 사정이 없는 한 丙의 선임에 관하여 甲의 묵시적 승낙이 있는 것으로 본다.
③ 乙이 甲의 승낙을 얻어 丙을 선임한 경우 乙은 甲에 대하여 그 선임감독에 관한 책임이 없다.
④ 乙의 능력에 따라 사업의 성공 여부가 결정되는 사무에 대해 대리권을 수여받은 자는 甲의 묵시적 승낙으로도 복대리인을 선임할 수 있다.
⑤ 만일 대리권이 소멸된 乙이 丙을 선임하였다면, X토지 매매에 대하여 「민법」 제129조에 의한 표현대리의 법리가 적용될 여지가 없다.

21 협의의 무권대리에 관한 설명으로 <u>틀린</u> 것을 모두 고르면?

중개사 23회 유사

㉠ 무권대리행위는 그 효력이 불확정상태에 있다가 본인의 추인 유무에 따라 본인에 대한 효력발생 여부가 결정되므로 불확정 무효다.
㉡ 무권대리행위의 추인은 추인한 때부터 유효로 되나 제3자의 권리를 해하지 못한다.
㉢ 무권대리에 의한 계약의 추인은 그 대리행위로 인한 권리의 승계인에게도 할 수 있다.
㉣ 본인의 추인은 형성권으로서 상대방의 승낙을 요하지 않으나, 일부추인, 변경을 가한 추인은 상대방의 동의가 없는 한 무효다.
㉤ 무권대리행위의 추인과 추인거절의 의사표시는 무권대리인에게 할 수 없다.

① ㉠, ㉢ ② ㉡, ㉤
③ ㉡, ㉣ ④ ㉢, ㉣
⑤ ㉢, ㉤

고득점
22 협의의 무권대리에 관한 설명으로 <u>틀린</u> 것을 모두 고르면? (판례에 의함)

> ㉠ 본인이 무권대리인에게 추인한 것을 상대방이 알지 못한 경우, 상대방은 무권대리행위를 철회할 수 있다.
> ㉡ 상대방은 본인이 추인한 후에도 철회할 수 있다.
> ㉢ 본인의 사망으로 무권대리인이 단독상속한 경우 무권대리인이 추인을 주장하는 것은 허용될 수 없다.
> ㉣ 무권대리인의 책임은 무과실 책임으로서 무권대리행위가 제3자의 기망이나 위법행위로 야기된 경우 무권대리인의 책임이 부정되지 아니한다.
> ㉤ 무권대리인이 제한능력자인 경우 일정한 요건하에 상대방의 선택에 따라 이행책임이나 손해배상책임을 진다.
> ㉥ 상대방 없는 단독행위의 무권대리는 절대적 무효로서 본인이 추인해도 효력이 없다.

① ㉠, ㉢　　　　　　　　　② ㉡, ㉢
③ ㉢, ㉣　　　　　　　　　④ ㉡, ㉢, ㉤
⑤ ㉡, ㉤, ㉥

23 협의의 무권대리에 관한 설명으로 옳지 <u>않은</u> 것은? (판례에 따름)　　　2020 주관사

① 무권대리행위의 추인은 원칙적으로 의사표시의 전부에 대하여 해야 한다.
② 무권대리행위에 대한 본인의 추인 또는 추인거절이 없는 경우, 무권대리에 대하여 악의인 상대방은 최고권을 행사할 수 있다.
③ 추인의 상대방은 무권대리행위의 직접 상대방뿐만 아니라 그 무권대리행위로 인한 권리의 승계인도 포함한다.
④ 무권대리행위가 제3자의 기망 등 위법행위로 야기된 경우, 무권대리인의 상대방에 대한 책임은 부정된다.
⑤ 무권대리행위의 내용을 변경하여 추인한 경우, 상대방의 동의를 얻지 못하면 그 추인은 효력이 없다.

24 무권대리의 추인에 관한 설명으로 옳지 못한 것은?

2025 감평사

① 무권대리의 추인은 묵시적 방법으로 할 수 있다.
② 상대방이 유효하게 무권대리행위를 철회한 후에도 본인은 추인할 수 있다.
③ 본인이 무권대리인에게 무권대리행위를 추인한 경우, 상대방이 이를 알지 못하는 동안에는 본인은 상대방에게 추인의 효과를 주장하지 못한다.
④ 무권대리행위의 추인은 상대방의 승낙을 요하지 아니한다.
⑤ 무권대리행위에 대한 일부추인은 상대방의 승낙이 없는 한 무효다.

25 무권대리에서 철회와 최고에 대하여 틀린 것은? (판례에 따름)

① 상대방의 철회는 무권대리사실을 모르는 경우에만 허용된다.
② 상대방의 최고는 무권대리에 대한 선의·악의 관계없이 인정된다.
③ 철회는 본인이 추인하기 전까지 인정되고, 상대방이 유효하게 철회한 경우, 상대방은 실질적으로 이익을 얻은 무권대리인을 상대로 부당이득반환을 청구할 수 있다.
④ 상대방이 계약을 철회한 경우, 본인이 그 철회의 유효를 다투기 위해서는 상대방이 스스로 대리권이 없음을 알지 못하였다는 것에 대해 증명해야 한다.
⑤ 상대방이 상당기간을 정하여 추인여부의 확답을 최고한 경우 본인이 확답을 발하지 않으면 추인거절로 본다.

26 협의의 무권대리에 관한 설명으로 옳지 않은 것은? (다툼이 있으면 판례에 따름)

2020 주관사

① 무권대리행위의 추인은 원칙적으로 의사표시의 전부에 대하여 해야 한다.
② 무권대리행위에 대한 본인의 추인 또는 추인거절이 없는 경우, 상대방은 최고권을 행사할 수 있다.
③ 추인의 상대방은 무권대리행위의 직접 상대방뿐만 아니라 그 무권대리행위로 인한 권리의 승계인도 포함한다.
④ 무권대리행위가 제3자의 기망 등 위법행위로 야기된 경우, 무권대리인의 상대방에 대한 책임은 부정된다.
⑤ 무권대리행위의 내용을 변경하여 추인한 경우, 상대방의 동의를 얻지 못하면 그 추인은 효력이 없다.

Point 19　무권대리의 사례 적용 ★★★

정답 및 해설 p.25~26

27 乙은 대리권 없이 甲을 위하여 甲소유 X토지를 丙에게 매각하였다. 다음 중 옳지 못한 것은? (판례에 따름)
2024 감평사

① 乙이 甲으로부터 무권대리행위로 받은 매매대금인 것을 알고도 甲이 수령하였다면, 甲은 위 무권대리행위를 묵시적으로 추인한 것으로 본다.
② 甲이 乙을 상대로 무권대리행위를 추인한 경우, 그 사실을 丙이 안 때에는 甲은 丙에게 추인의 효력을 주장할 수 있다.
③ 甲을 단독상속한 乙이 자신의 매매행위가 무효임을 주장하는 것은 신의칙에 반하여 허용되지 않는다.
④ 丙이 甲에게 추인 여부의 확답을 최고한 경우 甲이 확답을 발하지 아니하면 추인을 거절한 것으로 본다.
⑤ 甲이 무권대리행위를 추인하더라도 丙은 乙을 상대로 무권대리인의 책임에 따른 손해배상을 청구할 수 있다.

▶ 고득점
28 대리권 없는 乙이 甲의 이름으로 甲의 부동산을 丙에게 매도하여 소유권이전등기를 해주었다. 그 후 乙이 甲을 단독상속한 경우에 관한 설명으로 틀린 것을 모두 고르면? (다툼이 있으면 판례에 의함)
중개사 23·25·27·29·34회 종합

㉠ 乙은 丙에게 무권대리행위의 무효를 주장하는 것은 신의칙에 반하여 허용할 수 없다.
㉡ 丙 명의의 등기는 실체적 권리관계에 부합하므로 유효하다.
㉢ 乙은 丙에게 무권대리행위를 추인거절할 수 있다.
㉣ 乙은 무권대리행위를 丙에게 추인할 수 없다.
㉤ 만약 丙이 그 부동산을 丁에게 매도하고 소유권이전등기를 해준 경우, 乙은 무권대리의 무효를 주장하여 丁에 대하여 등기말소를 청구하는 것은 신의칙에 반한다.

① ㉠, ㉣　　　　　　　　　　　② ㉡, ㉤
③ ㉢, ㉣　　　　　　　　　　　④ ㉢, ㉤
⑤ ㉠, ㉤

29 행위능력자 乙은 대리권 없이 甲을 대리하여 甲이 보유하고 있던 x토지를 丙에게 매도하기로 약정하고, 이에 丙은 乙에게 계약금을 지급하였다. 乙은 그 계약금을 유흥비로 탕진하였다. 이에 관한 설명으로 <u>틀린</u> 것은? (단, 표현대리는 성립하지 않으며, 다툼이 있으면 판례에 따름)

중개사 28 · 32회 종합

㉠ 乙은 甲의 추인의 상대방이 될 수 있다.
㉡ 丙이 계약을 유효하게 철회하면, 丙은 甲을 상대로 계약금 상당의 부당이득반환을 청구할 수 있다.
㉢ 甲이 乙에게 추인한 경우에 丙이 추인이 있었던 사실을 알지 못한 때에는 甲은 丙에게 추인의 효과를 주장하지 못한다.
㉣ 丙의 계약 철회 전 甲이 사망하고 乙이 단독상속인이 된 경우, 乙이 선의·무과실인 丙에게 추인을 거절하는 것은 신의칙에 반한다.
㉤ 매매계약을 원인으로 丙명의로 소유권이전등기가 된 경우, 甲이 무권대리를 이유로 그 등기의 말소를 청구하는 때에는 丙은 乙의 대리권의 존재를 증명할 책임이 있다.

① ㉠, ㉡　　　② ㉡, ㉢
③ ㉢, ㉣　　　④ ㉠, ㉤
⑤ ㉡, ㉤

30 甲으로부터 대리권을 수여받지 못한 乙은 甲의 대리인이라고 사칭하여 甲의 X토지에 대해 丙과 매매계약을 체결하였다. 甲, 乙, 丙 사이의 법률관계에 관한 설명으로 옳은 것은? (다툼이 있으면 판례에 따름)

2019 감평사 유사

① 甲이 추인하면서 특별한 의사표시를 하지 않았다면 乙의 대리행위는 추인한 때로부터 甲에게 효력이 생긴다.
② 甲이 추인하지 않고 乙이 자신의 대리권을 증명하지 못한 경우, 乙은 자신의 선택에 좇아 선의·무과실인 丙에게 계약의 이행이나 손해배상 책임을 진다.
③ 위 매매계약 후에 甲이 X토지를 丁에게 매도하고 소유권이전등기를 마친 경우, 甲이 乙의 무권대리행위를 丙에게 추인하면 매매계약은 계약시로 소급하여 유효하나 이미 X토지에 소유권을 취득한 제3자 丁의 권리를 해할 수 없다.
④ 丙이 계약 당시에 乙에게 대리권이 없다는 사실을 알았다면 철회권을 행사할 수 있다.
⑤ 丙은 甲에게 상당한 기간을 정하여 추인 여부의 확답을 최고한 경우, 甲이 확답을 발하지 아니하면 甲이 추인한 것으로 본다.

31 행위능력자인 乙이 대리권 없이 甲을 대리하여 甲소유의 X토지를 丙에게 매매한 경우 옳지 <u>못한</u> 것은? (판례에 의함)

① 甲이 추인한 경우 매매계약은 처음부터 소급하여 유효하나 제3자의 권리를 해하지 못한다.
② 무권대리임을 모른 丙이 계약을 철회한 경우, 甲이 그 철회의 무효를 다투기 위해서는 丙이 대리권이 없음을 알았다는 증명책임을 부담한다.
③ 甲이 사망하고 乙이 단독상속한 경우 乙은 자신이 행한 무권대리행위를 추인거절할 수 없다.
④ 丙이 상당한 기간 내에 확답을 최고한 경우 甲이 확답을 기간 내에 발송하지 않으면 추인을 거절한 것으로 본다.
⑤ 매매계약을 원인으로 丙명의로 소유권이전등기가 된 경우, 甲이 무권대리를 이유로 그 등기말소를 청구하는 때에는 丙은 乙의 대리권의 존재를 증명할 책임이 있다.

Point 20 표현대리 ★★★

32 제125조의 대리권의 수여 표시에 의한 표현대리에 대하여 <u>틀린</u> 것은?

㉠ "대리권의 수여 표시"는 준법률행위 중 관념의 통지이다.
㉡ 대리권의 수여표시는 반드시 대리인이라는 명시적인 표시가 있어야 한다.
㉢ 호텔 회원권 모집계약을 하면서 자신의 총판매점이나 총대리점의 명칭을 사용하여 회원 모집 안내를 하는 것을 묵인하였다면 묵시적인 대리권 수여표시가 있는 것으로 볼 수 있다.
㉣ 본인은 타인에게 수여하지 않았으나 수여하였다고 통보받은 상대방 이외의 자와 대리행위를 한 경우에도 본조가 성립한다.
㉤ 본조의 표현대리가 성립하려면 상대방은 선의이고 무과실을 요하며 상대방의 악의에 대한 입증책임은 본인이 부담한다.

① ㉠, ㉢
② ㉡
③ ㉠, ㉣
④ ㉡, ㉣
⑤ ㉢, ㉤

☆ 중요
33 제126조의 권한을 넘은 표현대리에 대한 설명 중 <u>틀린</u> 것은? (판례에 의함)

중개사 18·20회 유사

① 이미 대리권이 소멸한 후 대리권의 범위를 초과하여 대리행위를 한 경우 권한을 넘은 표현대리가 성립할 수 있다.
② 등기신청대리권을 기본대리권으로 기본대리권과 동종이 아닌 사법상의 법률행위로 대물변제를 한 경우에도 권한을 넘은 표현대리가 성립할 수 있다.
③ 부부 일방의 행위가 일상가사에 속하지 않더라도 그 행위에 특별수권이 주어졌다고 믿을 만한 정당한 이유가 있는 경우, 제126조의 표현대리가 성립한다.
④ 정당한 이유가 있는가의 여부는 원칙적으로 대리행위 당시를 기준으로 결정한다.
⑤ 대리인이 대리관계의 표시 없이 대리인 자신의 이름으로 법률행위를 한 경우 원칙적으로 제126조의 표현대리가 성립한다.

☆ 중요
34 권한을 넘은 표현대리에 관한 설명으로 옳은 것은? (판례에 의함)   중개사 22회, 감평사 종합

① 대리인이 사자 내지 임의로 선임한 복대리인을 통하여 권한 외의 법률행위를 한 경우, 제126조의 기본대리권의 흠결의 문제는 생기지 않는다.
② 복대리인 선임권이 없는 대리인이 선임한 복대리인의 권한은 제126조의 기본대리권이 될 수 없다.
③ 대리인이 사술을 써서 대리행위를 표시하지 아니하고 본인의 성명을 모용하여 자기가 마치 본인인 것처럼 기망하여 법률행위를 한 경우 제126조의 표현대리가 성립한다.
④ 사원총회의 결의를 거쳐야 처분할 수 있는 비법인사단의 총유재산을 대표자가 임의로 처분한 경우, 권한을 넘은 표현대리에 관한 규정이 준용된다.
⑤ 기본대리권의 내용과 월권대리행위는 반드시 동종이어야 한다.

35 甲은 자신의 토지를 담보로 은행대출을 받기 위해 乙에게 대리권을 주고, 위임장·인감 및 저당권설정에 필요한 서류 일체를 교부하였다. 그러나 乙은 이를 악용하여 甲의 대리인으로서 그 토지를 丙에게 매도하였다. 다음 중 <u>틀린</u> 것을 모두 고른 것은? (판례에 의함)

중개사 19회 유사

㉠ 甲이 丙에게 표현대리의 성립을 주장할 수 있다.
㉡ 매매계약이 강행법규를 위반하여 확정적으로 무효인 경우 표현대리 법리가 적용된다.
㉢ 丙이 매수 당시 대리권이 있다고 믿은 데 정당한 이유가 있었다면, 매매계약 성립 후에 대리권 없음을 알았더라도 제126조는 성립한다.
㉣ 만약 乙이 자기 앞으로 소유권이전등기를 마친 후 대리관계의 표시 없이 자신을 매도인으로 하여 丙에게 토지를 매도하였다면, 丙은 표현대리를 주장할 수 있다.

① ㉠, ㉡
② ㉠, ㉡, ㉢
③ ㉡, ㉢, ㉣
④ ㉢, ㉣
⑤ ㉠, ㉡, ㉣

36 제129조의 대리권 소멸 후의 표현대리에 대하여 <u>틀린</u> 것은? (판례에 의함)

㉠ 대리권의 소멸은 선의·무과실의 제3자에게 대항하지 못한다.
㉡ 대리인이 대리권 소멸 후 본래의 대리권의 범위 내에서 대리행위를 한 경우 상대방이 선의·무과실이면 제129조의 표현대리가 성립한다.
㉢ 제129조의 대리권 소멸 후의 표현대리권을 가진 자가 본래의 대리권의 범위를 초과하여 대리행위를 한 경우 제129조의 표현대리가 성립한다.
㉣ 대리인이 대리권 소멸 후 복대리인을 선임하여 그 복대리인이 상대방과 대리권한의 범위 내에서 대리행위를 한 경우 상대방이 선의·무과실이면 본조의 표현대리가 적용될 수 없다.

① ㉠, ㉢
② ㉡, ㉣
③ ㉢, ㉣
④ ㉡, ㉢
⑤ ㉠, ㉣

37 다음 중 표현대리에 대한 판례의 태도와 다른 것은?

2017 감평사

㉠ 유권대리에 관한 주장 속에는 표현대리의 주장이 포함되어 있다고 볼 수 없다.
㉡ 표현대리가 성립하여 본인이 이행책임을 부담하는 경우에 상대방에게 과실이 있는 경우에도 과실상계의 법리를 적용하여 본인의 책임을 경감할 수 없다.
㉢ 표현대리는 대리행위로서 유효하여야 하므로 강행법규 위반으로 무효인 경우 표현대리가 성립할 수 없다.
㉣ 사원총회의 결의를 거쳐야 처분할 수 있는 비법인사단의 총유재산을 대표자가 임의로 처분한 경우 권한을 넘은 표현대리에 관한 규정이 준용될 수 있다.
㉤ 상대방이 표현대리를 주장하여 표현대리가 성립하면 무권대리가 유권대리로 전환된다.

① ㉠, ㉡
② ㉠, ㉣
③ ㉡, ㉤
④ ㉣, ㉤
⑤ ㉢, ㉣

38 표현대리에 관한 설명으로 옳은 것을 모두 고르면? (판례에 따름)

중개사 26회 수정

㉠ 상대방의 유권대리 주장에는 표현대리의 주장도 포함한다.
㉡ 권한을 넘은 표현대리의 기본대리권은 대리행위와 같은 종류의 행위에 관한 것이어야 한다.
㉢ 권한을 넘은 표현대리의 기본대리권에는 대리인에 의하여 선임된 복대리인의 권한도 포함된다.
㉣ 대리권수여표시에 의한 표현대리에서 대리권수여표시는 대리권 또는 대리인이라는 표현을 사용한 경우에 한정된다.
㉤ 대리권소멸 후의 표현대리가 인정되고 그 표현대리의 권한을 넘는 대리행위가 있는 경우, 권한을 넘은 표현대리가 성립할 수 있다.

① ㉠, ㉣
② ㉡, ㉤
③ ㉡, ㉢
④ ㉢, ㉤
⑤ ㉠, ㉡

39 표현대리에 관한 설명으로 옳지 않은 것은? (판례에 따름) 2020 주관사

① 대리권수여의 표시에 의한 표현대리가 성립하기 위해서는 대리권이 없다는 사실에 대해 상대방은 선의·무과실이어야 한다.
② 사실혼 관계에 있는 부부간에도 일상가사에 관한 대리권이 인정되므로, 이를 기본대리권으로 하는 권한을 넘은 표현대리가 성립할 수 있다.
③ 대리인이 사자(使者)를 통해 권한 외의 대리행위를 한 경우, 그 사자에게는 기본대리권이 없으므로 권한을 넘은 표현대리가 성립할 수 없다.
④ 권한을 넘은 표현대리의 경우, 권한이 있다고 믿을 만한 정당한 이유가 있는지 여부는 대리행위 당시를 기준으로 하여야 한다.
⑤ 대리인이 대리권 소멸 후 복대리인을 선임하여 복대리인으로 하여금 상대방과 대리행위를 한 경우, 대리권 소멸 후의 표현대리가 성립할 수 있다.

40 표현대리에 관한 설명으로 옳지 못한 것은? (판례에 따름) 2024 감평사

① 표현대리가 성립하는 경우, 상대방에게 과실이 있더라도 과실상계의 법리를 주장하여 본인의 책임을 경감할 수 없다.
② 상대방의 유권대리 주장 속에는 표현대리의 주장이 포함된 것이 아니므로, 이 경우 법원은 표현대리의 성립 여부까지 판단해야 하는 것은 아니다.
③ 「민법」 제126조 규정은 법정대리에도 적용된다.
④ 복대리인의 대리행위에는 표현대리가 성립할 수 없다.
⑤ 수권행위가 무효인 경우, 「민법」 제129조의 대리권 소멸 후의 표현대리가 적용되지 않는다.

🔖 신유형

41 무권대리와 표현대리에 관한 설명으로 옳은 것은? (판례에 따름)　　2018 감평사

① 기본대리권이 처음부터 존재하지 않는 경우 표현대리는 성립할 수 있다.
② 무권대리행위의 추인은 본인이 무권대리행위의 상대방뿐만 아니라 무권대리인에 대해서도 할 수 있다.
③ 상대방의 유권대리 주장에는 표현대리의 성립 역시 포함되므로 법원은 표현대리의 성립 여부까지 판단해야 한다.
④ 무권대리인이 무권대리행위 후 본인을 단독상속한 경우, 그 무권대리행위가 무효임을 주장하는 것은, 신의칙에 반하지 않는다.
⑤ 표현대리가 성립하는 경우, 상대방에게 과실이 있으면 과실상계의 법리가 적용된다.

🔖 신유형

42 임의대리에 관한 설명으로 틀린 것을 모두 고른 것은? (판례에 따름)　　중개사 30회 유사

㉠ 대리인이 여러 명인 때에는 공동대리가 원칙이다.
㉡ 권한을 정하지 아니한 대리인은 보존행위만을 할 수 있다.
㉢ 유권대리에 관한 주장 속에는 표현대리의 주장이 포함되어 있다.
㉣ 임의대리인은 부득이한 사유 없이 복대리인을 선임할 수 있다.

① ㉠　　　　　　　　　　　　　　② ㉡, ㉣
③ ㉠, ㉡, ㉢　　　　　　　　　　④ ㉡, ㉢
⑤ ㉠, ㉡, ㉢, ㉣

43 甲은 자신의 X부동산의 매매계약체결에 관한 대리권을 乙에게 수여하였고, 乙은 甲을 대리하여 丙과 매매계약을 체결하였다. 이에 관한 설명으로 옳은 것은? (다툼이 있으면 판례에 따름)　　중개사 31회

① 계약이 불공정한 법률행위인지가 문제된 경우, 매도인의 경솔·무경험 및 궁박 상태의 여부는 乙을 기준으로 판단한다.
② 乙은 甲의 승낙이나 부득이한 사유가 없더라도 복대리인을 선임할 수 있다.
③ 乙이 丙으로부터 대금 전부를 지급받고 아직 甲에게 전달하지 않았더라도 특별한 사정이 없는 한 丙의 대금지급의무는 변제로 소멸한다.
④ 乙의 대리권은 특별한 사정이 없는 한 丙과의 계약을 해제할 권한을 포함한다.
⑤ 乙이 미성년자인 경우, 甲은 乙이 제한능력자임을 이유로 계약을 취소할 수 있다.

제5장 법률행위의 무효와 취소

☆중요 출제가능성이 높은 중요 문제   고득점 고득점 목표를 위한 어려운 문제   신유형 기존에 출제되지 않은 신유형 대비 문제

> 💡 **Tip 출제의 맥**
> - 무효의 종류와 무효행위의 추인이 출제의 맥이다.
> - 취소권과 취소할 수 있는 법률행위의 추인·법정추인이 출제의 맥이다.

Point 21 무효의 종류 ★

정답 및 해설 p.27~28

신유형

01 다음 중 무효인 법률행위는? (판례에 의함)

> ㉠ 전세권의 양도를 금지하는 특약
> ㉡ 「주택법」의 전매행위제한을 위반하여 한 전매약정
> ㉢ 임대인의 동의 없는 임차인의 전대차계약
> ㉣ 존속기간이 영구적인 구분지상권 설정계약
> ㉤ 지역권에 저당권을 설정하는 계약
> ㉥ 도박채무를 변제하기 위하여 그 채권자와 체결한 토지 양도계약

① ㉠, ㉢   ② ㉡, ㉤   ③ ㉣, ㉥   ④ ㉤, ㉥   ⑤ ㉢, ㉣

☆중요

02 추인하여도 효력이 생기지 않는 무효인 법률행위를 모두 고른 것은? (판례에 의함)

중개사 25회

> ㉠ 불공정한 법률행위
> ㉡ 무권대리인의 법률행위
> ㉢ 불법조건이 붙은 법률행위
> ㉣ 통정허위표시에 의한 임대차계약
> ㉤ 2중매매에서 2매수인이 적극가담한 것을 매도인이 알면서 추인한 경우
> ㉥ 강행법규에 위반한 법률행위

① ㉠, ㉤
② ㉡, ㉣
③ ㉠, ㉢, ㉣
④ ㉠, ㉢, ㉤, ㉥
⑤ ㉡, ㉢, ㉣, ㉥

☆ 중요
03 법률효과가 확정적이지 않은 것을 모두 고른 것은? (판례에 의함) 중개사 24회 유사

㉠ 상대방과 통정한 허위의 법률행위
㉡ 무권대리행위를 선의인 상대방이 철회한 경우
㉢ 상대방의 사기가 있는 날로부터 10년이 경과한 의사표시
㉣ 토지거래허가구역 내에서 허가 전의 매매
㉤ 소유권유보부 매매를 원인으로 하는 동산 소유권 취득

① ㉠, ㉢   ② ㉠, ㉣   ③ ㉡, ㉣   ④ ㉡, ㉤   ⑤ ㉣, ㉤

04 무효에 관한 다음 설명 중 올바르지 못한 것은? 감평사 2014

① 법률행위가 불성립한 경우, 무효행위의 추인이나 전환이 인정되지 아니한다.
② 무효는 선의 제3자에게도 무효를 주장할 수 있는 절대적 무효와 선의 제3자에게는 무효를 주장할 수 없는 상대적 무효로 구별한다.
③ 무효인 법률행위를 추인하여 유효로 하기 위하여는 당사자가 이전의 법률행위가 무효임을 알고 그 행위에 대하여 추인하여야 한다.
④ 허가구역 내에서 허가 전에 매수인은 매도인의 협력의무 불이행을 이유로 계약을 해제하고 이로 인한 손해배상을 청구할 수 있다.
⑤ 무효인 가등기를 유효한 가등기로 전용하기로 약정하였다면 그 가등기는 소급하여 유효로 되는 것이 아니다.

05 무효에 관한 기술 중 옳지 못한 것을 모두 고르면? (판례에 의함)

㉠ 일부분이 무효인 때에는 그 전부를 무효로 하나 무효부분이 없더라도 법률행위를 하였을 것이라는 가정적 의사가 인정될 때에는 나머지 부분은 무효가 아니다.
㉡ 무효행위의 추인은 무효임을 "알고 무효원인이 소멸된 후"에 추인해야 한다.
㉢ 무효행위의 추인은 명시적으로 하여야 한다.
㉣ 무효인 법률행위가 다른 법률행위의 요건을 구비하고 당사자가 그 무효를 알았더라면 다른 법률행위를 하는 것을 의욕하였으리라고 인정될 때에는 다른 법률행위로서 효력을 가진다.
㉤ 강행법규 위반으로 무효인 법률행위를 추인한 때에는 다른 정함이 없으면 그 법률행위는 처음부터 유효한 법률행위가 된다.

① ㉠, ㉢   ② ㉡, ㉣   ③ ㉡, ㉤   ④ ㉢, ㉣   ⑤ ㉢, ㉤

Point 22 무효행위의 추인

06 법률행위의 무효에 관한 설명으로 옳은 것은? (판례에 따름)

① 무효인 법률행위의 추인은 그 무효의 원인이 소멸 전에도 그 효력이 인정된다.
② 무효인 법률행위는 무효임을 안 날로부터 3년이 지나면 추인할 수 없다.
③ 무권리자의 처분이 계약으로 이루어진 경우, 권리자가 추인하면 원칙적으로 계약의 효과는 계약체결시에 소급하여 권리자에게 귀속된다.
④ 양도금지특약에 위반하여 무효인 채권양도에 대해 양도대상이 된 채권의 채무자가 승낙하면 다른 약정이 없는 한 무효인 채권양도의 효과는 소급효가 인정된다.
⑤ 사회질서 위반이나 강행법규 위반으로 무효인 법률행위를 추인한 때에는 다른 정함이 없으면 그 법률행위는 처음부터 유효한 법률행위가 된다.

07 다음 중 무효행위의 추인에 대하여 옳은 것은? (판례에 의함)

① 법률행위가 불성립한 경우에도 무효행위의 추인이 허용된다.
② 반사회적 법률행위는 추인하면 추인한 때로부터 새로운 법률행위를 한 것으로 본다.
③ 무효행위의 추인은 무효의 원인이 소멸한 후 당사자가 무효임을 알든 모르든 추인하면 유효로 된다.
④ 강박으로 인한 증여를 취소하여 무효로 된 법률행위는 취소할 수 있는 법률행위로는 추인할 수 없으나, 무효행위의 추인으로 유효로 할 수 있다.
⑤ 무효행위를 알고 추인하면 특별한 사정이 없는 한 처음부터 새로운 법률행위를 한 것으로 본다.

Point 23   유동적 무효의 사례 적용 ★★★

▶ 고득점

08 甲은 토지거래허가구역 내의 토지를 乙에게 매도하고 계약금 1천만원을 받고 중도금은 1개월 후에 지급받기로 했으며, 대금지급의무를 위반하면 계약금은 몰수하기로 하였지만, 아직 토지거래허가를 받지 않았다. 다음 설명 중 옳은 것은? (판례에 의함)   2014 감평사

① 甲은 乙의 중도금이행이 있을 때까지 허가절차의 협력의무이행을 거절할 수 있다.
② 乙은 매매대금의 제공 없이 甲에게 토지거래허가신청절차에 협력할 것을 청구할 수 없다.
③ 甲은 유동적 무효상태인 매매계약에서는 계약금의 배액을 상환하고 해제할 수 없다.
④ 일정기간 내 허가를 받기로 약정한 경우, 특별한 사정이 없는 한 그 허가를 받지 못하고 약정기간이 경과하였다는 사정만으로도 매매계약은 확정적 무효가 된다.
⑤ 甲과 乙 쌍방이 허가신청을 하지 아니하기로 한 의사표시를 명백히 하거나 토지거래허가를 배제하는 내용의 계약은 확정적으로 무효다.

09 甲은 토지거래허가구역 내에 있는 X토지에 관하여 乙과 매매계약을 체결하고, 일정기간 내에 토지거래허가를 받기로 약정하였다. 다음 중 옳지 <u>못한</u> 것은? (판례에 의함)   2025 감평사

① 甲, 乙 쌍방이 토지거래허가를 받지 아니하기로 하는 의사를 명백히 표시한 경우, 매매계약은 확정적 무효로 된다.
② 甲이 허가 신청 절차에 협력하지 않는 경우 乙은 甲에 대하여 협력의무 이행의 소를 제기할 수 있다.
③ 토지거래허가 전에는 乙은 甲에 대하여 매매대금지급의무가 없다.
④ 토지거래허가를 받으면 매매계약은 허가를 받은 때로부터 유효로 된다.
⑤ 乙로부터 X토지를 丙이 매수한 후 丙과 甲을 당사자로 하는 토지거래허가를 받아 甲으로부터 丙으로 소유권이전등기를 마치면 그 등기는 무효다.

10 甲은 토지거래허가구역 내에서 자신의 X토지에 대한 허가를 받을 것을 전제로 乙에게 매도하는 계약을 체결하였다. 이에 관한 설명으로 옳지 못한 것은? (판례에 따름) 2024 감평사

① 乙은 甲에게 계약의 이행을 청구할 수 없다.
② 甲이 허가절차에 협력하지 아니한 경우, 乙은 이를 이유로 계약을 해제할 수 있다.
③ X토지가 토지거래허가구역에서 지정해제된 경우 매매계약은 확정적으로 유효로 된다.
④ 허가를 받기 전에 乙은 甲의 소유권이전등기의무불이행을 이유로 계약을 해제할 수 없고 손해배상을 청구할 수 없다.
⑤ 甲의 사기로 매매계약이 체결된 경우, 乙은 토지거래허가 전이라도 甲의 사기로 매매계약을 취소할 수 있다.

11 토지거래허가구역 내의 토지에 관하여 거래허가를 받기 전에 체결한 매매계약에 관한 설명으로 틀린 것은? (판례에 의함) 감평사

① 관할관청의 불허가처분이 있거나 허가 전에 정지조건이 불성취로 확정된 경우 매매계약은 확정적으로 무효다.
② 매매계약이 확정적 무효로 됨에 귀책사유 있는 자가 스스로 그 계약의 무효를 주장하는 것은 신의칙위반으로 허용될 수 없다.
③ 매도인은 매매대금의 이행제공이 없었음을 이유로 거래허가와 관련된 매수인의 협력의무이행청구를 거절할 수 없다.
④ 허가구역 내에서 甲·乙·丙으로 중간생략등기의 합의를 하고 甲에서 직접 丙으로 토지거래허가를 얻어 직접 등기이전한 경우 계약은 확정적 무효다.
⑤ 허가구역에서 지정해제되거나 재지정기간이 만료된 경우 매매계약은 확정적 유효로 된다.

12 甲은 토지거래허가구역 내 자신의 토지를 乙에게 매도하였고 곧 토지거래허가를 받기로 하였다. 옳은 것을 모두 고른 것은? (판례에 따름)　　　　　중개사 26회 유사

> ㉠ 甲은 乙의 허가신청절차에 협력의무 위반을 이유로 계약을 해제할 수 있다.
> ㉡ 乙은 甲의 토지인도의무위반을 채무불이행으로 계약을 해제할 수 있다.
> ㉢ 계약이 현재 유동적 무효 상태라는 이유로 乙은 이미 지급한 계약금 등을 부당이득으로 반환청구할 수 있다.
> ㉣ 乙은 토지거래허가가 있을 것을 조건으로 하여 甲을 상대로 소유권이전등기절차의 이행을 청구할 수 없다.
> ㉤ 甲은 토지거래의 허가를 얻은 후에도 계약금의 배액을 제공하고 계약을 해제할 수 있다.

① ㉠, ㉡
② ㉠, ㉣, ㉤
③ ㉢, ㉣, ㉤
④ ㉡, ㉢, ㉣
⑤ ㉣, ㉤

13 甲은 토지거래허가구역 내에 있는 그 소유 X토지에 관하여 乙과 매매계약을 체결하였다. 비록 이 계약이 토지거래허가를 받지는 않았으나 확정적으로 무효가 아닌 경우, 다음 설명 중 **틀린** 것은? (판례에 따름)　　　　　중개사 30회 유사

① 위 계약은 유동적 무효의 상태이나 당사자가 처음부터 허가를 배제하거나 잠탈하는 내용의 계약이면 확정적 무효다.
② 乙이 협력의무를 불이행한 경우 甲은 이를 이유로 위 계약을 해제할 수 없다.
③ 甲, 乙간에 별개의 약정으로 매매잔금이 일정 기일 내에 지급되지 아니하면 매매계약을 자동해제하기로 약정하는 것은 유효하다.
④ 토지거래허가구역 지정기간이 만료되었으나 재지정이 없는 경우, 위 계약은 확정적으로 유효로 된다.
⑤ 乙이 丙에게 X토지를 전매하고 丙이 자신과 甲을 매매당사자로 하는 허가를 받아 甲으로부터 곧바로 등기를 이전받았다면 그 등기는 유효하다.

14 토지거래허가구역 내의 토지에 대한 매매계약이 체결된 경우(유동적 무효)에 관한 설명으로 옳은 것을 모두 고른 것은? (판례에 따름)　　　　　　　　　중개사 33·34회 유사

> ㉠ 해약금으로서 계약금만 지급된 상태에서 당사자가 관할관청에 허가를 신청하였다면 이는 이행의 착수이므로 더 이상 계약금에 기한 해제는 허용되지 않는다.
> ㉡ 당사자 일방이 토지거래허가 신청절차에 협력할 의무를 이행하지 않는다면 다른 일방은 그 이행을 소구할 수 있다.
> ㉢ 매도인의 채무가 이행불능임이 명백하고 매수인도 거래의 존속을 바라지 않는 경우, 위 매매계약은 확정적 무효로 된다.
> ㉣ 매도인은 특별한 사정이 없는 한 매수인의 매매대금이행제공이 있을 때까지 허가신청절차 협력의무의 이행을 거절할 수 있다.

① ㉠, ㉡
② ㉠, ㉣
③ ㉡, ㉢
④ ㉢, ㉣
⑤ ㉠, ㉡, ㉢

15 법률행위의 무효에 관한 설명으로 옳지 않은 것은? (판례에 따름)　　　　　　　　　2018 감평사

① 강박의 정도가 극심하여 의사결정을 스스로 할 수 있는 여지가 완전히 박탈된 상태에서 의사표시가 이루어진 경우 그 의사표시는 무효이다.
② 불법원인에 기하여 甲이 乙에게 소유권이전등기를 경료한 경우 甲은 소유권에 기하여 그 반환을 청구할 수 있다.
③ 무효인 법률행위를 추인에 의하여 새로운 법률행위로 보기 위해서는 당사자가 무효임을 알고 그 행위에 대하여 추인하여야 한다.
④ 무권리자가 한 처분행위를 권리자가 추인한 경우 판례는 무권대리의 추인을 준용한다.
⑤ 묵시적 추인으로 인정되기 위해서는 이전의 법률행위가 무효임을 알면서도 그 행위의 효과를 자기에게 귀속시키도록 하는 의사로 후속행위를 하였음이 인정되어야 한다.

⭐중요
16 법률행위의 무효에 관한 설명으로 옳지 <u>않은</u> 것은? (판례에 의함)　　　　2017 감평사

① 무효인 법률행위를 당사자가 무효임을 알고 추인한 때는 원칙적으로 소급효가 인정된다.
② 반사회적인 조건이 붙은 법률행위는 당사자가 추인하여도 유효로 될 수 없다.
③ 불공정한 법률행위도 무효행위의 전환에 관한 규정이 적용될 수 있다.
④ 무효행위의 추인은 명시적으로 뿐만 아니라 묵시적으로도 할 수 있다.
⑤ 무효인 법률행위에 따른 법률효과를 침해하는 것처럼 보이는 위법행위가 있어도 그로 인한 손해배상을 청구할 수 없다.

Point 24 취소 ★★

정답 및 해설 p.29~30

17 법률행위의 취소에 관한 설명으로 옳지 <u>않은</u> 것은? (판례에 의함)

① 제한능력자가 제한능력을 이유로 자신의 법률행위를 취소하기 위해서는 법정대리인의 동의를 받아야 한다.
② 제한능력자, 사기당한 자, 그의 법정대리인, 하자 있는 의사를 표시한 자의 상속인은 취소권을 가진다.
③ 취소할 수 있는 법률행위의 상대방이 확정되어 있는 경우, 그 취소는 그 상대방에 대한 의사표시로 하여야 한다.
④ 법률행위가 취소되면, 그 법률행위는 처음부터 무효이고, 제한능력자는 이익이 현존하는 한도에서 반환할 책임이 있다.
⑤ 하나의 법률행위가 가분적이거나 그 목적물의 일부가 특정될 수 있고, 그 나머지 부분을 유지하려는 당사자의 가정적 의사가 인정되는 경우, 그 일부만의 취소도 가능하다.

18 법률행위의 취소에 관한 설명으로 옳지 않은 것은? (판례에 따름) 2018 감평사 유사

① 법률행위를 취소한 후라도 무효행위의 추인의 요건을 충족할 경우, 무효행위의 추인은 가능하다.
② 미성년자의 취소할 수 있는 법률행위에 대해 법정대리인이 추인하면 미성년자의 취소권은 소멸하지 아니한다.
③ 제한능력을 이유로 법률행위가 취소된 경우, 제한능력자는 그 행위로 인하여 받은 이익이 현존하는 한도에서 상환할 책임이 있다.
④ 법률행위의 취소를 전제로 한 소송상의 이행청구에는 취소의 의사표시가 포함되어 있다고 볼 수 있다.
⑤ 취소할 수 있는 법률행위의 상대방이 취득한 권리를 제3자에게 양도한 경우 취소의 상대방은 그 양도인이고 양수인이 아니다.

19 다음 중 특별한 사정이 없는 한 취소권을 가질 수 없는 자를 모두 고르면?

> ㉠ 법정대리인의 동의 없이 계약을 체결한 미성년자
> ㉡ 제한능력자의 법정대리인
> ㉢ 임의대리인이 상대방에게 사기를 당해 계약을 한 경우에 그 임의대리인
> ㉣ 사기당한 자의 상속인
> ㉤ 강박으로 증여한 자가 증여한 후 10년이 경과된 경우 그 증여를 한 자
> ㉥ 제3자를 위한 계약의 수익자

① ㉠, ㉢
② ㉡, ㉣
③ ㉢, ㉤, ㉥
④ ㉡, ㉢, ㉤
⑤ ㉢, ㉣, ㉤

20 미성년자 甲은 자신의 부동산을 법정대리인 乙의 동의 없이 丙에게 매각하고 丙은 다시 이 부동산을 丁에게 매각하여 등기를 마쳤다. 甲이 아직 미성년자인 경우 ㉠ 취소권자, ㉡ 취소의 상대방, ㉢ 추인권자를 빠짐없이 표시한 것은? 중개사 21회 유사

	㉠	㉡	㉢
①	취소권자: 甲	취소의 상대방: 丙	추인권자: 甲
②	취소권자: 甲, 乙	취소의 상대방: 丙	추인권자: 乙
③	취소권자: 乙	취소의 상대방: 丙	추인권자: 甲
④	취소권자: 乙	취소의 상대방: 丙, 丁	추인권자: 甲, 乙
⑤	취소권자: 甲, 乙	취소의 상대방: 丙, 丁	추인권자: 甲, 乙

21 법률행위의 취소에 관한 설명으로 옳지 못한 것은? (판례에 따름) 2024 감평사

① 매도인이 적법하게 매매계약을 해제한 후라도 매수인은 착오를 증명하여 취소할 수 없다.
② 법률행위의 취소를 전제로 한 이행 거절 속에는 취소의 의사가 포함된 것으로 볼 수 있다.
③ 취소할 수 있는 법률행위가 일단 취소된 후에는 취소할 수 있는 법률행위에 의하여는 다시 확정적으로 추인을 할 수 없다.
④ 취소권은 추인할 수 있는 날로부터 3년, 법률행위시로부터 10년 내에 행사하여야 한다.
⑤ 취소권의 행사기간은 제척기간이다.

22 甲이 乙에게 사기를 당하여 토지를 양도하였다. 이때 甲의 취소권은 법률행위를 한 날부터 (㉠) 내에, 甲이 사기사실을 안 날로부터 (㉡) 내에, 추인할 수 있는 날부터 (㉢) 내에 행사하여야 한다. ( ) 안에 들어갈 내용으로 옳은 것은? 중개사 29회 유사

	㉠	㉡	㉢
①	1년	5년	3년
②	3년	5년	10년
③	3년	10년	3년
④	5년	1년	3년
⑤	10년	3년	3년

23 취소할 수 있는 법률행위에 관한 설명으로 옳은 것을 모두 고르면? 중개사 23·27·29회 종합

> ㉠ 취소권은 추인할 수 있는 날로부터 3년 내에 행사하여야 한다.
> ㉡ 취소권은 취소사유가 있음을 안 날로부터 10년 내에 행사하여야 한다.
> ㉢ 제한능력을 이유로 법률행위가 취소된 경우 악의의 제한능력자는 받은 이익에 이자를 붙여서 반환해야 한다.
> ㉣ 제한능력자의 법률행위에 대한 법정대리인의 추인은 취소의 원인이 소멸된 후에 하여야 그 효력이 있다.
> ㉤ 강박을 당한 자의 의사표시는 취소원인의 소멸 전에도 취소를 할 수 있다.

① ㉠, ㉡
② ㉢, ㉤
③ ㉡, ㉣
④ ㉠, ㉤
⑤ ㉢, ㉣

24 취소할 수 있는 법률행위에 관하여 옳은 것은? (판례에 의함)

① 취소할 수 있는 법률행위는 제한능력자가 취소원인의 소멸 후에야 취소할 수 있다.
② 취소할 수 있는 법률행위를 취소권자가 적법하게 추인한 후에도 다시 취소할 수 있다.
③ 취소할 수 있는 법률행위의 추인은 제한능력자가 취소원인 소멸 전에 추인할 수 있다.
④ 제한능력자의 법률행위에 대한 법정대리인의 추인은 취소원인 소멸 전에도 추인할 수 있다.
⑤ 취소하여 무효로 된 법률행위도 취소할 수 있는 법률행위로 추인할 수 있다.

Point 25　법정추인 ★★★

☆중요
25 취소할 수 있는 법률행위의 법정추인 사유가 아닌 것은?

> ㉠ 취소권자가 취소할 수 있는 행위에 의하여 생긴 채무를 이행한 경우
> ㉡ 취소권자의 상대방이 그 법률행위로 인해 취득한 권리를 양도한 경우
> ㉢ 취소권자가 상대방으로부터 이행청구를 받은 경우
> ㉣ 취소권자가 상대방에게 이행을 청구한 경우
> ㉤ 취소권자가 상대방으로부터 담보를 제공받은 경우
> ㉥ 취소권자가 취소할 수 있는 법률행위로 취득한 권리를 양도한 경우

① ㉠, ㉢　　　　　　　　　② ㉡, ㉣
③ ㉣, ㉥　　　　　　　　　④ ㉡, ㉢
⑤ ㉣, ㉤

▶고득점
26 甲이 乙을 기망하여 건물을 매도하는 계약을 乙과 체결하였다. 법정추인사유에 해당하는 것을 모두 고르면?

중개사 25회 수정

> ㉠ 甲이 乙에게 매매대금의 지급을 청구한 경우
> ㉡ 甲이 乙에 대한 대금채권을 丙에게 양도한 경우
> ㉢ 乙이 사기를 안 후 건물을 丙에게 양도한 경우
> ㉣ 甲이 이전등기에 필요한 서류를 乙에게 제공한 경우
> ㉤ 기망상태에서 벗어난 乙이 이의 없이 매매대금을 지급한 경우
> ㉥ 乙이 매매계약의 취소를 통해 취득하게 될 계약금 반환청구권을 丁에게 양도한 경우

① ㉠, ㉡, ㉥　　　　　　　② ㉢, ㉤
③ ㉡, ㉢, ㉤　　　　　　　④ ㉡, ㉣, ㉤
⑤ ㉠, ㉢

27 미성년자 甲과 X빌라 매매계약을 매수인 乙이 체결한 경우 법정추인에 해당하는 것을 고르면?

2024 주관사

> ㉠ 甲의 법정대리인이 빌라의 매매대금을 이행청구한 경우
> ㉡ 아직 미성년자인 甲이 乙에게 매매대금의 이행을 청구한 경우
> ㉢ 미성년자인 甲이 매매계약을 해제한 경우
> ㉣ 乙이 甲의 법정대리인에게 매매대금의 일부를 지급하여 법정대리인이 이의 없이 수령한 경우
> ㉤ 乙이 매매로 취득한 빌라를 제3자에게 양도한 경우

① ㉠, ㉣
② ㉡, ㉣
③ ㉢, ㉣
④ ㉠, ㉤
⑤ ㉠, ㉢

28 다음 중 법정추인 사유에 해당하는 것을 모두 고르면?

국가고시

> ㉠ 취소권자가 장래에 취소함으로써 받게 될 부당이득반환채권을 양도한 경우
> ㉡ 취소권자가 취소할 수 있는 법률행위로 취득한 권리를 양도한 경우
> ㉢ 사기의 사실을 안 취소권자가 상대방으로부터 강제집행을 받은 경우
> ㉣ 취소권자가 상대방에게 채무의 일부를 수령하면서 이의를 유보한 경우
> ㉤ 상대방이 취소권자에게 이행의 청구를 한 경우
> ㉥ 취소권자가 이행의 청구를 받은 경우

① ㉠, ㉢
② ㉡, ㉢
③ ㉠, ㉥
④ ㉣, ㉤
⑤ ㉢, ㉣

29 법률행위의 취소에 관한 설명으로 옳지 못한 것은?

2017 감평사

① 사기를 이유로 취소한 법률행위는 처음부터 무효로 본다.
② 제한능력자가 취소권을 가지는 경우 법정대리인의 동의 없이 취소할 수 있다.
③ 취소권자가 사망하면 취소권은 그 상속인에게 상속된다.
④ 법정대리인이 미성년자의 법률행위를 추인하는 경우 취소원인이 소멸된 후에 하여야만 추인할 수 있다.
⑤ 법률행위를 취소한 후라도 무효행위의 추인의 요건으로 추인할 수 있다.

30 취소할 수 있는 법률행위에 관하여 옳지 않은 것은? 2021 주관사

① 취소할 수 있는 법률행위에 관하여 법정추인사유가 존재하더라도 당사자가 이의를 보류하였다면, 추인의 효과가 발생하지 않는다.
② 취소할 수 있는 법률행위를 취소한 경우, 무효행위의 추인요건을 갖추었더라도 다시 추인할 수 없다.
③ 계약체결에 관한 대리권을 수여받은 대리인이 취소권을 행사하려면 특별한 사정이 없는 한 취소권의 행사에 관한 별도의 수권행위가 있어야 한다.
④ 매도인이 적법하게 해제권을 행사했더라도 매수인은 해제로 인한 불이익을 면하기 위하여 착오로 인한 취소권을 행사할 수 있다.
⑤ 가분적인 법률행위의 일부에 취소사유가 존재하고 나머지 부분을 유지하려는 당사자의 가정적 의사가 존재하면 일부만의 취소도 가능하다.

31 무효와 취소에 관한 설명으로 옳지 않은 것은? (판례에 따름) 2020 주관사

① 취소할 수 있는 법률행위는 취소권을 행사하지 않더라도 처음부터 무효이다.
② 취소할 수 있는 법률행위의 상대방이 확정된 경우, 취소는 그 상대방에 대한 의사표시로 해야 한다.
③ 제한능력자가 제한능력을 이유로 법률행위를 취소한 경우, 그는 법률행위로 인하여 받은 이익이 현존하는 한도에서 상환할 책임이 있다.
④ 무효인 가등기를 유효한 등기로 전용하기로 한 약정은 그때부터 유효하고, 이로써 가등기가 소급하여 유효한 등기로 전환되지 않는다.
⑤ 무효인 법률행위에 따른 법률효과를 침해하는 것처럼 보이는 위법행위가 있다고 하여도 법률효과의 침해에 따른 손해는 없으므로 그 배상을 청구할 수 없다.

32 의사표시의 취소에 관한 설명으로 옳은 것을 모두 고른 것은? 중개사 35회

㉠ 취소권은 추인할 수 있는 날로부터 10년이 경과하더라도 행사할 수 있다.
㉡ 강박에 의한 의사표시를 한 자는 강박상태를 벗어나기 전에도 이를 취소할 수 있다.
㉢ 취소할 수 있는 법률행위의 상대방이 확정되었더라도 상대방이 그 법률행위로부터 취득한 권리를 제3자에게 양도하였다면 취소의 의사표시는 그 제3자에게 해야 한다.

① ㉠   ② ㉡   ③ ㉢   ④ ㉠, ㉡   ⑤ ㉡, ㉢

33 무효와 취소에 관한 설명으로 옳지 않은 것은? (판례에 따름)   2023 감평사, 2020 주관사 종합

① 취소권의 단기제척기간은 취소할 수 있는 날로부터 3년이다.
② 취소할 수 있는 법률행위의 상대방이 확정된 경우, 취소는 그 상대방에 대한 의사표시로 해야 한다.
③ 제한능력자가 제한능력을 이유로 법률행위를 취소한 경우, 그는 법률행위로 인하여 받은 이익이 현존하는 한도에서 상환할 책임이 있다.
④ 무효인 가등기를 유효한 등기로 전용하기로 한 약정은 그때부터 유효하고, 이로써 가등기가 소급하여 유효한 등기로 전환되지 않는다.
⑤ 무효인 법률행위에 따른 법률효과를 침해하는 것처럼 보이는 위법행위가 있다고 하여도 그로 인한 손해배상을 청구할 수 없다.

▲ 고득점
34 법률행위의 무효와 취소에 관한 설명 중 옳은 것을 모두 고른 것은? (다툼이 있는 경우 판례에 의함)   2020 변시 수정

㉠ 무효행위의 추인은 묵시적인 방법으로는 할 수 없다.
㉡ 무권리자의 처분행위가 계약으로 이루어진 경우, 그에 대한 권리자의 추인에는 원칙적으로 소급효가 인정되지 않는다.
㉢ 토지거래허가구역 내의 토지매매가 아직 관할청의 허가를 받지 못하여 유동적 무효 상태에 있는 경우라면, 매도인은 계약금의 배액을 상환하고 매매계약을 해제할 수 있다.
㉣ 취소할 수 있는 법률행위가 취소되면 무효인 것으로 간주되므로 그 후 취소할 수 있는 법률행위의 추인에 의하여는 당초의 의사표시를 다시 확정적으로 유효하게 할 수 없다.

① ㉠, ㉣   ② ㉠, ㉡   ③ ㉡, ㉢   ④ ㉡, ㉣   ⑤ ㉢, ㉣

35 다음 중 추인에 관하여 옳지 않은 것은?

① 무권대리행위에 대한 본인의 추인은 계약시로 소급하나 제3자의 권리를 해하지 못한다.
② 무효행위를 알고 추인하면 추인한 때로부터 새로운 법률행위를 한 것으로 본다.
③ 무권한자의 처분행위를 권리자가 추인하면 소급효가 인정된다.
④ 양도금지특약에 위반하여 무효인 채권양도에 대해 양도대상이 된 채권의 채무자가 승낙하면 다른 약정이 없는 한 무효인 채권양도의 효과는 소급효가 인정된다.
⑤ 학교법인이 관할관청의 허가 없이 학교법인의 기본재산을 처분한 경우, 학교법인이 나중에 그 행위를 추인하여도 효력이 없다.

제6장 조건과 기한

⭐중요 출제가능성이 높은 중요 문제   🏹고득점 고득점 목표를 위한 어려운 문제   🆕신유형 기존에 출제되지 않은 신유형 대비 문제

> 💡 **Tip 출제의 맥**
> - 조건의 종류가 출제의 기본 맥이다.
> - 조건성취 전 효력과 조건의 효력 발생시점이 중요 맥이다.
> - 기한에서는 불확정 기한/기한의 이익/기한이익의 상실약정이 출제요소다.

Point 26 조건 ★★

정답 및 해설 p.31

⭐중요

01 조건에 관한 설명으로 옳지 않은 것은? (판례에 의함)

㉠ 조건은 법률행위의 성립 여부가 장래 불확실한 사실에 의존하는 부관이다.
㉡ 조건을 붙이려는 의사가 있더라도 조건이 외부에 표시되지 않으면 동기에 불과할 뿐 조건이 될 수 없다.
㉢ 단독행위에는 조건을 붙일 수 없으나 상대방이 동의하면 조건을 붙일 수 있다.
㉣ 물권행위에는 조건을 붙일 수 없다.
㉤ 정지조건과 불확정 기한은 표시된 사실이 발생하지 않는 것으로 확정된 때에 채무를 이행하여야 하는지 여부로 구별될 수 있다.

① ㉠, ㉡   ② ㉠, ㉣   ③ ㉢, ㉤   ④ ㉣, ㉤   ⑤ ㉢, ㉣

⭐중요

02 조건의 종류에 관한 설명으로 옳지 않은 것은? (판례에 의함)

① 정지조건이 성취되면 법률행위는 유효, 불성취로 확정되면 무효로 된다.
② 해제조건이 성취되면 법률행위는 효력을 잃게 되어 무효로 되나, 조건이 성취되지 않으면 법률행위는 효력을 잃지 않고 유효하다.
③ 조건이 선량한 풍속 기타 사회질서에 위반한 것인 때는 조건만 분리하여 무효로 할 수 없고, 법률행위도 무효다.
④ 기성조건이 해제조건이면 법률행위는 무효이고, 기성조건이 정지조건이면 조건 없는 법률행위로 한다.
⑤ 불능조건이 해제조건이면 무효이고, 불능조건이 정지조건이면 조건 없는 법률행위로 된다.

03 정지조건부 법률행위에 관한 설명으로 틀린 것은? (판례에 의함)   중개사 25회

① 조건이 성취되면 법률행위는 효력이 발생한다.
② 정지조건부 권리는 조건이 성취되지 않은 동안 소멸시효가 진행하지 않는다.
③ 조건성취가 미정인 권리는 일반규정에 의하여 처분, 상속, 담보, 보존할 수 있다.
④ 조건성취의 효력은 특별한 사정이 없는 한 법률행위가 성립한 때부터 발생한다.
⑤ 동산의 소유권유보약정이 있는 경우, 특별한 사정이 없는 한 매매대금 전부의 지급이라는 정지조건이 성취될 때까지 매도인이 소유권을 보유한다.

☆중요
04 해제조건부 법률행위에 대한 설명으로 옳은 것은? (판례에 의함)

① 해제조건이 성취되면 특약이 없는 한 법률행위 성립시부터 소급하여 효력을 잃는다.
② 불능조건이 해제조건이면 법률행위는 무효다.
③ 기성조건이 해제조건이면 법률행위는 유효다.
④ 부첩관계의 종료를 해제조건으로 하는 증여는 반사회적인 조건으로 조건만 분리하여 무효로 할 수 없고 증여도 무효다.
⑤ 해제조건이 선량한 풍속 기타 사회질서에 위반한 것인 때에는 특별한 사정이 없는 한 조건 없는 법률행위로 된다.

05 조건에 관한 설명으로 옳은 것을 모두 고른 것은? (판례에 의함)   중개사 21·33회 유사

㉠ 토지임대차 기간을 "임차인이 토지를 매수할 때까지"로 약정한 경우 이는 불확실한 사실이고, 기간의 약정이 없는 임대차로 본다.
㉡ 甲이 乙에게 "丙이 사망하면 부동산을 주겠다"고 한 약정은 정지조건부 증여다.
㉢ 조건부 법률행위는 조건이 성취되었을 때에 비로소 그 법률행위가 성립한다.
㉣ 이행지체의 경우 채권자는 상당한 기간을 정한 최고와 함께 그 기간 내에 이행이 없을 것을 정지조건으로 하여 계약을 해제할 수 있다.
㉤ 당사자가 조건성취의 효력을 그 성취 전에 소급하게 할 의사를 표시한 경우, 당사자 사이에서 법률행위는 조건이 성취한 때부터 효력이 생긴다.

① ㉠, ㉣
② ㉡, ㉣
③ ㉢, ㉣
④ ㉣, ㉤
⑤ ㉠, ㉤

06 법률행위의 조건과 기한에 관한 설명으로 **틀린** 것은? (판례에 따름) 2024 감평사

① 기성조건이 정지조건이면 조건 없는 법률행위로 된다.
② 불능조건이 해제조건이면 조건 없는 법률행위로 된다.
③ 불법조건이 붙은 법률행위는 불법조건만 무효로 되고 그 법률행위는 조건 없는 것으로 된다.
④ 기한은 당사자의 특약으로도 소급효를 인정할 수 없다.
⑤ 기한의 이익은 채무자를 위한 것으로 추정한다.

▶ 고득점
07 다음 중 조건에 대한 설명으로 옳은 것을 모두 고르면? (판례에 의함)

> ㉠ 조건의 성취로 이익을 받을 당사자가 신의칙에 반하여 조건을 성취시킨 때는 상대방은 조건의 불성취를 주장할 수 있다.
> ㉡ 조건의 성취로 불이익을 받을 자가 신의칙에 반하여 조건성취를 방해한 때에 조건성취로 의제되는 시점은 방해행위가 있는 즉시가 아니라 그 방해가 없었더라면 조건이 성취되었으리라고 추산되는 시점이다.
> ㉢ 법률행위에 어떤 조건이 붙어 있는지 여부는 사실인정의 문제로서 조건의 존재를 주장하는 자가 입증해야 한다.
> ㉣ 법률행위에 정지조건이 붙어있다는 사실은 법률효과 발생을 주장하는 자(권리를 취득하는 자)가 입증하여야 한다.

① ㉠, ㉡, ㉢ ② ㉡, ㉢ ③ ㉢, ㉣
④ ㉠, ㉢, ㉣ ⑤ ㉡, ㉣

08 조건에 관한 설명으로 옳지 **못한** 것은? (판례에 의함) 2017 감평사

① 조건은 법률행위의 효력발생 또는 소멸을 장래의 불확실한 사실의 성부에 의존하게 하는 부관이다.
② 불능조건이 해제조건이면 조건 없는 법률행위가 된다.
③ 조건의사가 있어도 법률행위의 내용으로 외부에 표시되지 않은 경우 그것만으로는 조건이 되지 않는다.
④ 부관에 붙은 법률행위에 있어서 부관에 표시된 사실의 발생유무에 상관없이 그 채무를 이행해야 하는 경우 조건으로 보아야 한다.
⑤ 정지조건부 법률행위에서 조건성취로 인하여 권리를 취득하는 자가 조건 성취사실에 대한 증명책임을 진다.

Point 27 기한과 기한의 이익 ★★

09 다음 중 기한에 관한 설명 중 <u>틀린</u> 것을 고르면? (판례에 의함)

> ㉠ 시기 있는 법률행위는 기한이 도래한 때부터 효력이 생긴다.
> ㉡ 종기 있는 법률행위는 기한이 도래한 때부터 효력을 잃는다.
> ㉢ 기한의 도래의 효과는 기한이 도래한 때부터이나, 당사자간 특약으로 소급효가 인정된다.
> ㉣ 채무자는 기한의 이익을 가지므로 변제기 전의 변제를 거부할 수 있으나, 채무자가 담보 손상, 담보제공 의무를 불이행한 때는 기한의 이익을 상실한다.
> ㉤ 기한부 권리도 기한이 도래하기 전 당사자는 양도, 담보제공, 상속할 수 있다.
> ㉥ 기한은 특약이 없는 한 채무자를 위한 것으로 간주한다.

① ㉠, ㉢
② ㉡, ㉣
③ ㉢, ㉥
④ ㉣, ㉤
⑤ ㉢, ㉤

10 다음 중 기한에 관하여 옳은 것은? (판례에 의함)

① 시기 있는 법률행위는 기한이 도래한 때부터 효력을 잃는다.
② 기한의 이익은 특별한 사정이 없는 한 채무자를 위한 것으로 본다.
③ 기한이익의 상실약정은 특별한 약정이 없는 한 정지조건부 기한이익의 상실약정으로 추정한다.
④ 기한의 이익을 가지는 자는 기한의 이익을 포기할 수 있으나 기한의 이익이 상대방에게 있는 경우 포기할 수 없다.
⑤ 당사자가 특약으로 정한 사실이 발생하든 발생이 불가능한 것으로 확정하든 채무를 이행하여야 하는 경우 불확정 기한으로 본다.

11 기한의 이익에 관한 설명으로 옳은 것은? (판례에 의함)   2017 감평사

① 기한의 이익이 채권자 및 채무자 쌍방에게 있는 경우, 채무자는 기한의 이익을 포기할 수 없다.
② 채무자 甲이 저당권자 乙 이외의 다른 채권자에게 동일부동산에 후순위 저당권을 설정해 준 경우 甲은 乙에게 기한의 이익을 주장하지 못한다.
③ 기한이익상실특약은 특별한 사정이 없는 한 형성권부 상실특약으로 추정한다.
④ 기한의 이익은 채무자를 위한 것으로 본다.
⑤ 정지조건부 기한이익상실특약의 경우 특약사유가 발생하여도 채권자의 의사표시가 없으면 이행기 도래의 효과가 발생하지 않는다.

12 조건과 기한에 관한 설명으로 옳은 것은? (판례에 의함)   중개사 19회 유사

① 동산의 소유권유보부 매매에서 소유권유보의 특약을 한 경우 그 특약은 해제조건으로 본다.
② 기한은 채무자의 이익을 위한 것으로 간주되나, 채무자는 기한의 이익을 포기할 수 있다.
③ 조건부 권리는 조건의 성취 여부가 미정인 동안 일반규정에 의해 처분, 담보로 할 수 없다.
④ 조건부 법률행위에 있어 조건의 내용자체가 불법이어서 무효인 경우 조건만을 분리하여 무효로 할 수 있다.
⑤ 조건의 성취로 불이익을 받을 자가 신의성실에 반하여 조건의 성취를 방해한 때에는 상대방은 그 조건이 성취된 것으로 주장할 수 있다.

13 조건과 기한에 관한 설명으로 옳은 것은? (판례에 의함)   중개사 23회

① 조건의 성취가 미정인 권리는 일반규정에 의하여 처분할 수 있을 뿐 아니라 담보로 할 수도 있다.
② 정지조건부 법률행위에 있어 조건이 성취되면 그 효력은 법률행위 한 때로 소급하여 발생함이 원칙이다.
③ 조건이 법률행위 당시 이미 성취된 경우, 그 조건이 정지조건이면 법률행위는 무효가 된다.
④ 불법조건이 붙어 있는 법률행위는 그 조건만이 무효가 된다.
⑤ 기한이익상실의 특약은 특별한 사정이 없는 한, 정지조건부 기한이익상실의 특약으로 추정한다.

14 법률행위의 조건과 기한에 관한 설명으로 옳은 것은? 2018 감평사

① 조건은 법률행위의 효력의 발생 또는 소멸을 장래에 생기는 것이 확실한 사실에 의존하게 하는 법률행위의 부관이다.
② 법률행위 당시에 조건이 성취할 수 없는 경우 그것이 정지조건이면 그 법률행위는 무효다.
③ 단독행위의 경우 상대방이 동의한 경우에도 조건을 붙일 수 없다.
④ 정지조건이 있는 법률행위에서 당사자는 조건성취의 효력을 그 성취 전에 소급하게 할 수 없다.
⑤ 종기 있는 법률행위는 기한이 도래한 때로부터 그 효력이 생긴다.

15 조건과 기한에 관한 설명으로 옳지 않은 것은? (판례에 따름) 2020 감평사

① 법률행위의 조건은 그 조건의 존재를 주장하는 사람이 증명하여야 한다.
② 정지조건부 법률행위에서 조건이 성취된 사실은 조건의 성취로 권리를 취득하는 사람이 증명하여야 한다.
③ 불능조건이 정지조건인 경우 그 법률행위는 무효이다.
④ 조건의 성취로 불이익을 받을 당사자가 신의성실에 반하여 조건의 성취를 방해한 경우, 처음부터 조건 없는 법률행위로 본다.
⑤ 기한이익상실의 약정은 특별한 사정이 없으면 형성권적 기한이익상실의 약정으로 추정한다.

16 조건과 기한에 관하여 옳지 못한 것은? 2025 감평사

① 조건을 붙이는 것이 허용되지 않는 법률행위에 조건을 붙이면 조건만 무효로 된다.
② 조건이 되기 위해서는 법률행위에 조건을 붙이려는 의사와 그 표시가 필요하다.
③ 기한은 채무자의 이익을 위한 것으로 추정한다.
④ 건축허가를 받지 못하면 무효로 한다는 약정 아래 이루어진 토지매매계약은 해제조건부 계약이다.
⑤ 당사자가 불확정한 사실이 발생한 때를 이행기한으로 정한 경우, 그 사실의 발생이 불가능하게 된 때에도 이행기한은 도래한 것으로 본다.

17 법률행위의 조건과 기한에 관한 설명으로 **틀린** 것은? (판례에 따름)   중개사 31회

① 조건부 법률행위에서 불능조건이 정지조건이면 그 법률행위는 무효이다.
② 조건부 법률행위에서 기성조건이 해제조건이면 그 법률행위는 무효이다.
③ 법률행위에 조건이 붙어 있다는 사실은 그 조건의 존재를 주장하는 자가 증명해야 한다.
④ 기한이익상실특약은 특별한 사정이 없으면 정지조건부 기한이익상실특약으로 추정된다.
⑤ 종기(終期) 있는 법률행위는 기한이 도래한 때로부터 그 효력을 잃는다.

18 법률행위의 부관에 관한 설명으로 옳은 것을 모두 고르면? (판례에 따름)

> ㉠ 조건의사가 있더라도 외부에 표시되지 않으면 조건이 되지 않는다.
> ㉡ '정지조건부 법률행위에 해당한다는 사실'에 대한 증명책임은 그 법률행위로 인한 법률효과의 발생을 다투는 자에게 있다.
> ㉢ 불확정한 사실이 발생한 때를 이행기한으로 정한 경우, 그 사실의 발생이 불가능하게 된 때에도 기한이 도래한 것으로 보아야 한다.
> ㉣ 기한 도래 전의 기한부 권리는 양도, 담보로 할 수 없다.

① ㉠, ㉣   ② ㉡, ㉢
③ ㉢, ㉣   ④ ㉡, ㉢, ㉣
⑤ ㉠, ㉡, ㉢

19 원칙적으로 소급효가 인정되는 것을 모두 고르면? (판례에 의함)   중개사 18·20회 유사

> ㉠ 계약의 해제
> ㉡ 임대차 계약의 해지
> ㉢ 무권대리행위의 추인
> ㉣ 무효임을 알고 한 무효행위의 추인
> ㉤ 가등기에 기한 본등기시 물권변동의 효력
> ㉥ 기한 도래의 효력

① ㉠, ㉢   ② ㉡, ㉣
③ ㉡, ㉢, ㉣   ④ ㉡, ㉣, ㉥
⑤ ㉡, ㉣, ㉤

land.Hackers.com

7개년 출제비중분석

7개년 평균 출제비중

제2편 출제비중 35%

장별 출제비중

장 제목	평균	제35회	제34회	제33회	제32회	제31회	제30회	제29회
제1장 총설	1.1	1	2	1	1	1	1	1
제2장 물권의 변동	2.3	3	2	1	2	3	3	2
제3장 점유권	1.4	1	1	2	2	1	1	2
제4장 소유권	2.4	2	2	3	3	2	3	2
제5장 용익물권	3.1	3	3	4	3	3	3	3
제6장 담보물권	3.6	4	4	3	3	4	3	4

*평균: 최근 7개년 동안 출제된 각 장별 평균 문제 수입니다.

제2편 물권법

제1장　총설
제2장　물권의 변동
제3장　점유권
제4장　소유권
제5장　용익물권
제6장　담보물권

제1장 총설

중요 출제가능성이 높은 중요 문제   고득점 고득점 목표를 위한 어려운 문제   신유형 기존에 출제되지 않은 신유형 대비 문제

> **Tip 출제의 맥**
> - 물권의 객체, 물권법정주의가 기본출제의 맥에 해당한다.
> - 물권법정주의와 관습상 물권 여부가 출제의 포인트에 해당한다.
> - 물권적 청구권의 판례와 사례 문제를 연계해서 정리해야 한다.

Point 28 물권의 객체 / 물권법정주의 ★

정답 및 해설 p.33~34

01 물권의 객체에 대한 설명으로 <U>틀린</U> 것은? (판례에 의함)

① 물권의 객체는 원칙적으로 현존, 특정·독립한 물건이다.
② 1필지의 일부에 저당권을 설정할 수 없다.
③ 물건이 아닌 지상권, 전세권을 목적으로 저당권을 설정할 수 있다.
④ 토지소유권의 범위는 특별한 사정이 없는 한 현실의 경계와 관계없이 공부상의 경계에 의하여 확정된다.
⑤ 증감변동하는 집합물도 특정되면 양도담보의 객체가 되나 그 구성물의 변동이 있게 되면 특정성을 상실한다.

중요

02 물권의 객체에 대하여 <U>틀린</U> 것은? (판례에 의함)

① 토지에서 벌채되어 분리된 수목은 독립된 소유권의 객체로 되며, 명인방법을 갖춘 수목의 집단은 소유권의 객체는 될 수 있으나 저당권의 객체는 될 수 없다.
② 「입목에 관한 법률」로 등기된 수목의 집단은 소유권과 저당권의 객체로 될 수 있다.
③ 지상권은 물건이 아니므로 저당권의 객체가 될 수 없다.
④ 미분리의 과실은 명인방법을 갖추면 독립한 소유권의 객체가 되나, 타인의 토지에 경작한 농작물은 정당한 권원이 없이, 명인방법을 갖출 필요 없이 경작자의 소유로 된다.
⑤ 1필 토지의 일부도 점유취득시효를 할 수 있다.

☆ 중요
03 일물일권주의에 관한 설명으로 옳지 않은 것은? 감평사

① 일물일권주의란 물건의 일부 또는 다수의 물건 위에 하나의 물권이 성립할 수 없다는 원칙이다.
② 물건의 일부나 집단 위에 하나의 물권을 인정할 "공시방법"이 마련된 경우에는 물건의 일부나 물건의 집단에 하나의 물권의 성립을 인정하기도 한다.
③ 명인방법을 갖춘 수목의 집단은 독립한 부동산으로서 저당권의 목적물이 될 수 있다.
④ 지상권과 지역권은 토지의 일부에도 설정할 수 있다.
⑤ 기술적 착오 없이 작성된 지적도에서의 경계가 현실의 경계와 다른 경우 토지소유권의 범위는 지적도의 경계를 기준으로 한다.

04 물권법정주의에 관한 설명으로 옳은 것은? (판례에 따름) 2019 감평사

① 물권은 명령이나 규칙에 의해서도 창설될 수 있다.
②「민법」은 관습법에 의한 물권의 성립을 부정한다.
③ 물권법정주의에 관한 규정은 강행규정이며, 이에 위반하는 법률행위는 무효이다.
④ 대법원은 사인(私人)의 토지에 대한 관습상의 통행권을 인정하고 있다.
⑤ 미등기 무허가건물의 양수인은 그 소유권이전등기를 경료하지 않더라도 그 건물에 관하여 소유권에 준하는 관습상의 물권을 가진다.

05 물권에 관한 설명으로 옳지 않은 것은? (판례에 따름) 2020 감평사

① 특별한 사정이 없으면, 물건의 일부는 물권의 객체가 될 수 없다.
② 권원 없이 타인의 토지에 심은 수목은 독립한 물권의 객체가 될 수 없다.
③ 종류, 장소 또는 수량지정 등의 방법으로 특정할 수 있으면 수량이 변동하는 동산의 집합도 하나의 물권의 객체가 될 수 있다.
④ 사용·수익 권능을 대세적·영구적으로 포기한 소유권도 존재한다.
⑤ 소유권을 상실한 전(前)소유자는 물권적 청구권을 행사할 수 없다.

06 다음 중 물권이 아닌 것은? (판례에 의함)　　　　　중개사 18·20회 종합

㉠ 온천권	㉡ 가등기담보권
㉢ 사도통행권	㉣ 근린공원이용권
㉤ 근저당권	㉥ 분묘기지권

① ㉠, ㉡, ㉢
② ㉠, ㉢, ㉣
③ ㉡, ㉤, ㉥
④ ㉡, ㉢, ㉣
⑤ ㉠, ㉣, ㉥

07 물권에 관한 설명으로 옳은 것은? (다툼이 있으면 판례에 따름)　　　중개사 26·33회 종합

① 지상권, 전세권, 저당권은 본권이 아니다.
② 저당권, 전세권, 지상권, 점유권은 1필지 일부를 객체로 할 수 있다.
③ 지상권, 전세권은 토지를 점유할 수 있는 물권이나 저당권, 지역권은 점유할 수 있는 물권이 아니다.
④ 근린공원을 자유롭게 이용한 사정만으로 공원이용권이라는 배타적 물권을 인정한다.
⑤ 미등기 무허가건물의 양수인은 소유권이전등기를 경료받지 않아도 소유권에 준하는 관습법상의 물권을 취득한다.

08 물권의 객체에 관한 설명으로 옳지 못한 것은? (판례에 따름)　　　2024 감평사

㉠ 구분소유의 목적이 되는 건물의 등기부상 표시에서 전유부분의 면적 표시가 잘못된 경우, 그 잘못 표시된 면적만큼의 소유권보존등기를 말소할 수 없다.
㉡ 1필의 토지의 일부를 객체로 하여 지상권을 설정할 수 없다.
㉢ 기술적인 착오로 지적도의 경계선이 실제 경계선과 다르게 작성된 경우, 토지의 경계는 지적도의 경계선에 의해 확정된다.
㉣ 적법한 분할절차를 거치지 아니한 채 1필 토지 중 일부에 관하여 소유권 보존등기를 할 수 없다.

① ㉠, ㉢
② ㉡
③ ㉡, ㉢
④ ㉣
⑤ ㉠, ㉢

Point 29 물권적 청구권 ★★★

09 다음 중 물권적 청구권에 관하여 옳은 것은? (판례에 의함) 2016 감평사

① 점유물반환청구권은 침탈사실을 안 날로부터 1년 내에 행사하여야 한다.
② 진정명의회복을 위한 소유권이전등기청구권은 소유물방해배제청구권에 해당한다.
③ 제3자가 저당권이 설정된 부동산의 점유를 침탈한 경우 저당권자는 자신에게 반환을 청구할 수 있다.
④ 토지소유자는 그 토지 위에 무단으로 건축된 건물을 임차하여 점유하고 있는 자를 상대로 건물의 철거를 청구할 수 있다.
⑤ 유효하게 부동산을 명의신탁한 자는 자신이 직접 제3자에게 물권적 청구권을 행사하여 신탁재산에 대한 방해배제를 구할 수 있다.

10 물권적 청구권에 관한 설명으로 틀린 것은? (판례에 의함) 중개사 20회 유사

① 소유물반환청구권은 기간의 제한이 없으나 점유회수청구권의 행사기간은 1년이다.
② 소유물의 점유를 침탈당한 소유자는 소유권이라는 본권을 이유로 반환청구하거나 점유권으로 점유회수를 청구할 수 있다.
③ 간접점유자는 점유회수청구권의 상대방이 될 수 있으나 점유보조자는 상대방이 될 수 없다.
④ 소유권을 방해당할 염려가 있는 경우 소유자는 방해예방과 함께 손해배상의 담보를 청구할 수 있다.
⑤ 미등기 무허가건물의 양수인은 소유권에 기한 방해배제청구권을 행사할 수 없다.

11 다음 중 물권적 청구권에 관한 설명 중 옳은 것은? (판례에 의함) 2015 감평사 유사

> ㉠ 甲의 건물을 매수하여 점유하는 乙로부터 다시 전매하여 丙이 등기 없이 건물을 점유하는 경우, 甲이 소유물반환청구권을 丙에게 행사할 수 없다.
> ㉡ 점유를 수반하지 않은 저당권자와 지역권자는 제213조가 준용되지 않으므로 반환청구권은 없으나 방해제거, 예방청구는 할 수 있다.
> ㉢ 상대방의 귀책사유는 물권적 청구권의 행사요건이다.
> ㉣ 유치물을 침탈당한 유치권자는 유치권에 기한 반환청구권이 인정된다.

① ㉠, ㉡ ② ㉡, ㉢ ③ ㉢, ㉣ ④ ㉠, ㉣ ⑤ ㉡, ㉣

12 소유자 甲으로부터 X가옥을 임차권등기 없이 임차하여 점유한 乙을 丙이 불법으로 몰아내고 그 가옥을 현재 점유하고 있다. 다음 설명 중 틀린 것은?

중개사 15회 유사

① 甲은 丙에 대하여 기간의 제한 없이 소유물반환청구권을 갖는다.
② 乙은 丙에 대하여 점유물반환청구권을 1년 내에 행사할 수 있다.
③ 甲은 丙에 대하여 1년 이내에 점유물반환청구권을 갖는다.
④ 침탈자 丙의 점유를 선의인 丁이 승계받은 경우, 甲은 선의인 丁에게 소유물반환청구권을 행사할 수 없다.
⑤ 乙이 임차권을 등기하지 아니한 이상 丙에 대하여 임차권에 기한 방해배제청구권을 행사할 수 없고 임대인의 물권적 청구권을 대위하여 행사할 수 있다.

13 물권적 청구권에 관한 설명으로 옳은 것은? (판례에 따름)

중개사 29회

① 소유권을 방해할 염려가 있는 경우 소유자는 물권적 청구권에 의하여 방해제거비용 또는 방해예방비용을 청구할 수 없다.
② 불법원인으로 물건을 급여한 사람은 원칙적으로 소유권을 기하여 반환청구를 할 수 있다.
③ 소유자는 소유물을 불법점유한 사람의 특별승계인에 대하여는 그 반환을 청구하지 못한다.
④ 소유권에 기한 방해제거청구권은 현재 계속되고 있는 방해의 원인의 제거와 함께 방해결과의 제거를 내용으로 한다.
⑤ 소유권에 기한 물권적 청구권이 발생한 후에는 소유자가 소유권을 상실하더라도 그 청구권을 행사할 수 있다.

14 물권적 청구권에 관한 설명으로 옳지 않은 것은? (판례에 따름)

2020 감평사

① 물권적 청구권은 물권과 분리하여 양도하지 못한다.
② 물권적 청구권을 보전하기 위하여 가등기를 할 수 있다.
③ 미등기무허가 건물을 매수한 사람은 소유권이전등기를 갖출 때까지 그 건물의 불법점유자에게 직접 자신의 소유권에 기하여 인도를 청구하지 못한다.
④ 토지소유자는 권원 없이 그의 토지에 건물을 신축·소유한 사람으로부터 건물을 매수하여 점유하는 사람에게 건물의 철거를 청구할 수 있다.
⑤ 소유권에 기한 말소등기청구권은 소멸시효의 적용을 받지 않는다.

15 물권적 청구권에 관한 설명으로 옳은 것은? (판례에 따름) 중개사 30·31·32회 종합

> ㉠ 소유권을 양도한 전소유자가 물권적 청구권만을 분리, 유보하여 불법점유자에 대해 그 물권적 청구권에 의한 방해배제를 할 수 없다.
> ㉡ 물권적 청구권을 행사하기 위해서는 상대방에게 귀책사유가 있어야 한다.
> ㉢ 소유권에 기한 방해배제청구권에 있어서 방해에는 과거에 이미 종결된 손해가 포함된다.
> ㉣ 소유권에 기한 물권적 청구권은 소멸시효의 대상이다.
> ㉤ 甲이 X건물을 乙에게 명의신탁하였는데 乙이 丙에게 X건물을 적법하게 양도하였다가 다시 소유권을 취득한 경우, 甲은 乙에게 소유물반환을 청구할 수 없다.

① ㉠, ㉡
② ㉢, ㉣
③ ㉡, ㉤
④ ㉠, ㉤
⑤ ㉢, ㉤

16 甲소유의 토지 위에 乙이 무단으로 무허가건물을 축조하였다. 다음 중 옳은 것은? (판례에 의함) 중개사 18회 유사

① 乙이 그 건물에 거주하는 경우 甲은 乙에게 퇴거청구를 할 수 있다.
② 甲이 토지를 매매하여 양수인 丙이 소유권이전등기를 마친 경우, 전 소유자 甲은 乙을 상대로 건물의 철거를 청구할 수 있다.
③ 乙이 미등기로 丁에게 건물을 양도하였으나 건물의 양수인 丁이 등기 없이 점유하는 경우, 甲은 丁을 상대로 건물의 철거를 청구할 수 있다.
④ 乙이 건물을 戊에게 임대하고 임차인이 대항력을 갖춘 경우, 甲은 건물임차인 戊를 상대로 건물 철거청구를 할 수 있다.
⑤ 乙이 건물을 戊에게 임대하고 임차인이 대항력을 갖춘 경우, 甲은 임차인 戊를 상대로 퇴거청구할 수 없다.

17 甲소유 X토지에 대한 사용권한 없이 그 위에 乙이 Y건물을 신축한 후 아직 등기하지 않은 채 丙에게 일부를 임대하여 현재 乙과 丙이 Y건물을 일부분씩 점유하고 있다. 다음 설명 중 옳지 <u>않은</u> 것을 모두 고르면? (판례에 따름) 중개사 27회 유사

> ㉠ 甲은 乙을 상대로 Y건물의 철거와 토지인도를 청구할 수 있다.
> ㉡ 甲은 대항력을 갖춘 丙을 상대로 Y건물에서의 퇴거를 청구할 수 없다.
> ㉢ 甲은 乙을 상대로 Y건물에서의 퇴거를 청구할 수 있다.
> ㉣ 乙이 Y건물을 丁에게 미등기로 매도하고 인도해 준 경우 甲은 미등기건물의 양수인 丁을 상대로 Y건물의 철거를 청구할 수 있다.

① ㉠, ㉡ ② ㉢, ㉣ ③ ㉡, ㉣
④ ㉡, ㉢ ⑤ ㉠, ㉢

18 甲은 乙소유 X토지에 권원 없이 Y건물을 신축하여 소유하고 있다. 아래 설명으로 옳은 것은? (판례에 따름) 2024 감평사

① 乙은 Y건물을 관리하는 甲의 직원 A에게 X토지반환을 청구할 수 있다.
② 甲이 신축한 Y건물을 B에게 임대한 경우, B만이 Y건물의 점유자이다.
③ 乙은 甲에게 건물에서 퇴거할 것을 청구할 수 있다.
④ 미등기상태인 Y건물을 丙이 매수하여 인도받았다면, 乙은 丙을 상대로 Y건물의 철거를 청구할 수 있다.
⑤ 乙은 甲에 대한 X토지반환청구권을 유보하고 X토지의 소유권을 丁에게 양도할 수 있다.

19 甲소유 토지에 乙이 무단으로 X건물을 신축한 뒤에 丙에게 X건물의 일부를 임대하여 丙이 현재 대항력을 갖추고 그 건물의 일부를 점유하고 있다. 다음 설명 중 <u>틀린</u> 것은? (판례에 따름)

중개사 35회

> ㉠ 甲은 대항력을 갖춘 임차인 丙을 상대로 건물에서의 퇴거를 청구할 수 없다.
> ㉡ 甲은 乙을 상대로 건물의 철거 및 토지의 인도를 청구할 수 있다.
> ㉢ 甲은 乙을 상대로 토지의 무단 사용을 이유로 부당이득반환청구권을 행사할 수 있다.
> ㉣ 만약 乙이 무허가 건물을 丁에게 양도하여 현재 丁이 거주하나 등기를 경료하지 아니한 경우, 甲이 丁에게 X건물의 철거를 청구하는 것은 허용되지 아니한다.

① ㉠, ㉡ ② ㉡, ㉣ ③ ㉢, ㉣
④ ㉠, ㉣ ⑤ ㉡, ㉢

20 소유물반환청구권에 대하여 옳은 것을 모두 고르면?

2025 감평사

> ㉠ 타인소유물을 불법으로 점유하였던 자라도 더 이상 현실적으로 점유를 하고 있지 않은 이상 그를 상대로 하는 소유물반환청구는 부당하다.
> ㉡ 타인의 토지에 무단으로 건물을 신축하여 소유하는 자에 대하여 토지소유자는 그 건물에서 퇴거할 것을 청구할 수 있다.
> ㉢ 토지소유자는 토지에 대한 점유취득시효를 완성한 자에 대하여 불법점유를 이유로 토지의 반환을 청구할 수 있다.

① ㉠ ② ㉡
③ ㉢ ④ ㉠, ㉡
⑤ ㉡, ㉢

제2장 물권의 변동

🌟 중요 출제가능성이 높은 중요 문제 📌 고득점 고득점 목표를 위한 어려운 문제 🔍 신유형 기존에 출제되지 않은 신유형 대비 문제

> 💡 **Tip 출제의 맥**
> - 물권변동에서 등기 여부에서 1문제가 출제의 맥이다.
> - 등기청구권의 성질이 출제의 맥이다.
> - 중간생략등기·가등기가 주요 맥이다.
> - 등기의 추정력을 정리해야 한다.
> - 동산선의취득은 간략히 정리하고, 혼동의 법리를 대비해야 한다.

Point 30 물권변동에서 등기 ★★★

정답 및 해설 p.36~38

01 甲소유 X토지를 乙이 서류를 위조하여 소유권이전등기를 경료하였다. 그 후 乙은 X토지를 丙에게 매각하고 등기까지 이전한 경우 다음 중 옳은 것을 모두 고르면? (특별한 사정은 고려 않고, 판례에 따름)

> ㉠ 등기의 공신력이 없으므로 甲은 丙을 상대로 X토지를 진정명의회복으로 이전등기청구할 수 있다.
> ㉡ 甲이 丙을 상대로 행사하는 진정명의회복으로 인한 이전등기청구는 소유권에 기한 방해배제청구의 성질을 가진다.
> ㉢ 乙이 X토지 위에 Y건물을 신축하여 丙에게 미등기로 매도하고 인도해 준 경우라면, 甲은 미등기건물의 양수인 丙을 상대로 Y건물의 철거를 청구할 수 있다.
> ㉣ 丙이 등기부 취득시효로 X토지 소유권을 취득하였다면, 甲은 乙의 말소등기의무가 이행불능임을 이유로 전보배상청구권을 행사할 수 있다.

① ㉠, ㉣   ② ㉡, ㉢
③ ㉢, ㉣   ④ ㉠, ㉢
⑤ ㉠, ㉡, ㉢

02 등기를 해야 물권변동이 일어나는 경우를 모두 고른 것은? (판례에 따름)

㉠ 혼동에 의한 물권의 소멸
㉡ 환매권 행사에 의한 부동산 소유권의 취득
㉢ 존속기간만료에 의한 지상권의 소멸
㉣ 매매예약완결권 행사에 의한 부동산 소유권 취득
㉤ 집합건물의 구조상 공용부분에 대한 지분 취득
㉥ 공유물분할판결에 의한 단독 소유권의 취득

① ㉠, ㉡   ② ㉠, ㉢   ③ ㉡, ㉣   ④ ㉢, ㉤   ⑤ ㉣, ㉥

03 등기가 있어야 부동산 물권을 취득하는 경우는? (판례에 의함)

중개사 25회 유사

① 전세권을 상속으로 취득하는 경우
② 건물전세권이 법정갱신되는 경우
③ 집합건물에서 구조상 공용부분의 득실변경
④ 공유토지에 관한 현물분할의 합의로 단독소유권을 취득하는 경우
⑤ 1동의 건물 중 구분건물부분이 구조상·이용상 독립성을 갖추고 구분행위로 인하여 구분소유권을 취득하는 경우

04 물권을 등기 없이 취득할 수 있는 경우가 아닌 것은? (판례에 의함)

중개사 24회 유사

① 공유물 분할판결로 건물의 소유권 취득
② 분묘기지권의 시효취득
③ 상속에 의한 지상권의 취득
④ 법정저당권의 취득
⑤ 점유취득시효에 의한 지역권의 취득

05 등기가 있어야 물권이 변동되는 경우가 아닌 것은? (판례에 따름)

㉠ 공유토지의 협의 분할로 단독 소유권의 취득
㉡ 공유물분할 판결의 확정으로 소유권 취득
㉢ 공유물분할청구소송에서 현물분할의 협의가 성립하여 조정으로 소유권 취득
㉣ 소유권이전등기 이행을 명하는 판결에 의한 소유권 취득
㉤ 공유지분이나 합유지분의 포기에 의한 소유권의 취득
㉥ 피담보채권의 소멸로 인한 저당권의 소멸

① ㉠, ㉢   ② ㉡, ㉤   ③ ㉣, ㉤   ④ ㉡, ㉥   ⑤ ㉢, ㉥

06 법률행위에 의하지 않은 물권변동에 관한 설명으로 옳지 않은 것은? (다툼이 있으면 판례에 따름)

2018 감평사

① 법정저당권은 저당권설정등기 없이 성립한다.
② 소유권이전등기 이행을 명하는 판결에 의한 소유권 취득, 부동산소유권을 확인하는 판결에 의해서도 등기 없이 그 부동산의 소유권을 취득한다.
③ 경매에 있어서 부동산 물권변동의 시기는 매각허가결정이 확정된 후 매수인이 매각대금을 완납한 때이다.
④ 자기의 비용과 노력으로 건물을 신축한 건축주는 건물의 소유권을 등기 없이 취득한다.
⑤ 상속에 의한 물권변동은 피상속인의 사망시에 발생한다.

07 법률행위에 의하지 않은 부동산물권의 변동에 관한 설명으로 틀린 것은? (판례에 따름)

중개사 31회

① 관습상 법정지상권은 설정등기 없이 취득한다.
② 이행판결에 기한 부동산물권의 변동시기는 확정판결시이다.
③ 상속인은 등기 없이 상속받은 부동산의 소유권을 취득한다.
④ 경매로 인한 부동산소유권의 취득시기는 매각대금을 완납한 때이다.
⑤ 건물의 신축에 의한 소유권취득은 소유권보존등기를 필요로 하지 않는다.

08 부동산 물권변동을 위하여 등기가 필요하지 아니한 것을 모두 고르면?

2025 감평사

㉠ 부동산 매매계약이 해제되어 소유권이 매도인에게 복귀하는 경우
㉡ 화해조서에 의하여 부동산 소유권을 취득하는 경우
㉢ 공유자 사이에 현물분할에 관한 조정이 성립하여 이에 따라 각 공유자가 소유권을 취득하는 경우

① ㉠
② ㉢
③ ㉠, ㉡
④ ㉡, ㉢
⑤ ㉠, ㉡, ㉢

09 부동산 물권변동에 관한 설명 중 틀린 것은? (판례에 의함)

중개사 18회 유사

① 분묘기지권을 시효취득함에는 등기를 요하지 아니한다.
② 공유토지 분할판결로 물권변동의 시기는 확정판결시이다.
③ 매수인 乙이 매도인 甲을 상대로 한 소유권이전등기청구소송에서 승소하여 판결이 확정되었다고 하더라도 乙이 즉시 소유권을 취득하는 것은 아니다.
④ 공유물에 대한 현물분할의 협의로 조정이 성립된 때부터 공유자에게 등기 없이 각 공유자에게 협의에 따른 새로운 법률관계가 창설적으로 발생한다.
⑤ 甲이 그 소유 토지를 乙에게 매도하고 이전등기를 해준 뒤 사기를 이유로 매매계약을 적법하게 취소한 경우 乙의 등기가 말소되기 전이라도 甲은 소유권을 회복한다.

10 부동산 물권변동에 관한 설명으로 틀린 것은? (판례에 따름)

중개사 30회

① 부동산 물권변동 후 그 등기가 원인 없이 말소되었더라도 그 물권변동의 효력에는 영향이 없다.
② 등기를 요하지 않는 물권취득의 원인인 판결이란 이행판결을 의미한다.
③ 소유권이전등기청구권의 보전을 위한 가등기에 기하여 본등기가 행해지면 물권변동의 효력은 본등기가 행해진 때 발생한다.
④ 매수한 토지를 인도받아 점유하고 있는 미등기 매수인으로부터 그 토지를 다시 매수한 자는 특별한 사정이 없는 한 최초 매도인에 대하여 직접 자신에게로의 소유권이전등기를 청구할 수 없다.
⑤ 강제경매로 인해 성립한 관습상 법정지상권을 법률행위에 의해 양도하기 위해서는 등기가 필요하다.

11 다음 중 등기에 관한 설명으로 옳은 것은? (판례에 의함) 2019 주관사
① 등기는 물권의 효력 발생요건이고 존속요건이다.
② 저당권 등기가 원인 없이 불법말소된 경우 저당권은 소멸하고 회복등기를 할 수 없다.
③ 부동산의 등기가 원인 없이 불법 말소된 경우 물권은 소멸하지 않으므로 권리소멸의 추정력이 인정되지 않는다.
④ 등기된 부동산에 관하여도 점유의 추정력이 인정된다.
⑤ 소유권이전등기가 경료된 경우 물권변동의 당사자 사이에는 등기의 추정력이 원용될 수 없다.

12 등기의 추정력에 관한 설명으로 틀린 것은? (판례에 의함) 중개사 25회 유사
① 소유권보존등기가 된 부동산에서 보존등기명의인이 건물을 신축한 것이 아님이 증명된 경우 보존등기의 추정력은 인정된다.
② 소유권이전등기가 된 경우, 등기명의인은 제3자와 전 소유자에 대하여도 적법한 등기원인에 기하여 소유권을 취득한 것으로 추정된다.
③ 소유권이전등기가 불법말소된 경우, 말소된 등기의 최종명의인은 그 회복등기가 경료되기 전이라도 적법한 권리자로 추정된다.
④ 저당권등기가 경료된 경우 그 피담보채권의 존재가 추정된다.
⑤ 소유권이전청구권 보전을 위한 가등기가 있으면, 소유권이전등기를 청구할 어떠한 법률관계가 존재한다고 추정되지 않는다.

13 등기와 점유의 추정력에 관한 설명으로 틀린 것은? (판례에 따름) 중개사 31회
① 등기부상 권리변동의 당사자 사이에서는 등기의 추정력을 원용할 수 없다.
② 전·후 양시(兩時)에 점유한 사실이 있는 때에는 그 점유는 계속한 것으로 추정한다.
③ 원인 없이 부적법하게 등기가 말소된 경우, 권리소멸의 추정력은 인정되지 않는다.
④ 점유자의 권리추정 규정은 특별한 사정이 없는 한 부동산 물권에는 적용되지 않는다.
⑤ 소유권이전등기의 원인으로 주장된 계약서가 진정하지 않은 것으로 증명되면 등기의 적법추정은 깨어진다.

14 등기에 의하여 추정력이 인정되지 <u>않는</u> 것은? (판례에 따름) 　　2024 감평사

① 환매특약등기 – 특약의 진정 성립
② 대리인에 의한 소유권이전등기 – 적법한 대리권의 존재
③ 저당권의 등기 – 피담보채권의 존재
④ 부적법하게 말소된 등기 – 말소된 등기상 권리의 존재
⑤ 토지등기부의 표제부 – 등기부상 면적의 존재

15 등기의 추정력에 관한 설명으로 옳은 것을 모두 고르면? (판례에 따름) 　중개사 30회 유사

> ㉠ 사망자 명의로 신청하여 이루어진 이전등기에는 특별한 사정이 없는 한 추정력이 인정되지 않는다.
> ㉡ 대리에 의한 매매계약을 원인으로 소유권이전등기가 이루어진 경우, 대리권의 존재는 추정된다.
> ㉢ 근저당권등기가 행해지면 피담보채권뿐만 아니라 그 피담보채권을 성립시키는 기본계약의 존재도 추정된다.
> ㉣ 건물 소유권보존등기 명의자가 전(前)소유자로부터 그 건물을 양수하였다고 주장하는 경우, 전(前)소유자가 양도사실을 부인하면, 보존등기의 추정력은 깨지지 않는다.

① ㉠, ㉡　　② ㉠, ㉢　　③ ㉡, ㉢
④ ㉡, ㉣　　⑤ ㉢, ㉣

16 등기의 추정력이 깨어지지 <u>않는</u> 경우를 모두 고르면? (판례에 의함)

> ㉠ 소유권이전등기가 전 소유자의 사망 후에 사망자의 명의로 신청된 경우
> ㉡ 소유권이전등기가 사망한 등기의무자로부터 경료된 등기라도 등기의무자의 '사망 전'에 그 등기원인으로 매매가 존재하는 경우
> ㉢ 소유권이전등기에서 전소유자가 실재하지 않는 허무인인 경우
> ㉣ 소유권이전등기 원인으로 주장된 계약서가 진정하지 않은 것으로 증명된 경우
> ㉤ 구 「임야소유권이전 특별조치법」에 따라 등기를 마친 자가 특별한 사정이 없이 보증서상의 취득원인 사실과 다른 취득원인 사실을 주장한 경우

① ㉠, ㉢　　② ㉡, ㉣　　③ ㉢, ㉣
④ ㉡, ㉤　　⑤ ㉢, ㉤

17 등기의 추정력이 깨어지는 경우를 모두 고른 것은? (판례에 따름) 2020 주관사

> ㉠ 건물 소유권보존등기의 명의자가 건물을 신축한 것이 아닌 경우
> ㉡ 등기부상 등기명의자의 공유지분의 분자 합계가 분모를 초과하는 경우
> ㉢ 소유권보존등기의 명의인이 부동산을 양수받은 것이라 주장하는데 전(前) 소유자가 양도 사실을 부인하는 경우

① ㉠   ② ㉡   ③ ㉠, ㉢   ④ ㉡, ㉢   ⑤ ㉠, ㉡, ㉢

18 등기의 추정력에 대한 설명으로 옳지 못한 것은? 2025 감평사

① 소유권이전등기가 경료된 경우, 그 등기명의인은 전소유자에 대하여 적법한 등기원인으로 취득한 것으로 추정된다.
② 건물소유권보존등기명의자가 건물을 신축한 것이 아님이 증명된 경우, 그 등기의 권리추정력은 깨어진다.
③ 소유권이전등기가 불법하게 말소된 경우, 말소된 등기명의인은 적법한 소유자로 추정된다.
④ 소유권이전청구권을 보전하기 위하여 가등기가 경료된 경우, 소유권이전등기를 청구할 법률관계의 존재가 추정된다.
⑤ 근저당권설정등기가 경료된 경우, 피담보채권을 성립시키는 법률행위의 존재가 추정되지 아니한다.

19 무효등기의 유용에 관한 판례의 태도가 아닌 것은?

① 채무의 소멸로 무효인 저당권등기를 당사자간의 합의로 유효한 저당권등기로 유용할 수 있다.
② 무효인 가등기를 유효한 등기로 전용하기로 하는 약정은 그때부터 유효하고 소급하여 유효한 등기로 전용할 수 없다.
③ 甲소유 토지에 乙의 저당권, 丙의 전세권이 존재하는 경우, 채무소멸로 무효인 저당권의 등기를 당사자간 합의로 유효한 저당권등기로 유용할 수 있다.
④ 무효등기의 유용에 관한 합의 내지 추인은 묵시적으로도 이루어질 수 있다.
⑤ 기존의 3층짜리 구건물을 헐고 새로 5층짜리 건물을 신축한 경우 멸실된 구건물의 보존등기를 신축건물의 등기에 기재해도 그 등기는 효력이 없다.

☆중요
20 실체에 부합하는 등기에 관한 판례의 태도가 <u>아닌</u> 것은?

① 甲이 乙에게 실제는 증여이나 세금절약을 위하여 매매를 가장하여 乙에게 소유권이전 등기를 한 경우 이 등기는 실체에 부합하여 유효다.
② 허가구역 밖에서 甲, 乙, 丙 순으로 순차매매하고 전원의 중간생략 등기 합의 없이 이미 丙 앞으로 경료된 소유권이전등기는 실체관계에 부합하여 유효다.
③ 신축건물을 원시취득한 甲으로부터 이를 매매로 승계취득한 乙과의 합의로 甲에서 직접 乙 앞으로 보존등기를 경료한 경우 이는 실체에 부합하여 유효다.
④ 전세권등기를 전세권의 존속기간이 시작되기 전에 먼저 경료한 경우 그 전세권등기는 유효하다.
⑤ 신축건물의 보존등기를 건물완성 전에 하였고, 그 후 건물이 완성된 경우 그 보존등기는 무효다.

21 등기에 관한 판례의 태도가 <u>아닌</u> 것은?

㉠ 저당권등기가 원인 없이 불법으로 말소된 경우 등기는 물권의 존속요건이므로 저당권은 소멸한다.
㉡ 동일부동산에 관해 중복하여 소유권보존등기가 경료된 경우 선등기가 원인무효가 아닌 한 나중에 경료된 등기는 실체에 부합하는가와 관계없이 무효다.
㉢ 甲이 신축한 건물을 보존등기 없이 건물의 매수인 乙 명의로 직접 소유권보존등기를 경료한 경우 이는 실체에 부합하여 유효하다.
㉣ 전세권등기를 전세권의 존속기간이 시작되기 전에 먼저 경료한 경우 그 전세권등기는 무효다.

① ㉠, ㉡
② ㉡, ㉢
③ ㉢, ㉣
④ ㉠, ㉢
⑤ ㉠, ㉣

22 부동산등기에 관한 설명으로 옳지 않은 것은? (판례에 따름) 2017 감평사

① 청구권보전을 위한 가등기에 기하여 본등기가 되더라도 물권변동의 효력이 가등기한 때로 소급하지 않는다.
② 소유권이전청구권이 정지조건부인 경우에도 가등기는 가능하다.
③ 먼저 된 유효한 소유권보존등기로 인해 뒤에 경료된 이중보존등기가 무효인 경우, 뒤에 된 등기를 근거로 등기부 취득시효를 주장할 수 있다.
④ 등기되어 있는 3층 건물이 멸실되자 5층 건물을 신축하였으나 종전 등기를 그대로 사용하는 경우 이 등기는 무효이다.
⑤ 저당권설정등기가 원인 없이 말소된 때에도 그 부동산이 경매되어 매수인이 매각대금을 납부하면 원인 없이 말소된 저당권은 소멸한다.

23 부동산물권의 변동에 관한 설명으로 옳은 것은? (판례에 따름) 2020 주관사

① 등기는 물권의 효력존속요건이다.
② 무효등기의 유용에 관한 합의는 묵시적으로 이루어질 수 없다.
③ 토지거래허가구역 내의 토지에 대해 행하여진 중간생략등기는 무효이다.
④ 상속에 의한 토지소유권 취득은 등기해야 그 효력이 생긴다.
⑤ 미등기건물의 원시취득자와 그 승계취득자 사이의 합의에 의하여 직접 승계취득자 명의로 소유권보존등기를 한 경우, 그 등기는 무효이다.

Point 31 중간생략등기와 가등기 ★★★

정답 및 해설 p.38~39

24 토지거래허가구역 밖에서 이루어진 중간생략등기에 대하여 판례의 입장과 다른 것은?

①「부동산등기 특별조치법」상 중간생략등기를 금지하고 있으나 이는 단속규정으로 순차 매도한 당사자 사이의 사법상 효력까지 무효는 아니다.
② 당사자 사이의 중간생략등기의 합의는 최초매도인과 최종매수인 사이에 매매계약이 체결되었다는 의미가 아니다.
③ 중간생략등기의 합의는 적법한 등기원인이다.
④ 당사자간에 중간생략등기의 합의가 있다 하여 중간매수인의 소유권이전등기청구권이 소멸되는 것은 아니며 최초매도인의 그 매수인에 대한 등기의무가 소멸하는 것은 아니다.
⑤ 중간생략등기에 대한 합의가 없이 이미 중간생략등기가 경료된 경우 그 등기는 실체에 부합하므로 무효가 아니다.

25 X토지는 토지거래허가구역 밖에 소재하고 甲 ⇨ 乙 ⇨ 丙으로 순차 매도되고, 3자간에 중간생략등기의 합의를 하였다. 이에 대한 설명으로 <u>틀린</u> 것은? (판례에 따름)

중개사 20·23·31회 유사

① 丙은 甲에게 직접 소유권이전등기를 청구할 수 있다.
② 乙의 甲에 대한 소유권이전등기청구권은 소멸하지 않는다.
③ 甲의 乙에 대한 매매대금채권의 행사는 제한받지 않는다.
④ 만약 X토지가 토지거래허가구역에 소재한다면, 丙은 직접 甲에게 허가신청절차의 협력을 구할 수 없다.
⑤ 만약 중간생략등기의 합의가 없다면, 丙은 甲의 동의나 승낙 없이 乙의 소유권이전등기청구권을 양도받아 직접 甲에게 소유권이전등기를 청구할 수 있다.

26 甲은 자신의 토지를 乙에게 매도하여 인도하였고, 乙은 그 X토지를 점유·사용하다가 다시 丙에게 매도하여 인도하였다. 甲과 乙은 모두 대금 전부를 수령하였고, 甲·乙·丙 사이에 중간생략등기의 합의가 있었다. 다음 설명 중 옳지 <u>못한</u> 것을 모두 고르면? (단, 토지거래허가구역 밖에 있음을 전제로 하고 각 지문은 독립적임, 다툼이 있으면 판례에 따름)

중개사 35회 유사

㉠ 甲은 丙을 상대로 X토지에 대하여 소유물반환을 청구할 수 있다.
㉡ 丙은 직접 甲을 상대로 소유권이전등기를 청구할 수 없다.
㉢ 만약 乙이 인도받은 후 현재 10년이 지났다면, 乙은 甲에 대해 소유권이전등기를 청구할 수 없다.
㉣ 乙이 甲에 대하여 가지는 등기청구권을 丙에게 양도하였음을 甲에게 통지하고 甲의 승낙이 없는 경우, 丙은 甲을 상대로 직접 소유권이전등기를 할 수 있다.

① ㉠
② ㉡
③ ㉢
④ ㉠, ㉡, ㉢
⑤ ㉠, ㉡, ㉢, ㉣

고득점

27 甲소유의 X토지(허가구역 밖에 소재)를 乙이 매수한 후 다시 丙에게 매도하고 인도하였는데, 등기는 아직 甲명의로 남아 있다. 옳지 <u>않은</u> 것은? (판례에 의함) 감평사

① 3자 전원이 중간생략등기의 합의를 한 경우, 丙은 직접 甲에게 소유권이전등기를 청구할 수 있다.
② 중간생략등기의 합의 없이 이미 丙명의로 등기가 경료된 경우, 중간생략등기의 합의가 없었다는 이유만으로 그 등기를 무효라고 할 수 없다.
③ 甲·乙·丙 사이의 중간생략등기의 합의가 있더라도 甲은 乙이 매매대금을 지급하지 않았음을 이유로 丙의 소유권이전등기청구를 거절할 수 있다.
④ 乙이 甲에 대한 등기청구권을 丙에게 채권양도의 통지를 하였으나 甲의 승낙을 얻지 못한 경우, 丙은 직접 甲에게 소유권이전등기를 청구할 수 있다.
⑤ 甲, 乙, 丙이 전원의 합의로 甲으로부터 丙에게 직접 이전등기를 넘겨주기로 하는 중간생략등기의 합의를 한 경우, 甲은 乙을 상대로 매매대금의 지급을 청구할 수 있다.

28 甲소유의 X토지에 乙명의로 소유권이전청구권 보전을 위한 가등기가 경료되어 있는 토지를 丙이 매매로 소유권이전하였다. 다음 중 옳은 것은? (판례에 의함) 중개사 21회 유사

① 가등기가 있다면 乙이 甲에게 소유권이전등기를 청구할 법률관계의 존재가 추정된다.
② 乙이 가등기에 기한 본등기를 할 때 본등기 의무자는 현재 소유자 丙이다.
③ 乙이 가등기에 기한 본등기를 경료하면 물권변동의 시기는 가등기를 경료한 때로 소급하여 토지에 대한 소유권을 취득한다.
④ 乙이 가등기한 후 토지에 제3자의 가압류등기가 경료된 경우 乙이 가등기에 기하여 본등기를 경료하면 가압류는 직권말소된다.
⑤ 乙의 가등기를 가등기에 대한 부기등기의 방법으로 타인에게 양도할 수 없다.

29 X건물에 관하여 2020년 甲명의로 소유권보존등기가, 2021년 6월 매매예약에 기하여 乙 명의로 소유권이전 청구권보전을 위한 가등기가 경료된 이후에, 2022년 9월 매매로 丙 명의로 소유권이전등기가 각각 경료되어 있다. 옳지 <u>못한</u> 것은? (판례에 의함) 감평사 종합

① 가등기권리자 乙에게는 甲으로부터 소유권이전등기를 청구할 법률관계가 있다고 추정되지 않는다.
② 2024년 5월에 乙이 가등기에 기한 본등기를 경료한 경우, 丙은 2022년부터 2024년 5월까지 X건물의 사용수익에 대하여 乙에게 부당이득반환의무를 부담한다.
③ 乙의 가등기는 물권적 청구권을 보전하기 위하여 인정되지 않는다.
④ 乙의 가등기는 소멸시효의 대상이 될 수 있다.
⑤ 본등기를 하지 않은 상태의 가등기권리자 乙은 제3자 丙 명의로 경료된 소유권이전등기의 말소를 청구할 수 없다.

30 甲 소유의 X토지에 乙 명의로 소유권이전청구권을 보전하기 위한 가등기를 한 경우에 관한 설명으로 옳은 것은? (다툼이 있으면 판례에 따름) 2020 감평사

① 乙은 부기등기의 형식으로는 가등기된 소유권이전청구권을 양도하지 못한다.
② 가등기가 있으면 乙이 甲에게 소유권이전을 청구할 법률관계가 있다고 추정된다.
③ 乙이 가등기에 기해 본등기를 하면 가등기한 때부터 X토지의 소유권을 취득한다.
④ 가등기 후에 甲의 채권자 丙이 가압류등기를 경료한 경우, 乙이 가등기에 기하여 본등기를 마친 경우, 丙의 가압류는 말소되지 않는다.
⑤ 乙이 별도의 원인으로 X토지의 소유권을 취득한 때에는, 제3자 명의로 중간처분의 등기가 있는 경우라면, 가등기로 보전된 소유권이전청구권은 소멸하지 않는다.

31 청구권보전을 위한 가등기에 관한 설명으로 틀린 것은? (판례에 따름) ⟶ 중개사 32회

① 가등기된 소유권이전청구권은 가등기에 대한 부기등기의 방법으로 타인에게 양도될 수 있다.
② 정지조건부 청구권을 보전하기 위한 가등기도 허용된다.
③ 가등기에 기한 본등기 절차에 의하지 않고 별도의 원인인 증여로 소유권이전등기를 경료받은 경우, 제3자 명의로 중간처분의 등기가 있어도 가등기에 기한 본등기의 이행을 구할 수 없다.
④ 가등기는 물권적 청구권을 보전하기 위해서는 할 수 없다.
⑤ 소유권이전청구권을 보전하기 위한 가등기에 기한 본등기를 청구하는 경우, 가등기 후 소유자가 변경되더라도 가등기 당시의 등기명의인을 상대로 하여야 한다.

Point 32 등기청구권의 성질 ★★

정답 및 해설 p.39~40

32 등기청구권에 관한 설명 중 옳지 않은 것은? (판례에 따름) ⟶ 2018 감평사

① 매매로 인한 매수인의 소유권이전등기청구권은 채권적 청구권이다.
② 매수인이 매매로 토지를 인도받아 사용하고 있는 경우 매수인의 등기청구권은 소멸시효가 진행하지 않는다.
③ 甲의 토지를 매매로 등기 없이 점유하던 매수인 乙이 丙에게 등기 없이 전매하여 점유를 승계해 준 경우, 乙의 甲에 대한 등기청구권은 점유를 상실한 시점부터 소멸시효가 진행한다.
④ 점유취득시효완성으로 인한 등기청구권은 점유를 계속하는 한 소멸시효가 진행하지 않는다.
⑤ 매수인 명의의 등기가 된 후 매매가 해제된 경우 매도인의 매수인에게 대한 말소등기청구권은 물권적 청구권으로서 소멸시효에 걸리지 않는다.

33 등기청구권의 법적 성질이 채권적 청구권이 아닌 것은? (판례에 의함) 중개사 22회 유사

> ㉠ 매수인의 매도인에 대한 등기청구권
> ㉡ 점유시효취득에 기한 시효완성자의 등기청구권
> ㉢ 등기청구권 보전을 위한 가등기에 기한 본등기청구권
> ㉣ 매매계약의 해제로 인한 매도인의 매수인에 대한 말소등기청구권
> ㉤ 명의신탁자가 수탁자를 상대로 한 진정명의회복으로 이전등기청구

① ㉠, ㉡
② ㉢, ㉤
③ ㉢, ㉣
④ ㉡, ㉢
⑤ ㉣, ㉤

34 부동산 소유권이전등기청구권에 관한 설명으로 옳은 것은? (판례에 따름)

> ㉠ 환매권의 행사로 인한 이전등기청구권은 물권적 청구권이다.
> ㉡ 점유취득시효 완성으로 인한 이전등기청구권의 양도는 특별한 사정이 없는 한 양도인의 채무자에 대한 통지만으로는 대항력이 생기지 않는다.
> ㉢ 매수인이 부동산을 인도받아 사용·수익하다가 제3자에게 다시 전매하고 점유를 상실한 경우, 매수인의 이전등기청구권은 시효로 소멸하지 않는다.
> ㉣ 점유취득시효 완성으로 인한 이전등기청구권은 점유가 계속되면, 시효로 소멸하지 아니한다.
> ㉤ 매매로 인한 이전등기청구권의 양도는 특별한 사정이 없는 한 양도인의 채무자에 대한 통지만으로 대항력이 생긴다.

① ㉠, ㉢
② ㉡, ㉢
③ ㉢, ㉣
④ ㉠, ㉤
⑤ ㉠, ㉡, ㉢, ㉣

35 乙소유 X토지에 대하여 甲은 乙과 매매계약을 체결하였다. 그 후 매매대금을 모두 지급한 甲은 토지를 인도받아 사용하고 있지만, 乙은 아직 등기를 이전하지 않고 있다. 다음 중 옳지 <u>못한</u> 것을 모두 고르면?   2025 감평사

① 甲은 乙에 대한 채권적 등기청구권을 가진다.
② 甲의 乙에 대한 등기청구권의 소멸시효는 진행하지 아니한다.
③ 甲의 乙에 대한 등기청구권의 양도는 성질상 양도가 제한된다.
④ 甲이 토지를 丙에게 매도하고 인도하였다면, 그때부터 甲의 乙에 대한 등기청구권의 소멸시효는 진행한다.
⑤ 만약 甲이 매매대금을 모두 지급하지 않았다면, 甲의 乙에 대한 등기청구권의 소멸시효는 진행하지 아니한다.

36 선의취득에 관한 설명으로 옳은 것은? (다툼이 있으며 판례에 의함)   중개사 19회 유사

① 「민법」상 선의취득제도는 부동산, 자동차, 입주권에 대해서도 인정된다.
② 양수인이 선의이나 과실이 있더라도 선의취득할 수 있다.
③ 무효인 매매계약에 의해 동산의 점유를 취득한 자는 선의취득을 하지 못한다.
④ 양도인으로부터 양수인에게 점유의 인도가 있어야 하는데 점유개정에 의해서도 선의취득할 수 있다.
⑤ 양수인에게 선의이며 무과실의 점유는 추정된다.

37 선의취득에 관한 설명으로 옳지 <u>않은</u> 것은? (판례에 따름)   2020 감평사

① 부동산은 선의취득할 수 없다.
② 점유개정의 방법으로 선의취득하지 못한다.
③ 인도가 물권적 합의보다 먼저 이루어진 경우, 선의·무과실의 판단은 인도시를 기준으로 한다.
④ 선의취득자는 임의로 소유권취득을 거부하지 못한다.
⑤ 선의취득자는 권리를 잃은 전(前)소유자에게 부당이득을 반환할 의무가 없다.

38 甲소유 게임기 X를 乙이 빌려서 사용하던 중, 乙은 이러한 사정을 과실 없이 알지 못하는 丙에게 X게임기를 50만원에 평온·공연하게 매도하고 점유를 이전해 주었다. 다음 중 옳은 것은? (판례에 따름)

2018 감평사

① 점유에는 공신력이 없으므로 丙은 X의 소유권을 선의취득할 수 없다.
② 乙과 丙간의 매매계약이 무효이더라도 丙은 X의 소유권을 선의취득할 수 있다.
③ 丙이 점유개정으로 점유를 취득하였더라도 X의 소유권을 선의취득할 수 있다.
④ 만약 乙의 점유보조자가 X를 절취하여 丙에게 매도하였더라도 丙은 X의 소유권을 선의취득할 수 있다.
⑤ 만일 X가 게임기가 아니라 건물인 경우에도 丙은 선의취득할 수 있다.

Point 33 물권의 소멸 ★★

정답 및 해설 p.40~41

중요

39 물권의 소멸에 관한 설명으로 옳지 못한 것은? (판례에 의함)

중개사 24회 유사

① 소유권과 점유권은 소멸시효에 걸리지 않는다.
② 공유지분의 포기는 상대방 있는 단독행위로서 등기 없이 효력이 생긴다.
③ 전세권이 저당권의 목적인 경우, 저당권자의 동의 없이 전세권을 포기할 수 없다.
④ 존속기간이 있는 지상권은 그 기간의 만료로 말소등기 없이 소멸한다.
⑤ 甲의 토지에 乙이 지상권을 취득한 후, 그 토지에 저당권을 취득한 丙이 그 토지의 소유권을 취득하면 丙의 저당권은 소멸한다.

중요

40 혼동으로 인해 밑줄 친 권리가 확정적으로 소멸하는 경우는?

중개사 19회 유사

① X토지의 지상권이 저당권의 목적인 경우에 지상권자가 지상권이 설정된 토지의 소유권을 취득한 경우
② X부동산 위에 甲이 1번 저당권, 乙이 2번 저당권을 취득한 경우 甲이 X부동산을 매매로 취득한 경우
③ 저당권이 설정된 부동산에 가압류등기가 된 후 그 저당권자가 부동산의 소유권을 취득한 경우
④ 甲의 지상권에 대한 乙이 1번 저당권을 취득한 후 乙이 그 지상권을 취득한 경우
⑤ 주택임차인이 대항력 및 우선변제권이 있는 임차권을 취득한 후에 가압류가 된 주택을 그 임차인이 주택을 매수하여 소유권을 취득한 경우

41 물권의 소멸에 관한 설명으로 옳지 않은 것은? (판례에 따름) 2019 감평사

① 물건이 멸실되더라도 물건의 가치적 변형물이 남아 있는 경우에는 담보물권은 그 가치적 변형물에 미친다.
② 지역권은 소멸시효의 대상이 될 수 있다.
③ 부동산에 대한 합유지분의 포기는 형성권의 행사이므로 등기하지 않더라도 포기의 효력이 생긴다.
④ 점유권과 본권이 동일인에게 귀속하더라도 점유권은 소멸하지 않는다.
⑤ 근저당권자가 그 저당물의 소유권을 취득하면 그 근저당권은 원칙적으로 혼동에 의하여 소멸하지만, 그 뒤 그 소유권 취득이 무효인 것이 밝혀지면 소멸하였던 근저당권은 당연히 부활한다.

42 혼동에 관한 설명으로 옳은 것을 모두 고르면? (판례에 의함) 중개사 22·27회

㉠ 甲의 토지 위에 乙이 1번 저당권, 丙이 2번 저당권을 가지고 있다가 乙이 증여를 받아 토지소유권을 취득하면 1번 저당권은 소멸한다.
㉡ 甲의 토지 위에 乙이 지상권을 설정받고, 丙이 그 지상권 위에 저당권을 취득한 후 乙이 甲으로부터 그 토지를 매수한 경우, 乙의 지상권은 소멸한다.
㉢ 甲의 토지를 乙이 점유하다가 乙이 이 토지의 소유권을 취득하더라도 乙의 점유권은 소멸하지 않는다.
㉣ 대항력 있는 임차권자가 주택의 경매절차에서 낙찰을 받아 소유권을 취득한 경우 주택 임차권자의 보증금반환청구권은 혼동으로 소멸한다.
㉤ 甲 소유 토지에 乙에게 지상권을 설정해 준 후 甲이 乙에게 1억원의 채권 담보로 소유권이전등기(양도담보)를 경료해 준 경우, 乙의 지상권은 혼동으로 소멸한다.

① ㉠, ㉡
② ㉠, ㉤
③ ㉠, ㉣, ㉤
④ ㉡, ㉢
⑤ ㉢, ㉣

43 물권의 소멸에 대하여 옳지 못한 것은? (판례에 따름) 2024 감평사

① X토지에 甲이 1번 저당권, 乙이 2번 저당권을 취득하고 丙이 X토지를 가압류를 한 경우, 乙이 토지소유권을 취득한 경우 乙의 저당권은 소멸하지 아니한다.
② 분묘기지권이 성립한 후에 분묘기지권의 포기의사를 표시한 경우 점유를 반환하여야 분묘기지권이 소멸한다.
③ 점유권과 소유권은 혼동으로 소멸하지 아니한다.
④ 지역권은 20년간 행사하지 아니하면 시효로 소멸한다.
⑤ X주택을 임차인이 임차한 후에 후순위 가압류가 존재하는 경우, 임차인이 매매로 X주택의 소유권을 취득한 경우 임차권은 혼동으로 소멸하지 아니한다.

제3장 점유권

중요 출제가능성이 높은 중요 문제 고득점 고득점 목표를 위한 어려운 문제 신유형 기존에 출제되지 않은 신유형 대비 문제

> **Tip 출제의 맥**
> - 점유의 관념화에서 간접점유가 출제의 맥이다.
> - 점유의 추정력과 자주점유와 타주점유의 구별이 출제의 급소이다.
> - 점유자와 회복자관계가 매년 출제의 맥이다.
> - 점유물반환청구권의 법리가 출제의 맥으로 대비한다.

Point 34 점유제도 ★

정답 및 해설 p.41~42

중요

01 점유에 관한 설명으로 옳은 것을 모두 고른 것은? (판례에 의함)

㉠ 타인의 지시를 받아 물건을 사실상 지배하는 자는 점유권이 있다.
㉡ 상속인은 피상속인의 사망사실을 모른 경우 피상속인이 점유하던 물건의 점유권을 취득할 수 없다.
㉢ 건물의 소유권이 없는 전 소유자가 건물을 점유하고 있다면 그 건물의 부지를 점유하는 것으로 볼 수 없다.
㉣ 건물의 공유자 중 일부만이 건물을 점유하는 경우, 그 건물의 부지는 공유자 전원이 공동으로 점유한다.
㉤ 직접점유자가 제3자에 의하여 점유를 침탈당한 경우 간접점유자는 점유회수를 청구할 수 없다.

① ㉠, ㉣   ② ㉡, ㉣
③ ㉠, ㉤   ④ ㉣, ㉤
⑤ ㉢, ㉣

⭐중요

02 甲소유 X부동산을 임대차로 임차인 乙이 점유하던 중 乙이 전대차로 丙에게 전대한 경우에 관한 설명으로 옳지 <u>않은</u> 것은?

① 점유매개자의 점유는 타주점유이다.
② 점유매개관계는 중첩적으로 있을 수 있고 반드시 유효여야 하는 것은 아니다.
③ 점유매개관계가 소멸하면 간접점유자는 직접점유자에게 점유물반환청구할 수 있다.
④ 乙뿐만 아니라 甲도 간접점유자이다.
⑤ 점유매개관계를 이루는 임대차계약 등이 종료된 이후에도 직접점유자가 목적물을 점유한 채 이를 반환하지 않고 있는 경우, 간접점유의 점유매개관계가 단절된다.

03 점유에 관하여 옳지 <u>못한</u> 것은? 2025 감평사

① 물건을 사실상 지배한다는 것은 물리적, 현실적으로 지배하는 것만을 의미하는 것은 아니다.
② 건물의 소유자가 그 건물을 현실적으로 점거하지 아니하는 경우, 그 건물의 부지를 점유한다고 볼 수 없다.
③ 공터로 형성되어 공중의 이용에 제공되고 있었던 토지부분을 공터로 나아가는 통로로서 사용한 것에 불과하다면, 그 사용자가 그 도로를 점유한다고 볼 수 없다.
④ 건물의 공유자 중 일부만 건물에 거주하는 경우 그 건물의 부지는 공유자가 공동 점유하는 것이다.
⑤ 건물의 유치권자가 건물을 점유하는 경우 그 건물의 부지를 점유하는 것으로 볼 수 없다.

04 점유에 관한 설명으로 <u>틀린</u> 것을 모두 고른 것은? (판례에 의함) 국가고시

> ㉠ 「주택임대차보호법」상의 대항요건인 인도(引渡)는 임차인이 주택의 간접점유를 취득하는 경우에도 인정될 수 있다.
> ㉡ 점유취득시효의 기초인 점유에는 간접점유도 포함된다.
> ㉢ 직접점유자가 그 점유를 임의로 양도한 경우, 그 점유 이전이 간접점유자의 의사에 반하는 경우에는 간접점유가 침탈된 것이다.
> ㉣ 간접점유자에게는 점유보호청구권이 인정되지 않는다.
> ㉤ 점유매개관계는 중첩적으로 있을 수 있고, 매매관계를 발생시키는 법률행위가 무효라 하더라도 간접점유는 인정될 수 있다.

① ㉠, ㉣   ② ㉡, ㉢   ③ ㉣, ㉤   ④ ㉡, ㉤   ⑤ ㉢, ㉣

⭐중요
05 점유에 관한 설명으로 옳지 않은 것은? (판례에 따름)   2020 감평사

① 점유매개자의 점유는 자주점유이다.
② 점유자에게 과실 없는 점유는 추정되지 않는다.
③ 다른 사정이 없으면, 건물의 소유자가 그 부지를 점유하는 것으로 보아야 한다.
④ 점유매개관계가 소멸하면 간접점유자는 직접점유자에게 점유물의 반환을 청구할 수 있다.
⑤ 점유자는 소유의 의사로 점유한 것으로 추정한다.

⭐중요
06 점유의 추정력에 관한 설명으로 옳은 것은? (판례에 의함)

① 점유자는 소유의사로, 선의, 평온·공연, 무과실로 점유한 것으로 추정한다.
② 점유자는 스스로 자주점유를 입증할 책임이 있다.
③ 점유자가 점유물에 대하여 행사하는 권리는 적법하게 보유한 것으로 추정한다.
④ 점유자의 권리적법의 추정력은 부동산에도 인정된다.
⑤ 전후 양시에 점유한 경우 그 점유는 계속한 것으로 추정하나 양 시점의 점유자가 다른 경우 점유의 계속은 추정되지 않는다.

⭐중요
07 자주점유와 타주점유에 대하여 옳지 못한 것은? (판례에 의함)

① 자주점유란 소유의사로서 점유하는 것을 말하고 반드시 자신에게 소유권 있다고 믿고서 하는 점유를 의미하지 않는다.
② 소유의사의 유무는 점유자의 내심의 의사로 판단하는 것이 아니라 권원의 성질에 따라 객관적으로 판단한다.
③ 인접토지를 매수한 자가 공부상의 면적을 상당히 초과하여 점유한 경우 그 초과부분의 토지점유는 자주점유다.
④ 타인소유의 토지를 무권리자로부터 매수하여 점유하는 자는 특별한 사정이 없는 한 자주점유이다.
⑤ 토지를 매도하여 인도의무를 지고 있는 매도인의 토지 점유는 타주점유이다.

08 자주점유에 해당하는 경우를 모두 고르면? (판례에 의함)

㉠ 분묘기지권자의 토지점유, 임차인의 점유
㉡ 법률요건 없이 악의로 무단점유자의 토지점유
㉢ 명의수탁자의 토지점유
㉣ 점유자의 점유권원이 불분명한 경우
㉤ 점유자가 스스로 매매와 같은 자주점유의 권원을 주장하였으나 권원이 인정되지 않은 경우
㉥ 매도인이 타인권리를 매매하는 사정을 알면서 매수한 자의 점유

① ㉠, ㉢
② ㉡, ㉣
③ ㉢, ㉤
④ ㉣, ㉤, ㉥
⑤ ㉤, ㉥

09 점유의 승계에 관한 설명으로 옳지 <u>못한</u> 것은? (판례에 의함)

㉠ 점유의 승계인이 전점유자의 점유를 아울러 주장하는 경우 그 하자도 승계한다.
㉡ 타주점유자인 피상속인으로부터 점유를 상속한 자는 특별한 사정이 없는 한 자주점유로 전환된다.
㉢ 상속인이 피상속인의 점유와 분리하여 자기만의 점유를 분리하여 주장하기 위하여는 새로운 권원이 있어야 한다.
㉣ 점유의 승계가 있는 경우 시효이익을 받으려는 자는 자기 또는 전(前)점유자의 점유개시일 중 임의로 점유기산점을 선택할 수 없다.
㉤ 전후 양시에 점유한 사실이 있는 때에는 그 점유는 계속한 것으로 추정된다.

① ㉠, ㉢
② ㉠, ㉤
③ ㉡, ㉢
④ ㉣, ㉤
⑤ ㉡, ㉣

Point 35 점유자와 회복자 관계 ★★★

10 점유자와 회복자의 관계에 관한 설명으로 옳은 것은? (판례에 의함)

> ㉠ 악의 점유자나 은비에 의한 점유자는 점유물의 과실을 반환하여야 하며, 수취한 과실을 소비한 경우 그 과실의 대가를 보상하여야 한다.
> ㉡ 악의의 점유자가 과실(過失) 없이 과실(果實)을 수취하지 못한 때에도 그 과실(果實)의 대가를 회복자에게 보상하여야 한다.
> ㉢ 점유물이 점유자의 책임 있는 사유로 인하여 멸실 또는 훼손한 때에는 선의이고 자주점유자는 그 손해의 전부를 배상하여야 한다.
> ㉣ 악의 점유자가 점유물을 반환할 때에도 회복자에 대하여 필요비의 상환을 청구할 수 있다.
> ㉤ 점유자가 점유물의 과실을 취득한 경우 통상의 필요비는 청구할 수 없다.

① ㉠, ㉣, ㉤
② ㉡, ㉤
③ ㉣, ㉤
④ ㉢, ㉣
⑤ ㉡, ㉣

11 점유에 관한 설명으로 옳은 것은?

> ㉠ 악의 점유자, 폭력, 은비에 의한 점유자는 점유물의 과실을 취득할 수 있다.
> ㉡ 점유물이 점유자의 책임 있는 사유로 멸실된 경우 소유의 의사가 없는 선의의 점유자는 손해의 전부를 배상해야 한다.
> ㉢ 점유물에 관한 필요비상환청구권은 선의의 점유자에 한하여 인정된다.
> ㉣ 필요비상환청구권에 대하여 회복자는 법원에 상환기간의 허여를 청구할 수 있다.
> ㉤ 악의의 점유자가 과실(過失)로 인하여 점유물의 과실(果實)을 수취하지 못한 경우 그 과실(果實)의 대가를 보상해야 한다.

① ㉠, ㉢
② ㉡, ㉤
③ ㉢, ㉣
④ ㉣, ㉤
⑤ ㉠, ㉡

⭐중요
12 점유자의 비용상환청구권에 관하여 옳지 않은 것은? (판례에 의함)

① 점유자가 필요비를 지출한 경우 가액의 증가가 현존한 경우에 한하여 필요비상환을 청구할 수 있다.
② 점유자가 유익비를 지출한 경우 가액의 증가가 현존한 경우에 한하여 회복자의 선택에 좇아 지출금액이나 가치증가액의 상환을 청구할 수 있다.
③ 점유자가 과실을 취득한 경우 통상의 필요비는 상환청구할 수 없으나 유익비는 상환청구할 수 있다.
④ 악의 점유자에게도 통상의 필요비를 청구할 수 있다.
⑤ 점유자가 비용을 지출할 당시 계약관계 등 적법한 점유의 권원이 없는 경우에는 회복 당시의 소유자에게 제203조에 근거한 비용의 상환을 청구할 수 있다.

🔺고득점
13 점유자와 회복자의 관계에 관한 설명으로 옳지 못한 것은? (판례에 의함)

① 선의 점유자에 한하여 점유물의 과실취득할 수 있으나 점유물에 지출한 비용상환청구권은 악의 점유자도 인정된다.
② 선의 점유자란 과실수취권을 포함하는 본권이 있다고 오신하고 오신할 만한 근거가 있음을 요한다.
③ 선의 점유자가 법률상 원인 없이 타인의 토지를 사용하여 소유자에게 손해를 입힌 경우 그 점유사용으로 인한 이익을 부당이득으로 반환의무가 없다.
④ 선의의 점유자라도 본권에 관한 소에서 패소하면 소를 제기한 때부터 악의의 점유자로 본다.
⑤ 이행지체로 인해 매매계약이 해제된 경우, 선의의 점유자인 매수인에게 과실취득권이 인정된다.

14 점유자와 회복자의 관계에 관한 설명으로 옳은 것은? (판례에 따름) 중개사 31회
① 선의의 점유자는 과실을 취득하더라도 통상의 필요비의 상환을 청구할 수 있다.
② 이행지체로 인해 매매계약이 해제된 경우, 선의의 점유자인 매수인에게 과실취득권이 인정된다.
③ 악의의 점유자가 책임 있는 사유로 점유물을 훼손한 경우, 이익이 현존하는 한도에서 배상해야 한다.
④ 점유자가 유익비를 지출한 경우, 점유자의 선택에 좇아 그 지출금액이나 증가액의 상환을 청구할 수 있다.
⑤ 무효인 매매계약의 매수인이 점유목적물에 필요비 등을 지출한 후 매도인이 그 목적물을 제3자에게 양도한 경우, 점유자인 매수인은 양수인에게 비용상환을 청구할 수 있다.

15 점유자와 회복자 관계에 대하여 옳은 것은? (판례에 따름) 2024 감평사
① 지상권자는 선의 점유자라도 자주점유자가 아니므로 점유물에 과실수취권이 인정되지 아니한다.
② 타주점유자가 점유물을 반환하는 경우, 특별한 사정이 없는 한 점유자는 회복자에게 점유물을 보존하기 위하여 지출한 금액의 상환을 청구할 수 있다.
③ 악의 점유자는 과실(過失) 없이 과실(果實)을 수취하지 못한 경우 과실의 대가를 보상하여야 한다.
④ 점유물이 점유자의 책임으로 멸실한 경우, 선의이고 타주점유자는 이익이 현존하는 한도에서 배상하여야 한다.
⑤ 점유자가 유익비를 지출한 경우, 점유자는 회복 당시의 소유자에 대하여 그 가액의 증가가 현존한 경우에 점유자의 선택에 좇아 그 지출금액이나 증가액의 상환을 청구할 수 있다.

16 점유에 관한 설명으로 옳은 것은? (판례에 따름) 중개사 29·31회 종합

㉠ 악의의 점유자가 책임 있는 사유로 점유물을 멸실한 때에는 그는 현존이익의 범위 내에서 배상하여야 한다.
㉡ 악의의 점유자는 받은 이익에 이자를 붙여 반환하고 그 이자의 이행지체로 인한 지연손해금까지 지급하여야 한다.
㉢ 소유권의 시효취득을 주장하는 점유자는 특별한 사정이 없는 한 자신의 점유가 자주점유에 해당함을 증명하여야 한다.
㉣ 양도인이 등기부상의 명의인과 동일인이며 그 명의를 의심할 만한 특별한 사정이 없는 경우, 그 부동산을 양수하여 인도받은 자는 과실(過失) 없는 점유자에 해당한다.

① ㉠, ㉡ ② ㉡, ㉣ ③ ㉢, ㉣
④ ㉠, ㉢ ⑤ ㉡, ㉢

17 甲소유의 건물을 점유할 권리 없이 점유하여 비용을 지출한 현재의 점유자 乙에 대해 甲이 소유권에 기해 반환청구하였다. 단, 乙은 그 물건으로부터 과실을 취득한 것이 없었다. 다음 중 옳은 것은? (판례에 의함) 중개사 20회 유사

㉠ 乙이 악의의 점유자인 경우 필요비의 상환을 청구할 수 있다.
㉡ 乙이 그 물건을 사용하면서 손상된 부품을 교체하는 데 비용을 지출하였다면 이는 필요비에 해당한다.
㉢ 乙이 책임 있는 사유로 그 물건을 훼손한 경우 乙이 선의·자주 점유자라면 손해전부를 배상하여야 한다.
㉣ 乙이 유익비를 지출한 경우 가액의 증가가 현존한 경우에 한하여 乙의 선택에 따라 지출금액이나 증가액의 상환을 청구하여야 한다.
㉤ 乙이 유익비를 지출한 경우 비용지출 즉시 회복자에게 비용상환을 청구할 수 있다.

① ㉠, ㉡ ② ㉠, ㉢ ③ ㉢, ㉣
④ ㉢, ㉤ ⑤ ㉠, ㉣

18 甲은 그의 X건물을 乙에게 매도하여 점유를 이전하였고, 乙은 X건물을 사용·수익하면서 X건물의 보존·개량을 위하여 비용을 지출하였다. 이때 甲과 乙 사이의 계약이 무효인 경우에 관한 설명으로 옳은 것은? (판례에 의함)   중개사 25회 유사

① 乙이 악의점유자인 경우에도 과실수취권이 인정된다.
② 선의점유자인 경우에 한하여 乙은 甲에 대하여 통상의 필요비의 상환을 청구할 수 있다.
③ 乙은 악의점유자인 경우에도 가액의 증가가 현존하는 경우에 甲에 대하여 유익비의 상환을 청구할 수 있다.
④ 선의의 乙은 甲에 대하여 점유·사용으로 인한 이익을 반환할 의무가 있다.
⑤ 乙의 유익비상환청구권에 대하여 법원은 상환기간을 허여할 수 없다.

19 점유에 관한 설명으로 옳지 <u>않은</u> 것은? (판례에 따름)   2018 감평사

① 점유자는 소유의 의사로 선의, 평온 및 공연하게 점유한 것으로 추정된다.
② 승계취득자가 전점유자의 점유를 아울러 주장하는 경우에는 그 점유의 하자도 승계한다.
③ 임치관계로 타인으로 하여금 물건을 점유하게 한 자는 간접으로 점유권이 있다.
④ 선의의 점유자라도 본권에 관한 소에 패소한 때에는 그 판결이 확정된 때로부터 악의의 점유자로 본다.
⑤ 선의의 점유자는 비록 법률상 원인 없이 타인의 건물을 점유·사용하더라도 그로 인한 이득을 반환할 의무가 없다.

Point 36 점유보호청구권 ★★

20 점유물반환청구권에 관한 설명으로 옳지 <u>못한</u> 것은?   중개사 21회 유사

① 甲이 점유하는 물건을 乙이 침탈한 경우, 甲은 침탈당한 날로부터 1년 내에 점유물의 반환을 청구하여야 한다.
② 乙이 甲을 기망하여 甲으로부터 점유물을 인도받은 경우, 甲은 乙에게 점유물반환청구권을 행사할 수 있다.
③ 직접점유자 乙이 간접점유자 甲의 의사에 반하여 점유물을 丙에게 인도한 것은 점유침탈이 아니므로 甲은 丙에게 점유물반환청구권을 행사할 수 없다.
④ 甲이 점유하는 물건을 乙이 침탈한 후 乙이 이를 선의의 丙에게 임대하여 인도한 경우, 甲은 丙에게 점유물반환청구권을 행사할 수 없다.
⑤ 점유권에 기인한 소는 본권에 관한 이유로 재판하지 못한다.

21 甲이 점유하고 있는 X물건을 乙이 침탈한 경우에 대한 설명으로 <u>틀린</u> 것을 모두 고른 것은? (판례에 의함)

> ㉠ 甲의 점유물반환청구권은 침탈당한 날로부터 1년 내에 행사하여야 하는데, 이는 출소기간이다.
> ㉡ 甲이 丁소유의 X물건을 임차하여 점유하고 있었던 경우, 간접점유자 丁은 乙에게 점유물반환청구권을 행사할 수 없다.
> ㉢ 만일 甲이 乙의 사기로 인하여 점유를 乙에게 인도한 경우, 甲은 乙에게 점유물반환을 청구할 수 없다.
> ㉣ 乙이 선의의 丙에게 X물건을 매도·인도한 경우, 甲은 선의인 특별승계인 丙에 대하여 점유물반환청구권을 행사할 수 있다.

① ㉠, ㉡ ② ㉠, ㉢ ③ ㉡, ㉢
④ ㉡, ㉣ ⑤ ㉢, ㉣

22 점유보호청구권에 관한 설명 중 옳은 것은? (판례에 의함)

> ㉠ 점유물반환청구권의 행사기간은 출소기간이다.
> ㉡ 점유의 방해를 받을 염려가 있을 때 점유자는 방해의 예방과 함께 손해배상의 담보를 청구할 수 있다.
> ㉢ 점유자가 사기에 의해 물건을 인도한 경우 이는 점유의 침탈이 아니므로 점유물반환청구권을 행사할 수 없다.
> ㉣ 점유자가 점유의 침탈을 당한 경우 침탈자의 선의의 승계인으로부터 악의로 이를 전득한 자에 대해 점유물반환청구권을 행사할 수 있다.
> ㉤ 간접점유자는 점유물반환청구권을 행사할 수 없다.
> ㉥ 점유권에 기인한 소는 본권에 관한 이유로 재판하지 못하므로 점유회수의 청구에 대하여 점유침탈자가 점유물에 대한 본권이 있다는 주장으로 점유회수를 배척할 수 없다.

① ㉠, ㉤ ② ㉢, ㉣ ③ ㉡, ㉢, ㉤
④ ㉡, ㉢, ㉣ ⑤ ㉠, ㉢, ㉥

23 점유보호청구권에 관한 설명으로 <u>틀린</u> 것은? (판례에 따름)

> ㉠ 과실 없이 점유를 방해하는 자에 대해서는 방해배제를 청구할 수 없다.
> ㉡ 점유자가 사기를 당해 점유를 이전한 경우, 점유물반환을 청구할 수 없다.
> ㉢ 직접점유자가 간접점유자의 의사에 반하여 점유물을 인도한 것은 점유침탈이 아니므로 간접점유자는 점유물반환청구권을 행사할 수 없다.
> ㉣ 타인의 점유를 침탈한 뒤 제3자에 의해 점유를 침탈당한 자는 점유물반환청구권의 상대방이 될 수 있다.

① ㉠, ㉡
② ㉡, ㉣
③ ㉢, ㉣
④ ㉠, ㉣
⑤ ㉡, ㉢

24 점유회수에 관하여 옳은 것은?

2025 감평사

① 사기에 의한 의사표시에 의하여 물건을 인도해 준 경우 점유침탈에 해당한다.
② 직접점유자가 임의로 물건을 인도해 준 경우, 그것이 간접점유자의 의사에 반하는 경우에는 점유침탈에 해당한다.
③ 점유회수청구권은 침탈자의 특별승계인이 악의인 경우, 점유회수를 할 수 없다.
④ 간접점유자가 점유회수를 청구하는 경우, 먼저 자신에게 반환을 청구해야 한다.
⑤ 점유회수청구기간은 그 기간 내에 소를 제기해야 하는 기간이다.

제4장 소유권

중요 출제가능성이 높은 중요 문제　고득점 고득점 목표를 위한 어려운 문제　신유형 기존에 출제되지 않은 신유형 대비 문제

> **Tip 출제의 맥**
> - 상린관계에서 주위토지통행권이 출제의 맥이다.
> - 취득시효는 거의 매년 출제되는 맥이다.
> - 부합이 출제의 맥이다.
> - 공동소유에서 공유는 대부분 사례문제로 출제되며, 총유·합유를 비교한다.

정답 및 해설 p.44

01 다음 중 소유권에 관하여 옳지 못한 것을 모두 고르면? (통설, 판례에 의함)

> ㉠ 소유권은 소멸시효에 걸리지 않는다.
> ㉡ 소유권자가 사용·수익권을 영구히 포기하는 제3자와의 약정도 유효하다.
> ㉢ 인접토지의 소유자가 흙을 성토하여 배수로를 막아 자연유수를 차단한 경우 이는 「민법」 제221조의 승수의무 위반에 해당한다.
> ㉣ 1필 토지의 소유권의 범위, 경계는 특별한 사정이 없는 한 공부상의 지적도가 아니라 현실의 경계나 담장에 의하여 확정된다.
> ㉤ 상린관계 규정은 전세권, 지상권에도 준용된다.

① ㉠, ㉣　　　　　　　　　　② ㉡, ㉣
③ ㉢, ㉣　　　　　　　　　　④ ㉢, ㉤
⑤ ㉠, ㉢

Point 37 상린관계 ★★

정답 및 해설 p.44

✨중요

02 甲과 乙의 대지 및 주택은 이웃하고 있다. 상린관계에 관한 설명 중 옳지 <u>못한</u> 것은?

① 경계표, 담이 상린자 일방의 비용으로 설치되었거나 담이 건물의 일부인 경우 상린자의 공유가 아니라 단독소유이다.
② 甲소유의 감나무뿌리가 乙 소유 대지를 침범한 경우, 乙은 甲의 의사에 반해서도 임의로 그 뿌리를 제거할 수 있다.
③ 우물을 파는 경우에 경계로부터 2m 이상의 거리를 두어야 하지만, 당사자 사이에 이와 다른 특약은 유효하다.
④ 흐르는 물이 저지에서 막힌 때는 고지 소유자는 자비로 소통에 필요한 공사를 할 수 있다. 단, 비용부담에 관하여는 관습에 따른다.
⑤ 甲이 乙 소유 대지와의 경계로부터 반m의 거리를 두지 않고 건물을 완성한 경우 건물 착공일로부터 1년이 경과되지 않았다면, 乙은 甲에게 그 철거를 구할 수 있다.

03 상린관계에 관한 설명으로 <u>틀린</u> 것은? 중개사 26 · 32회 종합

① 서로 인접한 토지의 통상의 경계표를 설치하는 경우, 측량비용을 제외한 설치비용은 다른 관습이 없으면 쌍방이 토지면적에 비례하여 부담한다.
② 甲과 乙이 공유하는 토지가 분할됨으로 인하여 甲의 토지가 공로에 통하지 못하게 된 경우, 甲은 乙의 토지를 통행할 수 있으나, 乙에게 보상할 의무는 없다.
③ 기술적 착오로 지적도상의 경계선이 진실한 경계선과 다르게 작성된 경우, 그 토지의 경계는 실제의 경계에 따른다.
④ 타토지소유자의 토지를 통과하지 않으면 필요한 수도를 설치할 수 없는 토지의 소유자는 그 타인의 승낙 없이도 수도를 시설할 수 있다.
⑤ 지상권자는 지상권의 목적인 토지의 경계나 그 근방에서 건물을 수선하기 위하여 필요한 범위 내에서 이웃토지의 사용을 청구할 수 있다.

04 「민법」상 상린관계에 관한 설명으로 옳지 못한 것을 모두 고른 것은? (다툼이 있으면 판례에 따름)

중개사 33회 유사

㉠ 토지 주변의 소음이 사회통념상 수인한도를 넘지 않는 경우 그 토지소유자는 소유권에 기하여 소음피해의 제거를 청구할 수 있다.
㉡ 우물을 파는 경우에 경계로부터 2m 이상의 거리를 두어야 한다는 「민법」 제244조의 규정은 강행규정이 아니며 당사자 사이에 이와 다른 특약이 있으면 그 특약이 우선한다.
㉢ 토지소유자가 부담하는 자연유수의 승수의무(承水義務)는 소극적 승수의무뿐만 아니라 적극적으로 그 자연유수의 소통을 유지할 의무가 포함된다.
㉣ 「민법」 제242조에서 정한 이격 거리를 위반한 건물이라도 "건물"이 완성된 후에는 건물의 철거를 청구할 수 없는데 여기서 말하는 "건물"은 건축 관계법령에 따른 건축허가 등 적법한 절차를 거친 것을 말한다.

① ㉠, ㉡
② ㉡, ㉣
③ ㉢, ㉣
④ ㉠, ㉢
⑤ ㉠, ㉢, ㉣

05 주위토지통행권에 관한 설명으로 틀린 것은? (판례에 의함)

중개사 20 · 27회 유사

① 주위토지통행권의 범위는 장차 건립될 아파트의 건축을 위한 이용상황까지 미리 대비하여 정할 수 있다.
② 통행권은 이미 기존통로가 있더라도 그것이 통행권자의 토지이용에 부적합하여 그 기능을 상실한 경우에도 인정된다.
③ 토지분할, 일부양도로 인하여 공로에 통하지 못하는 토지가 생긴 경우, 포위된 토지의 특별승계인에게는 무상의 주위토지통행권이 인정되지 않는다.
④ 주위토지통행권의 성립에는 등기가 필요 없다.
⑤ 통행권자는 통행지소유자의 점유를 배제할 권능이 없고, 그 소유자도 통행권자가 통행지를 배타적으로 점유하지 않는 이상 통행지의 인도를 청구할 수 없다.

06 주위토지통행권에 관하여 틀린 것은? (판례에 따름)

① 주위토지통행권은 토지의 소유자와 지상권자, 전세권자에게도 인정되나 불법점유자에게 인정되지 않는다.
② 이미 토지의 용도에 필요한 통로가 있는 경우 주위토지를 이용하는 것이 더 편리하다면 통행권을 주장할 수 있다.
③ 주위토지통행권이 인정되는 경우 통로개설 비용은 원칙적으로 주위토지통행권자가 부담하여야 한다.
④ 통행권자가 토지의 용도에 필요한 통로가 없어 주위토지를 통행하는 경우 토지소유자에게 보상하여야 한다.
⑤ 토지분할로 인하여 공로에 통하지 못하는 토지가 생긴 경우 분할자 상호간에는 보상 없이 통행권이 인정된다.

Point 38 취득시효 ★★★

정답 및 해설 p.44~46

07 시효취득을 할 수 없는 것을 모두 고르면? (판례에 따름)   중개사 26 · 31회 종합

㉠ 저당권	㉡ 1필 토지의 일부
㉢ 성명불상자(姓名不詳者)의 토지	㉣ 국유재산 중 행정재산
㉤ 집합건물법상 공용부분인 대지	㉥ 계속되고 표현된 지역권

① ㉠, ㉡, ㉤   ② ㉠, ㉣, ㉤   ③ ㉠, ㉢, ㉤
④ ㉢, ㉤, ㉥   ⑤ ㉡, ㉤, ㉥

08 점유취득시효의 대상이 아닌 것은? (판례에 따름)   2024 감평사

① 지상권
② 소유권
③ 저당권
④ 계속되고 표현된 지역권
⑤ 1999년에 설치된 분묘기지권

09 취득시효에 관한 설명으로 옳지 않은 것은? (판례에 따름) 2019 감평사

① 종중 같은 비법인 사단은 시효취득의 주체가 될 수 없다.
② 부동산의 소유자로 등기한 자가 10년간 소유의 의사로 평온, 공연하게 선의이며 과실 없이 그 부동산을 점유한 때에는 소유권을 취득한다.
③ 시효취득에 의한 소유권의 효력은 점유를 개시한 때로 소급한다.
④ 부동산 점유취득시효가 완성되면 점유자는 원칙적으로 시효기간 만료 당시의 토지소유자에 대하여 소유권이전등기청구권을 취득하는데, 이는 채권적 청구권이다.
⑤ 집합건물의 공용부분은 점유취득시효에 의한 소유권취득의 대상이 될 수 없다.

10 취득시효에 관한 설명으로 옳지 못한 것은? 2025 감평사

① 국유재산 중 행정재산은 용도폐기가 되지 않는 한 취득시효의 대상이 될 수 없다.
② 성명불상자의 토지도 취득시효가 인정될 수 있다.
③ 부동산에 관하여 적법하게 등기를 마치고 소유권을 취득한 자가 그 부동산을 점유하는 경우, 그 점유는 취득시효의 기초가 되는 점유라고 할 수 없다.
④ 1필 토지의 일부에 대해서도 취득시효가 인정될 수 있다.
⑤ 부동산에 대한 가압류는 점유취득시효를 중단시킨다.

11 부동산 점유취득시효에 관한 설명으로 옳은 것은? (판례에 의함) 중개사 20·34회 유사

① 시효완성으로 인한 소유권 취득은 승계취득이다.
② 점유자는 스스로 자주점유를 입증하여야 한다.
③ 점유자의 평온·공연도 추정되나, 간접점유로는 취득시효를 완성할 수 없다.
④ 미등기 부동산에 대한 시효가 완성된 경우, 점유자는 등기 없이 소유권을 취득한다.
⑤ 시효완성 당시의 소유권보존등기 또는 이전등기가 무효라면 원칙적으로 그 등기명의인은 시효완성을 원인으로 한 소유권이전등기청구의 상대방이 될 수 없다.

12 부동산의 점유취득시효에 관한 설명으로 틀린 것은? (판례에 의함) 중개사 22회 유사
① 취득시효로 인한 소유권 취득의 효과는 점유를 개시한 때로 소급한다.
② 시효취득을 주장하는 점유자는 자주점유를 증명할 책임이 없다.
③ 시효취득자가 제3자에게 목적물을 처분하여 점유를 상실하면, 시효완성으로 인한 소유권이전등기청구권은 점유상실한 때부터 즉시 소멸한다.
④ 취득시효 완성 후 이전등기 전에 제3자에게 처분하여 소유권이전등기가 경료되면 시효취득자는 등기명의자인 제3자에게 시효취득을 주장할 수 없음이 원칙이다.
⑤ 부동산명의수탁자는 신탁부동산을 점유시효 취득할 수 없다.

⭐중요
13 부동산의 점유취득시효의 요건에 관한 설명으로 옳지 못한 것은? (판례에 의함)
① 시효기간 동안 등기명의인이 동일한 경우에는 점유자는 임의의 시점을 기산점으로 선택할 수 있다.
② 점유의 승계가 있는 경우 시효이익을 받으려는 자는 자기 또는 전(前)점유자의 점유개시일 중 임의로 점유기산점을 선택할 수 있다.
③ 부동산의 등기를 마치고 소유권을 취득한 자가 자기 소유의 부동산을 점유하는 경우 그 점유는 취득시효의 기초가 되는 점유라고 할 수 없다.
④ 간접점유로도 취득시효를 할 수 있다.
⑤ 시효완성 전에 부동산에 대한 압류 또는 가압류는 점유취득시효를 중단시킨다.

14 부동산 점유취득시효와 등기부 취득시효의 공통요건이 아닌 것을 모두 고르면?

㉠ 일정기간의 점유	㉡ 선의점유
㉢ 자주점유	㉣ 평온, 공연한 점유
㉤ 무과실의 점유	

① ㉠, ㉢
② ㉡, ㉣
③ ㉢, ㉣
④ ㉡, ㉤
⑤ ㉣, ㉤

15 점유취득시효에 관한 설명으로 옳은 것은? (판례에 따름)

① 부동산에 대한 악의의 무단점유는 취득시효의 기초인 자주점유로 추정된다.
② 시효취득자는 취득시효의 완성으로 바로 소유권을 취득할 수 없고, 이를 원인으로 소유권이전등기청구권이 발생할 뿐이다.
③ 1필의 토지 일부에 대한 점유취득시효는 인정될 여지가 없다.
④ 아직 등기하지 않은 시효완성자는 그 완성 전에 이미 설정되어 있던 가등기에 기하여 시효완성 후에 소유권 이전의 본등기를 마친 자에 대하여 시효완성을 주장할 수 있다.
⑤ 시효기간 만료 후 명의수탁자로부터 적법하게 소유권이전등기를 경료한 명의신탁자에게 시효완성자는 취득시효를 주장할 수 있다.

⭐중요
16 부동산의 점유취득시효완성의 효과에 관한 설명으로 옳은 것은? (판례에 의함)

① 시효완성 후 점유자가 등기 전인 경우 소유자는 점유자에게 부동산의 불법점유로 인한 손해배상을 청구할 수 있다.
② 시효완성 후 점유자가 등기 전인 경우 소유자는 점유자에게 점유로 인한 부당이득반환을 청구할 수 있다.
③ 시효취득으로 인한 소유권이전등기청구권이 발생하면 부동산소유자와 시효취득자 사이에 계약상의 채권, 채무관계가 성립한 것으로 본다.
④ 시효완성 후 원소유자가 제3자에게 근저당권을 설정한 경우, 점유자가 소유권등기를 마친 다음에 근저당채무를 변제하였다면 원래의 소유자에 대해서 점유자는 구상권이나 부당이득반환을 청구할 수 있다.
⑤ 시효완성 후 점유자가 등기 전인 경우 소유자는 시효완성자에게 소유물반환을 청구할 수 없다.

⭐ 중요

17 점유취득시효로 인한 등기청구권에 관한 설명으로 옳지 못한 것은? (판례에 따름)

① 시효완성자의 등기청구권은 점유자가 점유를 하면 소멸시효에 걸리지 않는다.
② 시효완성자는 시효이익의 포기는 상대방 있는 단독행위로서 시효완성 당시의 진정한 소유자에게 하여야 효력이 있다.
③ 시효완성 당시의 소유권이전등기가 무효인 경우 원칙적으로 그 등기명의인은 시효취득을 원인으로 하는 등기청구권의 상대방이 될 수 없다.
④ 시효완성 후 소유자가 제3자에게 처분했다가 그 후 어떤 사유로 원소유자에게 소유권이 회복되면 시효완성자는 원소유자에게 취득시효를 주장할 수 있다.
⑤ 시효완성으로 인한 등기청구권의 양도는 매매로 인한 매수인의 등기청구권의 양도와 동일한 법리가 적용되어 원소유자의 승낙을 대항요건으로 한다.

18 부동산의 점유취득시효에 관한 설명으로 옳지 않은 것은? (판례에 따름)   2018 감평사

① 취득시효가 완성되었으나 아직 소유권이전등기를 경료하지 않은 시효완성자에게 소유자는 점유로 인한 부당이득반환청구를 할 수 없다.
② 시효기간 진행 중 목적부동산이 제3자에게 양도되어 등기가 이전된 경우, 시효기간 만료 당시의 등기명의인을 상대로 시효취득을 주장할 수 있다.
③ 소유자가 시효완성 사실을 알고 목적부동산을 제3자에게 처분하고 소유권이전등기를 넘겨준 경우, 소유자는 시효완성자에게 불법행위로 인한 손해배상책임을 진다.
④ 시효완성 후 시효완성자에게 등기 전에 토지에 제3자명의로 근저당권이 설정된 다음에 시효완성자가 소유권등기를 경료한 경우, 근저당권이 있는 소유권을 취득한다.
⑤ 시효완성 후 시효완성자에게 등기 없는 상태에서 취득시효기간이 경과하였다는 사정만으로 시효완성자가 소유권의 확인을 구할 수 있다.

19 취득시효에 관한 설명으로 옳지 않은 것은? (판례에 따름) 중개사 31회

① 국유재산 중 일반재산이 시효완성 후 행정재산으로 된 경우, 시효완성을 원인으로 한 소유권이전등기를 청구할 수 없다.
② 중복등기로 인해 무효인 소유권보존등기에 기한 등기부 취득시효는 부정된다.
③ 취득시효완성으로 인한 소유권이전등기청구권은 원소유자의 동의가 없어도 제3자에게 양도할 수 있다.
④ 취득시효완성 후 등기 전에 원소유자가 시효완성된 토지에 저당권을 설정하였고, 등기를 마친 시효취득자가 피담보채무를 변제한 경우, 원소유자에게 부당이득반환을 청구할 수 있다.
⑤ 취득시효완성 후 명의신탁 해지를 원인으로 명의수탁자에서 명의신탁자로 소유권이전등기가 된 경우, 시효완성자는 특별한 사정이 없는 한 명의신탁자에게 시효완성을 주장할 수 없다.

20 甲은 乙의 X임야를 20년간 소유의 의사로 점유하여 취득시효가 완성되었다. 그런데 甲이 乙에게 소유권이전등기를 요구하자 乙은 토지를 빼앗길 것을 염려하여 그 임야를 丙에게 처분하고 丙에게 소유권이전등기를 해주었다. 甲, 乙, 丙 사이의 법률관계에 관한 설명 중 옳지 않은 것은? (판례에 의함) 2016 감평사

① 甲은 丙에게 취득시효완성을 주장할 수 없음이 원칙이다.
② 乙이 X임야를 丙에게 적법하게 처분하여 소유권등기를 이전하여도 시효완성자의 등기청구권이 소멸하지는 않으며 제3자에게 대항할 수 없을 뿐이다.
③ 甲은 乙에게 불법행위로 인한 손해배상을 청구할 수 있다.
④ 甲은 乙에게 이행불능에 의한 채무불이행책임을 이유로 손해배상을 청구할 수 있다.
⑤ 丙에게 소유권이전 후를 기산점으로 삼아 甲이 20년을 점유하여 취득시효를 완성하였다면, 甲은 丙에게 2차 취득시효의 완성을 주장할 수 있다.

21 乙 명의의 X토지에 대하여 甲이 점유취득시효기간을 완성한 경우에 관한 설명으로 옳지 <u>않은</u> 것을 모두 고른 것은? (판례에 따름)
2020 감평사 유사

> ㉠ 甲이 乙에게 소유권이전등기를 청구한 후 乙이 X토지를 丙에게 처분한 경우, 이는 乙이 자신의 소유권을 행사한 것이므로 乙은 甲에게 불법행위책임을 지지 않는다.
> ㉡ 甲이 아직 소유권이전등기를 하지 않고 있던 중, 시효완성 전에 마친 丙 명의의 가등기에 기하여 시효완성 후 본등기를 한 경우에도 甲은 丙에 대하여 시효취득을 주장할 수 있다.
> ㉢ 甲으로부터 X토지의 점유를 승계한 丁은 전 점유자 甲의 취득시효완성의 효과를 주장하여 직접 자기에게 소유권이전등기를 청구하지 못한다.
> ㉣ 甲이 취득시효로 가지는 등기청구권을 丁에게 양도하려는 경우에는 원소유자 乙의 동의 없이 채권양도의 통지로 할 수 있다.

① ㉡, ㉣ ② ㉢, ㉣
③ ㉠, ㉡ ④ ㉠, ㉢
⑤ ㉡, ㉢

22 乙의 X토지를 甲이 매수하여 1992.2.2.부터 등기 없이 2024년 현재까지 점유하고 있다. 다음 설명 중 옳지 <u>못한</u> 것은? (판례에 의함)
중개사 25·32회 유사

① 甲의 乙에 대한 매매를 원인으로 한 소유권이전등기청구권은 2002.2.2. 시효로 소멸하지 아니한다.
② 甲이 매매를 원인으로 하여 점유를 개시하였음을 증명하지 못한 경우, 甲의 점유는 타주점유로 전환되지 아니한다.
③ 2015.9.9. 시효완성 사실을 알고 丙이 X토지를 乙로부터 매수하여 소유권을 취득한 경우, 乙의 甲에 대한 등기이전의무를 丙이 승계하지 않는다.
④ 甲이 2013.3.3. A에게 X토지를 매도하여 점유를 승계한 경우, A가 "전 점유자 甲의 시효완성의 효과를 주장"하여 직접 자신 앞으로 소유권이전등기를 청구할 권원은 없다.
⑤ 2014.9.9. 甲의 취득시효완성으로 인한 등기청구권을 B에게 양도하려면 乙의 승낙을 요건으로 한다.

23 등기부 취득시효에 관한 설명 중 판례의 입장이 아닌 것은?

① 시효취득의 기초가 되는 자의 등기는 적법·유효한 등기일 필요는 없다.
② 중복보존등기 중 나중에 경료된 소유권보존등기에 터 잡은 소유권이전등기를 근거로 등기부 취득시효의 완성을 주장할 수 있다.
③ 등기명의자는 10년간 반드시 자신의 명의로 등기되어 있어야 하는 것은 아니고 앞사람의 등기까지 아울러 소유자로 등기되어 있으면 된다.
④ 양도인이 등기부상의 명의인과 동일인이며 그 명의를 의심할 만한 특별한 사정이 없는 경우, 그 부동산을 양수하여 인도받은 자는 과실(過失) 없는 점유자에 해당한다.
⑤ 등기부 취득시효가 완성된 후에 그 부동산에 관한 점유자 명의의 등기가 말소되는 경우 그 점유자는 소유권을 상실하지 아니한다.

24 소유권의 취득에 관한 설명으로 옳은 것은? (판례에 따름)

① 첨부로 인하여 소유권을 상실하고 손해를 받은 자는 소유권을 취득한 자에게 부당이득에 관한 규정으로 보상을 청구할 수 있다.
② 무주(無主)의 부동산을 소유의사로 선점한 자는 소유권을 원시취득한다.
③ 점유취득시효에 따른 부동산 소유권 취득의 효력은 점유를 개시한 때로 소급효가 없다.
④ 타인의 토지에서 발견된 매장물은 특별한 사정이 없는 한 발견자가 단독으로 그 소유권을 취득한다.
⑤ 타주점유자는 자신이 점유하는 부동산에 대한 소유권을 시효취득할 수 있다.

Point 39 부합 ★★

☆중요
25 부동산에의 부합에 관한 설명으로 옳은 것은? (판례에 의함) 2017 감평사

① 건물 임차인이 권원에 기하여 증축한 부분에 구조상·이용상 독립성이 없더라도 임대차종료시 임차인은 증축부분의 소유권을 주장할 수 있다.
② 임차인이 증축한 부분이 기존 건물과 구분되는 독립성이 있는 때에는, 구분소유권이 성립하여 증축된 부분은 독립한 소유권의 객체가 된다.
③ 저당권설정 이후에 부합한 물건에 대하여 저당권의 효력이 미칠 수 없다는 약정은 무효다.
④ 건물 임차인이 권원에 기하여 증축한 부분이 구조상·이용상 독립성이 없더라도 임차인은 계약종료시 부속물매수청구권을 행사할 수 있다.
⑤ 시가 1억원 상당의 부동산에 시가 2억원 상당의 동산이 부합하면, 특약이 없는 한 동산의 소유자가 그 부동산의 소유권을 취득한다.

26 부합에 관한 설명으로 옳은 것은? (판례에 따름) 중개사 29회 유사

① 토지소유자와 사용대차계약을 맺은 사용차주가 자신 소유의 수목을 그 토지에 식재한 경우, 그 수목의 소유권자는 토지소유자이다.
② 정당한 권원 없이 타인의 토지에서 경작한 농작물은 토지에 부합한다.
③ 기존 건물에 부합된 증축부분이 경매절차에서 경매목적물로 평가되지 않은 때에는 건물의 낙찰자는 그 증축부분의 소유권을 취득할 수 있다.
④ 주유소 지하에 매설된 유류저장탱크는 토지에 부합하지 않는다.
⑤ 기존 건물에 대한 저당권의 효력은 기존건물의 증축부분이 구조상·이용상 독립성을 가진 경우 증축부분에도 효력이 미친다.

27 부합에 관한 설명으로 옳은 것을 모두 고른 것은? (판례에 따름)

> ㉠ 지상권자가 지상권에 기하여 토지에 부속시킨 물건은 지상권자의 소유로 된다.
> ㉡ 적법한 권원 없이 타인의 토지에 경작한 성숙한 배추의 소유권은 경작자에게 속한다.
> ㉢ 적법한 권원 없이 타인의 토지에 식재한 수목의 소유권은 토지소유자에게 속한다.
> ㉣ 건물임차인이 권원에 기하여 증축한 부분은 구조상·이용상 독립성이 없더라도 임차인의 소유에 속한다.
> ㉤ 부동산에 부합된 물건이 거래상 독립한 객체성을 상실하여 부동산의 구성부분이 된 경우 타인이 권원에 의하여 부합시켰을 경우 그 물건은 부동산의 소유자에게 귀속한다.

① ㉠
② ㉡, ㉣
③ ㉠, ㉡, ㉢
④ ㉠, ㉡, ㉢, ㉤
⑤ ㉠, ㉡, ㉢, ㉣

28 부합에 관한 설명으로 틀린 것은? (다툼이 있으면 판례에 따름)

① 부동산간에도 부합이 인정될 수 있다.
② 부동산에 부합된 동산의 가격이 부동산의 가격을 초과하더라도 동산의 소유권은 원칙적으로 부동산의 소유자에게 귀속된다.
③ 부합으로 인하여 소유권을 상실한 자는 부당이득의 요건이 충족되는 경우에 보상을 청구할 수 있다.
④ 매도인에게 소유권이 유보된 시멘트를 매수인이 제3자 소유의 건물 건축공사에 사용한 경우, 그 제3자가 매도인의 소유권 유보에 대해 악의라면 특별한 사정이 없는 한 시멘트는 건물에 부합하지 않는다.
⑤ 매수인이 제3자와의 도급계약에 따라 매도인에게 소유권이 유보된 자재를 제3자의 건물에 부합한 경우, 매도인은 선의·무과실의 제3자에게 보상을 청구할 수 없다.

29 소유권에 기한 물권적 청구권에 관한 설명으로 옳지 <u>못한</u> 것을 고르면? (판례에 의함)

2018 감평사 유사

> ㉠ 토지소유자는 그 토지 위에 무단으로 건축된 건물을 미등기로 매수하여 점유하고 있는 자를 상대로 건물의 철거를 청구할 수 있다.
> ㉡ 취득시효완성 후 시효완성자 앞으로 등기 전인 경우 소유자는 시효완성자에게 소유권에 기해 토지인도를 청구할 수 있다.
> ㉢ 소유권자가 소유권을 침해당할 염려가 있는 경우 방해예방과 함께 손해배상의 담보를 청구할 수 있다.
> ㉣ 소유자는 소유권을 방해할 염려가 있는 행위를 하는 자에 대하여 「민법」 제214조에 기하여 방해배제 비용 또는 방해예방비용을 청구할 수는 없다.
> ㉤ 소유물방해예방청구권에서 방해받을 염려는 관념적인 방해의 가능성이 아니라 객관적으로 근거 있는 상당한 개연성을 요한다.

① ㉠, ㉡
② ㉡, ㉢
③ ㉢, ㉤
④ ㉡, ㉤
⑤ ㉠, ㉣

30 소유권에 관한 설명으로 옳은 것은? (판례에 의함) 중개사 20회 유사
① 물권적 청구권을 보전하기 위하여 가등기를 할 수 있다.
② 포락으로 복구가 심히 곤란하여 토지로서의 효용을 상실하여 소멸한 종전 토지소유권은 토지를 다시 성토하면 부활한다.
③ 미등기 건물의 양수인은 소유권과 유사한 관습법상의 물권을 취득한다.
④ 부동산의 양수인은 양도인에게 소유권에 기한 물권적 청구권을 유보할 수 있고, 이때 전소유자인 양도인은 불법점유자에 대하여 소유물의 방해배제를 청구할 수 있다.
⑤ 매매계약의 이행으로 토지를 인도받은 매수인이 이전등기를 마치지 않고 제3자에게 전매하여 인도한 경우, 매도인은 제3자에게 소유물반환청구권을 행사할 수 없다.

31 소유권에 관한 설명으로 옳지 않은 것은? (판례에 따름) 　　2020 감평사

① 매도인은 매매계약의 이행으로 토지를 인도받았으나 소유권이전등기를 하지 않고 점유·사용하는 매수인에게 부당이득의 반환을 청구할 수 있다.
② 기술적 착오로 작성된 지적도에서의 경계가 현실의 경계와 다른 경우 토지소유권의 범위는 현실의 경계를 기준으로 한다.
③ 토지가 포락되어 사회통념상 원상복구가 어려워 토지로서의 효용을 상실한 때에는 그 토지의 소유권이 소멸한다.
④ 소유물반환청구권의 상대방인 점유자가 그 물권을 점유할 권리가 있는 때에는 반환을 거부할 수 있다.
⑤ 방해배제청구권에서 '방해'는 현재 지속되고 있는 침해를 의미한다.

Point 40 공유 ★★★

정답 및 해설 p.48~50

> **💡 Tip 출제의 맥**
> - 공유의 지분·소수지분권자의 독점행위와 공유물의 보존행위가 출제의 맥이다.
> - 과반수지분권자의 관리행위·공유물의 분할이 기본맥이다.
> - 총유·합유의 기본적 원리에 방향설정을 한다.

32 공유에 관하여 옳지 못한 것을 모두 고르면? (판례에 의함)

> ㉠ 공유물의 관리에 관한 사항은 공유자의 과반수로 결정한다.
> ㉡ 공유자의 실제의 지분과 등기부상 지분비율이 상이한 경우 당사자간에는 실제의 지분비율을 가진 것으로 주장할 수 있다.
> ㉢ 공유자의 지분의 포기는 상대방 있는 단독행위로 그 포기로 인한 물권의 변동은 등기를 하여야 효력이 생긴다.
> ㉣ 공유자 1인이 자신의 지분을 처분함에는 다른 공유자의 동의를 요한다.
> ㉤ 공유하는 나대지에 건물을 신축하는 것은 관리행위에 해당한다.

① ㉠, ㉡, ㉤　　② ㉡, ㉣　　③ ㉣, ㉤
④ ㉠, ㉣, ㉤　　⑤ ㉢, ㉣, ㉤

33 공유에 관한 설명으로 옳은 것은? (판례에 의함)   중개사 20회 유사

> ㉠ 부동산 공유자 중 1인이 포기한 지분은 다른 공유자에게 균등한 비율로 귀속한다.
> ㉡ 공유자는 공유물 전부를 지분의 비율로 사용·수익할 수 있다.
> ㉢ 공유물 무단점유자에 대한 차임 상당 부당이득반환청구권은 특별한 사정이 없는 한 각 공유자에게 지분 비율만큼 귀속된다.
> ㉣ 공유자 중 1인의 지분 위에 설정된 담보물권은 특별한 사정이 없는 한 공유물의 분할로 인하여 설정자가 취득한 부동산 앞으로 분할된 부분에 집중한다.

① ㉠, ㉡
② ㉡, ㉢
③ ㉢, ㉣
④ ㉠, ㉣
⑤ ㉡, ㉣

☆중요
34 공유에 관한 판례의 입장과 <u>다른</u> 것은?

① 공유물의 조정절차에서 현물분할 협의가 성립하여 합의사항을 조정조서에 기재한 경우, 각 공유자에게 등기를 경료하여야 단독 소유권이 발생한다.
② 부동산의 과반수지분권자가 공유부동산을 제3자에게 임대하는 것은 적법하다.
③ 소수지분의 공유자가 동의 없이 공유물을 배타적으로 독점하여 점유·사용해 온 경우, 다른 소수지분권자는 자신의 지분비율만큼 부당이득반환을 청구할 수 있다.
④ 소수지분의 공유자 1인이 동의 없이 공유물을 배타적으로 독점·사용하는 경우, 다른 소수 지분권자는 공유물의 보존행위로서 인도를 청구할 수 있다.
⑤ 과반수지분권자가 공유물을 동의 없이 제3자에게 임대하여 제3자가 점유하는 경우 다른 공유자에 대한 관계에서 이는 적법점유다.

35 甲은 4/7, 乙은 2/7씩, 丙은 1/7의 지분으로 X토지를 공유하고 있다. 다음 중 타당하지 **못한** 것을 모두 고르면? (판례에 의함)

> ㉠ 乙이 다른 공유자의 동의 없이 X토지를 독점하여 나무를 심고 배타적으로 사용한 경우, 丙은 보존행위로 토지전부의 인도를 청구할 수 있다.
> ㉡ 乙이 다른 공유자의 동의 없이 X토지에 나무를 심고 독점·사용한 경우, 甲은 乙에게 보존행위로 토지전부의 인도를 청구할 수 있다.
> ㉢ 乙이 다른 공유자의 동의 없이 X토지를 독점·사용한 경우, 丙은 乙에게 자신의 지분비율에 상응하는 만큼 부당이득반환을 청구할 수 있다.
> ㉣ 甲이 X토지를 다른 공유자의 동의 없이 丁에게 임대하여 丁이 배타적으로 점유·사용하는 경우, 甲, 乙의 관계에서 이는 위법한 점유다.

① ㉠, ㉢
② ㉡, ㉣
③ ㉢, ㉣
④ ㉠, ㉣
⑤ ㉠, ㉡

36 공유에 관한 설명 중 옳지 **못한** 것은? (판례에 의함)

① 공유자 중 1인은 공유토지가 제3자에게 원인무효의 소유권이전등기가 경료된 경우 보존행위로서 전부말소를 청구할 수 있다.
② 공유자 1인이 다른 공유자의 동의 없이 공유토지를 처분하여 제3자에게 단독명의로 등기된 경우 다른 공유자는 그 등기의 전부말소를 청구할 수 있다.
③ 공유자가 다른 공유자의 지분권을 대외적으로 주장하는 행위는 보존행위가 아니므로 단독으로 할 수 없다.
④ 소수지분권자가 다른 공유자와의 협의 없이 배타적으로 점유·사용하는 경우, 다른 소수지분권자에게 보존행위로 인도청구할 수 없다.
⑤ 소수지분의 공유자가 공유물의 일부를 배타적으로 사용하고 있다면, 다른 공유자에 대하여 지분비율만큼 부당이득반환의무가 있다.

37 공유물의 관리에 관한 설명 중 옳은 것은? (판례에 의함)

① 공유물의 관리에 관한 특약의 변경에는 공유자의 과반수로 결정한다.
② 공유물의 관리 특약이 공유지분권의 본질 부분을 침해하는 경우 특별한 사정이 없는 한 공유자의 특별승계인에게 승계된다.
③ 공유건물의 임대차, 임대차를 해지, 갱신요구를 거절하는 행위는 처분행위로 공유자의 전원 동의를 요한다.
④ 과반수 지분의 공유자로부터 공유건물의 사용, 수익을 허락받은 제3자의 점유는 적법점유로 다른 소수지분권자에 대하여 부당이득반환의무가 없다.
⑤ 공유건물을 소수지분권자가 다수 지분권자의 동의 없이 임대하여 제3자가 점유하는 경우 이는 적법점유다.

38 공유물의 분할에 관한 설명으로 옳지 않은 것은? (판례에 의함)

① 공유물의 분할은 각 공유자의 청구에 의하고, 협의분할이 원칙이나 협의가 성립하지 않을 때 재판상 분할의 소를 제기할 수 있다.
② 구분소유하는 건물 중 공용부분은 분할청구가 금지되나 공유물분할금지의 약정은 갱신할 수 있다.
③ 재공유물 분할판결은 형성판결로서 판결이 확정된 즉시 등기 없이 각 공유자에게 소유권이 발생한다.
④ 공유자간의 협의분할로 인한 소유권의 취득, 현물분할에 관한 조정의 성립으로 인한 소유권의 취득은 등기를 하여야 한다.
⑤ 공유토지에 공유자의 1인 소유의 건물이 있다가 "공유대지의 분할"로 그 대지와 건물이 소유자를 달리하게 된 경우 관습법상의 법정지상권이 성립하지 아니한다.

39 공유물분할에 관한 설명으로 옳지 못한 것을 모두 고른 것은? (다툼이 있으면 판례에 따름)

> ㉠ 재판상 분할에서 분할을 원하는 공유자의 지분만큼은 현물분할하고, 분할을 원하지 않는 공유자는 계속 공유로 남게 할 수 있다.
> ㉡ 공유자간에 지분을 교환하는 경우 다른 공유자의 동의를 요건으로 하지 아니한다.
> ㉢ 공유자 사이에 이미 분할협의가 성립하였는데 일부 공유자가 분할에 따른 이전등기에 협조하지 않은 경우, 공유물분할소송을 제기할 수 있다.
> ㉣ 공유물의 분할은 과반수 공유자에 한하여 청구할 수 있다.

① ㉠, ㉡
② ㉡, ㉣
③ ㉢, ㉣
④ ㉠, ㉣
⑤ ㉠, ㉢

40 甲, 乙, 丙은 X토지를 각 1/2, 1/4, 1/4의 지분으로 공유하고 있다. 이에 관한 설명으로 옳은 것은? (단, 구분소유적 공유관계는 아니며, 판례에 따름) 중개사 32회

① 乙이 X토지에 대한 자신의 지분을 포기한 경우, 乙의 지분은 甲, 丙에게 균등한 비율로 귀속된다.
② 甲이 단독으로 X토지를 제3자에게 임대하여 제3자가 배타적으로 점유·사용하게 하는 것은 다른 공유자에 대한 관계에서 적법하다.
③ 甲, 乙은 X토지에 대한 관리방법으로 X토지에 건물을 신축할 수 있다.
④ 甲, 乙, 丙이 X토지의 관리에 관한 특약을 한 경우, 그 특약은 특별한 사정이 없는 한 그들의 특정승계인에게도 효력이 미친다.
⑤ 丙이 甲, 乙과의 협의 없이 X토지를 배타적·독점적으로 점유하고 있는 경우, 乙은 공유물의 보존행위로 X토지의 인도를 청구할 수 있다.

41 甲, 乙, 丙은 X토지를 1/3 지분으로 공유하고 있다. 다음 중 옳지 못한 것은? 2025 감평사

① 甲은 특별한 사정이 없는 한 자신의 지분을 자유롭게 처분할 수 있다.
② 甲과 乙이 丙과의 협의 없이 X토지에 건물을 신축하기로 하는 결정은 공유물의 관리방법으로 적법하다.
③ 甲, 乙, 丙은 3년간 X토지를 분할하지 아니할 것을 약정할 수 있다.
④ 甲이 X토지를 乙, 丙과 협의 없이 배타적으로 점유사용하는 경우, 乙은 甲에게 보존행위로 인도를 청구할 수 없다.
⑤ 丙의 지분 위에 원인무효의 저당권 등기가 경료된 경우, 甲은 X토지의 보존행위로 저당권등기의 말소를 청구할 수 없다.

42 甲, 乙, 丙은 각 1/3 지분으로 나대지인 X토지를 공유하고 있다. 이에 관한 설명으로 틀린 것을 모두 고르면? (다툼이 있으면 판례에 따름)

> ㉠ 甲은 단독으로 제3자에게 X토지에 대한 매매계약 체결은 유효하다.
> ㉡ 甲이 단독으로 丁에게 X토지를 임대하여 丁이 배타적으로 점유·사용한 경우, 乙은 丁에게 부당이득반환을 청구할 수 없다.
> ㉢ 乙이 다른 공유자의 동의 없이 X토지를 배타적으로 점유·사용하는 경우, 甲은 보존행위로서 X토지의 인도를 청구할 수 있다.
> ㉣ 甲은 특별한 사정이 없는 한 X토지를 배타적으로 점유·사용하는 乙에게 지분비율만큼 부당이득반환을 청구할 수 있다.

① ㉠, ㉡
② ㉡, ㉢
③ ㉠, ㉣
④ ㉡, ㉣
⑤ ㉢, ㉣

43 甲은 3/5, 乙은 2/5의 지분으로 X토지를 공유하고 있다. 다음 설명 중 <u>틀린</u> 것은? (판례에 따름)

중개사 28회

① 甲이 乙과 협의 없이 X토지를 丙에게 임대한 경우, 乙은 丙에게 X토지의 인도를 청구할 수 없다.
② 甲이 乙과 협의 없이 X토지를 丙에게 임대한 경우, 丙은 乙의 지분에 상응하는 차임 상당액을 乙에게 부당이득으로 반환할 의무가 없다.
③ 乙이 甲과 협의 없이 X토지를 丙에게 임대한 경우, 甲은 丙에게 X토지의 인도를 청구할 수 있다.
④ 乙은 甲과의 협의 없이 X토지 면적의 2/5에 해당하는 특정 부분을 배타적으로 사용·수익할 수 있다.
⑤ 甲이 X토지 전부를 乙의 동의 없이 매도하여 매수인명의로 소유권이전등기를 마친 경우, 甲의 지분 범위 내에서 등기는 유효하다.

44 甲과 乙이 X토지를 공유하고 있는 경우에 관한 설명으로 옳은 것은? (판례에 의함)

중개사 21회

① 1/5 지분권자 乙은 甲의 동의 없이 자신의 지분을 丙에게 처분할 수 없다.
② 甲이 乙의 동의 없이 X토지 전부를 丙에게 매도한 경우, 그 매매계약은 유효하다.
③ 丙이 X토지를 불법점유하고 있는 경우, 甲은 乙의 지분에 관하여도 특별한 사정이 없는 한 단독으로 丙에게 손해배상을 청구할 수 있다.
④ 1/2 지분권자 甲이 乙의 동의 없이 X토지에 건물을 축조한 경우, 乙은 甲에게 그 건물 전부의 철거를 청구하지 못한다.
⑤ 2/3 지분권자 甲이 乙의 동의 없이 X토지 전부를 임차인 丙에게 사용하게 한 경우, 乙은 丙에게 X토지의 인도청구할 수 있다.

45 X토지를 1/3씩 공유하는 甲, 乙, 丙의 법률관계 중 옳은 것은? (판례에 따름) 2024 감평사

① 甲이 乙, 丙의 동의 없이 X토지의 1/3 부분을 배타적으로 사용하는 경우 乙은 甲에게 방해배제를 청구할 수 없다.
② 甲이 乙, 丙의 동의 없이 X토지의 1/3 부분을 배타적으로 사용하는 경우 乙은 공유물의 보존행위로서 甲에게 토지 전부의 인도를 청구할 수 있다.
③ 丁이 X토지의 점유를 무단침범하는 경우, 甲은 X토지 중 자신의 지분에 한하여 반환청구할 수 있다.
④ 甲이 자신의 지분을 포기한 경우 乙과 丙에게 이전등기를 하여야 甲의 지분을 취득한다.
⑤ 甲이 X토지를 乙, 丙과의 협의 없이 제3자에게 임대하여 제3자가 점유, 사용하게 한 경우 乙은 제3자에 대하여 부당이득반환을 청구할 수 없다.

> 고득점

46 甲·乙·丙 3인은 토지 1,000평을 각 4/6, 1/6, 1/6 지분으로 공유하던 중 과반수지분권자 甲은 乙과 丙의 동의 없이 丁에게 위 부동산 전부를 보증금 1억원에 월 임료는 300만원에 임대차계약을 체결하였다. 다음 설명 중 틀린 것은? (판례에 의함)

① 甲이 단독으로 丁의 차임연체를 이유로 임대차 계약을 해지하는 것은 관리행위로서 적법하다.
② 甲이 단독으로 공유물에 대한 배타적 사용방법을 결정하는 것은 적법하다.
③ 甲으로부터 토지를 임차하여 점유하는 丁에게 乙이 단독으로 불법점유를 이유로 토지인도나 부당이득반환을 청구할 수 없다.
④ 乙은 丁에게 차임 상당의 부당이득반환을 청구할 수 있다.
⑤ 乙은 甲에게 차임 상당의 부당이득반환을 청구할 수 있다.

47 공동소유에 관한 설명 중 옳은 것은? (판례에 의함) 중개사 18·19회, 감평사 종합

① 합유자가 사망한 경우 특별한 약정이 없는 한 그 상속인이 합유지분을 상속한다.
② 합유물에 관하여 경료된 무효의 소유권이전등기말소청구는 특별한 사정이 없는 한, 합유자 각자가 단독으로 할 수 없다.
③ 법인 아닌 사단인 교회가 사실상 2개로 분열된 경우 분열되기 전 교회의 재산은 분열된 각 교회의 구성원들에게 각각 총유적으로 귀속된다.
④ 공유물의 보존행위는 공유자 단독으로 할 수 있으나 총유물의 보존행위는 각 사원이 단독으로 보존행위로서 소송을 제기할 수 없다.
⑤ 합유재산에 관하여 합유자 중 1인이 임의로 자기 단독명의의 소유권보존등기를 한 경우, 자신의 지분 범위 내에서는 유효한 등기이다.

48 합유에 관한 설명으로 틀린 것은? (판례에 따름) 중개사 27회

① 합유재산에 관하여 합유자 중 1인이 임의로 자기 단독명의의 소유권보존등기를 한 경우, 자신의 지분 범위 내에서는 유효한 등기이다.
② 합유물에 대한 보존행위는 특약이 없는 한 합유자 각자가 할 수 있다.
③ 합유자 중 일부가 사망한 경우 특약이 없는 한 합유물은 잔존 합유자가 2인 이상이면 잔존 합유자의 합유로 귀속된다.
④ 부동산에 관한 합유지분의 포기는 등기하여야 효력이 생긴다.
⑤ 합유물에 관하여 경료된 원인무효의 소유권이전등기말소를 청구하는 소송은 합유물에 관한 보존행위로 합유자 각자가 할 수 있다.

49 「민법」상 공동소유에 관한 설명으로 옳은 것은? (판례에 따름) 중개사 33회 유사

① 공유자끼리 그 지분을 교환하는 것은 지분의 처분행위에 해당하므로 교환당사자가 아닌 다른 공유자의 동의가 필요하다.
② 총유재산에 관한 보존행위는 구성원 단독으로 행사할 수 있다.
③ 합유자 중 1인은 다른 합유자의 동의 없이 자신의 지분을 단독으로 제3자에게 유효하게 매도할 수 있다.
④ 단순히 총유물의 사용권을 타인에게 부여하거나 임대하는 행위는 총유물의 처분이 아닌 관리행위에 해당한다.
⑤ 법인 아닌 종중이 그 소유 토지의 매매를 중개한 중개업자에게 중개수수료를 지급하기로 하는 약정을 체결하는 것은 총유물의 관리·처분행위에 해당한다.

제5장 용익물권

중요 출제가능성이 높은 중요 문제 고득점 고득점 목표를 위한 어려운 문제 신유형 기존에 출제되지 않은 신유형 대비 문제

> **Tip 출제의 맥**
> - 지상권에서 지상권자의 권리·지료·담보지상권이 기본 맥이다.
> - 특수지상권에서 분묘기지권·관습상 법정지상권이 출제의 맥이다.

Point 41 지상권 ★

정답 및 해설 p.50~51

01 지상권에 관한 설명으로 옳지 않은 것은? (판례에 의함)

① 지상권설정계약 당시 건물이 전부 멸실하거나, 공작물·수목이 없더라도 지상권은 소멸하지 아니한다.
② 지상권의 존속기간을 영구로 하는 약정은 무효다.
③ 지상권의 기간을 약정하지 않은 경우 목적물의 최단기간을 정한 것으로 본다.
④ 기존의 건물을 사용할 목적으로 하는 지상권은 최단기간의 제한을 받지 아니한다.
⑤ 공작물의 종류와 구조를 정하지 않은 경우 그 지상권의 존속기간은 15년이다.

중요
02 지상권에 관한 설명으로 옳지 않은 것은? (판례에 의함) 2017 감평사

① 지상권의 양도금지특약은 효력이 없다.
② 지상권이 존속기간의 만료로 소멸하더라도 지상물이 현존하는 때에는 지상권자는 계약갱신을 청구할 수 있다.
③ 건물을 멸실, 철거, 개축해도 지상권은 소멸하지 아니한다.
④ 지상권이 소멸한 때에 지상권자가 지상물을 수거하고자 하는 경우, 지상권설정자는 상당한 가액을 제공하고 그 지상물의 매수를 청구할 수 있다.
⑤ 지상권자의 지료가 1년 연체된 상태에서 토지가 제3자에게 양도되고 다시 그 지료가 1년 6개월 연체된 경우, 토지의 양수인은 양도인에 대한 연체액과의 합산을 주장하여 지상권의 소멸을 청구할 수 있다.

03 지상권에 관한 설명으로 옳지 못한 것은? (판례에 의함) 중개사 25회 유사

> ㉠ 지상권자는 토지소유자의 의사에 반하여 지상권을 타인에게 양도할 수 있다.
> ㉡ 지료의 지급은 지상권의 성립요건이다.
> ㉢ 지상권에 기하여 토지에 부속시킨 공작물, 수목은 토지에 부합한다.
> ㉣ 구분지상권은 건물 기타 공작물, 수목의 소유를 위해 설정할 수 있다.
> ㉤ 수목의 소유를 목적으로 하는 지상권의 최단 존속기간은 10년이다.

① ㉠, ㉡
② ㉡, ㉢, ㉣
③ ㉠, ㉢, ㉤
④ ㉠, ㉡, ㉣, ㉤
⑤ ㉡, ㉢, ㉣, ㉤

▶ 고득점
04 다음 중 지상권에 관하여 옳지 못한 것은? (판례에 의함) 2018 감평사

① 지료는 지상권의 요소가 아니며 지료를 등기해야 제3자에게 대항할 수 있다.
② 토지에 저당권을 취득한 자가 토지에 차후 용익권이 설정되어 담보가치의 하락을 막기 위하여 자신의 명의로 지상권을 설정한 경우, 저당권의 피담보채권이 변제로 소멸하면 지상권도 소멸한다.
③ 지상권자가 건물을 축조한 뒤 지상권을 유보한 채 건물만을 양도할 수 있다.
④ 법정지상권자는 토지소유자로부터 토지를 양수한 제3자에게 법정지상권으로 등기 없이는 대항할 수 없다.
⑤ 당사자간에 지료 불인상의 특약은 이를 등기를 하여야만 제3자에게 대항할 수 있다.

05 지상권에 관한 설명으로 틀린 것은? (판례에 따름) 중개사 28회, 2023 감평사

① 지상권설정계약 당시 건물 기타 공작물이 없더라도 지상권은 유효하게 성립할 수 있다.
② 건물소유를 목적으로 하는 지상권의 양도는 토지소유자의 동의를 요하지 아니한다.
③ 지상의 공간은 상하의 범위를 정하여 공작물을 소유하기 위한 지상권의 목적으로 할 수 있다.
④ 지상권이 저당권의 목적인 경우 지료연체를 이유로 하는 지상권소멸청구는 저당권자에게 통지하면 즉시 그 효력이 생긴다.
⑤ 지상권의 소멸시 지상권설정자가 상당한 가액을 제공하여 공작물 등의 매수를 청구한 때에는 지상권자는 정당한 이유 없이 이를 거절하지 못한다.

06 지상권에 관한 설명으로 옳지 못한 것은?   2025 감평사

① 지상권에 저당권을 설정해 준 지상권자는 지상권의 목적인 토지를 매수한 때에 지상권이 혼동으로 소멸하지 아니한다.
② 토지에 저당권, 지상권, 2번 저당권의 순으로 존재할 때, 나중에 설정된 2번 저당권이 실행되면 지상권은 소멸한다.
③ 지상권자는 제3자에게 구분지상권을 설정해 줄 수 있다.
④ 토지의 담보가치 하락을 막기 위하여 설정된 지상권은 피담보채권이 소멸하면 존속기간과 상관없이 소멸한다.
⑤ 지상권에 저당권이 설정된 경우, 지상권설정자의 지상권소멸청구는 그 저당권자에게 통지한 후 상당기간이 경과해야 효력이 생긴다.

07 지상권의 지료에 관한 설명으로 옳지 않은 것은? (판례에 의함)   2016 감평사

① 법정지상권의 지료가 정해졌다는 증명이 없다면, 토지소유자는 지상권자가 2년 이상의 지료를 지급하지 않았음을 이유로 지상권의 소멸을 청구할 수 없다.
② 지료는 지상권의 성립요소이다.
③ 지상권자의 지료지급 연체가 토지소유자의 양도 전후에 걸쳐 이루어진 경우, 토지양수인에 대한 연체기간이 2년이 되지 않는다면, 양도인에 대한 지료연체액의 합산을 주장하여 양수인은 지상권소멸청구를 할 수 없다.
④ 지료에 관한 유상약정은 지료를 등기해야 지상권을 이전받은 자에게 대항할 수 있다.
⑤ 법원이 결정한 지료의 지급을 2년분 이상 지체한 경우, 토지소유자는 법정지상권의 소멸을 청구할 수 있다.

08 지상권에 관한 설명으로 옳지 못한 것은? (판례에 따름) 2024 감평사

① 저당물의 담보가치를 확보하기 위하여 취득한 무상의 담보지상권은 피담보채권이 소멸하면 같이 소멸한다.
② 기존건물의 사용을 목적으로 하는 지상권은 최단기의 제한을 받지 않으므로 30년보다 단기로 정할 수 있다.
③ 수목의 소유를 목적으로 하는 지상권이 기간 만료로 소멸한 경우 존속기간 중 심은 수목은 지상권설정자의 소유로 귀속한다.
④ 양도가 금지된 지상권의 양수인은 자신이 양수한 지상권으로 지상권설정자에게 대항할 수 있다.
⑤ 토지의 양수인이 지상권자의 지료지급연체를 이유로 지상권의 소멸청구를 하는 경우, 종전 토지소유자에 대한 연체기간의 합산을 주장할 수 없다.

09 甲의 X토지에 건물을 소유하기 위하여 乙은 지상권을 설정받았다. 다음 설명 중 옳은 것은? (다툼이 있으면 판례에 따름)

㉠ 乙은 甲의 의사에 반하여 제3자에게 지상권을 양도할 수 있다.
㉡ X토지를 양수한 자는 지상권의 존속 중에 乙에게 그 토지의 인도를 청구할 수 없다.
㉢ 乙이 약정한 지료의 1년 6개월분을 연체한 경우, 甲은 지상권의 소멸을 청구할 수 있다.
㉣ 지상권의 존속기간을 정하지 않은 경우, 甲은 언제든지 지상권의 소멸을 청구할 수 있다.

① ㉠, ㉡   ② ㉡, ㉣   ③ ㉡, ㉢   ④ ㉠, ㉢   ⑤ ㉠, ㉣

10 지상권에 관한 설명으로 옳은 것을 모두 고른 것은? (판례에 따름) 중개사 31회

㉠ 지료의 지급은 지상권의 성립요소이다.
㉡ 기간만료로 지상권이 소멸하면 지상권자는 갱신청구권을 행사할 수 있다.
㉢ 지료체납 중 토지소유권이 양도된 경우, 양도 전·후를 통산하여 2년에 이르면 지상권소멸청구를 할 수 있다.
㉣ 채권담보를 위하여 토지에 저당권과 함께 무상의 담보지상권을 취득한 채권자는 특별한 사정이 없는 한 제3자가 토지를 불법점유하더라도 임료 상당의 손해배상청구를 할 수 없다.

① ㉡   ② ㉠, ㉢   ③ ㉡, ㉣
④ ㉢, ㉣   ⑤ ㉠, ㉢, ㉣

11 乙은 甲소유의 X토지 위에 건물 소유를 위해 2022년 10월 10일 지상권을 취득하였고 2023년 10월 10일 X토지의 소유권이 甲으로부터 丙에게 이전되었다. 한편 乙은 2024년 10월 10일까지 지료(등기된 상태임)를 2년 연속하여 연체하고 있다. 옳지 않은 것을 모두 고른 것은? (판례에 의함)

중개사 16·23회 유사

> ㉠ 丙은 甲에 대한 지료연체기간 1년과 丙 자신에 대한 지료연체기간 1년을 합산하여 지상권의 소멸을 청구할 수 있다.
> ㉡ 乙은 인접한 토지와의 이용관계에 대해서는 상린관계에 관한 규정이 적용된다.
> ㉢ X토지를 丁이 불법점유하고 있는 경우, 토지소유자가 아닌 지상권자 乙은 지상권에 기하여 토지반환을 청구할 수 없다.
> ㉣ 지상권의 존속 중에 X토지를 양수한 丙은 乙에게 그 토지의 인도를 청구할 수 없다.

① ㉠, ㉡
② ㉡, ㉢
③ ㉠, ㉢
④ ㉢, ㉣
⑤ ㉡, ㉣

12 乙소유의 X토지에 설정된 甲의 지상권에 관한 설명으로 틀린 것은? (판례에 따름)

> ㉠ 乙의 토지에 甲이 신축한 X건물의 소유권을 유보하고, 지상권만을 양도할 수 있다.
> ㉡ 지료를 연체한 甲이 丙에게 지상권을 양도한 경우, 乙은 지료약정이 등기된 때에만 연체 사실로 丙에게 대항할 수 있다.
> ㉢ 乙의 토지를 양수한 丁은 甲의 乙에 대한 지료연체액과 합산하여 2년의 지료가 연체되면 지상권의 소멸을 청구할 수 있다.
> ㉣ 甲의 권리가 법정지상권일 경우, 법원의 지료결정이 없으면 乙은 지료연체를 주장하지 못한다.

① ㉠
② ㉡
③ ㉢
④ ㉠, ㉢
⑤ ㉡, ㉣

13 다음 중 지상권에 대하여 옳지 못한 것은?
중개사 22·32회 유사

① 지상권의 존속기간이 만료하면 지상권의 말소등기 없이 지상권은 소멸한다.
② 지상권의 소멸시 지상권설정자가 상당한 가액을 제공하여 공작물 등의 매수를 청구한 때에는 지상권자는 정당한 이유 없이 이를 거절하지 못한다.
③ 지상권이 저당권의 목적인 경우 지료연체를 이유로 하는 지상권의 소멸청구는 저당권자에게 통지하고 상당기간의 경과 후 그 효력이 생긴다.
④ 무상의 담보목적의 지상권이 설정된 경우 피담보채권이 변제로 소멸하면 지상권도 소멸한다.
⑤ 채권담보를 위하여 토지에 저당권과 함께 무상의 담보지상권을 취득한 채권자는 제3자가 토지를 불법점유하면 담보지상권에 기하여 임료 상당의 손해배상청구를 할 수 있다.

14 다음 중 구분지상권에 대하여 틀린 것은?

① 지상, 지하의 특정부분을 구분하여 건물, 공작물, 수목을 소유하기 위하여 구분지상권을 설정할 수 있다.
② 상린관계가 준용된다.
③ 구분지상권의 존속기간을 영구로 하는 약정은 유효다.
④ 제3자가 토지사용권을 가진 경우 토지의 소유자는 그 토지에 대한 사용권을 가진 제3자의 승낙을 얻어야 그 토지에 구분지상권을 설정할 수 있다.
⑤ 구분지상권자가 토지에 부속시킨 공작물은 구분지상권자의 소유다.

Point 42 분묘기지권 ★★★

15 분묘기지권에 관한 설명으로 옳은 것은? (판례에 의함)
중개사 17회

① 토지소유자의 승낙 없이 분묘를 설치한 후 20년간 평온·공연하게 분묘기지를 점유한 자는 그 분묘기지의 소유권을 시효취득한다.
② 타인토지에 분묘를 설치·소유하는 자에게는 그 토지에 대한 소유의 의사가 추정된다.
③ 등기는 분묘기지권의 취득요건이다.
④ 분묘기지권을 시효취득한 자는 지료를 청구한 때로부터 지료지급 의무가 있다.
⑤ 존속기간에 관한 약정이 없는 분묘기지권의 존속기간은 5년이다.

☆중요
16 분묘기지권에 관한 설명으로 옳은 것을 모두 고른 것은? (판례에 의함)

> ㉠ 분묘기지권을 시효취득한 경우에는 토지소유자가 지료를 청구한 때로부터 지료를 지급하여야 한다.
> ㉡ 자기 소유토지에 분묘를 설치한 자가 토지만 양도하면서 분묘를 이장한다는 특약을 하지 않아 분묘기지권을 취득한 자는 분묘기지권이 성립한 날부터 지료를 지급하여야 한다.
> ㉢ 분묘기지권이 성립한 토지를 양수한 새로운 토지소유자는 분묘기지권자에게 분묘를 이장해 달라고 청구할 수 있다.
> ㉣ 분묘기지권자의 확정된 지료연체가 2년분 이상이 되는 경우「민법」제287조를 유추적용하여 토지소유자는 분묘기지권자에 대하여 분묘기지권의 소멸을 청구할 수 있다.

① ㉠, ㉡
② ㉡, ㉢
③ ㉠, ㉢
④ ㉠, ㉡, ㉣
⑤ ㉢, ㉣

17 제사주재자인 장남 甲은 1985년 乙의 X토지에 허락 없이 부친의 묘를 봉분 형태로 설치한 이래 2024년 현재까지 평온·공연하게 분묘의 기지(基地)를 점유하여 분묘의 수호와 봉사를 계속하고 있다. 한편 乙은 X토지를 丙에게 양도하였다. 다음 설명 중 옳은 것을 모두 고르면? (판례에 따름)

중개사 26회 유사

> ㉠ 甲이 분묘기지권을 시효취득하려면 등기를 요한다.
> ㉡ 丙은 甲에게 분묘의 이장을 청구할 수 없다.
> ㉢ 甲은 X토지의 분묘기지에 대한 소유권을 등기 없이 시효취득한다.
> ㉣ 2024년 현재 甲은 분묘기지권을 시효취득한 날로부터 지료를 지급할 의무가 있다.
> ㉤ 분묘기지에 새로운 분묘를 설치하거나 원래의 분묘를 다른 곳으로 이장할 권능은 甲의 분묘기지권에 포함되지 아니한다.

① ㉠, ㉢
② ㉡, ㉣
③ ㉡, ㉤
④ ㉢, ㉣
⑤ ㉣, ㉤

고득점
18 분묘기지권에 관한 설명으로 옳은 것을 모두 고르면? (판례에 의함)

> ㉠ 분묘기지권자는 토지소유자에게 분묘기지의 소유권을 이전해 달라고 청구할 수 있다.
> ㉡ 기존의 분묘에 사망한 부부 중 일방을 단분 형태로 합장하여 분묘를 설치하는 것도 허용된다.
> ㉢ 단독으로 분묘기지권이 성립한 뒤 분묘를 다른 곳으로 이장한 경우 분묘기지권은 소멸한다.
> ㉣ 분묘가 일시적으로 멸실되어도 유골이 존재하여 분묘의 원상회복이 가능하다면 분묘기지권은 존속한다.

① ㉠, ㉡
② ㉠, ㉢
③ ㉡, ㉢
④ ㉢, ㉣
⑤ ㉠, ㉣

19 분묘기지권에 관한 설명으로 옳은 것을 모두 고른 것은? (판례에 따름)   중개사 35회

> ㉠ 분묘기지권은 봉분 등 외부에서 분묘의 존재를 인식할 수 있는 형태를 갖추고 등기하여야 성립한다.
> ㉡ 토지소유자의 승낙을 얻어 분묘를 설치함으로써 분묘기지권을 취득한 경우, 설치할 당시 토지소유자와의 합의에 의하여 정한 지료지급의무의 존부나 범위의 효력은 그 토지의 승계인에게는 미치지 않는다.
> ㉢ 자기 소유 토지에 분묘를 설치한 사람이 토지를 양도하면서 분묘를 이장하겠다는 특약을 하지 않음으로써 분묘기지권을 취득한 경우, 분묘기지권자는 특별한 사정이 없는 한 분묘기지권이 성립한 때부터 지료를 지급할 의무가 있다.

① ㉠
② ㉢
③ ㉠, ㉡
④ ㉡, ㉢
⑤ ㉠, ㉡, ㉢

Point 43　(관습법상)법정지상권 ★★★

20 관습법상 법정지상권에 대하여 **틀린** 것은? (판례에 의함)

> ㉠ 토지와 건물이 처분 당시가 아니라 원시적으로 동일인의 소유이어야 한다.
> ㉡ 동일인의 소유이던 토지와 건물의 소유자가 매매, 증여, 강제경매, 공유대지의 분할, 대물변제 등으로 어느 하나가 처분되어 소유자가 달라지면 성립한다.
> ㉢ 동일인 소유의 토지와 건물 중 하나만 매매하면서 당사자간의 특약이 있거나 건물을 철거한다는 약정이 있는 경우 관습상의 법정지상권을 취득할 수 없다.
> ㉣ 관습법상 법정지상권을 배제하기로 하는 당사자간의 특약은 무효다.
> ㉤ 관습법상 지상권을 취득 당시의 토지소유자에게 주장하기 위하여는 등기가 필요 없으나 토지의 전득자인 제3자에게 대항하기 위하여 등기가 필요하다.

① ㉠, ㉢　　② ㉡, ㉣　　③ ㉠, ㉣, ㉤
④ ㉢, ㉣　　⑤ ㉠, ㉤

21 관습법상 법정지상권에 관한 설명으로 **틀린** 것은? (판례에 의함) *중개사 24회 유사*

① 법정지상권을 취득하기 위해서는 등기가 필요 없으나 양도하기 위해서는 등기하여야 한다.
② 법정지상권자는 그 지상권취득을 등기하여야 지상권을 취득할 당시의 토지소유자로부터 토지를 양수한 제3자에게 대항할 수 있다.
③ 강제경매로 소유권이 분리되는 경우에는 낙찰자가 "낙찰대금을 완납한 때"가 아니라 "압류의 효력이 발생한 때"를 기준으로 토지와 건물의 동일인 여부를 가린다.
④ 강제경매를 위한 "저당권이 설정"되어 있다가 그 후 강제경매로 인해 저당권이 소멸하는 경우 "저당권설정 당시를 기준"으로 토지와 건물이 동일인 여부를 가려야 한다.
⑤ 동일인 소유의 건물과 토지가 매매로 서로 소유자가 다르게 되었으나, 당사자가 건물을 철거하기로 합의한 때는 관습법상 지상권이 성립하지 않는다.

22 관습상의 법정지상권이 성립할 수 있는 경우는?   2025 감평사

① 자신의 토지 위에 미등기 건물을 신축한 자가 건물의 철거특약 없이 토지를 매도한 경우
② 토지소유자의 승낙을 얻고 신축한 건물만을 매각한 경우
③ 건물에 강제경매개시결정으로 압류효력발생 후 매수인의 매각대금완납시에 그 건물과 대지가 동일인 소유가 된 경우
④ 토지공유자 1인이 지분의 과반수 동의를 얻어 공유토지 위에 건물을 신축하여 소유하다가 그 건물을 타인에게 매각한 경우
⑤ 채권담보를 위하여 가등기가 설정된 나대지에 건물이 신축된 후 그 가등기에 기하여 본등기가 경료된 때

23 관습법상 법정지상권에 관한 설명으로 옳은 것은? (판례에 의함)   중개사 20회 유사

① 환매특약이 된 나대지의 매수인이 건물을 신축하였다가 환매권자의 환매권행사로 대지와 건물의 소유자가 달라진 경우 관습법상 지상권이 성립한다.
② 토지와 건물이 동일인의 소유였다가 건물만 양도하면서 따로 건물을 위하여 대지에 대한 임대차계약을 체결한 경우 관습법상 지상권이 성립한다.
③ 토지소유자의 승낙을 받고 신축한 건물만을 양도한 경우 그 건물에는 관습상의 법정지상권이 성립하지 않는다.
④ 토지공유자 중 1인이 과반수 지분권자의 동의를 얻어 건물을 건축한 후 토지와 건물의 소유자가 달라진 경우, 관습법상의 법정지상권이 성립한다.
⑤ 미등기건물을 대지와 함께 양수한 사람이 대지만 소유권이전등기를 넘겨받은 뒤 대지가 경매되어 타인의 소유로 된 경우, 법정지상권이 성립한다.

▶ 고독점
24 법정지상권이 성립한 X건물 소유자가 건물만을 매도하고 건물양수인에게 지상권은 등기가 없는 상태이다. 다음 중 옳은 것은? (판례에 의함)

① 건물의 양수인은 현재 지상권을 등기 없이 승계취득하였다.
② 건물의 양수인은 토지소유자에게 직접 지상권의 설정 및 이전등기를 청구할 수 있다.
③ 토지소유자는 장차 지상권을 취득할 지위에 있는 건물의 양수인에게 건물의 철거 및 토지인도를 청구하는 것은 신의칙에 반하므로 허용될 수 없다.
④ 토지소유자는 장차 법정지상권을 취득할 지위에 있는 건물의 양수인에게 대지 사용, 이익을 부당이득반환청구하는 것은 신의칙에 반한다.
⑤ 법정지상권자가 지상건물을 제3자에게 매도한 경우, 제3자는 그 건물과 함께 법정지상권을 당연히 취득한다.

▶ 고독점
25 A소유의 X토지와 Y건물 중 Y건물에만 저당권실행 경매로 B소유가 되어 법정지상권을 취득하였고, B는 이 건물을 C에게 매도한 후 건물에 대한 소유권이전등기를 경료하였으나 지상권에 관하여는 현재 아무런 등기도 없다. 다음 중 옳지 못한 것을 모두 고른 것은? (판례에 의함)

중개사 13회 유사

> ㉠ C는 지상권의 등기 없이도 A에게 법정지상권을 주장할 수 있다.
> ㉡ A가 C에게 건물철거를 청구할 수 없다.
> ㉢ C는 직접 A에게 C 앞으로 지상권설정등기를 청구할 수 있다.
> ㉣ A는 C에게 토지사용에 대하여 부당이득반환을 청구할 수 있다.

① ㉠, ㉡
② ㉡, ㉣
③ ㉠, ㉢
④ ㉢, ㉣
⑤ ㉡, ㉢

26 甲은 자신의 토지와 그 지상건물 중 건물만을 乙에게 매도하고 건물철거 등의 약정 없이 건물의 소유권이전등기를 해 주었다. 乙은 이 건물을 다시 丙에게 매도하고 소유권이전등기를 마쳐주었다. 다음 설명 중 <u>틀린</u> 것은? (판례에 따름) 중개사 28회 유사

> ㄱ. 丙은 관습법의 법정지상권을 등기 없이 승계취득한다.
> ㄴ. 만약 丙이 경매에 의하여 건물의 소유권을 취득한 경우라면, 특별한 사정이 없는 한 丙은 등기 없이도 관습상의 법정지상권을 취득한다.
> ㄷ. 甲이 丁에게 토지를 양도한 경우, 乙이 관습상 지상권을 丁에게 대항하기 위하여는 등기를 하여야 한다.
> ㄹ. 甲이 丙에 대하여 건물철거 및 토지인도청구는 신의칙상 허용될 수 없다.
> ㅁ. 甲은 丙에게 토지의 사용에 대한 부당이득반환청구를 하는 것은 신의칙 위반이 아니므로 허용된다.

① ㄱ, ㄷ   ② ㄴ, ㄷ
③ ㄷ, ㄹ, ㅁ   ④ ㄷ, ㅁ
⑤ ㄴ, ㄹ

고득점

27 甲은 X토지와 그 지상에 Y건물을 소유하고 있으며, 그 중에서 Y건물을 乙에게 매도하고 乙명의로 소유권이전등기를 마쳐주었다. 그 후 丙은 乙의 채권자가 신청한 경매에 의해 Y건물의 소유권을 취득하였다. 이때 건물을 철거한다는 등의 조건이 없었다. 이에 관한 설명으로 옳지 <u>않은</u> 것은? (판례에 따름) 2020 주관사

① 丙은 등기 없이 甲에게 관습상 법정지상권을 주장할 수 있다.
② 甲은 丙에 대하여 Y건물의 철거 및 X토지의 인도를 청구할 수 없다.
③ 丙은 Y건물을 개축한 경우에도 甲에게 관습상 법정지상권을 주장할 수 있다.
④ 甲은 법정지상권에 관한 지료가 결정되지 않은 경우, 2년 이상의 지료지급지체를 이유로 지상권 소멸을 청구할 수 있다.
⑤ 만일 丙이 관습상 법정지상권을 등기하지 않고 Y건물만을 丁에게 양도한 경우, 丁은 甲에게 관습상 법정지상권을 주장할 수 없다.

28 관습상 법정지상권에 관한 설명으로 옳지 <u>않은</u> 것은? (판례에 따름) 2018 감평사

① 토지공유자 중 1인이 지분 과반수의 동의를 얻어 건물을 건축한 후 토지와 건물의 소유자가 달라진 경우, 관습상 법정지상권은 성립하지 않는다.
② 강제경매에 있어 관습상 법정지상권이 인정되기 위해서는 매각대금 완납시를 기준으로 해서 토지와 건물이 동일인의 소유에 속하여야 한다.
③ 관습상 법정지상권자는 토지소유자로부터 토지를 양수한 제3자에 대하여 지상권등기 없이도 자신의 권리를 주장할 수 있다.
④ 대지와 건물의 소유자가 건물만을 양도하면서 양수인과 대지에 관하여 임대차계약을 체결한 경우, 관습법상 법정지상권을 포기한 것으로 본다.
⑤ 구분소유적 공유관계에 있는 자가 자신의 특정 소유가 아닌 부분에 건물을 신축한 경우, 관습상 법정지상권이 성립하지 않는다.

29 지상권에 관한 설명으로 <u>틀린</u> 것을 모두 고른 것은? (판례에 따름) 중개사 32회

㉠ 무상의 담보목적의 지상권이 설정된 경우 피담보채권이 변제로 소멸하면 지상권도 소멸한다.
㉡ 지상권자의 지료지급 연체가 토지소유권의 양도 전후에 걸쳐 이루어진 경우, 토지양수인은 자신에 대한 연체기간이 2년 미만이더라도 지상권의 소멸을 청구할 수 있다.
㉢ 분묘기지권을 시효취득한 자는 토지소유자가 지료를 청구한 날부터의 지료를 지급할 의무가 있다.

① ㉠
② ㉡
③ ㉢
④ ㉠, ㉡
⑤ ㉡, ㉢

Point 44 지역권 ★★★

> 💡 **Tip 출제의 맥**
> - 요역지·승역지의 개념이 기본출제의 맥이다.
> - 지역권의 불가분성·수반성이 출제의 맥이다.
> - 지역권의 시효취득·지역권침해 주제가 출제의 맥이다.

30 다음 중 지역권에 대한 설명으로 <u>틀린</u> 것을 모두 고른 것은?

> ㉠ 요역지와 승역지는 인접한 토지가 아니어도 가능하다.
> ㉡ 지역권은 계속되고 표현된 것에 한하여 시효취득할 수 있으며, 이때 지역권의 등기 없이 시효취득할 수 있다.
> ㉢ 요역지가 수인의 공유인 경우에 그 1인에 의한 지역권 소멸시효의 정지는 다른 공유자에게 효력이 없다.
> ㉣ 지역권자는 토지의 점유권이 없다.
> ㉤ 1필의 토지의 일부에는 지역권을 설정할 수 없다.

① ㉠, ㉡
② ㉡, ㉢
③ ㉡, ㉢, ㉤
④ ㉡, ㉢, ㉣
⑤ ㉢, ㉣

🌟 중요

31 다음 중 지역권에 관한 설명으로 <u>틀린</u> 것은? 중개사 17회, 2023 감평사 유사

① 통로의 개설 없이 20년간 통로로 사실상 사용하여 온 경우는 지역권의 시효 취득이 인정되지 않는다.
② 지역권은 요역지 소유권에 부종하여 이전하지만, 이를 요역지와 분리하여 양도하는 것은 가능하다.
③ 승역지를 침해한 경우 지역권자에게 방해제거청구권과 방해예방청구권은 인정되지만, 반환청구권은 인정되지 않는다.
④ 요역지가 수인의 공유인 경우에 그 1인에 의한 지역권 소멸시효의 정지·중단은 다른 공유자를 위하여 효력이 있다.
⑤ 점유로 인한 지역권취득기간의 중단은 지역권을 행사하는 모든 공유자에 대한 사유가 아니면 그 효력이 없다.

32 지역권에 관한 설명으로 틀린 것은? 중개사 27회 유사

① 지역권은 요역지와 분리하여 양도할 수 없다.
② 요역지와 분리하여 지역권만을 저당권의 목적으로 할 수 없다.
③ 토지의 분할이나 일부 양도의 경우 지역권은 그 승역지의 각 부분에 존속한다.
④ 요역지 공유자 중 1인은 자신의 지분에 대해서만 지역권을 소멸시킬 수 있다.
⑤ 요역지의 적법한 사용권자는 계속되고 표현된 것에 한하여 통행지역권을 시효취득할 수 있다.

33 지역권에 관한 설명으로 틀린 것은? (판례에 의함) 중개사 24회 유사

① 소유권에 기한 소유물반환청구권에 관한 규정은 지역권에 준용된다.
② 승역지의 점유가 침탈된 때에도 지역권자는 승역지의 반환을 청구할 수 없다.
③ 1필지의 일부를 위하여 지역권은 성립할 수 없으나, 1필지의 일부에 대하여 지역권은 성립할 수 있다.
④ 요역지의 전세권자는 특별한 사정이 없으면 지역권을 시효취득할 수 있다.
⑤ 공유자의 1인이 지역권을 취득한 때에는 다른 공유자도 이를 취득한다.

▶고득점
34 지역권에 관한 설명으로 옳은 것은? (판례에 의함)

㉠ 요역지의 불법점유자도 통행지역권을 시효취득할 수 있다.
㉡ 요역지 공유자 중 1인은 자신의 지분에 대해서만 지역권을 소멸시킬 수 있다.
㉢ 통행지역권을 시효취득하는 경우 승역지 소유자에게 입은 손해를 보상하고 취득할 수 있다.
㉣ 요역지가 수인의 공유인 경우에 그 1인에 의한 지역권 소멸시효의 정지는 다른 공유자를 위하여 효력이 있다.
㉤ 요역지의 소유자는 지역권에 필요한 부분의 토지소유권을 지역권설정자에게 위기(委棄)하여 공작물의 설치나 수선의무의 부담을 면할 수 있다.

① ㉠, ㉢   ② ㉡, ㉣   ③ ㉡, ㉤   ④ ㉢, ㉤   ⑤ ㉢, ㉣

35 지역권에 관한 설명으로 틀린 것은? (판례에 따름)

㉠ 요역지는 1필의 토지여야 한다.
㉡ 승역지에 수개의 용수지역권이 설정된 때에는 먼저 성립한 지역권이 우선하므로 후순위의 지역권자는 선순위의 지역권자의 용수를 방해하지 못한다.
㉢ 요역지의 지상권자는 인접한 토지에 통행지역권을 시효취득할 수 없다.
㉣ 통행지역권을 시효취득하였다면, 특별한 사정이 없는 한 요역지 소유자는 도로설치로 인해 승역지 소유자가 입은 손실을 보상하지 않아도 된다.
㉤ 자기 소유의 토지에 도로를 개설하여 타인에게 영구적으로 사용하도록 약정하고 대금을 수령하는 것은 지역권설정에 관한 합의이다.

① ㉠, ㉡
② ㉢, ㉣
③ ㉡, ㉣
④ ㉢, ㉤
⑤ ㉣, ㉤

36 지역권에 관한 설명으로 옳은 것은? (판례에 따름)

① 지역권은 점유를 요건으로 하는 물권이다.
② 지역권은 요역지와 독립하여 양도·처분할 수 있는 물권이다.
③ 통행지역권은 지료의 약정을 성립요건으로 한다.
④ 통행지역권의 시효취득을 위하여 지역권이 계속되고 표현되면 충분하고 승역지 위에 통로를 개설할 필요는 없다.
⑤ 통행지역권을 시효취득한 요역지소유자는, 특별한 사정이 없으면 승역지의 사용으로 그 소유자가 입은 손해를 보상하여야 한다.

37 지역권에 대한 설명으로 옳지 못한 것은?

① 요역지소유권과 지역권이 함께 이전하지 않는다는 약정도 유효하며 이를 등기할 수 있다.
② 승역지소유자가 지역권자의 지역권행사를 위하여 공작물수선의무를 부담하기로 한 경우, 승역지소유자의 특별승계인도 그 의무를 부담한다.
③ 동일한 승역지 위에 수개의 용수지역권이 설정될 수 있다.
④ 지역권은 소멸시효에 걸리지 않는다.
⑤ 통행지역권을 시효취득하는 경우, 도로 설치 및 사용에 의하여 승역지소유자가 입은 손해를 보상하여야 한다.

Point 45 전세권 ★★★

중요

38 전세권의 성립에 관한 설명으로 옳지 않은 것은? (판례에 의함)

① 전세금의 지급은 필수요소이고 기존의 채권으로 전세금의 지급에 갈음할 수 있다.
② 전세권설정은 의무부담행위로서 처분권한이 없는 자의 전세권 설정도 유효하다.
③ 전세목적물의 인도는 성립요건이 아니다.
④ 채권담보 목적의 전세권의 경우 채권자와 전세권설정자 및 제3자의 합의가 있으면 전세권의 명의를 그 제3자로 하는 것도 가능하다.
⑤ 농경지는 전세권의 목적으로 할 수 없다.

39 전세권에 관한 설명으로 옳은 것은? (판례에 따름) 2020 주관사

① 전세목적물의 인도는 전세권의 성립요소이다.
② 전세권의 사용·수익 권능을 배제하고 채권담보만을 위해 전세권을 설정하는 것은 허용된다.
③ 전세권자가 목적물의 통상적인 유지 및 관리를 위하여 비용을 지출한 경우, 그 필요비의 상환을 청구할 수 있다.
④ 전세권을 목적으로 한 저당권이 설정된 경우, 전세권의 존속기간이 만료되면 전세권 자체에 대하여 저당권을 실행할 수 없다.
⑤ 당사자는 설정행위로 전세권의 양도나 전세목적물의 임대를 금지하는 약정을 할 수 없다.

40 전세권의 기간에 관한 설명으로 옳은 것을 모두 고른 것은? (판례에 의함)

㉠ 건물전세권의 기간을 1년으로 약정한 경우 전세권자는 2년을 주장할 수 있다.
㉡ 건물전세권의 최단기간은 1년이다.
㉢ 건물전세권이 법정갱신되면 기간은 2년으로 본다.
㉣ 토지전세권설정자가 만료 전 6월에서 1월 사이에 갱신거절의 통지를 하지 아니한 경우 전세금은 종전의 전세권과 동일한 전세권을 설정한 것으로 본다.
㉤ 전세권의 기간을 정하지 않은 경우 전세권자만 언제든지 소멸통고할 수 있고 그 효력은 3월 후에 발생한다.
㉥ 토지전세권의 설정은 갱신할 수 있으나 그 기간은 갱신한 날로부터 10년을 넘지 못한다.

① ㉠, ㉢, ㉥ ② ㉡, ㉣, ㉤ ③ ㉡, ㉢, ㉣
④ ㉡, ㉥ ⑤ ㉣, ㉤

41 건물의 전세권자에게 「민법」 규정에 명문으로 인정되지 않는 권리는?

㉠ 전세권에 기한 반환청구권 ㉡ 상린관계 규정
㉢ 경매권 및 우선변제권 ㉣ 부속물매수청구권
㉤ 필요비상환청구권 ㉥ 지상물매수청구권

① ㉠, ㉣ ② ㉡, ㉢ ③ ㉣, ㉤ ④ ㉤, ㉥ ⑤ ㉢, ㉥

42 甲은 乙소유 단독주택의 일부인 X부분에 대해 전세권을 취득하였다. 다음 설명 중 틀린 것은? (다툼이 있으면 판례에 의함)

중개사 25회 유사

① 甲은 설정행위로 금지되지 않는 한 전세권을 제3자에게 양도할 수 있다.
② 전세권의 존속기간이 만료한 경우, 甲은 지상물매수를 청구할 수 있다.
③ 존속기간이 만료한 경우, 전세권의 용익물권적 권능은 말소등기 없이 소멸한다.
④ 甲은 주택 전부에 대하여 후순위권리자보다 전세금의 우선변제를 받을 권리가 있다.
⑤ 乙이 전세금의 반환을 지체한 경우, 甲은 X부분이 아닌 나머지 주택 부분에 대하여 전세권에 기한 경매를 청구할 수 없다.

43 토지전세권에 관한 설명으로 옳은 것은? (판례에 따름) 중개사 33회

① 토지전세권을 처음 설정할 때에는 존속기간에 제한이 없다.
② 토지전세권의 존속기간을 1년 미만으로 정한 때에는 1년으로 한다.
③ 토지전세권의 설정은 갱신할 수 있으나 그 기간은 갱신한 날로부터 10년을 넘지 못한다.
④ 토지전세권자에게는 토지임차권과 달리 지상물매수청구권이 인정될 수 없다.
⑤ 토지전세권설정자가 존속기간 만료 전 6월부터 1월 사이에 갱신거절의 통지를 하지 않은 경우, 특별한 사정이 없는 한 동일한 조건으로 다시 전세권을 설정한 것으로 본다.

44 토지전세권에 관하여 옳은 것을 모두 고르면? (판례에 따름) 2024 감평사

㉠ 존속기간이 만료하면 전세권의 용익물권적 권능은 말소등기 없이 소멸한다.
㉡ 기존의 채권으로 전세금에 갈음할 수 없다.
㉢ 전세권의 존속기간이 시작되기 전에 시작한 전세권등기도 특별한 사정이 없는 한 유효로 추정한다.
㉣ 채권담보목적으로 전세권을 설정하였으나 설정과 동시에 목적물의 인도를 받지 아니하였어도, 장차 전세권자가 목적물의 사용수익권을 배제하는 것이 아니라면 전세권은 무효다.
㉤ 토지전세권의 최단기간은 1년이다.

① ㉠, ㉢
② ㉡, ㉣
③ ㉢, ㉤
④ ㉢, ㉣
⑤ ㉡, ㉤

45 다음 중 전세권에 관한 설명으로 옳지 <u>않은</u> 것은? (판례에 의함) 2015 감평사 유사

① 합의한 전세권의 존속기간이 시작되기 전에 전세권설정등기가 마쳐진 경우, 그 등기는 특별한 사정이 없는 한 유효로 추정된다.
② 타인의 토지에 있는 건물에 전세권을 설정한 경우, 전세권의 효력은 그 건물의 소유를 목적으로 한 지상권에 미친다.
③ 전세권자가 전세권설정자에게 필요비상환을 청구할 수 없다.
④ 전세권설정자는 스스로 목적물의 유지·관리의무를 부담한다.
⑤ 전세권이 성립된 후 목적물의 소유권이 이전된 경우, 종전 소유자는 원칙적으로 전세권설정자의 지위를 상실하여 전세금반환의무를 면한다.

46 전세권에 관한 설명으로 옳은 것은? (판례에 의함) 중개사 20회

① 존속기간을 1년으로 약정하더라도 전세권자는 그 존속기간을 2년으로 주장할 수 있다.
② 전세권설정자는 부속물의 매수청구권이 인정되지 않는다.
③ 전세권자는 전세권설정자의 동의를 얻어 부속시키거나 전세권설정자로부터 매수한 부속물을 기간 만료로 소멸한 경우 부속물매수를 청구할 수 있다.
④ 건물에 대한 전세권이 법정갱신된 경우, 전세권자는 그 등기하여야 건물의 양수인에게 전세권을 주장할 수 있다.
⑤ 전세권이 설정된 토지 위에 제3자가 건물을 무단으로 건축한 경우, 특별한 사정이 없는 한 토지소유자가 아닌 전세권자는 건물의 철거를 청구할 수 없다.

▶ 고득점
47 전세권에 관한 설명 중 옳은 것을 모두 고르면? (판례에 의함)

㉠ 구분소유권의 객체가 될 수 없는 건물의 일부에 대한 전세권자는 건물의 전부에서 후순위자보다 우선변제받을 수 있으며, 전세권에 기하여 건물 전체를 경매신청할 수 있다.
㉡ 전세권자가 목적물을 타인에게 전전세, 임대한 경우, 불가항력으로 인한 손해에 대하여는 책임을 부담하지 아니한다.
㉢ 동일한 소유자에게 속한 대지와 건물 중 건물에 전세권이 설정된 후, 대지소유권을 특별승계한 자는 전세권자에 대하여 지상권을 설정한 것으로 본다.
㉣ 법정지상권이 성립한 후에 대지소유자는 타인에게 그 대지 전부를 목적으로 한 전세권을 설정할 수 없다.
㉤ 전세권의 설정당시에 전세권의 처분 금지특약을 등기하면 제3자에게 효력이 있다

① ㉠, ㉤   ② ㉡, ㉢   ③ ㉢, ㉣   ④ ㉣, ㉤   ⑤ ㉠, ㉣

48 전세권의 처분에 관한 설명 중 옳은 것은? (판례에 의함)

① 전세권자가 전세권을 처분함에는 전세권설정자의 동의를 요한다.
② 전세권의 설정 당시에 양도, 처분금지특약은 무효다.
③ 전세권자가 전세권설정자의 동의 없이 전전세를 설정하면 원전세권은 소멸한다.
④ 전세권 목적저당권에서 기간이 만료되면 저당권자는 전세권에 갈음하여 존속하는 전세금반환채권에 물상대위를 할 수 있다.
⑤ 전전세권자는 원전세권이 소멸하지 않은 경우에도 전전세권의 목적부동산에 대해 경매를 신청할 수 있다.

49 전세권에 관한 설명으로 옳은 것은? (판례에 따름) 2020 감평사
① 목적물의 인도는 전세권의 성립요건이다.
② 전세권이 존속하는 중에 전세권자는 전세권을 그대로 둔 채 전세금반환채권만을 확정적으로 양도하지 못한다.
③ 전세목적물이 처분된 때에도 전세권을 설정한 양도인이 전세권관계에서 생기는 권리·의무의 주체이다.
④ 전세권은 전세권설정등기의 말소등기 없이 전세기간의 만료로 당연히 소멸하지만, 전세권 목적저당권이 설정된 때에는 그렇지 않다.
⑤ 전세권저당권이 설정된 경우, 제3자의 압류 등 다른 사정이 없으면 전세권이 기간만료로 소멸한 때에 전세권설정자는 저당권자에게 전세금을 지급하여야 한다.

☆중요
50 甲소유 토지에 乙에게 전세권을 설정해주고, 丙은 乙의 전세권 위에 저당권을 취득하였다. 그 후 전세권의 존속기간이 만료되었다. 다음 중 옳지 <u>않은</u> 것은? 중개사 19회
① 전세권의 용익물권적 권능은 전세권의 말소등기 없이 소멸한다.
② 丙은 전세권 자체에 대해 저당권을 실행할 수 없다.
③ 기간만료로 전세권이 소멸한 경우 전세권설정자 甲은 저당권자 丙의 압류가 없는 한 전세금을 乙에게 반환하여야 한다.
④ 丙이 전세금반환채권을 압류한 경우 丙은 전세금반환채권에 대해 우선변제권을 행사할 수 있다.
⑤ 丙은 乙의 전세권에 갈음하여 존속하는 것으로 볼 수 있는 전세금반환채권에 압류하여 물상대위를 할 수 없다.

51 타인소유의 X토지 위에 있는 건물에 전세권을 설정한 경우에 관한 설명으로 <u>틀린</u> 것은? (판례에 의함)
중개사 23·31회 종합

① 전세권설정자는 전세권자의 동의 없이 지상권을 소멸하게 할 수 없다.
② 타인의 토지 위에 건물을 신축한 자가 그 건물에 전세권을 설정한 경우, 전세권은 건물의 소유를 목적으로 하는 지상권에도 그 효력이 미친다.
③ 전세권이 법정갱신된 경우, 전세권갱신에 관한 등기 없이도 제3자에게 갱신된 전세권을 주장할 수 있다.
④ 토지소유자는 지상권자의 2년간 지료연체로 지상권소멸청구를 할 수 있으나, 건물의 전세권자가 대항력을 갖춘 경우 토지소유자의 퇴거청구에 대항할 수 있다.
⑤ 전세권존속기간을 15년으로 정하더라도 그 기간은 10년으로 단축된다.

52 전세권에 관한 설명으로 <u>틀린</u> 것을 모두 고르면? (판례에 따름)

> ㉠ 대지와 건물을 소유한 자가 건물에 대해서만 전세권을 설정한 후 대지를 제3자에게 양도한 경우, 제3자는 전세권자에 대하여 대지에 대한 지상권을 설정한 것으로 본다.
> ㉡ 전전세한 목적물에 불가항력으로 인한 손해가 발생한 경우, 그 손해가 전전세하지 않았으면 면할 수 있는 것이었던 때에는 전세권자는 그 책임을 부담한다.
> ㉢ 타인의 토지에 지상권을 설정한 자가 그 위에 건물을 신축하여 그 건물에 전세권을 설정한 경우, 그 건물소유자는 전세권자의 동의 없이 지상권을 소멸하게 하는 행위를 할 수 있다.

① ㉠
② ㉡
③ ㉢
④ ㉠, ㉢
⑤ ㉡, ㉢

53 甲은 자기소유의 X건물 일부에 대하여 乙에게 기간 1년, 2억원의 전세권을 설정해 주었다. 다음 중 옳은 것을 모두 고른 것은? (판례에 의함)

> ㉠ 乙이 전세권과 전세금반환채권 2억원을 분리하여 양도하는 것은 원칙적으로 허용되지 아니한다.
> ㉡ 전세권이 법정갱신되면 등기 없이 전세금은 2억원, 기간은 종전과 동일한 조건인 1년으로 다시 전세권을 설정한 것으로 본다.
> ㉢ 甲이 전세목적 X건물을 丙에게 양도한 경우, 乙에 대한 2억원의 전세금반환 의무는 甲이 부담한다.
> ㉣ 丙의 저당권의 목적인 乙의 전세권이 기간만료로 소멸하면, 丙은 그 전세권 자체에 대하여 저당권을 실행할 수 있다.
> ㉤ 甲이 전세금반환을 지체하면 乙은 전세권에 기하여 건물의 전부를 경매할 수 없다.

① ㉠, ㉤
② ㉡, ㉢
③ ㉠, ㉢
④ ㉣, ㉤
⑤ ㉠, ㉣

54 전세권의 소멸에 관하여 옳지 않은 것은?

① 전세권의 목적물의 전부, 일부가 불가항력으로 멸실한 때는 그 멸실된 부분의 전세권은 소멸한다.
② 전세권의 목적물의 전부, 일부가 전세권자의 책임 있는 사유로 멸실한 때는 전세권자는 손해를 배상할 책임을 부담한다.
③ 전세권자가 목적물을 정하여진 용법으로 사용하지 않은 경우 전세권설정자는 전세권의 소멸을 청구할 수 있다.
④ 전세권이 저당권의 목적인 경우에 전세권자가 목적물의 소유권을 매매로 취득하면 전세권은 혼동으로 소멸한다.
⑤ 기간이 만료하면 전세권 설정자의 전세금반환의무와 전세권자의 목적물인도 및 말소서류 제공의무는 동시이행관계다.

55 甲은 그 소유 X건물의 일부에 관하여 乙명의의 전세권을 설정하였다. 다음 설명 중 **틀린** 것은? (다툼이 있으면 판례에 따름)

중개사 30회

① 乙의 전세권이 법정갱신되는 경우, 그 존속기간은 1년이다.
② 존속기간 만료시 乙이 전세금을 반환받지 못하더라도 乙은 전세권에 기하여 X건물 전체에 대한 경매를 신청할 수는 없다.
③ 존속기간 만료시 乙은 특별한 사정이 없는 한 전세금반환채권을 타인에게 양도할 수 있다.
④ 甲이 X건물의 소유권을 丙에게 양도한 후 존속기간이 만료되면 乙은 甲에 대하여 전세금반환을 청구할 수 없다.
⑤ 乙은 특별한 사정이 없는 한 전세목적물의 현상유지를 위해 지출한 통상필요비의 상환을 甲에게 청구할 수 없다.

제6장 담보물권

☆중요 출제가능성이 높은 중요 문제 ↘고득점 고득점 목표를 위한 어려운 문제 🔍신유형 기존에 출제되지 않은 신유형 대비 문제

> 💡 **Tip 출제의 맥**
> - 유치권의 특성, 목적물과 채권의 견련성이 출제의 맥이다.
> - 유치권자의 권리와 의무가 출제의 기본 맥이다.

Point 46 유치권 ★★★

정답 및 해설 p.56~58

01 다음 중 유치권자에게 인정되지 <u>않는</u> 것을 모두 고르면?   중개사 24·31회 종합

㉠ 경매청구권	㉡ 부종성, 불가분성
㉢ 과실수취권	㉣ 유치권에 기한 반환청구권
㉤ 물상대위	㉥ 유치물의 보존에 필요한 사용권

① ㉠, ㉤   ② ㉤, ㉥   ③ ㉡, ㉢
④ ㉢, ㉤   ⑤ ㉣, ㉤

02 유치권과 동시이행항변권에 관한 설명으로 <u>틀린</u> 것을 모두 고른 것은?   중개사 25회 유사

㉠ 유치권과 동시이행항변권은 점유를 성립요건으로 하며, 모두 경매권이 있다.
㉡ 유치권은 목적물에 관하여 생긴 채권의 담보를 목적으로 한다.
㉢ 유치권과 동시이행항변권은 동시에 서로 병존할 수 있다.
㉣ 유치권은 독립한 물권인 반면, 동시이행항변권은 이행거절권능에 해당한다.
㉤ 甲소유의 토지에 乙이 유치권과 동시이행항변권을 가진 경우에 토지소유권이 丙에게 양도되면 乙은 특별한 사정이 없는 한 丙에게 유치권과 동시이행항변권을 모두 주장할 수 있다.

① ㉠, ㉡   ② ㉠, ㉢, ㉤
③ ㉡, ㉣   ④ ㉠, ㉤
⑤ ㉡, ㉢

03 유치권에 관한 설명으로 옳지 <u>않은</u> 것은? 2020 주관사

① 유치권은 점유의 상실로 인하여 소멸한다.
② 유치권자는 채권의 변제를 받기 위하여 유치물을 경매할 수 없다.
③ 유치권의 행사는 채권의 소멸시효의 진행에 영향을 미치지 않는다.
④ 채무자는 상당한 담보를 제공하고 유치권의 소멸을 청구할 수 있다.
⑤ 유치권자가 유치물에 관하여 필요비를 지출한 때에는 소유자에게 그 상환을 청구할 수 있다.

04 「민법」상 유치권의 성립요건에 관한 설명으로 <u>틀린</u> 것은? (판례에 의함)

① 수급인의 재료로 완성한 자기소유 건물에는 다른 약정이 없는 한 유치권이 성립할 수 없다.
② 다세대 주택의 창호공사를 완성한 하수급인이 창호공사 대금채권을 변제받기 위하여 그중 한 세대인 201호를 점유하는 경우, 다세대주택 전체의 공사대금을 피담보채권으로 하여 유치권이 성립한다.
③ 채권의 변제기 도래는 성립요건이나 법원이 채권의 변제기 유예를 허용한 때는 유치권이 성립할 수 없다.
④ 목적물을 채무자가 직접점유자로 하여 채권자가 간접점유하는 경우에도 유치권은 성립할 수 있다.
⑤ 유치권자의 점유는 직접점유, 간접점유를 불문하나 유치권자가 제3자와의 점유매개관계에 의해 유치물을 간접점유하는 경우, 유치권은 소멸하지 않는다.

05 다음 중 유치권이 인정되는 것을 모두 고르면? (판례에 의함) 2017 감평사 유사

> ㉠ 임차인이 임차목적물의 하자로부터 발생한 손해배상청구권에 기하여 임차목적물을 점유하는 경우
> ㉡ 임차인이 건물외벽에 설치된 간판(건물의 일부가 아니라 독립된 물건)설치공사 대금채권에 기하여 건물을 점유하는 경우
> ㉢ 수급인이 자신의 노력과 출재로 완성한 독립된 건물에 대하여 도급인과 별도의 약정 없이 건물을 점유하는 경우
> ㉣ 임차인의 보증금반환청구권, 권리금반환청구권에 기하여 임대목적물을 점유하는 경우
> ㉤ 수급인이 시멘트와 모래 등의 건축자재를 공급하여 발생한 건축자재에 대한 매매대금채권과 그 건축자재로 신축한 건물
> ㉥ 동물의 불법행위로 생긴 손해배상채권에 기하여 동물을 점유한 때

① ㉠, ㉥
② ㉠, ㉢
③ ㉡, ㉤
④ ㉢, ㉣
⑤ ㉠, ㉡

06 다음 중 유치권이 성립할 수 있는 경우를 고르면? (각 채권은 변제기가 도래함, 타인소유물을 전제로 함) (판례에 따름) 2024 감평사

① 주택수선공사를 한 수급인이 공사대금채권을 담보하기 위하여 주택을 점유하는 경우
② 임대인이 지급하기로 약정한 권리금반환채권에 기하여 임차인이 상가를 점유하는 경우
③ 매도인이 매수인에 대하여 시멘트 같은 건축자재대금채권을 담보하기 위하여 목적물을 점유하는 경우
④ 주택신축을 위하여 수급인에게 공급한 건축자재에 대한 자재대금채권을 위하여 건물을 점유하는 경우
⑤ 임차인이 임차보증금반환채권을 담보하기 위하여 임차주택을 점유하는 경우

07 임차인이 임차 목적건물에 관한 유치권을 행사하기 위하여 주장할 수 있는 피담보채권을 모두 고른 것은? (판례에 따름)

중개사 27회 유사

㉠ 보증금반환청구권
㉡ 권리금반환청구권
㉢ 필요비상환채무의 불이행으로 인한 손해배상청구권
㉣ 원상회복약정이 있는 경우 유익비상환청구권
㉤ 임차인이 임차목적물(건물)의 하자로 인하여 발생한 손해배상채권

① ㉠, ㉤ ② ㉢, ㉤
③ ㉠, ㉢ ④ ㉡, ㉣
⑤ ㉡, ㉤

08 유치권의 성립요건인 채권과 목적물간의 견련관계가 인정되지 <u>않는</u> 것은? (별도의 특약이 없는 것을 전제로 함)

2025 감평사

① 임차주택과 임차보증금반환청구권
② 점유물과 점유자의 유익비상환청구권
③ 임차물과 임차인의 필요비상환청구권
④ 수급인이 수리한 건물과 공사대금채권
⑤ 임치물과 그 하자로부터 생긴 수치인의 손해배상채권

09 다음 중 유치권에 관한 설명으로 <u>틀린</u> 것은? (판례에 의함)

중개사 21회

㉠ 유치권의 성립을 배제하는 당사자의 유치권의 포기 특약은 무효다.
㉡ 채무자 이외의 제3자의 소유물에도 유치권이 성립할 수 있다.
㉢ 계약명의신탁의 신탁자는 매매대금 상당의 부당이득반환청구권을 피담보채권으로 하여, 자신이 점유하는 부동산에 대해 유치권을 행사할 수 있다.
㉣ 점유가 불법행위로 인한 경우에는 유치권이 성립하지 않는다.
㉤ 임차인의 비용상환청구권은 유치권의 피담보채권이 될 수 있다.

① ㉠, ㉡ ② ㉠, ㉢
③ ㉡, ㉣ ④ ㉣, ㉤
⑤ ㉠, ㉤

중요
10 유치권에 관한 설명으로 옳지 않은 것은? (판례에 따름) 2020 감평사

① 건물신축공사를 도급받은 수급인이 사회통념상 독립한 건물이 되지 못한 정착물을 토지에 설치한 상태에서 공사가 중단된 경우, 그 토지에 대해 유치권을 행사할 수 없다.
② 물건의 소유자는 그 물건의 점유자가 점유권원이 없음을 알았거나 중대한 과실로 점유를 하면서 비용지출하였음을 증명하여 유치권의 주장을 배척할 수 있다.
③ 채권과 물건 사이에 견련관계가 있더라도, 그 채무불이행으로 인한 손해배상채권과 그 물건 사이의 견련관계는 인정되지 않는다.
④ 저당권의 실행으로 경매개시결정의 기입등기가 이루어지기 전에 유치권을 취득한 사람은 경매절차의 매수인에게 유치권으로 대항할 수 있다.
⑤ 토지 등 그 성질상 다른 부분과 쉽게 분할할 수 있는 물건의 경우, 그 일부를 목적으로는 유치권이 성립할 수 있다.

11 유치권에 관한 설명 중 옳은 것을 모두 고르면? (판례에 의함) 중개사 18회

㉠ 임대인이 권리금을 반환하기로 약정한 경우, 권리금반환청구권을 피담보채권으로 하여 임차인은 건물에 대하여 유치권을 주장할 수 없다.
㉡ 유치권자 甲이 채무자의 승낙 없이 유치물을 乙에게 임대한 경우, 乙은 경매절차에서의 매수인(경락인)에게 그 임대차의 효력을 주장할 수 없다.
㉢ 건물임차인이 점유할 권원이 없음을 알면서 계속 건물을 점유하여 유익비를 지출한 경우, 그 비용상환청구권에 관하여 유치권은 성립하지 않는다.
㉣ 어떤 물건을 점유하기 전에 그에 관하여 발생한 채권에 대해서는 후에 채권자가 그 물건의 점유를 취득하더라도 유치권이 성립하지 않는다.

① ㉣
② ㉠, ㉢
③ ㉡, ㉣
④ ㉠, ㉡, ㉢
⑤ ㉠, ㉡, ㉢, ㉣

12 다음 중 유치권에 관한 기술 중 옳은 것을 모두 고른 것은?   2020 변시

> ㉠ 계약명의신탁약정에서 명의신탁자가 명의수탁자에 대하여 가지는 매매대금 상당의 부당이득반환청구권에 기하여 당해 건물을 유치할 수 없다.
> ㉡ 건물의 외벽에 설치된 간판이 건물의 일부가 아니라 독립된 물건으로 간판 설치공사 대금 채권에 기하여 건물을 유치할 수 없다.
> ㉢ 자재업자가 공사수급인과의 계약으로 시멘트를 공급하였고 이것이 공사수급인에 의해 건물신축공사에 사용됨으로써 부합된 경우, 시멘트 매매대금채권에 기하여 건물을 유치할 수 있다.

① ㉠, ㉡
② ㉡, ㉢
③ ㉠, ㉢
④ ㉠, ㉡, ㉢
⑤ ㉡

13 유치권에 관한 설명으로 옳은 것은? (판례에 의함)   중개사 20·23회 유사

① 유치권의 목적부동산이 제3자에게 경매로 양도된 경우, 유치권은 소멸한다.
② 유치권자는 유치물의 경락인에 대해서 피담보채권의 변제를 청구할 수 있다.
③ 유치권을 행사하는 동안에는 피담보채권의 소멸시효가 진행하지 않는다.
④ 목적물을 채무자가 직접점유자로 하여 채권자 자신이 간접점유하는 경우에도 유치권은 성립할 수 있다.
⑤ 유치권자가 유치물인 주택에 거주하며 이를 사용하는 경우, 특별한 사정이 없는 한 채무자는 유치권의 소멸을 청구할 수 없다.

14 甲은 乙의 X건물을 보증금 1억원에 3년간 임차하였고, 乙과 협의하여 건물을 수리한 후 수리비 1천만원은 임대차 종료 후에 상환하기로 약정하였다. 그러나 乙은 임차기간이 만료되었음에도 보증금 및 수리비반환을 거절하고 甲은 X건물을 점유를 하고 있다. 이러한 경우의 법률관계로서 옳지 <u>않은</u> 것은? (판례에 의함)

2016 감평사 유사

> ㉠ 甲은 1억원의 보증금반환청구권을 피담보채권으로 X건물에 유치권을 주장할 수 없다.
> ㉡ 甲은 건물수리비채권 1천만원에 기하여 X건물에 유치권을 행사할 수 있다.
> ㉢ 甲은 수리비채권에 기한 유치권자로서 乙의 승낙 없이는 건물에 거주하며 종전대로 사용할 수 없다.
> ㉣ 건물수리비채권에 기한 유치권으로 종전대로 X건물을 사용하는 경우, 그로 인한 부당이득 반환의무가 성립하지 않는다.
> ㉤ 乙의 건물이 丙에게 경매로 낙찰된 경우, 甲의 유치권은 소멸하지 않으며, 경락인 丙에게 유치권으로 대항할 수 있다.

① ㉠, ㉡
② ㉡, ㉢
③ ㉢, ㉣
④ ㉣, ㉤
⑤ ㉠, ㉤

15 유치권에서의 점유에 관한 설명으로 옳은 것은? (판례에 따름)

중개사 26회 유사

① 목적물에 대한 점유를 먼저 취득한 뒤 그 목적물에 관하여 성립한 채권을 담보하기 위한 유치권은 인정되지 않는다.
② 채권자가 채무자를 직접점유자로 하여 간접점유하는 경우에도 유치권은 성립할 수 있다.
③ 목적물을 제3자를 직접점유자로 하여 채권자 자신이 간접점유하는 경우에도 유치권은 성립할 수 있다.
④ 건물에 압류효력 발생 후 점유를 취득한 유치권으로 건물의 경락인에게 대항할 수 있다.
⑤ 유치권자는 스스로 자신의 점유가 적법점유임을 입증하여야 한다.

16 유치권에 관한 설명으로 옳은 것은? (판례에 따름) 2015 감평사

① 불법으로 점유를 취득한 경우에도 유치권이 성립한다.
② 채권자가 유치권을 행사하면 채권의 소멸시효는 중단된다.
③ 유치권자는 채무자의 승낙 없이 사용, 대여, 담보제공을 할 수 없으나 보존을 위한 사용은 승낙 없이 할 수 있다.
④ 유치권에는 우선변제적 효력이 없으므로, 유치권자는 채권의 변제를 받기 위하여 유치물을 경매할 수 없다.
⑤ 공사대금채권에 기한 건물 유치권자가 채무자의 승낙 없이 유치물인 주택에 거주하며 사용하였다면, 차임에 상당한 이득을 소유자에게 반환할 의무가 없다.

17 동일한 X건물에 관하여 생긴 채권을 가진 서로 다른 사람이 각각 아래의 유치권을 주장하는 경우에 관한 설명으로 <u>틀린</u> 것은? (판례에 의함) 중개사 22·27·29회 종합

> ㉠ X건물에 저당권이 설정된 후 성립한 유치권은 X건물의 경락인에게 대항할 수 있다.
> ㉡ 압류 전에 채권자가 점유를 취득하였으나 압류 후 채권의 변제기가 도래한 유치권자는 건물의 경락인에게 대항할 수 있다.
> ㉢ 경매개시결정의 기입등기 전에 유치권을 취득한 자는 저당권이 실행되더라도 그의 채권이 완제될 때까지 X건물 경락인에 대하여 유치권으로 대항할 수 있다.
> ㉣ 압류효력 발생 후 채무자가 건물에 관한 공사대금채권자에게 그 건물의 점유를 이전하여 성립한 유치권으로 건물의 경락인에게 대항할 수 있다.

① ㉠, ㉢
② ㉡, ㉣
③ ㉢, ㉣
④ ㉠, ㉣
⑤ ㉡, ㉢

18 甲은 자신의 토지에 주택신축공사를 乙에게 맡기면서, 甲명의의 보존등기 후 2개월 내에 공사대금의 지급과 동시에 주택을 인도받기로 약정하였다. 2016.1.15. 주택에 甲명의의 보존등기를 마쳤으나, 乙은 공사대금을 받지 못한 채 점유하고 있다. 甲의 채권자가 주택에 강제경매를 신청하여 2016.2.8. 경매개시결정등기가 되었고, 2016.10.17. 경매대금을 완납한 丙이 乙을 상대로 주택의 인도를 청구하였다. 옳은 것을 모두 고른 것은? (판례에 따름)

중개사 27회

㉠ 丙은 주택에 대한 소유물반환청구권을 행사할 수 없다.
㉡ 乙은 유치권에 근거하여 낙찰자 丙에게 주택의 인도를 거절할 수 있다.
㉢ 乙은 동시이행항변권에 근거하여 경락인 丙의 주택의 인도를 거절할 수 없다.

① ㉠
② ㉡
③ ㉢
④ ㉠, ㉡
⑤ ㉡, ㉢

19 유치권에 관하여 옳지 못한 것은?

2025 감평사

① 유치권자는 유치물의 과실인 금전을 수취하여 다른 채권보다 먼저 그 채권의 변제에 충당할 수 있다.
② 유치권자가 소유자의 승낙 없이 유치물을 임대한 경우, 그 임차인은 소유자에게 임차권으로 대항할 수 없다.
③ 여러 필지의 토지에 유치권을 행사하는 자가 그 토지 중 일부에 대해 선관주의 의무를 위반한 경우 모든 토지에 대한 유치권 소멸청구가 인정된다.
④ 유치권에 의하여 경매로 유치물이 매각되는 경우, 유치권자는 일반채권자와 동일한 순위로 배당을 받는다.
⑤ 저당권이 설정된 건물에 대하여 경매개시결정 이전에 유치권이 성립한 때는 그 유치권자는 경매절차의 매수인에게 유치권으로 대항할 수 있다.

20 유치권에 관한 설명으로 옳지 않은 것은? (판례에 따름) 2018 감평사

① 유치권의 행사는 피담보채권의 소멸시효의 진행에 영향을 미치지 아니한다.
② 유치권자는 피담보채권의 전부의 변제를 받을 때까지 유치물 전부에 대하여 그 권리를 행사할 수 있다.
③ 근저당권설정 후 그 실행에 따른 경매로 인한 압류의 효력이 발생하기 전에 취득한 유치권으로 경매절차의 매수인에게 대항할 수 없다.
④ 피담보채권의 채무자를 직접점유자로 하여 채권자가 간접점유하는 경우에 유치권은 성립하지 않는다.
⑤ 유치권자는 경매로 인한 낙찰자에게 채권의 변제가 있을 때까지 유치물의 인도를 거절할 수 있을 뿐, 피담보채권의 변제를 청구할 수는 없다.

21 유치권에 관한 설명으로 옳은 것은? (판례에 따름) 2024 감평사

① 피담보채권이 존재한다면 타인의 물건에 대한 점유가 불법행위로 인한 때에도 유치권이 성립한다.
② 유치물을 채무자의 승낙 없이 제3자에게 임대한 경우 채무자는 유치권의 소멸을 청구할 수 없다.
③ 유치물에 대한 점유를 상실한 경우 유치권자가 점유회수의 소를 제기하여 승소 판결을 받은 것만으로 유치권이 부활하지는 않는다.
④ 채무자를 직접점유자로 하여 채권자가 간접점유를 하였다면 유치권은 성립한다.
⑤ 저당물의 제3취득자가 저당물의 개량을 위하여 유익비를 지출한 경우, 「민법」 제367조에 의한 비용상환청구권을 피담보채권으로 하여 유치권을 행사할 수 있다.

Point 47 저당권의 성립요건 ★

22 저당권의 객체가 될 수 없는 것을 모두 고르면?

중개사 22회, 감평사 유사

㉠ 지역권	㉡ 등기된 입목
㉢ 전세권	㉣ 지상권
㉤ 공유 지분	㉥ 1필 토지의 일부

① ㉠, ㉢, ㉣ ② ㉠, ㉥ ③ ㉡, ㉢, ㉤
④ ㉣, ㉤ ⑤ ㉤, ㉥

23 저당권의 성립에 관하여 옳지 않은 것을 모두 고르면? (판례에 의함)

국가고시

㉠ 저당권설정행위는 처분행위가 아니라 의무부담행위이므로 처분권한을 요하지 아니하므로 처분권 없는 자의 저당권설정도 유효하다.
㉡ 장래에 발생할 채권, 조건부 채권을 담보하기 위한 저당권도 유효하다.
㉢ 채무자가 아닌 제3자는 저당권을 설정할 수 없다.
㉣ 채권자가 아닌 제3자 명의의 저당권설정등기는 특별한 사정이 없는 한 무효이다.
㉤ 저당권자와 채권자는 일치함이 원칙이나 채권자 아닌 제3자명의 저당권도 특별한 사정이 있으면 유효하다.

① ㉠, ㉡ ② ㉡, ㉣
③ ㉠, ㉢ ④ ㉣, ㉤
⑤ ㉠, ㉤

24 다음 중 저당권자에게 인정되지 않는 것은?

국가고시

① 부종성, 물상대위권
② 우선변제권
③ 저당물반환청구권
④ 피담보채권의 처분권
⑤ 저당물방해배제청구권

25 저당권의 물상대위에 관한 설명으로 옳은 것은? (판례에 따름) 　　중개사 27회

① 특정성을 유지하는 한 압류는 반드시 저당권자 자신에 의해 행해질 것을 요한다.
② 전세권을 저당권의 목적으로 한 경우 저당권자에게 물상대위권이 인정되지 않는다.
③ 저당권설정자에게 대위할 물건이 인도된 후 저당권자가 그 물건을 압류한 경우 물상대위권을 행사할 수 있다.
④ 저당권자는 저당목적물의 소실로 인하여 저당권설정자가 취득한 화재보험금청구권에 대하여 물상대위권을 행사할 수 있다.
⑤ 저당권이 설정된 토지가 「공익사업을 위한 토지 등의 취득 및 보상에 관한 법률」에 따라 협의취득된 경우, 저당권자는 그 보상금에 물상대위권을 행사할 수 있다.

Point 48 저당권의 효력 ★★★ 　　정답 및 해설 p.59

26 별도의 약정이 없는 경우, 저당권의 효력이 미치는 것을 모두 고른 것은? (판례에 따름) 　　중개사 21·25·27회 종합

> ㉠ 저당권의 목적인 기존건물이 증축되어 증축부분이 독립성이 없는 부분
> ㉡ 건물소유를 목적으로 토지임차인이 건물에 저당권을 설정한 경우에 토지임차권
> ㉢ 구분건물의 전유부분에 관하여 저당권이 설정된 후, 전유부분의 소유자가 취득하여 전유부분과 일체가 된 대지사용권
> ㉣ 토지저당권을 설정한 후 제3자가 권원 없이 심은 농작물
> ㉤ 건물에 저당권을 설정한 후 건물에 대한 압류 전 수취한 차임채권

① ㉠, ㉣　　　　② ㉢, ㉤　　　　③ ㉠, ㉡, ㉢
④ ㉡, ㉢, ㉤　　⑤ ㉡, ㉤

27 저당권의 효력이 미치는 범위에 관한 설명 중 옳은 것은? (판례에 의함)
① 저당권의 효력이 부합물과 종물에 미치지 않는다는 약정은 무효다.
② 건물의 증축 부분이 기존건물에 부합하였으나 기존건물에 경매절차에서 그 증축부분이 경매목적물로 평가되지 않은 이상, 경락인은 그 부합된 증축부분의 소유권을 취득하지 못한다.
③ 구분건물의 전유부분에 대해서만 설정된 저당권의 효력은 대지사용권에까지 미치지 않는 것이 원칙이다.
④ 건물에 대한 저당권이 실행되어 경락인이 그 건물의 소유권을 취득하였다면 경락인은 건물의 소유를 위한 법정지상권도 등기 없이 당연히 취득한다.
⑤ 저당권설정자가 저당목적물로부터 압류 전 수취한 차임채권전부에 대하여 저당권의 효력이 미친다.

28 저당권의 효력이 미치는 범위에 대하여 옳지 못한 것은? (판례에 따름) *2024 감평사*
① 저당권실행의 경매를 위하여 저당목적물에 대한 압류 이후 저당목적물에서 발생한 차임채권에는 저당권의 효력이 미친다.
② 부합물이 될 수 없는 것을 기존건물의 부합물로 잘못 평가하여 낙찰된 경우, 경매의 매수인은 부합물의 소유권을 취득한다.
③ 구분건물의 전유부분에 대한 저당권의 효력은 대지사용권에도 미친다.
④ 기존건물에 부합된 증축부분이 기존건물에 대한 경매절차에서 경매목적물로 누락되어 평가되지 아니한 경우 경매의 매수인이 그 부분의 소유권을 취득한다.
⑤ 특약이 없는 한 건물에 대한 저당권의 효력은 그 건물소유를 목적으로 하는 지상권에도 미친다.

29 저당권의 피담보채권의 범위에 속하지 <u>않는</u> 것은?
국가고시, 중개사 29회 유사

> ㉠ 원본
> ㉡ 위약금
> ㉢ 저당권의 실행비용
> ㉣ 저당목적물의 하자로 인한 손해배상금
> ㉤ 원본의 이행기일을 경과한 후의 1년분의 지연배상금
> ㉥ 저당목적물의 보존을 위해 지출한 비용

① ㉠, ㉢   ② ㉡, ㉣   ③ ㉣, ㉥   ④ ㉠, ㉤   ⑤ ㉡, ㉤

30 X건물에 대해 1순위로 저당권, 2순위로 전세권, 3순위로 저당권이 설정되어 있는데, 3순위인 저당권자가 경매신청을 하였다. 건물이 경매되면 2순위 전세권은 어떻게 되는가?
2015 감평사

① 존속한다.
② 전세권자가 스스로 배당요구를 하면 소멸하고, 배당요구를 하지 않으면 존속한다.
③ 소멸하며, 우선변제권을 가지지 못한다.
④ 소멸하되, 2순위로 우선변제권을 가진다.
⑤ 전세권의 잔여기간이 남아있으면 존속한다.

31 X건물에 甲은 1번 저당권을 취득하였고, 이어서 乙이 전세권을 취득하였다. 그 후 丙이 2번 저당권을 취득하였고, 경매신청 전에 X건물의 지붕을 수리한 丁이 현재 유치권을 행사하고 있다. 다음 설명 중 옳은 것은?
중개사 24회

① 甲의 경매신청으로 戊가 X건물을 매수하면 X건물을 목적으로 하는 모든 권리는 소멸한다.
② 乙의 경매신청으로 戊가 X건물을 매수하면 甲의 저당권과 丁의 유치권을 제외한 모든 권리는 소멸한다.
③ 丙의 경매신청으로 戊가 X건물을 매수하면 丁의 유치권을 제외한 모든 권리는 소멸한다.
④ 丁의 경매신청으로 戊가 X건물을 매수하면 乙의 전세권을 제외한 모든 권리는 소멸한다.
⑤ 甲의 경매신청으로 戊가 X건물을 매수하면 乙의 전세권과 丁의 유치권을 제외한 모든 권리는 소멸한다.

32 하나의 부동산에 설정된 저당권과 용익물권의 관계에 관한 설명으로 옳지 <u>않은</u> 것은?

2017 감평사

① 1번 저당권이 설정된 후 지상권이 설정되고 그 후 2번 저당권이 설정된 경우, 2번 저당권 실행으로 목적물이 매각되더라도 지상권은 소멸하지 않는다.
② 전세권이 저당권보다 먼저 설정된 경우, 저당권 실행시 전세권자가 기한의 이익을 포기하고 배당요구를 하면 전세권은 목적물의 매각으로 소멸한다.
③ 지상권이 저당권보다 먼저 설정된 경우, 저당권 실행으로 토지가 매각되더라도 지상권은 소멸하지 않는다.
④ 전세권이 저당권보다 후에 설정된 경우, 전세권자가 목적물에 유익비를 지출하였다면 전세권자는 저당목적물의 매각대금에서 그 비용을 우선상환받을 수 있다.
⑤ 지상권이 저당권보다 후에 설정된 경우, 지상권자는 저당권자에게 그 토지로 담보된 채권을 변제하고 저당권의 소멸을 청구할 수 있다.

Point 49 법정지상권·일괄경매·제3취득자 ★★★

정답 및 해설 p.60~62

33 법정지상권(「민법」 제366조)에 관한 설명으로 옳은 것은? (판례에 따름)

① 법정지상권을 배제하는 당사자 사이의 특약은 유효하다.
② 법정지상권자가 지상건물을 제3자에게 매도한 경우, 제3자는 그 건물과 함께 법정지상권을 당연히 취득한다.
③ 토지에 저당권을 설정할 당시에 존재하던 구건물을 철거 후 재건축한 경우, 신축건물의 범위와 기준으로 신축건물에 법정지상권이 성립한다.
④ 저당권 설정 당시가 아니라 매각대금을 완납한 때를 기준으로 토지와 건물의 동일인 소유 여부를 판단한다.
⑤ 저당권 설정 당시에 건물이 존재하고 토지와 건물의 어느 한쪽이나 양자 위에 저당권이 설정되고, 저당권 실행의 경매로 토지와 지상건물의 소유자가 달라져야 한다.

고득점
34 다음 중 법정지상권에 관한 설명으로 옳지 않은 것을 모두 고른 것은? (판례에 따름)

2020 감평사

> ㉠ X토지에 Y건물의 소유를 위한 법정지상권을 가진 甲의 Y건물을 경매로 낙찰받은 乙은 특별한 사정이 없으면 당연히 법정지상권을 취득한다.
> ㉡ X토지 소유자 甲이 그 토지에 건물을 신축하여 甲과 乙이 건물을 공유하던 중 X토지에 저당권을 설정, 경매로 토지와 건물의 소유자가 달라진 경우 Y건물을 위한 법정지상권이 성립하지 않는다.
> ㉢ 甲 소유의 X토지와 건물에 공동저당권이 설정된 후 지상건물을 철거하고 Y건물을 신축하였고 저당권의 실행으로 다른 소유자에게 매각된 경우, 특별한 사정이 없으면 Y건물을 위한 법정지상권이 성립한다.
> ㉣ X토지에 저당권을 설정한 甲이 저당권자 乙의 동의를 얻어 Y건물을 신축하였으나 저당권의 실행에 의한 경매에서 丙이 X토지의 소유권을 취득한 경우, Y건물을 위한 법정지상권이 성립한다.

① ㉠, ㉢
② ㉠, ㉣
③ ㉠, ㉡, ㉣
④ ㉡, ㉢, ㉣
⑤ ㉠, ㉡, ㉢, ㉣

35 법정지상권이 성립되는 경우를 모두 고른 것은? (판례에 의함)

중개사 22회 유사

> ㉠ 나대지에 저당권이 설정된 후 건물이 축조되어 토지와 건물이 동일한 소유자인 경우 그 후, 토지의 경매로 토지와 그 건물이 달라진 경우
> ㉡ 토지에 저당권이 설정될 당시 건물이 존재하고 양자가 동일 소유자에게 속하였다가 저당권의 실행으로 토지가 매각되기 전 건물이 제3자에게 양도된 경우
> ㉢ 토지에 저당권이 설정될 당시 그 지상에 건물이 토지 소유자에 의하여 건축 중이었고, 건물의 규모, 종류가 외형상 예상할 수 있는 정도까지 건축이 진전된 후 저당권의 실행으로 토지가 매각된 경우
> ㉣ 동일인 소유의 토지와 건물에 관하여 공동저당권이 설정된 후 그 건물이 철거되고 제3자 소유의 건물이 새로이 축조된 다음, 토지에 저당권의 실행으로 토지와 건물의 소유자가 달라진 경우

① ㉠, ㉡
② ㉠, ㉢
③ ㉡, ㉢
④ ㉡, ㉣
⑤ ㉢, ㉣

36 법정지상권이 성립하는 경우를 모두 고르면? (판례에 따름)   2024 감평사

> ㉠ X토지에 저당권을 설정한 甲이 저당권자 乙의 동의를 얻어 Y건물을 신축하였으나 저당권실행 경매에서 丙이 X토지의 소유권을 취득한 경우
> ㉡ 甲소유의 X토지와 그 지상건물에 공동저당권이 설정된 후 지상건물을 철거하고 Y건물을 신축하였고 저당권의 실행으로 토지와 건물이 달라진 경우
> ㉢ X토지를 소유하는 甲이 그 지상에 Y건물을 甲과 乙이 공동으로 신축하여 공유하던 중에 저당권실행경매에서 X토지가 丙에게 낙찰된 경우

① ㉠
② ㉠, ㉢
③ ㉡
④ ㉡, ㉢
⑤ ㉢

37 甲에게 법정지상권 또는 관습법상 법정지상권이 인정되지 <u>않는</u> 경우를 모두 고른 것은? (다툼이 있으면 판례에 따름)   중개사 33회 유사, 2023 감평사 유사

> ㉠ 乙 소유의 토지 위에 乙의 승낙을 얻어 신축한 丙 소유의 건물을 甲이 매수한 경우
> ㉡ 乙 소유의 토지 위에 甲과 乙이 건물을 공유하면서 토지에만 저당권을 설정하였다가, 그 실행을 위한 경매로 丙이 토지소유권을 취득한 경우
> ㉢ 甲이 乙로부터 乙 소유의 미등기건물과 그 대지를 함께 매수하고 대지에 관해서만 소유권이전등기를 한 후, 건물에 대한 등기 전 설정된 저당권에 의해 대지가 경매되어 丙이 토지소유권을 취득한 경우
> ㉣ 토지공유자 중 1인이 과반수지분권자의 동의를 얻어 건물을 건축한 후 토지와 건물의 소유자가 달라진 경우
> ㉤ 乙 소유 토지 위에 저당권설정 당시에 甲소유의 정착물로 볼 수 없는 가설건축물인 창고가 존재하다가 토지의 경매가 실행된 경우

① ㉠, ㉤
② ㉡, ㉣
③ ㉠, ㉢
④ ㉠, ㉢, ㉣, ㉤
⑤ ㉠, ㉡, ㉢, ㉤

38 X토지에 저당권을 설정한 후 저당권설정자가 건물을 신축한 경우 저당권자의 일괄경매청구권에 대한 설명으로 옳은 것은?

중개사 17·25·28회 종합

① 토지에 저당권이 설정될 당시 이미 건물이 존재하고 있어야 한다.
② 저당권설정자가 저당권 설정 후 신축한 건물을 제3자에게 양도한 경우 저당권자는 일괄경매를 청구할 수 있다.
③ 저당권설정자로부터 용익권을 설정받은 자가 건축한 건물이라도 저당권설정자가 나중에 소유권을 취득하였다면 일괄경매청구가 부인된다.
④ 저당권자는 토지와 건물의 매각대금 전부에 대하여도 우선 변제를 받을 수 없고, 토지 매각대금에서만 우선변제를 받을 수 있다.
⑤ 저당권자가 X토지만 경매를 실행하여 토지와 건물소유자가 달라지는 경우, 건물에는 법정지상권이 성립한다.

39 乙명의 저당권이 설정되어 있는 甲 소유의 X토지에 甲이 Y건물을 신축한 후 저당권이 실행되는 경우 다음 중 옳은 것을 모두 고르면?

㉠ 乙은 Y건물과 X토지를 함께 경매할 수 있으나 건물의 경매대가에서는 우선변제를 받을 수 없다.
㉡ 甲이 건물을 신축하였으나 경매 당시에 건물이 제3자에게 양도되어 제3자 소유로 된 경우 乙은 건물과 함께 토지를 일괄경매할 수 있다.
㉢ X토지의 지상권자 丙에 의하여 건물이 건축되었다가 甲이 건물소유권을 취득한 경우, 乙은 건물과 함께 토지를 경매할 수 있다.

① ㉡
② ㉠, ㉡
③ ㉠, ㉢
④ ㉡, ㉢
⑤ ㉠, ㉡, ㉢

40 甲은 乙소유의 X토지에 저당권을 취득하였다. X토지에 Y건물이 존재할 때, 甲이 X토지와 Y건물에 대해 일괄경매를 청구할 수 있는 경우를 모두 고른 것은? (판례에 따름)

중개사 31회

> ㉠ 甲이 저당권을 취득하기 전, 이미 X토지 위에 乙의 Y건물이 존재한 경우
> ㉡ 甲이 저당권을 취득한 후, 乙이 X토지 위에 Y건물을 축조하여 소유하고 있는 경우
> ㉢ 甲이 저당권을 취득한 후, 丙이 X토지에 지상권을 취득하여 Y건물을 축조하고 乙이 그 건물의 소유권을 취득한 경우

① ㉠
② ㉡
③ ㉠, ㉢
④ ㉡, ㉢
⑤ ㉠, ㉡, ㉢

☆중요
41 저당물의 제3취득자에 관한 설명으로 옳지 못한 것은? (판례에 의함)

> ㉠ 저당부동산의 소유권을 취득한 제3자라도 경매절차에서 매수인이 될 수 있다.
> ㉡ 저당권이 설정된 부동산의 소유권, 전세권자, 지상권을 취득한 자는 담보된 채권만을 변제하고 저당권의 소멸을 청구할 수 있는 제3취득자에 해당한다.
> ㉢ 제3취득자가 저당목적물에 유익비를 지출한 경우 저당목적물이 경매되면, 저당권보다 우선상환을 받을 수 없다.
> ㉣ 물상보증인이 저당목적물에 필요비를 지출한 경우, 저당목적물의 매각대금에서 우선상환을 받을 수 없다.
> ㉤ 저당목적물에 대한 후순위 저당권자는 저당물의 제3취득자에 해당한다.

① ㉠, ㉤
② ㉡, ㉣
③ ㉢, ㉤
④ ㉢, ㉣, ㉤
⑤ ㉡, ㉤

42 저당부동산의 제3취득자에 관한 설명으로 옳은 것을 모두 고른 것은? (판례에 따름)

중개사 32회

> ㉠ 저당부동산에 대한 후순위 저당권자는 저당부동산의 피담보채권을 변제하고 그 저당권의 소멸을 청구할 수 있는 제3취득자에 해당하지 않는다.
> ㉡ 저당부동산의 제3취득자는 부동산의 보존·개량을 위해 지출한 비용을 부동산의 경매대가에서 우선상환을 받을 수 없다.
> ㉢ 저당부동산의 제3취득자는 저당권을 실행하는 경매에 참가하여 매수인이 될 수 있다.
> ㉣ 피담보채권을 변제하고 저당권의 소멸을 청구할 수 있는 제3취득자에는 경매신청 후에 소유권, 지상권, 전세권을 취득한 자도 포함된다.

① ㉠, ㉡ ② ㉠, ㉣ ③ ㉡, ㉢
④ ㉠, ㉢, ㉣ ⑤ ㉡, ㉢, ㉣

43 甲은 그 소유 나대지(X)에 乙에 대한 채무담보를 위해 乙 명의의 저당권을 설정하였다. 그 후 丙은 X토지에 건물(Y)을 신축하여 소유하고자 甲으로부터 X를 임차하여 Y건물을 완성하였다. 다음 중 옳은 것을 모두 고르면? (판례에 따름)

> ㉠ 乙은 토지와 함께 건물(Y)을 일괄경매할 수 있다.
> ㉡ 대지(X)가 경매실행된 경우 丙은 경매절차에서 매수자가 될 수 있다.
> ㉢ 대지(X)가 경매실행된 경우 丙은 대지(X)를 소유하기 위하여 건물(Y)에 법정지상권을 취득한다.

① ㉠ ② ㉡
③ ㉡, ㉢ ④ ㉠, ㉢
⑤ ㉠, ㉡, ㉢

44 저당권의 침해에 대한 설명으로 옳지 않은 것은? (판례에 의함)

① 저당목적물에 대한 제3자의 침해가 있는 경우 저당권에 기해 반환·방해제거·예방을 청구할 수 있다.
② 저당목적물의 담보가치를 침해하였으나 남은 잔존가치가 피담보채권보다 미달한 경우 저당권침해를 이유로 손해배상을 청구할 수 있다.
③ 저당목적물이 저당권설정자의 책임 있는 사유로 멸실·훼손된 경우 저당권자는 저당권설정자에게 담보물보충을 청구할 수 있다.
④ 저당권등기가 원인 없이 말소되어도 저당권은 소멸하지 않고 아무 영향이 없으므로 저당권등기 명의인이 저당권상실의 손해를 입었다고 할 수 없다.
⑤ 채권담보를 위하여 토지에 저당권과 함께 무상의 담보지상권을 취득한 채권자는 특별한 사정이 없는 한 제3자가 토지를 불법점유하더라도 임료 상당의 손해배상청구를 할 수 없다.

45 저당권의 처분과 소멸에 대한 설명으로 옳지 못한 것을 고르면? (판례에 의함)

㉠ 저당권은 그 담보한 채권과 분리하여 양도할 수 없다.
㉡ 저당권 양도에 필요한 물권적 합의는 당사자뿐만 아니라 채무자나 물상보증인 사이에까지 있어야 한다.
㉢ 채권이 소멸한 후 저당권의 말소등기 전 그 채권을 압류 및 전부명령을 받아 양수인 앞으로 저당권 이전등기를 경료한 자는 저당권을 유효하게 취득할 수 없다.
㉣ 저당권으로 담보한 채권이 시효로 소멸하면 저당권은 소멸한다.
㉤ 저당권은 채무를 전부변제하여도 저당권의 말소등기를 하여야 소멸한다.

① ㉠, ㉢
② ㉡, ㉣
③ ㉢, ㉤
④ ㉡, ㉤
⑤ ㉣, ㉤

46 저당권에 관한 설명으로 옳지 않은 것은? (판례에 따름) 2020 주관사

① 저당권의 효력은 원칙적으로 저당부동산에 부합된 물건과 종물에 미친다.
② 저당권자가 물상대위를 하기 위해서는 반드시 저당권자 자신이 가치적 변형물을 압류하여야 한다.
③ 저당권의 효력은 저당부동산에 대한 압류 이후의 저당권설정자의 저당부동산에 관한 차임채권에도 미친다.
④ 저당부동산에 대하여 전세권을 취득한 제3자는 저당권자에게 그 부동산으로 담보된 채권을 변제하고 저당권의 소멸을 청구할 수 있다.
⑤ 저당권은 그 담보한 채권과 분리하여 타인에게 양도하거나 다른 채권의 담보로 하지 못한다.

☆ 중요

47 저당권에 관한 설명으로 옳은 것은? (판례에 따름) 2020 감평사 유사

① 저당부동산의 소유권이 제3자에게 양도된 후 피담보채권이 변제된 때에는 저당권을 설정한 종전소유자는 저당권설정등기의 말소를 청구할 권리가 없다.
② 저당권을 설정한 후에 유치권을 취득한 자는 유치물의 경락인에게 유치권으로 대항할 수 있다.
③ 근저당권의 채무자가 피담보채권의 일부를 변제한 경우, 변제한 만큼 채권최고액이 축소된다.
④ 전세권목적 저당권자는 전세권에 갈음하여 존속하는 전세금반환채권에 대하여 물상대위를 할 수 없다.
⑤ 저당물에 유익비를 지출한 제3취득자는 저당물의 경매대가에서 그 지출비용을 저당권보다 우선상환받을 수 없다.

48 저당권에 관한 설명으로 옳은 것은? (판례에 따름)

> ㉠ 저당권은 그 담보한 채권과 분리하여 타인에게 양도할 수 있다.
> ㉡ 장래의 특정한 채권은 저당권의 피담보채권이 될 수 없다.
> ㉢ 건물저당권의 효력은 특별한 사정이 없는 한 그 건물의 소유를 목적으로 한 지상권에도 미친다.
> ㉣ 저당부동산에 대하여 저당권에 기한 압류가 있으면, 압류 후 저당권설정자의 저당부동산에 관한 차임채권에는 저당권의 효력이 미친다.
> ㉤ 저당권이 설정된 나대지에 건물이 축조된 경우, 토지와 건물을 일괄경매하여 토지와 건물의 전부매각대금에서 우선변제받을 수 있다.

① ㉠, ㉢   ② ㉡, ㉤   ③ ㉢, ㉣   ④ ㉣, ㉤   ⑤ ㉡, ㉢

49 저당권의 소멸원인이 아닌 것은?

① 저당목적물이 전부 멸실된 경우
② 피담보채권이 시효완성으로 소멸한 경우
③ 저당목적물이 경매로 인해 제3자에게 매각된 경우
④ 지상권을 목적으로 제3자에게 저당권이 설정된 후 토지소유자가 그 지상권을 취득한 경우
⑤ 저당권자가 자신 또는 제3자의 이익을 위해 존속시킬 필요가 없는 저당권의 목적물에 대한 소유권을 취득한 경우

50 저당권에 관한 설명으로 옳지 않은 것은? (판례에 따름)

① 저당권의 효력은 원칙적으로 천연과실뿐만 아니라 법정과실에도 미치지 아니한다.
② 저당권으로 담보된 채권을 양수하고 양수인이 저당권이전의 부기등기를 마치고 저당권실행의 요건을 갖추면 경매를 신청할 수 있다.
③ 저당부동산에 대하여 저당권에 기한 압류가 있으면, 압류 후 저당권설정자의 저당부동산에 관한 차임채권에는 저당권의 효력이 미친다.
④ 저당권의 이전을 위하여는 저당권의 양도인과 양수인 그리고 물상보증인 사이의 물권적 합의와 등기가 있어야 한다.
⑤ 공동저당관계의 등기를 공동저당권의 성립요건이나 대항요건이라고는 할 수 없다.

51 甲은 乙에 대한 금전채권을 담보하기 위해 乙의 X토지에 저당권을 취득하였고, 그 후 丙이 X토지에 대하여 전세권을 취득하였다. 다음 설명 중 옳은 것은? (다툼이 있으면 판례에 따름)

> ㉠ 저당권등기는 효력존속요건이므로 甲명의의 저당권등기가 불법말소되면 甲의 저당권은 소멸한다.
> ㉡ 甲명의의 저당권등기가 무효인 경우, 丙의 전세권이 존재하더라도 甲과 乙은 甲명의의 저당권등기를 유용할 수 있다.
> ㉢ 甲의 저당권은 X토지 위에 제3자가 권원 없이 심은 수목에 효력이 미치지 아니한다.
> ㉣ X토지에 甲이 저당권을 취득한 후 丙이 건물(Y)을 신축하여 소유하다가 토지소유자 乙이 건물소유권을 취득한 경우, 甲은 X토지와 Y건물을 일괄경매청구할 수 있다.

① ㉠, ㉢   ② ㉡, ㉣
③ ㉡, ㉢   ④ ㉢
⑤ ㉣

Point 50 근저당 ★★

정답 및 해설 p.62~63

52 근저당권에 관한 설명으로 옳은 것을 모두 고르면? (판례에 의함) 중개사 16·19·34회 종합

> ㉠ 채권최고액이란 우선변제받는 한도액이 아니라 책임의 한도액을 말한다.
> ㉡ 피담보채무 확정 전에는 채무자를 변경할 수 없다.
> ㉢ 근저당권은 장래 증감변동하는 불특정 채권을 결산기의 최고액한도로 담보한다.
> ㉣ 근저당권은 채무액이 확정될 때까지 채무가 소멸하여도 근저당권에 영향을 미치지 아니한다.
> ㉤ 근저당권등기가 행해지면 피담보채권뿐만 아니라 그 피담보채권을 성립시키는 기본계약의 존재도 추정된다.

① ㉠, ㉢   ② ㉡, ㉣
③ ㉢, ㉣   ④ ㉢, ㉤
⑤ ㉢, ㉣, ㉤

53 근저당권에서 채권최고액에 관한 설명으로 옳지 않은 것은? (판례에 의함)

① 근저당권의 후순위 담보권자가 경매를 신청한 경우, 선순위근저당권의 피담보채권은 후순위 담보권자가 경매를 신청한 때에 확정되지 아니한다.
② 피담보채권의 이자는 채권최고액에 포함된 것으로 본다.
③ 근저당권이 성립하기 위해서는 그 근저당권설정행위와 별도로 피담보채권을 성립시키는 법률행위가 있어야 한다.
④ 채무자의 채무액이 채권최고액을 초과하는 경우, 물상보증인은 채무자의 채무 전액을 변제하지 않으면 근저당권설정등기의 말소를 청구할 수 없다.
⑤ 근저당권의 채권액이 최고액을 상회하는 경우, 근저당권자와 채무자 겸 근저당권설정자 사이에서는 채권 전액의 변제가 있을 때까지 근저당권의 효력이 잔존채무에 미친다.

54 근저당권에서 채무액의 확정에 관한 설명으로 옳지 못한 것을 고르면? (판례에 의함)

중개사 24·26회 종합

① 근저당권의 피담보채권이 확정된 경우, 채권액 확정 이후에 새로운 거래관계에서 발생하는 채권은 그 근저당권에 의하여 담보되지 않는다.
② 근저당권의 후순위 담보권자가 경매를 신청한 경우, 선순위 근저당권의 피담보채권은 매수인이 매각대금을 완납한 때 확정된다.
③ 후순위 근저당권자의 신청으로 경매가 실행된 경우, 후순위 근저당권자가 경매를 신청한 이후에 발생한 지연이자는 최고액 범위 내라면 담보된다.
④ 근저당권자가 피담보채무의 불이행을 이유로 경매신청한 후에 새로운 거래관계에서 발생한 원본채권은 최고액 미만이라면 그 근저당권에 의해 담보된다.
⑤ 기본계약인 당좌대월계약에서 발생한 채무를 담보하기 위한 근저당권은 그 결산기가 도래한 이후에 발행된 약속어음상의 채권을 담보하지 않는다.

55 근저당권의 피담보채권이 확정되는 시기가 <u>아닌</u> 것을 고르면? (판례에 의함)

> ㉠ 근저당설정계약을 해지한 때
> ㉡ 기본계약상 결산기가 도래한 때
> ㉢ 근저당권자가 경매 신청을 한 때
> ㉣ 설정계약상 근저당권의 존속기간이 만료한 때
> ㉤ 근저당권자보다 후순위의 전세권자가 경매 신청을 한 때
> ㉥ 근저당권자가 사망한 경우

① ㉠, ㉡ ② ㉢, ㉤ ③ ㉣, ㉥ ④ ㉤, ㉥ ⑤ ㉢, ㉣

56 다음 중 ㉠과 ㉡으로 옳은 것은? (판례에 따름)   중개사 28회 유사

> ㉠ 선순위 근저당권자 자신이 스스로 경매를 신청한 경우 선순위 근저당권자의 채권액 확정시기는? (   )
> ㉡ 후순위 근저당권자의 신청으로 담보권실행을 위한 경매가 이루어진 경우, 확정되지 않은 선순위 근저당권의 피담보채권이 확정되는 시기는? (   )

① ㉠: 매수인이 매각대금완납시   ㉡: 후순위자가 경매신청시
② ㉠: 후순위자가 경매신청시   ㉡: 선순위자가 경매신청시
③ ㉠: 경매법원의 매각허가결정이 있는 때   ㉡: 매각대금을 완납한 때
④ ㉠: 선순위자가 경매신청시   ㉡: 매수인이 매각대금완납시
⑤ ㉠, ㉡: 선순위 근저당권자가 경매개시된 사실을 알게 된 때

57 근저당권에 관한 설명으로 <u>틀린</u> 것은? (판례에 의함)   중개사 24회

① 채권최고액은 저당목적물로부터 우선변제를 받을 수 있는 한도액을 의미한다.
② 채무액이 채권최고액을 초과하는 경우, 물상보증인은 채무자의 채무 전액을 변제하지 않으면 근저당권설정등기의 말소를 청구할 수 없다.
③ 특별한 사정이 없는 한, 존속기간이 있는 근저당권은 그 기간이 만료한 때 피담보채무가 확정된다.
④ 근저당권자가 경매를 신청한 경우, 그 근저당권의 피담보채권은 경매를 신청한 때 확정된다.
⑤ 1번 근저당권보다 늦게 성립한 후순위 근저당권자가 경매를 신청한 경우, 1번 근저당권의 피담보채권액은 매수인이 매각대금을 완납한 때 확정된다.

58 채권자 甲은 채무자 乙과의 채권최고액 7천만원으로 하는 채권을 담보하기 위하여 물상보증인 丁이 소유하는 X토지 위에 근저당권을 설정받았다. 乙에 대한 채권총액은 결산기에 1억 2천만원으로 확정되었다. 다음 중 <u>틀린</u> 것은? (판례에 의함)

> ㉠ 채무자 乙이 근저당권의 말소를 위하여 변제할 범위는 1억 2천만원이다.
> ㉡ 물상보증인 丁이 근저당권의 말소를 위하여 변제할 범위는 7천만원이다.
> ㉢ X토지 위에 근저당권자 甲보다 후순위 저당권자 A가 존재할 때 후순위 저당권자 A는 7천만원을 변제하고 1번 근저당권의 소멸을 청구할 수 있다.
> ㉣ 甲이 X토지에 경매를 신청한 경우 우선변제를 받는 금액은 7천만원이다.

① ㉠
② ㉡
③ ㉢
④ ㉡, ㉣
⑤ ㉡, ㉢

59 2019.8.1. 甲은 乙에게 2억원(대여기간 1년, 이자 월 1.5%)을 대여하면서 乙소유 X토지(가액 3억원)에 근저당권(채권최고액 2억 5천만원)을 취득하였고 2020.7.1. 丙은 乙에게 1억원을 대여하면서 X토지에 2번 근저당권(최고액 1억 5천만원)을 취득하였다. 甲과 丙이 변제를 받지 못한 상황에서 丙이 2022.6.1. X토지에 관해 근저당권 실행을 위한 경매를 신청하면서 배당을 요구한 경우, 이에 관한 설명으로 옳은 것은? (다툼이 있으면 판례에 따름)

중개사 33회 유사

> ㉠ 2022.6.1. 甲의 근저당권의 피담보채권액은 확정되지 않는다.
> ㉡ 甲에게 2022.6.1. 이후에 발생한 지연이자는 채권최고액의 범위 내라도 근저당권에 의해 담보되지 않는다.
> ㉢ 甲이 한 번도 이자를 받은 바 없고 X토지가 3억원에 경매되었다면 甲은 경매대가에서 3억원을 우선변제받는다.
> ㉣ 丙은 乙의 채무 2억원을 변제하고 甲명의 근저당권을 소멸청구할 수 있는 제3취득자에 해당하지 아니한다.

① ㉠, ㉡
② ㉡, ㉣
③ ㉠, ㉣
④ ㉡, ㉢
⑤ ㉠, ㉡, ㉢

고득점

60 근저당권에 관한 설명 중 옳은 것(○)과 옳지 않은 것(×)을 올바르게 조합한 것은? (다툼이 있는 경우 판례에 의함)

2020 변시

> ㉠ 피담보채권이 확정 전 그 채권의 일부가 대위변제된 경우 그 근저당권이 대위변제자에게 이전될 여지가 없지만, 피담보채권이 확정된 후에는 근저당권의 일부 이전의 부기등기가 있어야 대위변제자에게 이전된다.
> ㉡ 근저당권설정등기가 불법하게 말소된 경우 근저당권자는 그 등기말소 당시의 소유자가 아니라 현재 등기명의자인 소유자를 상대로 근저당권설정등기의 회복등기청구를 하여야 한다.
> ㉢ 근저당권자가 근저당권설정자의 피담보채무의 불이행을 이유로 경매신청을 하였으나 경매개시결정이 있은 후에 경매신청을 취하한 경우에는 근저당권의 피담보채무는 확정되지 않는다.

	㉠	㉡	㉢		㉠	㉡	㉢
①	(○)	(×)	(×)	②	(○)	(○)	(×)
③	(×)	(×)	(×)	④	(×)	(○)	(○)
⑤	(×)	(○)	(×)				

61 근저당권에 관한 설명으로 옳은 것만을 모두 고른 것은?

2017 감평사

> ㉠ 피담보채무의 확정 전 채무자가 변경된 경우, 변경 후의 채무자에 대한 채권만이 당해 근저당권에 의하여 담보된다.
> ㉡ 결산기의 정함이 없는 경우, 근저당권설정자는 근저당권자를 상대로 언제든지 해지의 의사표시를 함으로써 피담보채무를 확정시킬 수 있다.
> ㉢ 채권이 전부 소멸하고 채무자가 거래를 계속할 의사가 없는 경우에는, 그 결산기가 경과 전이어도 근저당권설정자는 계약을 해지하고 근저당권설정등기의 말소를 구할 수 있다.
> ㉣ 근저당권자가 피담보채무의 불이행을 이유로 경매신청을 한 경우, 경매신청시에 근저당권이 확정된다.
> ㉤ 선순위 근저당권의 확정된 채권액이 최고액을 초과하는 경우, 후순위 근저당권자가 선순위 근저당권의 최고액을 변제하더라도 선순위 근저당권의 소멸을 청구할 수 없다.

① ㉠, ㉡
② ㉡, ㉢
③ ㉡, ㉣, ㉤
④ ㉠, ㉢, ㉣
⑤ ㉠, ㉡, ㉢, ㉣, ㉤

62 근저당권에 관한 설명으로 틀린 것은? (다툼이 있으면 판례에 따름)   중개사 31회

① 채무자가 아닌 제3자도 근저당권을 설정할 수 있다.
② 채권자가 아닌 제3자 명의의 근저당권설정등기는 특별한 사정이 없는 한 무효이다.
③ 근저당권에 의해 담보될 채권최고액에 채무의 이자는 포함되지 않는다.
④ 근저당권설정자가 적법하게 기본계약을 해지하면 피담보채권은 확정된다.
⑤ 근저당권자가 피담보채무의 불이행을 이유로 경매신청을 한 경우에는 경매신청시에 피담보채권액이 확정된다.

63 甲은 乙은행에 대한 채무의 이행을 담보하고자 그 소유 토지(X의 지목이 田인 상태)에 乙 명의의 근저당권과 함께 X의 담보가치 유지만을 위한 乙 명의의 지상권을 설정하였다. 그 후 丙은 X토지에 건축물(Y)을 축조하였다. 다음 설명 중 옳지 못한 것은? (다툼이 있으면 판례에 따름)   중개사 30회 유사

① 乙은 방해배제청구권으로서 丙이 신축한 건물의 철거와 대지인도를 청구할 수 있다.
② 저당부동산에 대한 소유자 또는 제3자의 점유가 저당부동산의 본래용법에 따른 사용·수익의 범위를 초과하여 교환가치를 감소하는 경우 근저당권의 침해가 인정된다.
③ 乙의 甲에 대한 위 채권이 시효소멸하면 乙 명의의 지상권은 소멸한다.
④ 乙은 丙에게 X토지에 대한 자신의 사용·수익권의 침해를 원인으로 부당이득반환이나 손해배상을 청구할 수 있다.
⑤ 乙이 담보물권의 그 피담보채무의 존재와 범위 확인을 구하는 청구는 부적법하다.

64 근저당권에 관한 설명으로 옳은 것을 모두 고른 것은? (다툼이 있으면 판례에 따름)   중개사 35회, 2024 감평사

㉠ 채무자가 아닌 제3자도 근저당권을 설정할 수 있다.
㉡ 피담보채무 확정 전에는 채무자를 변경할 수 있다.
㉢ 근저당권에 의해 담보될 채권최고액에 채무의 이자는 포함되지 않는다.
㉣ 선순위 근저당권의 확정된 채권액이 최고액을 초과하는 경우, 후순위 근저당권자가 선순위 근저당권의 최고액을 변제하고 선순위 근저당권의 소멸을 청구할 수 있다.

① ㉠, ㉡   ② ㉢, ㉣   ③ ㉠, ㉢
④ ㉡, ㉢   ⑤ ㉠, ㉡, ㉢

Point 51 공동저당 / 공동근저당의 사례 ★★★

정답 및 해설 p.63~64

65 甲은 乙로부터 1억 5천만원을 차용하면서 자기소유의 A, B, C 부동산에 저당권을 설정하였다. 그 후 乙은 甲이 채무를 변제하지 않자 위 각 부동산을 동시 경매하였다. 위 부동산에 관한 경락대금이 각 9천만원(A), 6천만원(B) 및 3천만원(C)이었다면, 乙이 B부동산에서 변제받게 되는 금액은?

중개사 17회

① 7천 5백만원 ② 5천 5백만원
③ 5천만원   ④ 3천만원
⑤ 2천 5백만원

66 甲은 乙에 대한 3억원의 채권을 담보하기 위하여 乙소유의 X토지와 Y건물에 각각 1번 공동저당권을 취득하고, 丙은 X토지에 피담보채권 2억 4천만원의 2번 저당권을, 丁은 Y건물에 피담보채권 1억 6천만원의 2번 저당권을 취득하였다. X토지와 Y건물이 모두 경매되어 X토지의 경매대가 4억원과 Y건물의 경매대가 2억원이 동시에 배당되는 경우, 丁이 Y건물의 경매대가에서 배당받을 수 있는 금액은?

중개사 27회

① 0원   ② 4천만원
③ 6천만원   ④ 1억원
⑤ 1억 6천만원

67 甲이 5,000만원의 채권을 담보하기 위해, 채무자 乙 소유의 X부동산과 물상보증인 丙 소유의 Y부동산에 각각 1번 저당권을 취득하였다. 그 후 丁이 4,000만원의 채권으로 X부동산에, 戊가 3,000만원의 채권으로 Y부동산에 각각 2번 저당권을 취득하였다. 甲이 X부동산과 Y부동산에 대하여 담보권실행을 위한 경매를 신청하여 X부동산은 6,000만원, Y부동산은 4,000만원에 매각되어 동시에 배당하는 경우, 이자 및 경매비용 등을 고려하지 않는다면 甲이 Y부동산의 매각대금에서 배당받을 수 있는 금액은? (판례에 따름)

2020 주관사

① 0원   ② 1,000만원
③ 2,000만원   ④ 3,000만원
⑤ 4,000만원

68 甲은 채무자 乙의 X토지와 제3자 丙의 Y토지에 대하여 피담보채권 5천만원의 1번 공동저당권을, 丁은 X토지에 乙에 대한 피담보채권 4천만원의 2번 저당권을, 戊는 Y토지에 丙에 대한 피담보채권 4천만원의 2번 저당권을 취득하였다. Y토지가 경매되어 배당금액 5천만원 전액이 甲에게 배당된 후 X토지 매각대금 중 4천만원이 배당되는 경우, 戊가 X토지 매각대금에서 배당받을 수 있는 금액은? (판례에 의함) 중개사 25회 유사

① 0원
② 1천만원
③ 2천만원
④ 3천만원
⑤ 4천만원

69 甲은 乙에 대한 3억원의 채권을 담보하기 위하여 乙소유 X토지와 丙소유 Y건물에 1번 공동저당권을 취득하였고, 丁은 X토지에 2번 저당권(채권액 2억원)을 취득하였다. 그 후에 甲이 Y에 대한 경매를 신청하여 매각대금 2억원을 배당받은 이후에 X토지에 대한 경매를 신청하여 X토지가 3억원에 매각된 경우, 丁이 X토지의 매각대금에서 배당받는 금액은? (판례에 따름) 2024 감평사

① 0원
② 5천만원
③ 1억원
④ 1억 5천만원
⑤ 2억원

70 甲은 乙에게 9,000만원을 대출해주고, 乙소유의 X토지와 Y토지에 대해 최고액 1억원으로 하는 1순위 공동근저당권을 취득하였다. 그 후 X토지의 2번 저당권자 丙이 신청한 경매절차에서 甲은 7,000만원을 우선변제받았다. 그 후에 Y토지의 2번 저당권자 丁이 신청한 경매절차에서 Y토지가 3억원에 낙찰되었을 때 甲이 Y토지의 매각대금에서 우선 배당받을 수 있는 금액은? (단, 甲의 채권액은 경매신청시에는 원금과 이자포함하여 6,000만원이었으나 매각대금을 완납할 때는 9,000만원임)(판례에 따름) 중개사 30회 유사

① 2,000만원
② 3,000만원
③ 4,000만원
④ 5,000만원
⑤ 1억원

land.Hackers.com

7개년 출제비중분석

제3편 출제비중 25%

7개년 평균 출제비중

장별 출제비중

장 제목	평균	제35회	제34회	제33회	제32회	제31회	제30회	제29회
제1장 계약총론	5.1	8	3	5	5	6	4	5
제2장 계약각론(매매·교환·임대차)	4.9	1	7	5	5	4	7	5

*평균: 최근 7개년 동안 출제된 각 장별 평균 문제 수입니다.

제3편
계약법

제1장 　계약총론
제2장 　계약각론(매매 · 교환 · 임대차)

제1장 계약총론

중요 출제가능성이 높은 중요 문제 고득점 고득점 목표를 위한 어려운 문제 신유형 기존에 출제되지 않은 신유형 대비 문제

> 💡 **Tip**
> • 계약의 종류와 쌍무계약과 유상계약의 관계가 출제의 맥이다.
> • 청약과 승낙에 의한 계약성립을 사례로 꼭 대비해 두어야 한다.

Point 52 계약의 종류 ★★

정답 및 해설 p.65

중요

01 계약의 유형에 관한 설명으로 **틀린** 것을 모두 고르면?   중개사 21·24·26회 종합

㉠ 예약은 항상 물권계약이다.
㉡ 유상계약은 모두 쌍무계약이다.
㉢ 매매계약은 쌍무, 유상, 낙성계약이다.
㉣ 교환계약은 쌍무, 유상, 요물계약이다.
㉤ 임대차계약은 쌍무, 유상, 낙성 불요식계약이다.
㉥ 계약금계약은 낙성계약이다.

① ㉠, ㉡, ㉣
② ㉡, ㉣
③ ㉠, ㉢, ㉤
④ ㉠, ㉡, ㉣, ㉥
⑤ ㉡, ㉢, ㉣, ㉥

02 계약의 유형에 관한 설명으로 옳은 것은?   중개사 23·28회 유사

① 부동산매매계약은 유상, 쌍무, 요물계약이다.
② 중개계약은 「민법」상의 전형계약이다.
③ 증여계약, 사용대차계약은 편무·요식계약이다.
④ 매매, 임대차계약을 체결함에는 처분권한을 가져야 한다.
⑤ 매매, 교환, 임대차계약은 쌍무, 유상, 낙성, 불요식계약이다.

☆ 중요

03 계약의 종류와 그에 해당하는 예가 잘못 짝지어진 것은? 중개사 31회

① 쌍무계약 – 도급계약
② 편무계약 – 무상임치계약
③ 유상계약 – 임대차계약
④ 무상계약 – 사용대차계약
⑤ 낙성계약 – 현상광고계약

04 다음 중 요물계약을 모두 고르면? (판례에 의함) 중개사 20·30회 종합

㉠ 매매계약	㉡ 증여계약
㉢ 교환계약	㉣ 계약금계약
㉤ 임대차계약	㉥ 현상광고

① ㉠, ㉢
② ㉡, ㉢
③ ㉢, ㉣
④ ㉣, ㉥
⑤ ㉣, ㉤

05 다음 약관에 관한 판례의 내용으로 틀린 것은? 중개사 16회

① 약관을 해석할 때는 주관적 해석은 금지되고 객관적 해석을 하여야 한다.
② 계약의 중요한 내용을 기재한 약관 조항을 고객에게 설명하지 않았다면, 약관 작성자는 그 약관 조항을 계약의 내용으로 주장할 수 없다.
③ 약관의 중요한 내용에 해당하는 것은, 그것이 당해 거래계약에 당연히 적용되는 법령에 규정되어 있는 사항이라면, 사업자가 이를 따로 명시·설명하여야 한다.
④ 약관의 내용이 불명확하면 고객에게 유리하게, 작성자에게 불리하게 해석하여야 한다.
⑤ 분양자와 수분양자 사이에 약관 조항과 다른 개별약정이 있으면 그 개별약정이 약관 조항보다 우선하여 적용된다.

Point 53 계약의 성립문제 ★★★

정답 및 해설 p.65~67

고득점

06 청약과 승낙에 관한 설명으로 <u>틀린</u> 것은?

> ㉠ 불특정 다수인에 대한 청약은 효력이 있다.
> ㉡ 불특정 다수인에 대한 승낙은 효력이 없다.
> ㉢ 청약은 상대방 있는 의사표시이므로 청약할 때 상대방이 특정되어야 한다.
> ㉣ 청약과 승낙은 각각 그 발송시에 효력이 생긴다.
> ㉤ 격지자간의 계약은 승낙의 통지가 도달한 때에 성립한다.

① ㉠, ㉢ ② ㉡, ㉣ ③ ㉢, ㉣, ㉤
④ ㉡, ㉣, ㉤ ⑤ ㉠, ㉣, ㉤

07 청약과 승낙에 관한 설명으로 <u>옳지 못한</u> 것은? (판례에 의함)   중개사 23회 유사

① 불특정 다수인을 상대로 하는 청약의 의사표시는 그 효력이 있다.
② 승낙은 청약자에 대하여 하여야 하고, 불특정 다수인에 대한 승낙은 효력이 없다.
③ 청약을 발신 후 청약자가 제한능력자가 된 경우 청약의 의사표시에 영향을 미치지 아니한다.
④ 甲이 그 소유의 토지를 乙에게 1억원에 매도청약하였는데, 乙이 이에 대금을 낮추어 승낙한 경우 매매계약은 성립하지 않는다.
⑤ 청약이 상대방에게 도달하여 그 효력이 발생하더라도 청약자는 이를 철회할 수 있다.

08 계약의 청약과 승낙에 관한 설명으로 <u>옳지 못한</u> 것은?   중개사 26회 유사

> ㉠ 격지자간의 청약은 이를 자유로이 철회할 수 없다.
> ㉡ 격지자간의 계약은 승낙의 통지가 도달한 때에 성립한다.
> ㉢ 승낙기간을 정하지 않은 청약은 상당한 기간 내에 승낙의 통지를 받지 못한 때 그 효력을 잃는다.
> ㉣ 승낙기간을 정한 청약에 대하여 연착된 승낙은 청약자가 이를 새로운 청약으로 볼 수 있다.
> ㉤ 계약의 본질적인 내용에 대하여 무의식적 불합의가 있는 경우, 계약을 취소할 수 있다.

① ㉠, ㉢ ② ㉡, ㉤ ③ ㉢, ㉣ ④ ㉡, ㉢ ⑤ ㉣, ㉤

09 계약이 성립하는 경우를 모두 고르면?

㉠ 甲은 자신이 소장하던 그림을 갖고 싶어 하던 乙에게 매도의사로 2천만원에 청약을 하였는데, 丙이 동일한 가격으로 승낙한 경우
㉡ 甲의 乙에 대한 노트북의 매수청약과 乙의 甲에 대한 매도청약의 내용이 일치되고 모두 상대방에게 도달한 경우
㉢ 甲이 乙에게 10만원에 시계를 매수하라는 청약을 했고, 乙이 1만원을 깎아 주면 매수하겠다는 의사표시를 하여 甲에게 도달한 경우
㉣ 甲이 매매대금의 확정 없이 乙에게 집을 팔겠다고 표시하였고 乙이 1억원에 사겠다고 의사표시한 때

① ㉠   ② ㉡   ③ ㉡, ㉢   ④ ㉠, ㉡   ⑤ ㉡, ㉣

★중요

10 2020년 3월 2일 甲은 乙에게 자신의 X토지를 1억원에 매도하겠다는 뜻과 함께 승낙기간을 2020년 3월 10일로 정한 내용의 서면을 발송하였고, 위 서면이 2020년 3월 4일 乙에게 도달하였다. 옳은 것은?   2020 감평사 유사

① 甲은 2020.3.10. 오전 0시에 청약을 원칙적으로 철회할 수 있다.
② 乙이 3월 7일 발송한 승낙통지가 2020년 3월 9일 甲에게 도달한 경우, 계약은 2020년 3월 9일에 성립한다.
③ 乙이 2020.3.12. 계약내용에 변경을 가하여 승낙한 경우, 甲이 이를 곧바로 승낙하여도 계약은 성립하지 않는다.
④ 乙이 2020.3.9. 발송한 승낙통지가 2020.3.11. 甲에게 도달한 경우, 甲이 이를 곧바로 승낙하여도 계약은 성립하지 않는다.
⑤ 만일 乙이 甲의 청약과 동일한 내용의 청약을 甲에게 2020년 3월 3일에 서면으로 발송하여 2020년 3월 6일에 도달하였다면 계약은 2020년 3월 6일에 성립한다.

11 甲은 승낙기간을 2020.5.8.로 하여 자신의 X주택을 乙에게 5억원에 팔겠다고 하고, 그 청약은 乙에게 2020.5.1. 도달하였다. 이에 관한 설명으로 틀린 것은? (다툼이 있으면 판례에 따름)

중개사 31회

① 甲의 청약은 乙에게 도달한 때에 그 효력이 생긴다.
② 甲이 청약을 발송한 후 사망하였다면, 그 청약은 효력을 상실한다.
③ 甲이 乙에게 "2020.5.8.까지 이의가 없으면 승낙한 것으로 본다."고 표시한 경우, 乙이 그 기간까지 이의하지 않더라도 계약은 성립하지 않는다.
④ 乙이 2020.5.15. 승낙한 경우, 甲은 乙이 새로운 청약을 한 것으로 보고 이를 승낙함으로써 계약을 성립시킬 수 있다.
⑤ 乙이 5억원을 5천만원으로 잘못 읽어, 2020.5.8. 甲에게 5천만원에 매수한다는 승낙이 도달하더라도 계약은 성립하지 않는다.

12 甲은 乙소유의 토지를 사고 싶어 乙에게 이러한 내용을 담은 편지를 2018년 4월 5일 발송하면서, 4월 20일까지 답장을 요구하였다. 4월 7일 편지를 받은 乙은 甲이 제시하는 가격에 토지를 팔겠다는 편지를 4월 12일에 발송하였다. 그런데 우체국의 잘못으로 乙의 편지는 4월 22일에 도착하였고, 甲은 이러한 연착에 대한 아무런 통지를 하지 않았다. 甲·乙 간에 매매계약이 성립한 때는?

중개사 14회

① 2018년 4월 5일　② 2018년 4월 7일　③ 2018년 4월 12일
④ 2018년 4월 20일　⑤ 2018년 4월 22일

13 계약의 성립과 관련된 옳지 못한 설명을 모두 고른 것은?

㉠ 매매계약 체결 당시 목적물과 대금이 구체적으로 확정되지 않았더라도, 그 확정방법과 기준이 정해져 있으면 계약이 성립할 수 있다.
㉡ 계약내용이 제시되지 않은 광고는 청약에 해당한다.
㉢ 하도급계약을 체결하려는 교섭당사자가 견적서를 제출하는 행위는 청약의 유인에 해당한다.
㉣ 교차청약의 경우에 나중의 청약이 발송된 때에 계약이 성립한다.
㉤ 청약자의 의사표시나 관습에 의하여 승낙의 통지가 필요하지 않은 경우 계약은 승낙의 의사표시로 인정되는 사실이 있는 때 성립한다.

① ㉠, ㉣　② ㉠, ㉢　③ ㉢, ㉣, ㉤
④ ㉡, ㉢, ㉣　⑤ ㉡, ㉣

14 계약에 관한 설명으로 <u>틀린</u> 것은? (판례에 의함) 중개사 24회 유사

① 계약을 합의해지하기 위해서는 청약과 승낙이라는 서로 대립하는 의사표시가 합치되어야 한다.
② 청약의 유인에 대하여 유인을 받은 자(피유인자)가 승낙해도 그것만으로는 계약이 성립하지 않으며, 유인자가 다시 승낙을 한 때에 계약이 성립한다.
③ 구체적 거래조건이 아닌 아파트 분양광고의 내용은 일반적으로 청약의 성질을 가지므로 분양자와 수분양자 사이의 분양계약의 내용으로 된다.
④ 청약자가 "일정한 기간 내에 회답이 없으면 승낙한 것으로 본다."고 표시한 경우, 특별한 사정이 없으면 상대방은 이에 구속되지 않는다.
⑤ 청약자의 의사표시나 관습에 의하여 승낙의 통지가 필요하지 않은 경우, 계약은 승낙의 의사표시로 인정되는 사실이 있는 때에 성립한다.

15 다음 중 계약체결상의 과실책임이 인정될 수 있는 것은? 중개사 23회 유사

㉠ 수량을 지정한 토지매매계약에서 실제면적이 계약면적에 미달하는 경우
㉡ 토지에 대한 매매계약체결 당시에 이미 그 토지 전부가 공용수용된 경우
㉢ 계약 교섭 중 부당한 중도파기로 이를 신뢰한 상대방이 손해를 입은 경우
㉣ 가옥 매매계약 체결 전에 그 가옥이 지진으로 전소한 경우
㉤ 화가의 그림에 대해 임대차계약을 체결한 후 임대인의 과실로 그림이 파손된 경우

① ㉠, ㉢ ② ㉡, ㉣ ③ ㉢, ㉤ ④ ㉣, ㉤ ⑤ ㉡, ㉤

16 계약체결상의 과실책임에 관한 설명으로 옳은 것은? (판례에 의함)

① 계약이 의사의 불합치로 성립하지 아니한 경우, 상대방이 이를 알 수 있었음을 이유로 계약체결상의 과실로 인한 손해배상청구를 할 수는 없다.
② 계약체결상의 과실을 이유로 손해배상의 책임은 계약이 유효함으로 인하여 생길 이익의 배상이 원칙이다.
③ 계약체결상의 과실책임은 원시적 불능을 알지 못한 데 대한 상대방의 선의를 요하나 무과실까지 요하지는 않는다.
④ 부동산매매에 있어서 실제면적이 계약면적에 미달하는 경우 미달부분이 원시적 불능임을 이유로 계약체결상의 과실책임을 물을 수 있다.
⑤ 계약의 교섭 중 일방의 부당파기에도 계약체결상의 과실책임을 인정한다.

17 계약교섭 중 부당파기에 관한 설명 중 <u>틀린</u> 것은? (판례에 의함)   중개사 18회 유사

① 계약의 교섭 중 일방의 부당파기에 대하여 판례는 채무불이행책임을 인정한다.
② 계약의 성립을 기대하고 지출한 통상의 계약준비비용도 신뢰이익에 한하여 손해배상으로 청구할 수 있다.
③ 계약체결이 좌절되어도 어쩔 수 없다고 생각하고 지출한 경쟁입찰에 참가하기 위하여 제출한 견적서, 제안서의 작성비용은 손해배상으로 청구할 수 없다.
④ 상대방의 적극적인 요구에 따라 이행에 착수하고 계약교섭이 진행되었다면, 그 이행을 위하여 지출한 비용도 손해배상으로 청구할 수 있다.
⑤ 계약교섭의 부당파기로 인격적 법익이 침해되어 정신적 고통이 야기되었다면, 그에 대한 손해배상을 청구할 수 있다.

18 계약체결상의 과실책임에 관한 설명으로 옳은 것을 모두 고른 것은? (다툼이 있으면 판례에 따름)   중개사 35회

㉠ 계약이 의사의 불합치로 성립하지 않는다는 사실을 알지 못하여 손해를 입은 당사자는 계약체결 당시 그 계약이 불성립될 수 있다는 것을 안 상대방에게 계약체결상의 과실책임을 물을 수 있다.
㉡ 부동산 수량지정 매매에서 실제면적이 계약면적에 미달하는 경우, 그 부분의 원시적 불능을 이유로 계약체결상의 과실책임을 물을 수 없다.
㉢ 계약체결 전에 이미 매매목적물이 전부 멸실된 사실을 알지 못하고 무과실로 손해를 입은 계약당사자는 계약체결 당시 그 사실을 알고 있던 상대방에게 계약체결상의 과실책임을 물을 수 있다.

① ㉠
② ㉡
③ ㉠, ㉢
④ ㉡, ㉢
⑤ ㉠, ㉡, ㉢

Point 54 동시이행항변권 ★★★

19 다음 중 동시이행의 항변권이 인정되지 않는 계약은? 　　　　　　중개사 21회

① 교환　　　　② 매매　　　　③ 증여
④ 임대차　　　⑤ 도급

☆ 중요
20 다음 중 동시이행관계에 있는 것을 모두 고르면? (판례에 의함) 　중개사 18회 유사

> ㉠ 저당권등기 말소의무와 피담보채무의 변제의무
> ㉡ 임차권등기명령에 의한 임차권등기가 된 경우, 임대인의 보증금반환의무와 임차인의 임차권등기말소의무
> ㉢ 계약해제로 인한 각 당사자의 원상회복의무
> ㉣ 전세계약의 종료시 전세금반환의무와 전세목적물 인도 및 전세권말소등기에 필요한 서류의 교부의무
> ㉤ 상가임대차 종료시 임대인의 권리금회수방해로 인한 손해배상의무와 임차인의 목적물반환의무

① ㉠, ㉡　　　　② ㉠, ㉢　　　　③ ㉡, ㉢
④ ㉡, ㉤　　　　⑤ ㉢, ㉣

▶ 고득점
21 다음 중 동시이행관계가 아닌 것을 모두 고르면? (판례에 의함)

> ㉠ 양도담보채무자의 채무변제의무와 담보권자의 소유권이전등기말소의무
> ㉡ 가등기담보권자의 청산금반환의무와 채무자의 목적물인도 및 소유권이전의무
> ㉢ 매도인의 토지거래허가 신청절차에 협력할 의무와 매수인의 매매대금지급의무
> ㉣ 임차권등기명령에 의한 임차권등기가 된 경우, 임대인의 보증금반환의무와 임차인의 등기말소의무
> ㉤ 경매가 무효인 경우 낙찰자의 소유권이전등기말소의무와 근저당권자의 대금반환의무
> ㉥ 구분소유적 공유관계가 해소되는 경우 공유지분권자 상호간의 지분이전등기의무

① ㉠, ㉡, ㉤　　　　　② ㉠, ㉢, ㉣, ㉤
③ ㉠, ㉣, ㉥　　　　　④ ㉠, ㉢, ㉣
⑤ ㉠, ㉡, ㉣

22 동시이행의 관계에 있는 것을 모두 고른 것은? (판례에 따름) 2020 감평사, 중개사 31회 유사

> ⊙ 가압류등기가 있는 부동산매매에서 매도인의 소유권이전등기의무 및 가압류등기의 말소의무와 매수인의 대금지급의무
> ⓒ 주택임대인과 임차인 사이의 임대차보증금 반환의무와 임차권등기명령에 의해 마쳐진 임차권등기의 말소의무
> ⓒ 채권담보의 목적으로 마쳐진 가등기의 말소의무와 피담보채무의 변제의무
> ⓔ 토지임차인이 건물매수청구권을 행사한 경우, 토지임차인의 건물인도 및 소유권이전등기의무와 토지임대인의 건물대금지급의무
> ⓜ 임대차 종료시 임차보증금반환의무와 임차물반환의무

① ㉠, ㉢
② ㉡, ㉢
③ ㉠, ㉡, ㉣
④ ㉡, ㉢, ㉤
⑤ ㉠, ㉣, ㉤

★ 중요
23 동시이행의 항변권에 관한 설명으로 틀린 것은? (판례에 의함)

① 부동산의 매매계약이 무효인 경우, 매도인의 대금반환의무와 매수인의 부동산등기말소의무는 동시이행관계에 있다.
② 당사자 일방의 책임 있는 사유로 채무이행이 불능으로 되어 그 채무가 손해배상채무로 바뀌게 되면 동시이행관계는 소멸한다.
③ 채무자는 상대방의 이행제공이 없는 한 이행기에 채무를 이행하지 않더라도 이행지체책임이 없다.
④ 채권자의 이행청구소송에서 채무자가 주장한 동시이행의 항변이 받아들여진 경우, 채권자는 전부 패소가 아니라 상환이행판결을 받는다.
⑤ 선이행의무를 부담하는 당사자 일방은 상대방의 이행이 곤란한 현저한 사유가 있으면 자기의 채무이행을 거절할 수 있다.

24 동시이행의 항변권에 관한 설명으로 **틀린** 것은? (판례에 의함) 중개사 22회 유사

① 동시이행의 항변권을 배제하는 당사자 사이의 특약은 유효하다.
② 동시이행항변권의 원용이 없으면 법원은 직권으로 고려할 필요가 없다.
③ 선이행의무자가 이행을 지체하는 동안에 상대방의 채무의 변제기가 도래한 경우, 특별한 사정이 없는 한 쌍방의 의무는 동시이행관계가 된다.
④ 일방의 이행제공으로 수령지체에 빠진 상대방은 그 후 그 일방이 이행제공 없이 이행을 청구하는 경우에는 상대방은 동시이행항변권을 주장할 수 없다.
⑤ 동시이행관계에 있는 일방의 채무도 이를 발생시킨 계약과 별개의 약정으로 성립한 상대방의 채무와는 특약이 없는 한 동시이행관계가 인정되지 않는다.

25 매도인 甲은 乙과 X토지를 1억원에 매매하기로 합의하였고, 乙은 甲에 대하여 1억원의 대여금채권을 가지고 있다. 다음 설명 중 옳은 것은? 중개사 18회 유사

① 甲은 X토지의 매매대금채권 1억원을 자동채권으로 하여 乙의 대여금채권 1억원과 상계할 수 있다.
② 乙이 동시이행항변권을 가진 경우에 이행기에 채무를 이행하지 않았다면 이행지체에 빠진다.
③ 甲이 등기서류를 제공하였는데 乙이 수령을 거절한 경우, 후에 甲이 다시 자기채무의 제공 없이 乙에게 대금지급을 청구하면 乙은 동시이행항변권을 주장할 수 있다.
④ 甲의 대금청구소송에 대하여 乙의 동시이행항변권이 원용되면 법원은 원고패소를 선고하여야 한다.
⑤ 만일 甲이 소유권이전에 관하여 선이행의무를 부담할 때, 甲이 이행지체 중에 乙의 채무의 변제기가 도래하였다면, 그 때로부터 甲은 동시이행항변권을 행사할 수 없다.

26 임대인 甲은 임차인 乙에게 임대차기간의 만료와 동시에 임대주택의 명도를 요구하고 있다. 다음 중 <u>틀린</u> 것은? (다툼이 있으면 판례에 의함)   중개사 23회

① 甲이 보증금채무를 이행제공하지 않는 한, 乙은 주택의 명도를 거절할 수 있다.
② 乙이 동시이행항변권에 기하여 주택을 사용·수익하는 경우, 甲은 乙에게 불법점유를 이유로 손해배상책임을 물을 수 없다.
③ 乙이 동시이행항변권에 기하여 주택을 사용·수익하더라도 그로 인하여 실질적으로 얻은 이익이 있으면 부당이득으로 반환하여야 한다.
④ 甲이 보증금채무를 이행제공하였음에도 乙이 주택을 명도하지 않은 경우, 甲이 그 후 보증금제공 없이 명도청구를 하면, 乙은 동시이행항변권을 행사할 수 있다.
⑤ 乙이 甲에게 변제기가 도래한 대여금 채무를 지고 있다면, 乙은 甲에 대한 보증금채권을 자동채권으로 하여 甲의 乙에 대한 대여금채권과 상계할 수 있다.

27 동시이행의 관계에 있는 것을 모두 고른 것은? (판례에 따름)   2020 주택사

  ㉠ 가압류등기가 있는 부동산매매에서 매도인의 소유권이전등기의무 및 가압류등기의 말소의무와 매수인의 대금지급의무
  ㉡ 주택임대인과 임차인 사이의 임대차보증금 반환의무와 임차권등기명령에 의해 마쳐진 임차권등기의 말소의무
  ㉢ 채권담보의 목적으로 마쳐진 가등기의 말소의무와 피담보채무의 변제의무

① ㉠   ② ㉢
③ ㉠, ㉡   ④ ㉡, ㉢
⑤ ㉠, ㉢

Point 55 위험부담과 대상청구권 ★★★

정답 및 해설 p.68~69

🔍 신유형

28 「민법」상 불능에 관한 설명으로 <u>틀린</u> 것은? (판례에 의함)

① 쌍무계약에서 계약 체결 후에 쌍방의 귀책사유 없이 이행불능이 된 경우 채무자는 급부의무를 면함과 더불어 반대급부도 청구할 수 없다.
② 계약 체결 후 쌍방의 귀책사유 없이 이행불능인 경우, 이미 이행한 급부는 법률상 원인 없는 급부가 되어 부당이득반환할 의무가 있다.
③ 계약체결 후 채무자의 귀책사유로 이행불능이 된 경우 상대방은 전보배상을 청구할 수 있다.
④ 계약 당시에 이미 채무의 이행이 불가능했다면 「민법」 제535조에서 정한 계약체결상의 과실책임을 추궁하여 구제받을 수 있다.
⑤ 계약체결 후 토지가 공용수용된 경우 그 토지의 매수인은 매매계약을 해제하고 전보배상을 청구할 수 있다.

29 쌍무계약상 채무이행이 불능인 경우에 관한 설명으로 <u>옳지 않은</u> 것은? *2020 감평사*

① 계약이 원시적 · 객관적 전부불능인 경우, 그 계약은 무효이다.
② 채무자의 책임 있는 사유로 후발적 이행불능이 된 경우, 채권자는 최고 없이 계약을 해제할 수 있다.
③ 채무자의 책임 있는 사유로 후발적 불능이 발생한 경우, 채권자는 그로 인해 발생한 손해의 배상을 청구할 수 있다.
④ 채권자의 수령지체 중에 당사자 쌍방의 책임 없는 사유로 채무자의 이행이 불능이 된 경우, 채무자는 채권자에게 채무의 이행을 청구할 수 있다.
⑤ 채무자의 귀책사유로 인한 이행불능을 이유로 채권자가 계약을 해제한 경우, 그는 이행불능으로 인한 손해의 배상을 청구할 수 없다.

30 쌍무계약상 위험부담에 관한 설명으로 틀린 것은? (판례에 따름) 중개사 31회

① 계약당사자는 위험부담에 관하여 「민법」 규정과 달리 정할 수 있다.
② 채무자의 책임 있는 사유로 후발적 불능이 발생한 경우, 위험부담의 법리가 적용된다.
③ 매매목적물이 이행기 전에 강제수용된 경우, 매수인이 대상청구권을 행사하면 매도인은 매매대금 지급을 청구할 수 있다.
④ 채권자의 수령지체 중 당사자 모두에게 책임 없는 사유로 불능이 된 경우, 채무자는 상대방의 이행을 청구할 수 있다.
⑤ 당사자 일방의 채무가 채권자의 책임 있는 사유로 불능이 된 경우, 채무자는 상대방의 이행을 청구할 수 있다.

31 다음 중 위험부담에 대하여 옳지 않은 기술은? 국가고시

① 쌍무계약에서 일방의 채무가 쌍방책임 없는 사유로 이행불능이 되면 채무자는 상대방의 이행을 청구할 수 없다.
② 당사자 쌍방의 귀책사유 없는 이행불능으로 된 경우, 매도인은 이미 지급받은 계약금을 반환하여야 한다.
③ 쌍무계약의 일방의 채무가 채권자의 책임 있는 사유로 이행할 수 없게 된 때에는 채무자는 상대방의 이행을 청구할 수 있다.
④ 쌍무계약에서 일방의 채무가 채권자의 수령지체 중에 쌍방책임 없는 사유로 이행불능이 된 때는 채무자는 상대방의 이행을 청구할 수 없다.
⑤ 우리 「민법」은 채무자위험부담주의를 원칙으로 하며 편무계약에서는 원칙적으로 위험부담의 법리가 적용되지 않는다.

32 "A소유 X건물에 대해 대금 1억원에 B와 매매 계약을 체결하고 계약금으로 1천만원을 받았는데, 그 후 제3자의 과실로 화재가 나서 건물이 전소되었다." 이 사례를 토대로 전개될 수 있는 법률관계 중 옳은 것은? 국가고시

> ㉠ A는 계약체결상의 과실책임을 부담한다.
> ㉡ A는 1천만원을 B에게 부당이득으로 반환하여야 한다.
> ㉢ B는 이행불능으로 계약을 최고 없이 해제할 수 있다.
> ㉣ B는 A의 이행불능으로 인한 전보배상을 청구할 수 있다.
> ㉤ 목적물소멸에 의해 쌍방의 채권·채무가 소멸되고 A는 B에게 매매잔대금을 청구할 수 없다.

① ㉠, ㉢
② ㉣, ㉤
③ ㉡, ㉢
④ ㉡, ㉤
⑤ ㉢, ㉤

33 甲과 乙은 이조시대의 유명한 서예가 丙의 작품 한 점을 매매하는 계약을 체결하였다. 甲은 乙이 일주일 후 대금을 지급하면 그 진품을 인도하기로 약정하였다. 계약을 체결한 후 3일 후에 그 진품을 보관한 건물에 화재가 발생하여 진품도 소실되었다. 다음 기술 중 타당하지 <u>않은</u> 것은? 감평사

① 甲에게만 책임 있는 사유로 소실되었다면 甲은 乙에게 채무불이행책임을 부담한다.
② 乙의 책임 있는 사유로 진품이 소실되었다면 甲은 乙에게 대금을 청구할 수 있다.
③ 甲·乙 쌍방의 책임 없는 사유로 진품이 소실된 경우 계약은 여전히 유효하므로 甲은 乙에게 대금을 청구할 수 있다.
④ 甲·乙 쌍방의 책임 없는 사유로 진품이 소실된 경우 이미 계약금이 지급되었다면 이는 부당이득으로 반환되어야 한다.
⑤ 乙의 수령지체 중에 쌍방의 책임 없는 사유로 진품이 소실되었다면 甲은 乙에게 대금을 청구할 수 있다.

34 甲은 자기소유의 주택을 乙에게 매도하는 계약을 체결하였는데, 그 주택의 점유와 등기가 乙에게 이전되기 전에 멸실되었다. 다음 중 **틀린** 것은? (판례에 의함) 중개사 22회 유사

① 주택이 태풍으로 멸실된 경우, 甲은 乙에게 대금지급을 청구할 수 없다.
② 주택이 태풍으로 멸실된 경우, 甲은 이미 받은 계약금을 반환할 의무가 있다.
③ 甲의 과실로 주택이 전소된 경우, 乙은 이행불능으로 최고 없이 계약을 해제할 수 있다.
④ 乙의 과실로 주택이 전소된 경우, 甲은 乙에게 대금지급을 청구할 수 있다.
⑤ 甲이 이행기에 등기서류를 제공하면서 주택의 인수를 최고하였으나 乙이 이를 거절하던 중 태풍으로 멸실된 경우, 甲은 乙에게 대금지급을 청구할 수 없다.

▶ 고득점

35 甲소유 X토지를 乙에게 매매계약체결 후 그 토지 전부가 국가에게 수용되어 소유권 이전이 불가능하게 되었다. 다음 중 옳은 것은? (판례에 의함) 중개사 18회 유사

㉠ 乙은 수용의 주체인 국가를 상대로 불법행위로 인한 손해배상을 청구할 수 없다.
㉡ 乙은 甲에게 계약체결상의 과실책임을 물을 수 있다.
㉢ 乙은 특별한 사정이 없는 한 甲에게 매매대금을 지급할 의무가 없다.
㉣ 乙은 甲에게 채무불이행을 이유로 손해배상을 청구할 수 있다.
㉤ 乙은 이행불능을 이유로 甲과의 계약을 해제할 수 있다.
㉥ 乙은 甲에 대하여 보상금청구권의 양도를 청구하려면 매매대금을 지급하여야 한다.

① ㉠, ㉡, ㉣   ② ㉡, ㉢, ㉤   ③ ㉠, ㉢, ㉥
④ ㉡, ㉤, ㉥   ⑤ ㉢, ㉣, ㉤

36 甲은 자신의 토지를 乙에게 매매계약 체결 후 그 토지가 공용(재결)수용되어 乙에게 소유권을 이전할 수 없게 되었다. 다음 중 옳은 것은? (판례에 따름) 중개사 29회, 감평사 종합

㉠ 乙은 매매계약을 해제하고 전보배상을 청구할 수 있다.
㉡ 乙은 매매대금지급하고 甲의 수용보상금청구권의 양도를 청구할 수 있다.
㉢ 乙은 이미 지급한 중도금을 부당이득으로 반환청구할 수 없다.
㉣ 乙은 계약체결상의 과실을 이유로 신뢰이익의 배상을 청구할 수 있다.
㉤ 乙이 매매대금 전부를 지급하면 甲의 수용보상금청구권 자체가 乙에게 귀속한다.
㉥ 매매목적물이 이행기 전에 강제수용된 경우, 매수인이 대상청구권을 행사하면 매도인은 매매대금 지급을 청구할 수 있다.

① ㉠, ㉡   ② ㉡, ㉣   ③ ㉢, ㉤   ④ ㉣, ㉥   ⑤ ㉡, ㉥

Point 56 제3자를 위한 계약 ★★★

37 제3자를 위한 계약에 관한 설명으로 옳은 것은?

① 제3자가 하는 수익의 의사표시의 상대방은 요약자이다.
② 수익의 의사표시는 제3자를 위한 계약의 성립요건이다.
③ 낙약자는 요약자와의 계약에서 발생한 항변으로 제3자에게 대항할 수 없다.
④ 수익자는 계약의 해제시 보호받는「민법」제548조 단서의 제3자에 해당하지 않는다.
⑤ 수익의 의사표시를 함으로써 제3자에게 권리가 생긴 후에 특별한 사정이 없는 한 요약자와 낙약자의 합의로 수익자의 권리를 변경하거나 감액할 수 있다.

38 제3자를 위한 계약에 대한 설명 중 틀린 것을 모두 고르면?

㉠ 수익의 의사표시는 제3자를 위한 계약의 성립요건이 아니다.
㉡ 요약자는 낙약자가 채무를 이행하지 않으면 제3자의 동의 없이도 계약을 해제할 수 있다.
㉢ 낙약자는 요약자와 수익자간의 법률관계에 기한 항변으로 수익자에게 대항할 수 있다.
㉣ 낙약자는 요약자와의 계약에서 발생한 항변으로 제3자에게 대항할 수 없다.
㉤ 낙약자의 귀책사유로 요약자가 계약을 해제한 경우, 수익자는 낙약자에게 자기가 입은 손해의 배상을 청구할 수 없다.

① ㉠, ㉡, ㉣
② ㉡, ㉢, ㉣
③ ㉢, ㉣, ㉤
④ ㉡, ㉢, ㉤
⑤ ㉢, ㉤

39 제3자를 위한 계약에 대한 설명으로 틀린 것은? (판례에 의함)

> ⊙ 낙약자는 "요약자와 수익자 사이의 법률관계"에 기한 항변으로 수익자의 급부요구를 거절할 수 있다.
> ⓒ 요약자도 "대가관계의 부존재나 효력 상실"을 이유로 자신이 기본관계에 기하여 낙약자에게 부담하는 채무의 이행을 거부할 수 없다.
> ⓒ 요약자와 낙약자간의 계약이 사기로 흠결이 있는 경우, 이때 수익자는 당사자가 사기의 취소로서 대항할 수 없는 제3자에 포함된다.
> ② 낙약자의 채무불이행이 있을 경우 계약해제권과 해제에 따른 원상회복청구권도 요약자에게 귀속하고, 수익자는 해제권을 갖지 못한다.
> ⓜ 채무자와 인수인의 계약으로 체결되는 병존적 채무인수는 제3자를 위한 계약으로 볼 수 있다.

① ㉠, ㉡ ② ㉡, ㉢
③ ㉢, ㉣ ④ ㉢, ㉤
⑤ ㉠, ㉢

40 매도인 甲과 매수인 乙이 계약을 하면서 그 대금을 丙에게 지급하기로 하는 제3자를 위한 계약을 체결하였고, 丙은 수익표시를 하였다. 다음 설명 중 옳은 것은? (판례에 의함)

중개사 25 · 26회 유사

> ⊙ 丙이 수익의 의사표시를 하면 특별한 사정이 없는 한 乙에 대한 대금지급청구권을 계약의 성립시에 소급하여 취득한다.
> ⓒ 乙이 대금채무를 불이행하면, 丙이 수익표시 한 후에도 甲은 계약을 해제할 수 있다.
> ⓒ 乙은 甲의 丙에 대한 항변으로 丙에게 대항할 수 있다.
> ② 乙이 상당한 기간을 정하여 丙에게 수익 여부의 확답을 최고하였으나 그 기간 내에 확답을 받지 못하면, 丙이 수익을 거절한 것으로 본다.
> ⓜ 甲이 乙에게 매매계약에 따른 채무이행을 하지 않는 경우, 乙은 丙의 대금지급요구를 거절할 수 없다.

① ㉠, ㉢ ② ㉡, ㉣
③ ㉢, ㉣ ④ ㉣, ㉤
⑤ ㉠, ㉣

41 甲은 자기소유의 가옥을 乙에게 매도하면서 자신의 丙에 대한 차용금채무를 변제하기 위하여 매매대금 1억원을 丙에게 지급하도록 乙과 약정하였다. 그 후 丙은 그 수익의 의사표시를 하였다. 다음 설명 중 옳은 것은? (판례에 의함)

① 甲·丙 사이의 채권관계가 소멸하면 甲·乙 사이의 계약도 당연히 소멸한다.
② 丙이 수익의 의사표시를 한 후에는 특별한 사정이 없는 한 甲과 乙의 합의에 의해 丙의 권리를 소멸시킬 수 있다.
③ 甲·乙 사이의 매매계약이 허위표시로서 무효가 된 경우, 乙은 허위표시의 무효를 이유로 선의인 丙에게 대항하지 못한다.
④ 丙은 계약의 해제권이나 해제를 원인으로 한 원상회복청구권을 가진다.
⑤ 乙이 대금을 丙에게 지급하지 않아 채무불이행이 성립하면, 丙은 乙에게 손해배상을 청구할 수 있다.

42 甲은 자신의 토지를 乙에게 매도하면서 그 대금은 乙이 甲의 의무이행과 동시에 丙에게 지급하기로 약정하고, 丙은 乙에게 수익의 의사표시를 하였다. 다음 설명 중 옳은 것은? (다툼이 있으면 판례에 따름)

① 丙의 수익표시는 제3자를 위한 계약의 성립요건이다.
② 甲과 丙간의 계약이 소멸한 경우, 乙은 丙의 대금청구에 대항할 수 있다.
③ 甲이 乙에게 매매계약에 따른 채무를 이행하지 않는 경우, 乙은 丙의 대금지급 요구를 거절할 수 없다.
④ 乙의 채무불이행을 이유로 丙은 甲과 乙의 매매계약을 해제할 수 있다.
⑤ 丙이 대금을 수령하였으나 매매계약이 무효인 것으로 판명된 경우, 특별한 사정이 없는 한 乙은 丙에게 대금반환을 청구할 수 없다.

43 금전소비대차계약에 기하여 丙에게 1억원을 지급해야 하는 甲은 자기소유의 X대지를 1억원에 매수한 乙과 합의하여, 乙이 그 매매대금을 丙에게 지급하기로 하였다. 다음 설명 중 옳은 것은? (판례에 의함) 중개사 18·30·31회 유사

① 乙의 대금지급채무불이행이 있는 경우 甲이 위 매매계약을 해제하려면 丙의 동의를 얻어야 한다.
② 甲과 丙 사이의 계약이 무효인 경우, 乙은 丙의 지급요구를 거절할 수 없다.
③ 乙이 丙에게 채무불이행한 경우, 丙은 매매계약을 해제할 수 있다.
④ 丙이 수익표시한 후에는 甲이 사기를 이유로 위 매매계약을 취소할 수 없다.
⑤ 丙이 대금을 수령하였으나 매매계약이 무효인 것으로 판명된 경우, 특별한 사정이 없는 한 乙은 丙에게 대금반환을 청구할 수 있다.

Point 57 해제 ★★

정답 및 해설 p.70

★중요
44 계약해제에 관한 설명으로 <u>틀린</u> 것은? (판례에 의함)

① 해제는 유효한 계약을 소급적으로 소멸시키는 점에서 해지와 구별된다.
② 합의해제나 합의해지가 있는 경우 특별한 사정이 없는 한 반환할 금전에 그 받은 날로부터 이자를 가하여야 할 의무가 없다.
③ 합의해제에 있어서도 당사자간의 합의해제의 효력을 가지고 제3자의 권리를 해할 수 없다.
④ 약정해제권의 유보는 일방의 채무불이행을 원인으로 하는 법정해제권의 행사에 영향을 미치지 아니한다.
⑤ 합의해제에도 해제에 관한 「민법」의 규정이 준용되므로 특별한 사정이 없는 한 채무불이행으로 인한 손해배상을 청구할 수 있다.

45 최고 없이도 해제권을 행사할 수 있는 경우를 고르면? 중개사 18회 유사

> ㉠ 매수인의 대금지급이 지체된 때
> ㉡ 매도인의 과실로 매매목적물인 별장이 소실되어 이행불능인 경우
> ㉢ 매매목적물에 가압류가 존재할 때
> ㉣ 이행기가 도래 전에 일방이 이행거절 의사를 명확히 표시한 때
> ㉤ 계약의 성질상 일정한 이행기에 이행하지 않으면 계약의 목적을 달성할 수 없는 정기행위에서 일방이 채무를 이행하지 않은 경우

① ㉠, ㉡
② ㉡, ㉣
③ ㉡, ㉢, ㉤
④ ㉠, ㉢, ㉣
⑤ ㉡, ㉣, ㉤

46 계약해제를 위한 최고에 관하여 옳지 못한 것은? (판례에 의함)

① 이행지체를 이유로 하는 해제를 위하여는 상당한 기간을 정하여 최고를 하여야 함이 일반적이다.
② 최고기간이 상당하지 않은 경우, 최고기간을 정하지 않은 경우에도 최고로서의 효력은 유효하다.
③ 매도인의 이행불능을 이유로 해제하기 위하여는 매수인이 최고를 요하지 않고 반대급부의 제공도 필요가 없다.
④ 정기행위의 경우 해제를 위하여 최고를 요하지 아니하고 해제의 의사표시도 요하지 아니한다.
⑤ 일방이 미리 이행거절 의사를 명백히 표시한 경우 상대방은 이행기 전에 최고 없이, 이행의 제공 없이 즉시 해제를 할 수 있다.

47 해제권의 발생원인에 관한 설명으로 옳지 못한 것은? (판례에 의함)

① 계약이 일부이행불능인 경우 나머지 부분만으로 계약의 목적을 달성할 수 없는 경우에는 계약전부의 해제가 가능하다.
② 쌍무계약에서 상대방의 이행지체를 원인으로 일방이 해제하기 위하여는 자신의 채무를 이행제공하여야 함이 원칙이다.
③ 채무자의 귀책사유로 이행불능의 경우 상대방은 이행기 전에 최고 없이, 이행의 제공 없이 즉시 해제를 할 수 있다.
④ 매매의 목적물이 매수인의 귀책사유로 이행불능이 된 경우, 매수인은 그 이행불능으로 계약을 해제할 수 없다.
⑤ 매매의 목적인 부동산이나 분양권에 가압류가 존재하는 경우, 매수인은 이행불능을 이유로 즉시 해제를 할 수 있다.

☆중요
48 해제권의 행사에 관한 설명으로 틀린 것은? (판례에 의함) 중개사 18·22·27회 종합

① 해제권은 형성권이다.
② 해제의 의사표시가 도달 후에는 철회할 수 없다.
③ 당사자가 여러 명인 경우 해제는 전원으로부터 전원에게 행사하여야 한다.
④ 당사자가 여러 명인 경우 해제권자 1인이 계약의 목적물을 훼손·개조하여 해제권을 잃어도 다른 당사자는 해제권을 잃지 않는다.
⑤ 매매당사자 일방이 사망하였고 여러 명의 상속인이 있는 경우, 그 상속인들이 계약을 해제하려면 상속인들 전원이 해제의 의사표시를 하여야 한다.

49 계약해제에 관한 설명으로 **틀린** 것은? (판례에 의함)   중개사 24회 유사

① 매매의 목적물에 가압류가 집행된 경우, 특별한 사정이 없는 한 매수인은 매도인의 계약위반을 이유로 즉시 해제할 수 있다.
② 토지거래허가를 요하는 계약의 당사자는 허가신청절차에 협력할 의무를 부담하지만, 협력의무불이행을 이유로 그 계약 자체를 해제할 수 없다.
③ 채무자의 책임 있는 사유로 이행이 불능으로 된 경우, 채권자는 최고 없이 반대급부의 제공 없이 계약을 해제할 수 있다.
④ 법정해제권을 배제하는 약정이 없으면, 약정해제권의 유보는 법정해제권의 성립에 영향을 미칠 수 없다.
⑤ 일방의 계약위반을 이유로 상대방의 해제의사표시로 계약이 해제되었는데 상대방이 계약존속을 전제로 계약상 의무이행을 청구하는 경우 계약위반자도 그 이행을 거절할 수 있다.

50 다음 중 해제에 관한 설명 중 **틀린** 것은?   중개사 23회 유사

① 합의해제의 경우에도 법정 해제의 경우와 마찬가지로 제3자의 권리를 해하지 못한다.
② 일방의 채무가 그의 책임 있는 사유로 이행불능이 된 경우 상대방이 해제하려면 반대급부의 제공도 필요하고 최고를 하여야 한다.
③ 계약의 성질에 의하여 일정한 기간 내에 이행하지 않으면 계약의 목적을 달성할 수 없는 경우 최고를 하지 않고도 계약을 해제할 수 있다.
④ 계약의 해지 또는 해제는 손해배상의 청구에 영향을 미치지 아니한다.
⑤ 매도인이 계약의 해제 후에도 매수인은 착오로 취소할 수 있다.

51 계약해제에 관한 설명으로 틀린 것은? (판례에 따름)   중개사 26·28·29회 종합

① 계약해제로 인한 원상회복의 대상에는 매매대금은 물론 이와 관련하여 그 계약의 존속을 전제로 수령한 지연손해금도 포함된다.
② 목적물 등이 양수인에 의하여 사용됨으로 인하여 감가 내지 소모가 되는 요인이 발생한 경우 그 감가비 상당은 원상회복의무로서 반환할 성질의 것은 아니다.
③ 계약해제의 효과로 반환할 이익의 범위는 특별한 사정이 없으면 이익의 현존 여부나 선의·악의를 불문하고 받는 이익의 전부이다.
④ 매매목적물에 대한 소유권이전등기가 매수인에게 마쳐진 후 계약이 해제된 경우, 목적물의 소유권은 매도인에게 소유권이전등기를 하여야 복귀한다.
⑤ 계약이 해제된 경우 매도인은 받은 날로부터 이자를 붙여 반환하는데 이는 반환의무의 이행지체가 아니라 부당이득반환의 성질을 가진 것이다.

▶ 고득점
52 계약해제에 대하여 틀린 것은? (판례에 의함)

① 계약이 해제되면 계약관계로부터 발생한 채권, 채무는 소급적으로 소멸하므로 채무불이행을 원인으로 손해배상을 청구할 수 없다.
② 대리인에 의하여 체결된 계약이 상대방에 의하여 적법하게 해제된 경우 해제로 인한 원상회복의무는 대리인이 아니라 계약의 당사자인 본인이 부담한다.
③ 해제로 인한 원상회복은 원물반환이 원칙이나 수령한 원물이 멸실 등으로 반환할 수 없는 때에는 해제당시의 가격을 기준으로 가액반환한다.
④ 원상회복의 범위는 이익의 현존 여부나 선의·악의 불문하고 받은 이익의 전부다.
⑤ 해제로 원상회복의무를 부담하는 당사자에게는 과실상계가 적용되지 아니한다.

Point 58 해제시 보호받는 제3자의 여부 ★★★

정답 및 해설 p.71~72

☆중요

53 계약이 해제된 경우 「민법」 제548조 단서의 보호받는 제3자에 해당하는 자를 모두 고르면?

> ㉠ 제3자를 위한 계약에서 수익자
> ㉡ 채무자의 책임재산이 된 계약에 기한 급부목적물을 가압류한 가압류 채권자
> ㉢ 계약의 해제로 소멸되는 채권을 양수받은 자
> ㉣ 해제의 의사표시 후 매수인 부동산에 대해 말소등기 있기 전에 이해관계를 갖게 된 선의의 제3자가 등기를 갖춘 때
> ㉤ 매매목적인 토지매수인으로부터 그 토지 위에 신축된 건물을 매수한 자

① ㉠, ㉢
② ㉡, ㉣
③ ㉢, ㉣
④ ㉣, ㉤
⑤ ㉢, ㉤

54 甲소유의 X토지와 乙소유의 Y주택에 대한 교환계약에 따라 각각 소유권이전등기가 마쳐진 후 그 계약이 해제되었다. 계약해제의 소급효로부터 보호되는 제3자에 해당하지 <u>않는</u> 자를 모두 고른 것은? (판례에 따름)

중개사 27회 유사

> ㉠ 해제 전 乙로부터 X토지를 매수하여 소유권이전등기를 경료한 자
> ㉡ 계약의 해제 전 乙로부터 X토지를 매수하여 그에 기한 소유권이전청구권보전을 위한 가등기를 마친 자
> ㉢ 계약의 해제 전 甲으로부터 Y주택을 임차하여 대항력을 갖춘 임차인
> ㉣ 계약의 해제 전 X토지상의 乙의 신축 건물을 매수한 자
> ㉤ 교환계약의 해제 후 乙로부터 丙이 해제사실을 알고 X토지를 매수하여 소유권이전등기를 마친 경우

① ㉡, ㉢
② ㉠, ㉢
③ ㉣, ㉤
④ ㉠, ㉡
⑤ ㉢, ㉣

55 계약해제의 소급효로부터 보호될 수 있는 제3자에 해당하는 자는? 중개사 23·30회

① 계약해제 전에 계약상의 채권을 양수하여 이를 피보전권리로 하여 처분금지가처분을 한 자
② 계약해제 전에 해제대상인 계약상의 채권 자체를 압류한 채권자
③ 해제대상 매매계약에 의하여 채무자명의로 이전등기된 부동산을 가압류 집행한 가압류채권자
④ 주택의 임대권한을 부여받은 매수인으로부터 매매계약이 해제되기 전에 주택을 임차한 후 대항요건을 갖추지 않은 임차인
⑤ 해제대상 매매계약의 매수인으로부터 목적 부동산을 증여받은 후 소유권이전등기를 마치지 않은 수증자

56 甲은 자신의 X토지를 乙에게 매도하고 소유권이전등기를 마쳐주었으나, 乙은 변제기가 지났음에도 매매대금을 지급하지 않고 있다. 이에 관한 설명으로 <u>틀린</u> 것을 모두 고른 것은? (다툼이 있으면 판례에 따름) 중개사 33회

> ㉠ 甲은 특별한 사정이 없는 한 별도의 최고 없이 매매계약을 해제할 수 있다.
> ㉡ 甲이 적법하게 매매계약을 해제한 경우, X토지의 소유권은 등기와 무관하게 계약이 없었던 상태로 복귀한다.
> ㉢ 乙이 X토지를 丙에게 매도하고 그 소유권이전등기를 마친 후 甲이 乙을 상대로 적법하게 매매계약을 해제하였다면, 丙은 X토지의 소유권을 상실한다.

① ㉠
② ㉡
③ ㉢
④ ㉠, ㉢
⑤ ㉡, ㉢

57 甲은 자신의 X건물을 乙에게 매도하고 소유권이전등기를 마쳐주었으나, 乙은 변제기가 지났음에도 매매대금을 지급하지 않고 있다. 乙은 이 건물을 丙에게 2억원에 임대하여 丙이 대항요건을 갖추어 거주하고 있다. 그 후 甲은 乙과의 건물매매계약을 적법하게 해제하는 경우 다음 중 옳은 것을 모두 고르면? (판례에 따름)

> ㉠ 甲이 계약을 해제하면 처음부터 계약이 없었던 상태로 된다.
> ㉡ 甲은 계약을 해제하고 별도로 乙에게 채무불이행으로 손해배상청구할 수 없다.
> ㉢ 甲이 계약을 적법하게 해제하여도 丙은 해제에 영향이 없다.
> ㉣ 甲이 계약을 적법하게 해제한 경우, 건물의 소유권은 甲에게 당연히 복귀하고 丙은 계약 종료시 보증금 2억원을 甲에게 반환청구할 수 있다.
> ㉤ 甲이 계약을 적법하게 해제한 경우 甲의 乙 명의등기말소청구권은 채권적 청구권이다.

① ㉠, ㉡
② ㉠, ㉣
③ ㉡, ㉢
④ ㉠, ㉢, ㉣
⑤ ㉡, ㉢, ㉤

58 甲, 乙은 공유로 소유하는 X건물을 매수인 丙에게 매도하고 소유권이전등기를 마쳐주었으나, 丙은 변제기가 지났음에도 매매대금을 지급하지 않고 이행을 지체하고 있다. 이에 관한 설명으로 옳은 것을 모두 고른 것은? (특별한 사정은 고려하지 아니함, 판례에 따름)

> ㉠ 甲만이 단독으로 계약의 해제를 통지하여도 매수인 丙과의 X건물매매계약은 해제의 효력이 발생한다.
> ㉡ 해제권자인 甲이 X건물을 가공하거나 훼손하여 해제권을 상실한 경우, 乙은 해제권을 잃지 않는다.
> ㉢ 甲·乙이 적법하게 매매계약을 해제한 경우, X건물의 소유권은 등기와 무관하게 계약이 없었던 상태로 복귀한다.
> ㉣ 丙이 X건물을 丁에게 임대하여 丁이 대항력을 갖춘 경우, 甲, 乙이 적법하게 매매계약을 해제하였다면, 丁은 자신의 임차권을 甲, 乙에 대하여 주장할 수 있다.

① ㉠, ㉡
② ㉡
③ ㉢, ㉣
④ ㉠, ㉢
⑤ ㉡, ㉢, ㉣

59 乙은 甲소유 X토지를 매수하고 계약금을 지급한 후 X빌라를 인도받아 사용·수익하고 있다. 다음 설명 중 틀린 것은? (판례에 따름) 중개사 35회

㉠ 계약이 乙의 채무불이행으로 해제된 경우, 甲은 乙로부터 받은 계약금에 이자를 가산하여 반환할 의무를 진다.
㉡ 이행지체로 계약이 해제된 경우 매수인 乙은 점유자의 과실수취 규정에 따라 과실수취권이 인정된다.
㉢ 만약 甲의 채권자가 X빌라를 가압류한 경우, 특별한 사정이 없는 한 乙은 이를 이유로 계약을 즉시 해제할 수 있다.
㉣ 만약 乙명의로 소유권이전등기가 된 후 계약이 합의해제되기 전에 乙로부터 빌라를 임차하여 대항력을 갖춘 임차인은 甲, 乙간에 매매계약이 합의해제되어도 영향을 받지 아니한다.

① ㉠, ㉡
② ㉡, ㉣
③ ㉢, ㉣
④ ㉠, ㉢
⑤ ㉡, ㉢

60 계약의 해제에 관한 설명으로 옳지 않은 것은? (판례에 따름) 2020 주택사

① 해제의 의사표시에는 원칙적으로 조건과 기한을 붙이지 못한다.
② 계약의 해제로 인한 원상회복청구권의 소멸시효는 해제한 때부터 진행한다.
③ 해제로 인한 원상회복의무는 부당이득반환의무의 성질을 가지고, 그 반환의무의 범위는 선의·악의를 불문하고 특단의 사유가 없는 한 받은 이익 전부이다.
④ 합의해제의 경우, 손해배상에 대한 특약 등의 사정이 없더라도 채무불이행으로 인한 손해배상을 청구할 수 있다.
⑤ 매도인은 매매계약에 의하여 채무자의 책임재산이 된 부동산을 계약해제 전에 가압류한 채권자에 대하여 해제의 소급효로 대항할 수 없다.

61 계약의 해제에 관한 설명 중 옳지 않은 것은? (판례에 의함)   2020 변시, 중개사

① 약정해제권의 유보특약의 유무는 채무불이행으로 인한 법정해제권 행사에 아무런 영향을 미칠 수 없다.
② 합의해제로 인하여 반환할 금전에는 그 받은 날로부터 이자를 가산하여 반환할 의무가 없다.
③ 부동산 매매계약이 해제 전에 매수인과 매매예약을 원인으로 소유권이전청구권 보전을 위한 가등기를 마친 사람은 계약해제로 보호받는 '제3자'에 포함된다.
④ 합의해제의 경우 매도인으로부터 매수인에게 이전되었던 소유권은 매도인에게 당연히 복귀한다.
⑤ 계약 해제로 수령한 금전을 반환함에 있어 그 받은 날로부터 가산하여 지급하여야 할 이자는 반환의무의 이행지체로 인한 것이다.

62 계약의 해지에 관한 설명으로 틀린 것은? (판례에 따름)   중개사 27회 유사

① 임대차 목적물의 법률적 장애로 임차인이 임대차목적을 달성할 수 없게 된 경우, 장래를 향하여 계약을 소멸하게 하는 해지를 할 수 있다.
② 해지의 의사표시가 상대방에게 도달하면 철회하지 못한다.
③ 토지임대차에서 그 기간의 약정이 없는 경우, 임차인은 언제든지 계약해지의 통고를 할 수 있다.
④ 당사자 일방이 수인인 경우, 그중 1인에 대하여 해지권이 소멸한 때에는 다른 당사자에 대하여도 소멸한다.
⑤ 특별한 약정이 없는 한, 합의해지로 인하여 반환할 금전에는 그 받은 날로부터의 이자를 가하여야 한다.

63 부동산의 매매계약이 합의해제된 경우에 관한 설명으로 틀린 것은? (다툼이 있으면 판례에 따름)   중개사 31회 유사

① 특별한 사정이 없는 한 채무불이행으로 인한 손해배상을 청구할 수 있다.
② 매도인은 원칙적으로 수령한 대금에 이자를 붙여 반환할 필요가 없다.
③ 매도인으로부터 매수인에게 이전되었던 소유권은 매도인에게 당연히 복귀한다.
④ 합의해제의 소급효는 법정해제의 경우와 같이 제3자의 권리를 해하지 못한다.
⑤ 당사자 쌍방은 자기 채무의 이행제공 없이 합의에 의해 계약을 해제할 수 있다.

제2장 계약각론(매매·교환·임대차)

중요 출제가능성이 높은 중요 문제   고득점 고득점 목표를 위한 어려운 문제   신유형 기존에 출제되지 않은 신유형 대비 문제

> **Tip 출제의 맥**
> - 매매의 예약·계약금·담보책임·환매가 출제의 맥이다.
> - 계약금·담보책임·환매는 사례문제로 대비한다.

Point 59 매매와 매매의 예약 ★

정답 및 해설 p.72

01 다음 중 매매와 매매예약에 관한 설명으로 옳지 못한 것은? (판례에 의함)

㉠ 분양권, 지상권 같은 권리와 타인 소유물은 매매의 대상이 될 수 없다.
㉡ 매매규정은 교환, 임대차 같은 다른 유상계약에 준용된다.
㉢ 매매의 예약도 하나의 계약이므로 상대방이 본계약의 체결에 응하지 않은 경우, 채무불이행으로 손해배상청구를 할 수 있다.
㉣ 예약완결권은 형성권으로 예약완결의 의사표시만으로는 자동적으로 본계약이 성립하고 상대방의 승낙을 요하지 않는다.

① ㉠   ② ㉡   ③ ㉢   ④ ㉠, ㉢   ⑤ ㉡, ㉣

02 매매의 예약에 관한 설명으로 옳지 못한 것은? (판례에 의함)   중개사 21회 유사

㉠ 일방예약은 언제나 물권계약이다.
㉡ 일방예약이 성립하려면 본계약인 매매계약의 요소가 되는 내용이 확정되어 있거나 확정할 수 있어야 한다.
㉢ 예약완결권은 당사자가 행사기간을 약정한 때는 그 기간 내에 행사해야 한다.
㉣ 예약완결권의 제척기간이 지난 후에 상대방이 예약목적물인 부동산을 인도받았다면, 예약완결권은 소멸하지 아니한다.
㉤ 예약완결권의 제척기간이 도과하였는지 여부는 당사자가 주장하지 않으면 법원이 직권으로 고려하지 않는다.

① ㉠, ㉢   ② ㉡, ㉣   ③ ㉠, ㉤   ④ ㉠, ㉣   ⑤ ㉠, ㉣, ㉤

03 甲은 그 소유의 X부동산에 관하여 乙과 매매의 일방예약을 체결하면서 예약완결권은 乙이 가지고, 기간의 약정 없이 행사하기로 약정하였다. 이에 관한 설명으로 옳은 것은? (다툼이 있으면 판례에 따름)

중개사 33회 유사

> ㉠ 乙이 예약완결권을 행사한 경우, 매매의 효력이 예약체결시로 소급하여 발생한다.
> ㉡ 乙이 가진 예약완결권은 가등기할 수 있으나 타인에게 양도할 수 없다.
> ㉢ 乙의 예약완결권은 형성권에 속하므로 그 행사기간은 예약성립일로부터 10년이다.
> ㉣ 乙이 예약목적물인 X부동산을 인도받은 경우, 10년의 제척기간이 도과되더라도 예약완결권은 소멸하지 아니한다.

① ㉠, ㉢
② ㉡, ㉢
③ ㉢, ㉣
④ ㉢
⑤ ㉡, ㉣

Point 60 계약금 ★★★

정답 및 해설 p.72~74

04 계약금에 대한 설명으로 <u>틀린</u> 것은? (판례에 의함)

① 계약금은 특약이 없을 때 해약금으로 추정한다.
② 계약금을 위약금으로 약정한 경우, 계약금은 손해배상액의 예정으로 추정한다.
③ 중도금을 일부지급한 매수인은 매도인의 이행착수 전임을 이유로 계약금을 포기하고 계약을 해제할 수 없다.
④ 계약금을 위약금으로 하는 특약이 없는 한, 채무불이행을 이유로 계약이 해제되더라도 계약금이 상대방에게 귀속되는 것은 아니다.
⑤ 계약금의 수수 없이 계약금을 지급하기로 약정만 하고 매매계약을 체결한 상태인 경우, 일방은 임의로 계약금을 포기하고 매매계약을 해제할 수 있다.

05 「민법」 제565조의 해약금해제에서 일방의 이행착수에 해당하는 것을 모두 고르면? (판례에 의함) 〔신유형〕

> ㉠ 매도인이 매수인에게 이행을 최고하고 대금지급을 구하는 소송을 제기하여 승소판결을 받은 경우
> ㉡ 토지거래허가구역 내 토지에 관한 매매계약을 체결하고 계약금만 지급한 상태에서 토지거래의 허가를 받은 경우
> ㉢ 다른 약정이 없이 매수인이 이행기 전에 미리 중도금을 지급한 경우
> ㉣ 중도금의 지급에 갈음하여 매수인 자신의 대여금채권을 매도인에게 양도한 경우
> ㉤ 매도인이 매수인에게 잔금을 준비하여 등기절차를 밟기 위해 등기소에 동행할 것을 촉구한 것

① ㉠, ㉢
② ㉡, ㉣
③ ㉠, ㉡, ㉣
④ ㉢, ㉣, ㉤
⑤ ㉡, ㉢, ㉣

06 계약금에 관한 설명으로 옳은 것은? (판례에 의함) 〔중개사 20회〕

① 계약금 포기에 의한 계약해제의 경우, 계약은 소급적으로 무효가 되어 당사자는 원상회복의무를 부담한다.
② 계약금을 포기하고 행사할 수 있는 해제권은 당사자의 합의로 배제할 수 없다.
③ 계약금을 위약금으로 하는 약정이 있는 경우, 일방의 채무불이행으로 계약이 해제된 때, 계약금은 위약금으로서 상대방에게 귀속된다.
④ 계약금 포기에 의한 계약해제의 경우, 상대방은 그로 인한 손해배상을 청구할 수 있다.
⑤ 계약금을 수령한 매도인이 계약을 해제하기 위해서는 매수인에게 그 배액을 이행제공하여야 하고, 매수인이 이를 수령하지 않으면 공탁하여야 한다.

07 계약금에 관한 설명으로 옳은 것은? (판례에 의함) 중개사 22회 유사

① 계약금에 의해 해제권이 유보된 경우, 일방의 귀책사유로 인한 채무불이행을 이유로 계약을 해제할 수 없다.
② 계약금계약은 매매계약에 종된 계약이고 요물계약이다.
③ 매도인이 계약금의 배액을 상환하고 계약을 해제한 경우, 매수인은 매도인에게 그로 인한 손해배상을 청구할 수 있다.
④ 계약금의 포기나 배액상환에 의한 해제권 행사를 배제하는 당사자의 약정은 무효이다.
⑤ 매도인이 매수인에게 이행을 최고하고 대금지급을 구하는 소송을 제기한 후에는 매수인은 계약금을 포기하고 계약을 해제할 수 없다.

08 계약금에 관한 설명으로 옳은 것을 모두 고르면? (판례에 따름) 중개사 30·31회 유사

㉠ 계약금은 별도의 약정이 없는 한 해약금의 성질을 가진다.
㉡ 매수인이 이행기 전에 중도금을 지급한 경우, 매도인은 특별한 사정이 없는 한 계약금의 배액을 상환하여 계약을 해제할 수 없다.
㉢ 매도인이 계약금의 배액을 상환하여 계약을 해제하는 경우, 그 이행의 제공을 하면 족하고 매수인이 이를 수령하지 않더라도 공탁까지 할 필요는 없다.
㉣ 토지거래허가구역 내에서 관할관청으로부터 토지거래 허가를 받은 후에 매도인은 계약금의 배액을 상환하고 계약을 해제할 수 없다.
㉤ 매수인이 매도인에게 약정한 계약금의 일부만 지급한 경우, 매도인은 수령한 금액의 배액을 상환하고 계약을 해제할 수 있다.

① ㉠, ㉣, ㉤
② ㉠, ㉡, ㉣
③ ㉠, ㉢, ㉣
④ ㉡, ㉢, ㉤
⑤ ㉠, ㉡, ㉢

09 계약금에 관한 설명으로 옳은 것은? (판례에 따름) 2020 주관사

① 계약금계약은 하나의 독립한 요물계약으로서 주계약이 취소되더라도 그 효력에 영향이 없다.
② 위약벌의 성질을 가지는 계약금이 부당하게 과도한 경우, 법원은 손해배상액의 예정에 관한 규정을 유추적용하여 그 액을 감액할 수 있다.
③ 당사자가 계약금 전부를 나중에 지급하기로 약정한 경우, 교부자가 이를 지급하지 않으면 상대방은 채무불이행을 이유로 계약금약정을 해제할 수 있다.
④ 토지거래허가를 받지 않아 유동적 무효 상태인 매매계약은 특별한 사정이 없는 한 해약금에 관한 규정에 의해 해제할 수 없다.
⑤ 해약금에 관한 규정에 의해 계약을 해제한 경우, 당사자 상호간에는 그 해제에 따른 손해배상의무를 부담한다.

10 2024년 5월 1일 甲이 그의 X건물을 乙에게 매도하면서 계약금은 5천만원으로 하되 1천만원을 당일교부하고 나머지 4천만원은 1주일 후에 교부하기로 약정하였으나 아직 나머지를 교부하지 않은 상태이다. 중도금 및 잔금은 9월 1일 지급하기로 하였다. 다음 설명 중 옳은 것을 모두 고른 것은? (판례에 의함) 중개사 25회 유사

㉠ 甲·乙 사이의 계약금계약은 성립하지 않았다.
㉡ 乙이 계약금을 지불하기 전이라면 甲은 교부받은 1천만원의 배액인 2천만원을 상환하고 매매계약을 해제할 수 있다.
㉢ 乙이 1주일 후에 계약금을 지급하지 않으면, 甲은 채무불이행으로 계약금약정을 해제할 수 있다.
㉣ 乙이 중도금을 일부 지급한 경우, 乙은 甲이 아직 이행착수하기 전임을 이유로 계약금을 포기하고 계약을 해제할 수 있다.
㉤ 乙이 계약금 전액을 지급한 상황이라면 다른 약정이 없는 한 乙은 중도금을 이행기 전인 6월 10일에 미리 지급할 수 있다.

① ㉠, ㉢, ㉤
② ㉡, ㉣
③ ㉠, ㉡, ㉢
④ ㉣, ㉤
⑤ ㉡, ㉢, ㉤

11 甲은 2024년 4월 1일 자신의 토지를 乙에게 3억원에 매도하면서 계약금 3천만원을 수령하였고 중도금과 잔금은 1개월 후에 지급받기로 약정하였다. 이때 수수한 계약금은 매수인이 위약하였을 때는 무효로 하고, 매도인이 위약하였을 때는 그 배액을 상환하기로 약정하였을 때, 다음 중 <u>틀린</u> 것은? (판례에 따름) 중개사 27 · 31회 유사

① 계약금 3천만원은 해약금과 손해배상액의 예정의 성질을 가지며, 계약금은 위약금의 특약이 있는 경우에 한하여 손해배상액의 예정으로 추정된다.
② 乙이 중도금을 지체하여 甲이 채무불이행으로 계약을 적법하게 해제하였다면, 乙이 교부한 계약금 3천만원은 위약금으로서 甲에게 당연히 귀속된다.
③ 乙은 중도금의 지급 후에는 특약이 없는 한 계약금을 포기하고 계약을 해제할 수 없다.
④ 乙의 해약금에 기한 해제권 행사로 인하여 발생한 손해에 대하여 甲은 그로 인한 손해배상을 청구할 수 있다.
⑤ 해약금에 기한 해제권을 배제하기로 하는 약정을 하였다면 더 이상 그 해제권을 행사할 수 없다.

12 甲은 자신의 X부동산에 관하여 매매대금 3억원, 계약금 3천만원으로 하는 계약을 乙과 체결하고 별다른 특약이 없었다. <u>틀린</u> 것은? (판례에 따름) 중개사 29회 유사

① 乙이 계약금의 일부만 지급한 경우, 계약금계약은 성립하지 않는다.
② 乙이 계약금을 지급하였더라도 정당한 사유 없이 잔금 지급을 지체한 때에는 甲은 채무불이행으로 계약을 해제하고 실제 손해의 배상을 청구할 수 있다.
③ 甲과 乙 사이의 매매계약이 무효이거나 취소되면 계약금계약도 소멸한다.
④ 乙이 중도금을 지체하여 甲이 채무불이행으로 계약을 적법하게 해제하였다면, 乙이 교부한 계약금 3천만원은 위약금으로서 甲에게 당연히 귀속된다.
⑤ 乙이 계약금과 중도금을 지급한 경우, 특별한 사정이 없는 한 甲은 계약금의 배액을 상환하여 계약을 해제할 수 없다.

13 매매의 효력에 관한 설명으로 <u>틀린</u> 것은? (판례에 의함)   중개사 16·24회 유사

① 매매계약 후 목적물이 인도되지 않더라도 매수인이 대금을 완제한 때에는 그 시점 이후 목적물로부터 생긴 과실은 매도인에게 귀속된다.
② 매매목적물의 인도와 동시에 대금을 지급할 때에는 특별한 사정이 없으면 그 인도 장소에서 대금을 지급하여야 한다.
③ 매수인이 대금지급을 거절할 상당한 사유가 있는 경우, 매수인은 목적물을 미리 인도받더라도 대금 이자의 지급의무가 없다.
④ 매매계약에 관한 비용은 특별한 사정이 없는 한 당사자가 균분하여 부담하나 매수인이 전부 부담한다는 약정은 특별한 사정이 없는 한 유효하다.
⑤ 매매계약이 취소된 경우, 선의의 점유자인 매수인의 과실취득권이 인정되는 이상 선의의 매도인도 지급받은 대금의 운용이익 내지 법정이자를 반환할 의무가 없다.

14 甲은 그 소유의 X토지에 대하여 乙과 매매계약을 체결하였다. 다음 설명 중 <u>틀린</u> 것은? (다툼이 있으면 판례에 따름)   제30회

> ㉠ 측량비용, 등기비용, 담보권말소비용 등 매매계약에 관한 비용은 특별한 사정이 없으면 당사자 쌍방이 균분하여 분담한다.
> ㉡ X토지가 인도되지 않고 대금도 완제되지 않은 경우, 특별한 사정이 없는 한 乙은 인도의무의 지체로 인한 손해배상을 청구할 수 없다.
> ㉢ X토지를 아직 인도받지 못한 乙이 미리 소유권이전등기를 경료받았다고 하여도 매매대금을 완제하지 않은 이상 X토지에서 발생하는 과실은 甲에게 귀속된다.
> ㉣ X토지가 인도되지 않았다면 乙이 대금을 완제하더라도 특별한 사정이 없는 한 X토지에서 발생하는 과실은 甲에게 귀속된다.

① ㉠, ㉡   ② ㉡, ㉢   ③ ㉠, ㉢
④ ㉡, ㉣   ⑤ ㉠, ㉣

Point 61 담보책임 ★★★

15 매도인의 담보책임에 관한 설명으로 틀린 것은?

① 매도인의 담보책임 규정은 무과실책임으로서 그 성질이 허용되는 한 교환계약에도 준용된다.
② 담보책임의 면책특약이 있는 경우, 매도인은 알면서 고지하지 않은 하자에 대해서도 그 책임을 면한다.
③ 당사자간에 담보책임을 가중, 면제, 배제하는 특약은 유효하다.
④ 경매목적물에 하자가 있는 경우, 매도인은 물건의 하자로 인한 담보책임을 지지 않는다.
⑤ 매매의 목적이 된 권리가 타인에게 속한 경우에는 매도인은 그 권리를 취득하여 매수인에게 이전하여야 한다.

16 하자담보책임에 관한 설명으로 틀린 것은? (판례에 따름)   중개사 28회 유사

① 건축을 목적으로 매수한 토지에 대한 법적 제한으로 건축허가를 받을 수 없어 건축이 불가능한 경우, 이는 권리의 하자에 해당한다.
② 매매의 목적물에 하자의 경우 매수인은 계약의 목적을 달성할 수 없는 경우에 한하여 계약을 해제할 수 있고 기타의 경우에는 손해배상을 청구할 수 있다.
③ 하자담보책임에 기한 매수인의 손해배상청구권은 매수인이 목적물을 인도받은 때로부터 소멸시효가 진행한다.
④ 담보책임은 무과실 책임이다.
⑤ 종류물의 하자의 경우 선의이며 무과실의 매수인은 계약해제 또는 손해배상을 청구하지 아니하고 하자 없는 물건을 청구할 수 있다.

17 甲은 乙로부터 X토지를 매수하여 상가용 건물을 신축할 계획으로 이를 상대방에게 표시하고 계약을 체결하였으나 법령상의 제한으로 그 건물을 신축할 수 없게 되었다. 또한 토지의 오염으로 통상적인 사용도 기대할 수 없었다. 다음 중 옳은 것은? (판례에 의함)

중개사 23회 유사

㉠ 토지에 대한 법령상의 제한으로 건물신축이 불가능한 경우 甲은 매매목적물의 하자담보책임을 주장할 수 있다.
㉡ 甲은 담보책임의 성립 여부와 관계없이 중요부분의 착오를 이유로 계약을 취소할 수 있다.
㉢ 토지에 하자가 존재하는지의 여부는 언제나 목적물의 인도시를 기준으로 판단한다.
㉣ 甲이 토지의 오염으로 인하여 계약의 목적을 달성할 수 없더라도 계약을 해제할 수 없다.

① ㉠, ㉡   ② ㉡, ㉢   ③ ㉠, ㉢
④ ㉡, ㉣   ⑤ ㉢, ㉣

18 불특정물의 하자로 인해 매도인의 담보책임이 성립한 경우, 매수인의 권리로 규정된 것을 모두 고른 것은?

중개사 31회

㉠ 계약해제권   ㉡ 손해배상청구권
㉢ 대금감액청구권   ㉣ 완전물급부청구권

① ㉢   ② ㉠, ㉢   ③ ㉡, ㉣
④ ㉠, ㉡, ㉣   ⑤ ㉠, ㉡, ㉢, ㉣

19 담보책임 중 선의·악의 관계없이 매수인이 행사할 수 있는 것을 모두 고르면?

중개사 33회 유사

㉠ 전부 타인권리의 매매에서 매수인의 해제권
㉡ 권리의 일부가 타인에게 속한 경우 매수인의 대금감액청구권
㉢ 수량지정매매에서 수량이 부족한 경우 대금감액청구권
㉣ 매매목적물이 지상권, 전세권의 목적이 된 경우 계약해제권
㉤ 저당권의 행사로 취득한 소유권을 잃은 경우 매수인의 해제권과 손해배상청구권

① ㉠, ㉡, ㉣   ② ㉡, ㉢, ㉣   ③ ㉡, ㉣, ㉤
④ ㉠, ㉡, ㉤   ⑤ ㉠, ㉤

20 담보책임의 내용으로 대금감액청구권과 손해배상청구권이 「민법」상 명시적으로 인정되는 것은?

중개사 17회

① 권리의 일부가 타인에게 속한 경우 악의의 매수인
② 수량부족, 일부멸실의 경우 악의의 매수인
③ 특정물에 물건의 하자가 있는 경우 선의의 매수인
④ 매매의 목적물이 지상권의 목적이 된 경우 선의의 매수인
⑤ 권리의 일부가 타인에게 속한 경우 선의의 매수인

21 매도인의 담보책임에 관한 설명으로 타당하지 <u>않은</u> 것은?

중개사 18·23·28회 종합

① 매매목적물이 지상권, 전세권, 유치권의 목적이 된 경우 이로 인하여 계약 목적을 달성할 수 없는 때는 매수인이 선의인 경우에만 계약을 해제할 수 있다.
② 권리의 일부가 타인에게 속하여 매도인이 그 권리를 취득하여 매수인에게 이전할 수 없는 때 선의인 매수인은 대금감액 또는 해제 외에 손해배상을 청구할 수 있다.
③ 매매의 목적부동산에 설정된 저당권, 전세권의 행사로 소유권을 잃을 때는 매수인은 선의인 경우에 한하여 계약해제와 손해배상청구를 할 수 있다.
④ 수량을 지정한 매매의 목적물이 부족하거나 매매목적물의 일부가 계약 당시에 이미 소실된 때에는 매수인이 선의인 경우에 계약해제를 할 수 있다.
⑤ 타인의 권리를 매도한 자가 그 전부를 취득하여 매수인에게 이전할 수 없는 경우, 악의의 매수인은 계약을 해제할 수 있다.

22 매도인의 담보책임에 관한 설명으로 옳은 것은? (판례에 따름)

중개사 18·26회

① 매매목적인 권리의 전부가 타인에게 속하여 권리의 전부를 이전할 수 없게 된 경우, 매도인은 선의의 매수인에게 신뢰이익을 배상하여야 한다.
② 경매절차가 무효로 된 경우, 낙찰자는 채무자나 채권자에게 담보책임을 물을 수 있다.
③ 저당권이 설정된 목적물의 매수인이 출재하여 그 소유권을 보존한 경우, 매수인은 매도인에 대하여 출재액 상환을 청구할 수 있다.
④ 매매목적 부동산에 전세권이 설정된 경우, 계약의 목적 달성 여부와 관계없이, 선의의 매수인은 계약을 해제할 수 있다.
⑤ 권리의 일부가 타인에게 속한 경우, 선의의 매수인이 갖는 손해배상청구권은 계약한 날로부터 1년 내에 행사되어야 한다.

🌿신유형

23 甲은 丙소유의 X토지를 乙에게 매매합의하였으나, 이행기에 그 소유권을 이전하여 주지 못하였다. 매도인의 담보책임에 대하여 <u>잘못된</u> 것은? (판례에 의함)

① 권리의 전부가 타인에게 속하는 경우로서 매매계약은 유효하다.
② 甲이 토지소유권을 취득하여 乙에게 이전하지 못하면 乙이 악의인 경우 계약을 해제할 수 없다.
③ 乙은 선의일 경우에 불능 당시의 시가상당액을 '계약을 완전히 이행했을 때의 이익범위'까지 손해배상을 청구할 수 있다.
④ 권리행사의 기간은 제한이 없다.
⑤ 부동산의 매수자가 미등기로 전매하거나 명의신탁자가 명의신탁된 부동산을 매매하는 것은 사실상 처분권을 가진 자의 매매로서 타인권리의 매매에 해당하지 않는다.

24 A가 B소유 X토지 200평을 1,000만원에 매수하였는데, 그 중 20평이 C소유인 경우에 B의 A에 대한 담보책임의 기술 중 <u>틀린</u> 것은?

① 선의의 A는 잔존한 180평만이라면 이를 매수하지 아니하였을 때에는 계약 전부를 해제할 수 있다.
② A가 선의인 경우에 한하여 손해배상을 청구할 수 있다.
③ 선의인 매수인은 대금감액청구 또는 계약해제 외에 별도로 손해배상을 청구할 수 있다.
④ 매수인이 선의인 경우 그 사실을 안 날로부터 1년 이내에, 악의인 경우에는 계약일로부터 1년 내에 행사해야 한다.
⑤ A가 악의인 경우에는 20평에 해당하는 대금의 감액청구를 할 수 없다.

🌿신유형

25 C 앞으로 저당권이 설정된 B소유의 X건물을 A가 매수하였는데, 그 후 저당권의 실행으로 매수인 A가 취득한 건물의 소유권을 잃은 경우, B의 담보책임 중 <u>틀린</u> 것은?

① A는 악의인 경우에도 손해배상을 청구할 수 있다.
② A가 선의인 때에 한해 계약을 해제할 수 있다.
③ A의 출재로 소유권을 보존한 때에는 B에 대해 출재액 상환을 청구할 수 있다.
④ A가 저당권에 의해 담보된 채무를 매매대금에서 공제하고 건물을 매수한 경우, 담보책임을 물을 수 없다.
⑤ 만약 B소유의 X건물에 C 앞으로 가등기가 설정된 건물을 A가 매수하였는데, 그 후 가등기에 기한 본등기의 실행으로 소유권을 잃은 경우, A가 B에게 제576조의 저당권 실행에 의한 담보책임을 추궁할 수 있다.

26 부동산매매계약이 수량지정매매인데, 그 실제면적이 계약면적에 미치지 못한 경우에 관한 설명으로 맞는 것을 모두 고르면? (판례에 따름) 중개사 16·19·28·32회 유사

> ㉠ 선의의 매수인은 대금감액을 청구할 수 없다.
> ㉡ 악의의 매수인은 손해배상을 청구할 수 있다.
> ㉢ 잔존한 부분만이면 매수인이 이를 매수하지 않았을 경우, 선의의 매수인은 계약 전부를 해제할 수 있다.
> ㉣ 미달부분의 원시적 불능을 이유로 계약체결상의 과실책임을 구할 수 없다.
> ㉤ 담보책임에 기한 권리행사기간은 계약일로부터 1년 내이다.

① ㉠, ㉡   ② ㉠, ㉣   ③ ㉡, ㉤
④ ㉢, ㉣   ⑤ ㉢, ㉤

27 甲이 1만㎡ 토지를 乙에게 매도하는 계약을 체결하였다. 다음 설명 중 옳은 것은? 중개사 22회

① 토지 전부가 丙의 소유이고 甲이 이를 乙에게 이전할 수 없는 경우, 악의인 乙은 계약을 해제할 수 없다.
② 토지의 2천㎡가 丙의 소유이고 甲이 이를 乙에게 이전할 수 없는 경우, 악의인 乙은 대금감액을 청구할 수 없다.
③ 토지의 2천㎡가 계약 당시 이미 포락(浦落)으로 멸실된 경우, 악의인 乙은 대금감액을 청구할 수 있다.
④ 토지 위에 설정된 지상권으로 인하여 계약의 목적을 달성할 수 없는 경우, 악의인 乙도 계약을 해제할 수 있다.
⑤ 토지에 설정된 저당권의 실행으로 乙이 그 토지의 소유권을 취득할 수 없게 된 경우, 악의인 乙은 계약의 해제뿐만 아니라 손해배상도 청구할 수 있다.

28 채무자 甲소유의 X건물에 대하여 채권자 丙이 경매를 신청하였다. 그 매각대금을 완납한 乙 명의로 X건물의 소유권이전등기가 마쳐졌고, 매각대금이 丙에게 배당되었다. 다음 설명 중 틀린 것은? (다툼이 있으면 판례에 따름)

중개사 16·22·25·29회 종합

㉠ X건물에 누수 같은 물건의 하자가 있는 경우, 乙은 甲에게 하자담보책임을 물을 수 없다.
㉡ 경매절차가 무효인 경우, 乙은 甲에게 손해배상을 청구할 수 있다.
㉢ 경매절차가 무효인 경우, 乙은 丙에게 부당이득반환을 청구할 수 있다.
㉣ 경매가 유효한 경우 권리의 하자가 인정되면 1차적 책임은 丙이 부담한다.
㉤ 권리의 하자가 인정되는 경우, 채무자 甲의 자력이 없는 때에는 채권자 丙에게 대금반환을 청구할 수 있다.
㉥ 경매가 유효한 경우 채권자가 권리의 흠결을 알고 경매를 신청한 경우 낙찰자는 채권자에게 손해배상을 청구할 수 있다.

① ㉠, ㉢   ② ㉡, ㉣   ③ ㉢, ㉤
④ ㉢, ㉣   ⑤ ㉡, ㉥

Point 62 환매와 교환 ★★

정답 및 해설 p.75

29 환매에 관한 설명으로 틀린 것은? (판례에 따름)

중개사 27·33회 종합

① 매매등기와 동시에 환매권 보류를 등기하여야 제3자에게 대항할 수 있다.
② 환매특약은 매매계약과 동시에 하여야 한다.
③ 매매계약이 취소되어 효력을 상실하면 그에 부수하는 환매특약도 효력을 상실한다.
④ 환매기간을 정한 경우, 환매권의 행사로 발생한 소유권이전등기청구권은 특별한 사정이 없는 한 그 환매기간 내에 행사하지 않으면 소멸한다.
⑤ 환매기간을 정하지 않은 경우, 그 기간은 5년으로 하며, 매도인이 기간 내에 환매를 하지 않으면 기간의 경과와 동시에 매수인의 소유로 귀속된다.

30 甲이 자기 X토지를 乙에게 매도함과 동시에 환매특약을 하고 환매권을 등기하였다. 다음 중 옳지 못한 것은? (판례에 의함) 중개사 22 · 30회 유사

① 환매권은 양도할 수 없는 일신전속권이 아니고 甲의 채권자나 상속인도 환매권을 행사할 수 있다.
② 甲이 환매기간 내에 환매의 의사표시를 하면 환매에 의한 소유권이전등기를 하지 않아도 부동산을 가압류 집행한 제3자에 대하여 소유권취득을 주장할 수 있다.
③ 환매특약 이후에 乙의 토지에 제3자의 저당권이 성립한 경우, 甲이 적법하게 환매권을 행사하면 저당권은 직권말소처리된다.
④ 乙이 나대지 위에 건물을 신축하였다가 甲이 적법하게 환매권을 행사하여 토지는 甲의 소유로, 건물은 乙의 소유로 분리되면 관습법상 지상권이 성립하지 않는다.
⑤ 환매특약된 X토지를 乙이 다시 丙에게 매매계약을 체결한 경우, 乙은 환매특약의 등기사실을 들어 丙의 X토지에 대한 소유권이전청구를 거절할 수 없다.

31 甲은 자신의 2억원 상당 X건물을 乙의 Y토지와 교환하는 계약을 체결하면서 乙로부터 1억원을 보충하여 지급받기로 하였다. 틀린 것은? (판례에 의함) 중개사 25 · 27회 유사

① 甲 · 乙 사이의 계약은 낙성, 쌍무, 유상, 불요식계약이다.
② X건물의 하자로 인하여 乙이 목적달성을 할 수 없는 경우, 甲은 하자담보책임을 지지 않는다.
③ 乙의 보충금 1억원의 미지급은 甲의 교환계약의 해제사유에 해당된다.
④ 계약체결 후 건물이 쌍방의 과실 없이 소멸하였다면 乙의 보충금지급의무는 소멸하지만, 乙의 과실로 소실되었다면 乙의 보충금지급의무는 소멸하지 않는다.
⑤ 乙이 시가보다 높은 가액을 Y임야의 시가로 고지한 때에도 특별한 사정이 없으면 甲은 사기를 이유로 교환계약을 취소하지 못한다.

32 경매를 통해 X건물을 매수한 甲은 매각대금을 완납하지 않고 X건물을 乙 소유의 Y임야와 교환하기로 乙과 약정하였다. 다음 설명 중 **틀린** 것은? (다툼이 있으면 판례에 따름)

중개사 24·27·32회 종합

① 甲과 乙 사이의 교환계약은 유효하게 성립한다.
② 甲이 乙에게 X건물의 소유권을 이전할 수 없는 경우, 선의의 乙은 손해배상을 청구할 수 있다.
③ X건물과 Y임야의 가격이 달라 乙이 일정한 금액을 보충하여 지급할 것을 약정한 때에는 매매계약이 성립한다.
④ 계약체결 후 이행 전에 X건물이 지진으로 붕괴된 경우, 甲은 乙에게 Y토지의 인도를 청구하지 못한다.
⑤ 乙이 시가보다 높은 가액을 Y임야의 시가로 고지한 때에도 특별한 사정이 없으면 甲은 사기를 이유로 교환계약을 취소하지 못한다.

Point 63 임대차의 기간, 차임, 빅3 ★★★

정답 및 해설 p.75~78

33 「민법」상 임대차에 대하여 **틀린** 것은?

① 건물소유목적 토지임대차를 등기하지 않아도 임차인이 지상건물을 등기하면 제3자에게 임대차의 효력이 생긴다.
② 차임이 필수요소이고 차임은 금전에 한하지 않으며, 보증금은 필수 요소가 아니다.
③ 임차인은 보증금의 존재를 이유로 임대인의 차임지급청구를 거절할 수 없다.
④ 임대인이 임대목적물에 대한 소유권 기타 처분할 권한이 없는 경우 임대차계약은 무효다.
⑤ 임차권을 등기하면 임차권이 물권이 되는 것이 아니라 제3자에 대하여 대항력을 가진다.

34 「민법」상 임대차에 대하여 틀린 것은?

① 토지임대차의 기간의 약정이 없을 때는 각 당사자는 언제든지 해지통고할 수 있고 그 효력은 임대인이 통고시 6월 후에 효력이 생긴다.
② 부동산임차인은 반대약정이 없으면 임대인에 대하여 임대차등기절차에 협력할 것을 청구할 수 있다.
③ 임대차기간 만료 후 상당기간 내에 임대인이 이의제기를 하지 않으면 전 임대차와 동일한 조건으로 다시 임대차한 것으로 본다.
④ 묵시갱신이 된 경우 제3자가 제공한 담보는 기간의 만료로 소멸한다.
⑤ 임차기간을 영구로 정한 임대차 약정은 허용되지 않는다.

35 임대차의 차임에 관한 설명으로 틀린 것은? (판례에 따름)

① 임차물의 일부가 임차인의 과실 없이 멸실되어 사용·수익할 수 없는 경우, 임차인은 그 부분의 비율에 의한 차임의 감액을 청구할 수 있다.
② 여럿이 공동으로 임차한 경우, 임차인은 연대하여 차임지급의무를 부담한다.
③ 경제사정변동에 따른 임대인의 차임증액청구에 대해 법원이 차임증액을 결정한 경우, 그 결정 다음 날부터 지연손해금이 발생한다.
④ 임차인의 차임지급의무는 임대인으로부터 목적물을 인도받았는지와 무관하게 임대차계약의 효력으로서 발생한다.
⑤ 임차인이 필요비를 지출하면 지출한 금액의 한도에서 차임의 지급을 거절할 수 있다.

36 임대차에서 임대인의 의무에 대한 설명으로 틀린 것은? (판례에 의함)

① 임대인은 목적물을 임차인에게 인도하고 계약 존속 중 그 사용·수익에 필요한 상태를 유지할 적극적 의무를 부담한다.
② 목적물의 하자가 있는 경우 임대인은 담보책임을 부담한다.
③ 목적물의 파손정도가 손쉽게 고칠 수 있을 정도로 사소하여 임차인의 사용·수익을 방해할 정도의 것이 아닐 경우 임대인이 수선의무를 부담한다.
④ 임대인은 특약이 없는 한 임차인의 특별한 용도를 위한 사용·수익에 적합한 구조를 유지하게 할 의무까지는 부담하지 않는다.
⑤ 통상의 임대차관계에서 특별한 사정이 없는 한 임대인은 임차인의 안전을 배려하여 주거나 도난을 방지하는 보호의무까지 부담하지 않는다.

37 임차인의 비용상환청구권에 대하여 옳지 못한 것은? (판례에 의함)   국가고시

① 임차물에 지출한 필요비는 즉시, 유익비는 종료시에 상환청구할 수 있다.
② 비용상환청구권 규정은 강행규정으로 비용상환청구권을 포기하는 약정은 무효다.
③ 유익비의 상환청구는 임대인이 목적물을 반환받은 날로부터 1년 내에 행사하여야 한다.
④ 유익비의 상환청구에 대하여 법원은 상환기간을 유예할 수 있으나 필요비는 상환기간을 유예할 수 없다.
⑤ 유익비상환청구가 인정되려면 개량물이 임차물과 별개의 독립된 소유권이 아니라 임차목적물의 구성부분이 되어야 한다.

38 甲은 자기소유의 X상가건물을 乙에게 보증금 4억원에 임대하였다. 임대차기간 중 乙은 X건물에 유지비 2백만원, 개량비 8백만원을 지출하였고, 그 후 甲은 임대인의 지위를 승계시키지 않은 채 X건물을 丙에게 양도하였다. 다음 중 **틀린** 것은? (다툼이 있으면 판례에 의함)

① 乙은 甲에게 임대차기간 중에도 유지비 2백만원의 상환을 청구할 수 있다.
② 乙은 甲에게 임대차가 종료한 때 개량비 8백만원의 상환을 청구할 수 있다.
③ X건물의 구성부분 일부가 파손되었지만 저렴·용이하게 수선될 수 있어 사용·수익을 방해하지 않을 정도인 경우, 甲은 수선의무를 부담하지 않음이 원칙이다.
④ 乙은 점유자의 비용상환청구권(제203조)에 의하여 丙에 대하여 비용상환을 청구할 수 있다.
⑤ 乙은 임차인의 비용상환청구권(「민법」 제626조)에 기하여 임대차 종료시에 그 가액의 증가가 현존한 때에는 甲에게 유익비의 상환을 청구할 수 있다.

39 임차인의 비용상환청구권과 부속물매수청구권에 관한 기술 중 맞는 것은? (판례에 의함)

2024 주관사

① 임차인이 필요비를 지출한 때에 가액의 증가가 현존한 경우에 한하여 임대차가 종료한 때에 그 상환을 청구할 수 있다.
② 임차목적물의 구성부분으로 된 경우에는 부속물매수청구권의 대상이 된다.
③ 임차인의 비용상환청구권이나 부속물매수청구권에 관한 규정은 모두 당사자의 특약으로 이를 배제하거나 포기할 수 없다.
④ 일시 사용임대차에 관하여 비용상환청구권은 인정되나 부속물매수청구권은 인정되지 아니한다.
⑤ 건물의 임차인뿐만 아니라 건물의 임대인에게도 기간이 만료한 경우 부속물매수청구권이 인정된다.

40 임차인의 부속물매수청구권에 대하여 틀린 것은? (판례에 의함)

① 토지임대차에는 인정되지 않고 건물의 임대차에 인정된다.
② 부속물매수청구권의 규정은 강행규정으로서 이를 배제하는 약정은 무효다.
③ 무단전차인, 일시사용임차인은 부속물매수청구할 수 없다.
④ 기존건물과 분리되어 독립한 소유권의 객체가 될 수 없는 증축부분은 부속물매수청구권의 객체가 될 수 없다.
⑤ 건물 사용에 객관적 편익을 가져오는 것이 아니라도 임차인의 특수목적에 사용하기 위해 부속된 간판은 부속물매수청구의 대상이 된다.

41 임차인(전차인 포함)의 부속물매수청구권에 관한 설명으로 옳지 <u>않은</u> 것은? (판례에 의함)

중개사 23 · 25 · 29 · 30회 종합

① '건물의 증축부분을 임대인의 소유로 귀속한다는 약정'은 부속물매수청구권을 포기하는 약정으로서 강행규정에 반하여 무효이다.
② 부속물매수청구권의 행사에는 상대방의 승낙을 요하지 않는다.
③ 임차목적물의 구성부분은 부속물매수청구권의 객체가 될 수 없다.
④ 부속물은 임대인의 동의를 얻고 부착시키거나 임대인으로부터 매수한 것이어야 임대차가 종료한 때 부속물매수청구권을 행사할 수 있다.
⑤ 임대차계약이 임차인의 채무불이행으로 해지된 경우, 부속물매수청구권은 인정되지 않는다.

42 임차인의 비용상환청구권과 부속물매수청구권의 비교에 관한 기술 중 옳지 <u>못한</u> 것은? (판례에 의함)

① 임차인의 필요비상환청구권은 즉시, 부속물매수청구권은 임대차종료시에 청구한다.
② 임차인은 유익비상환청구권과 부속물매수청구권을 피담보채권으로 양자 모두 유치권을 행사할 수 있다.
③ 임차인의 비용상환청구권은 임의규정으로 당사자간에 배제약정을 할 수 있으나 부속물매수청구권에 관한 규정은 강행규정으로서 당사자의 특약으로 이를 포기할 수 없다.
④ 부속물매수청구권은 임차인이 임대인의 동의를 얻어 부속시키거나 또는 임대인으로부터 매수한 경우지만, 비용상환청구권은 그러한 요건이 요구되지 않는다.
⑤ 비용상환청구권은 임대차 목적물의 구성부분이어야 하나 부속물매수청구권은 임대차 건물과 독립한 물건이어야 한다.

43 건물소유를 목적으로 하는 토지임차인의 지상물매수청구권에 관한 설명으로 옳은 것은? (다툼이 있으면 판례에 따름)

중개사 35회 유사

> ㉠ 임차인은 저당권이 설정된 건물에 대해서도 매수청구권을 행사할 수 있다.
> ㉡ 지상 건물을 타인에게 양도한 임차인도 매수청구권을 행사할 수 있다.
> ㉢ 토지소유자가 아닌 제3자가 토지를 임대한 경우, 임대인은 특별한 사정이 없는 한 매수청구권의 상대방이 될 수 없다.
> ㉣ 임대인이 임차권 소멸 당시에 이미 토지소유권을 상실하였더라도 임차인은 그에게 매수청구권을 행사할 수 있다.

① ㉠, ㉢　　② ㉡, ㉣　　③ ㉢, ㉣
④ ㉠, ㉡　　⑤ ㉡, ㉢

44 다음 중 형성권이 아닌 것을 모두 고르면?

2019 감평사, 중개사 34회 유사

> ㉠ 점유자의 비용상환청구권　　㉡ 임차인의 지상물매수청구권
> ㉢ 임차인의 부속물매수청구권　　㉣ 전세금증액청구권
> ㉤ 부동산매수인의 등기청구권　　㉥ 매매예약완결권

① ㉠, ㉢　　② ㉢, ㉤　　③ ㉣, ㉥
④ ㉠, ㉤　　⑤ ㉡, ㉣, ㉥

45 토지임차인의 지상물매수청구권에 관한 설명으로 옳은 것은? (판례에 의함)

① 기간의 정함이 없는 임대차가 임대인의 해지통고로 소멸한 경우에 임차인은 갱신청구 없이 즉시 지상물매수청구를 할 수 있다.
② 기간만료 전에 임차인의 채무불이행으로 임대차가 해지된 경우 임차인은 매수청구권을 행사할 수 있다.
③ 대상이 되는 지상물은 행정관청의 허가를 얻은 건물, 임대인의 동의를 얻어 신축한 것에 한한다.
④ 지상물 일체를 포기하거나 건물을 철거하기로 하는 약정은 특별한 사정이 없는 한 유효하다.
⑤ 건물소유를 목적으로 한 토지임차인이 건물의 보존등기를 마쳐서 대항력을 갖춘 경우 임차인은 토지양수인에게 매수청구권을 행사할 수 없다.

46 토지임차인의 지상물매수청구권에 관한 설명으로 옳지 못한 것은? (판례에 의함)

① 대상건물은 행정관청의 허가를 얻은 건물, 임대인의 동의를 얻어 신축한 건물에 한하지 않는다.
② 지상물매수청구권의 행사에는 임대인의 승낙을 요하지 아니한다.
③ 건물매수청구가 적법한 경우, 임대인의 건물대금지급이 있을 때까지는 임차인은 건물부지의 임료 상당액을 반환할 필요가 없다.
④ 지상건물이 임대토지와 제3자 소유의 토지 위에 걸쳐서 건립된 경우, 구분소유의 객체가 될 수 있는 부분에 한하여 임차인에게 매수청구가 허용된다.
⑤ 지상물의 경제적 가치유무나 임대인에 대한 효용 여부는 행사요건이 아니다.

47 토지임차인의 지상물매수청구권에 대한 설명으로 틀린 것은? (판례에 의함)

① 임차인의 채무불이행으로 임대차가 해지된 경우 지상물매수청구권은 인정되지 않는다.
② 토지소유자가 아닌 제3자가 토지를 임대한 경우, 임대인은 특별한 사정이 없는 한 매수청구권의 상대방이 될 수 없다.
③ 지상건물이 임차지상과 제3자토지 위에 걸쳐서 있는 경우 임차지상에 있는 건물전체가 아니라 구분소유의 객체가 되는 부분에 한하여 매수청구할 수 있다.
④ 지상물매수청구권은 지상물의 소유자에 한하여 행사할 수 있음이 원칙이므로 임차인이 건물을 타인에게 양도한 경우 그 임차인은 지상물매수청구할 수 없다.
⑤ 미등기무허가 건물을 매수하여 점유하고 있는 임차인은 등기명의가 없어 소유권을 취득하지 못하므로 임대인에게 지상물매수청구할 수 없다.

▶ 고득점
48 甲은 건물 소유의 목적으로 乙의 X토지를 임차하여 그 위에 Y건물을 신축한 후 사용하고 있다. 다음 설명 중 틀린 것은? (판례에 의함) 중개사 25·30회 종합

① Y건물이 무허가건물이더라도 甲은 지상물매수청구할 수 있다.
② 甲이 매수청구하는 경우 乙의 승낙을 요하지 아니한다.
③ 임대차 기간의 정함이 없는 경우, 乙이 해지통고를 하면 甲은 즉시 지상물매수청구권을 행사할 수 있다.
④ 대항력을 갖춘 甲의 임차권이 기간만료로 소멸한 후 乙이 X토지를 丙에게 양도한 경우, 甲은 丙을 상대로 지상물매수청구권을 행사할 수 있다.
⑤ 甲 소유 건물이 乙이 임대한 토지와 제3자 소유의 토지 위에 걸쳐서 건립된 경우, 甲은 건물 전체에 대하여 매수청구를 할 수 있다.

49 임차인의 권리에 관한 설명으로 옳은 것은? (판례에 따름) 중개사 26회

① 필요비를 지출한 임차인은 그 가액 증가가 현존한 때에 한하여 그 상환을 청구할 수 있다.
② 건물임차인이 그 사용의 편익을 위해 임대인으로부터 부속물을 매수한 경우, 임대차 종료 전에도 임대인에게 그 매수를 청구할 수 있다.
③ 건물소유를 목적으로 한 토지임대차를 등기하지 않았더라도, 임차인이 그 지상건물의 보존등기를 하면, 토지임대차는 제3자에 대하여 효력이 생긴다.
④ 건물소유를 목적으로 한 토지임대차의 기간이 만료된 경우, 임차인은 계약갱신의 청구 없이도 매도인에게 건물의 매수를 청구할 수 있다.
⑤ 토지임대차가 묵시적으로 갱신된 경우, 임차인은 언제든지 해지통고할 수 있으나, 임대인은 그렇지 않다.

50 건물임대차계약상 보증금에 관한 설명으로 틀린 것을 모두 고른 것은? (다툼이 있으면 판례에 따름) 중개사 33회 유사

> ㉠ 임대차계약에서 보증금을 지급하였다는 사실에 대한 증명책임은 임대인이 부담한다.
> ㉡ 임대차계약이 종료하지 않은 경우, 특별한 사정이 없는 한 임차인은 보증금의 존재를 이유로 차임의 지급을 거절할 수 없다.
> ㉢ 임대차 종료 후 보증금이 반환되지 않고 있는 한, 임차인이 목적물을 계속하여 사용·수익하였다면, 기존 임대차의 차임이 아니라 시세에 따른 차임을 지급할 의무를 부담한다.
> ㉣ 임대차 종료로 인한 임차인의 원상회복의무에는 임대인이 임대 당시의 부동산 용도에 맞게 다시 사용할 수 있도록 협력할 의무까지 포함된다.

① ㉠, ㉡
② ㉡, ㉢
③ ㉠, ㉢
④ ㉠, ㉣
⑤ ㉡, ㉣

51 토지임차인에게 인정될 수 있는 권리가 <u>아닌</u> 것은? 중개사 33회

① 부속물매수청구권
② 유익비상환청구권
③ 지상물매수청구권
④ 필요비상환청구권
⑤ 차임감액청구권

52 임대차에 관한 설명으로 옳은 것은? (판례에 의함) 중개사 22회 유사

① 임차인은 임대차의 종료 전에는 필요비의 상환을 청구할 수 없다.
② 묵시갱신된 경우, 전 임대차에 대하여 제3자가 제공한 담보는 소멸하지 않는다.
③ 임차인이 증축부분에 대한 원상회복의무를 면하는 대신 유익비상환청구권을 포기하기로 하는 약정은 무효다.
④ 임차인이 임대인의 동의 없이 전대한 경우, 임대인은 임대차를 해지하지 않고 전차인에게 불법점유를 이유로 손해배상을 청구할 수 있다.
⑤ 임대차보증금이 교부된 경우, 임대인은 임대차관계가 계속되고 있는 동안에는 보증금에서 연체차임을 충당할 것인지를 자유로이 선택할 수 있다.

53 乙이 甲으로부터 건물의 소유를 목적으로 X토지를 10년간 임차하여 그 위에 자신의 건물을 신축한 경우에 관한 설명으로 **틀린** 것은? (판례에 따름) 중개사 32회

> ㉠ 특별한 사정이 없는 한 甲이 X토지의 소유자가 아닌 경우 임대차계약은 무효다.
> ㉡ 甲과 乙 사이에 반대약정이 없으면 乙은 甲에 대하여 임대차등기절차에 협력할 것을 청구할 수 있다.
> ㉢ 乙이 현존하는 지상건물을 등기해도 임대차를 등기하지 않은 때에는 제3자에 대해 임대차의 효력이 없다.
> ㉣ 10년의 임대차 기간이 경과한 때 乙의 지상건물이 현존하는 경우 乙은 임대차 계약의 갱신을 청구할 수 있다.

① ㉠, ㉡
② ㉡, ㉢
③ ㉡, ㉣
④ ㉠, ㉢
⑤ ㉢, ㉣

Point 64 양도·전대차의 법리 ★★★

54 임차권의 양도, 임차물의 전대에 관한 다음 설명 중 <u>틀린</u> 것은? (판례에 의함)

① 임대인의 동의는 양도 또는 전대의 대항요건이 아니라 효력발생요건이다.
② 임차인이 임대인의 동의 없이 전대한 경우, 임대인은 임대차를 해지하지 않고 전차인에게 불법점유를 이유로 손해배상을 청구할 수 없다.
③ 임대인의 동의 없이 임차권의 양도가 이루어진 경우라도 배신적 행위라고 할 수 없는 특별한 사정이 있을 때는 임대인에게 해지권이 발생하지 않는다.
④ 임차인이 임대인의 동의를 얻어 임차물을 전대한 때에는 전차인은 직접 임대인에 대하여 의무를 부담한다.
⑤ 임차인이 임대인의 동의를 얻어 임차물을 전대한 경우에는 임대인과 임차인의 합의로 임대차를 종료한 때도 전차인의 권리는 소멸하지 않는다.

🔖 신유형
55 임대인 甲의 동의 없이 임차인 乙은 임차목적물(X토지)를 丙에게 전대하였다. 이 경우 甲, 乙, 丙의 법률관계에 대한 다음 설명 중 <u>틀린</u> 것을 모두 고르면?

> ⊙ 임대인 甲의 동의 없는 乙·丙 사이의 전대차계약은 유동적 무효다.
> ⓒ 丙은 乙에 대한 권리로 甲에게 대항하지 못한다.
> ⓒ 甲은 丙에 대하여 직접 차임청구할 수 있다.
> ⓔ 甲은 임대차계약의 종료 전에도 丙에게 차임상당액을 손해배상청구할 수 있다.
> ⓜ 乙이 甲의 동의 없이 배우자 丁에게 X토지를 전대한 경우, 乙의 행위가 甲에 대한 배신적 행위라고 볼 수 없다면 甲은 임대차계약을 해지할 수 없다.

① ㉠, ㉢
② ㉡, ㉣
③ ㉠, ㉢, ㉣
④ ㉡, ㉢, ㉣
⑤ ㉢, ㉣, ㉤

56 甲소유의 X토지를 건물 소유의 목적으로 임차한 乙은 甲의 <u>동의 없이</u> 이를 丙에게 전대하였다. 다음 설명 중 옳은 것은? (판례에 따름)

중개사 29회 유사

> ㉠ 乙과 丙 사이의 전대차계약은 무효다.
> ㉡ 丙은 임대차와 전대차의 기간이 만료한 때에 건물이 현존한 경우 甲에게 지상물매수청구할 수 있다.
> ㉢ 甲, 乙간의 임대차계약의 종료 전에는 甲은 X토지의 불법점유를 이유로 丙에게 차임 상당의 부당이득반환을 청구할 수 없다.
> ㉣ 乙이 X토지에 신축건물의 보존등기를 마친 후 甲이 토지를 양도하여 丁이 X토지의 새로운 소유자라면, 乙은 丁에게 건물매수청구권을 행사할 수 있다.

① ㉠, ㉡
② ㉡, ㉢
③ ㉠, ㉣
④ ㉢, ㉣
⑤ ㉡, ㉣

57 임차인 乙은 임대인 甲의 <u>동의 없이</u> 丙과 전대차계약을 맺고 임차건물을 인도해 주었다. 다음 설명 중 옳은 것은? (판례에 의함)

중개사 24회 유사

> ㉠ 甲과 乙 사이의 임대차를 합의로 종료한 경우, 丙의 전차권은 소멸하지 <u>않으므로</u> 甲에게 전차권을 주장할 수 있다.
> ㉡ 丙은 차임을 甲에게 직접 지급하여야 한다.
> ㉢ 임대차계약이 甲의 해지통고로 종료하는 경우, 丙에게 그 사유를 통지하지 않으면 甲은 해지로써 丙에게 대항할 수 없다.
> ㉣ 甲은 임대차계약이 존속하는 한도 내에서는 丙에게 불법점유를 이유로 한 차임 상당의 손해배상청구를 할 수 없다.
> ㉤ 임대차와 전대차가 종료하고 건물이 현존하면 丙은 甲에게 지상물매수를 청구할 수 있다.

① ㉠
② ㉡, ㉣
③ ㉢
④ ㉣, ㉤
⑤ ㉣

58 건물임대인 甲의 동의를 얻어 임차인 乙이 丙과 전대차계약을 체결하고 그 건물을 인도해 주었다. 옳지 못한 것을 모두 고르면? (판례에 따름)   중개사 26·22회 종합

> ㉠ 甲과 乙의 합의로 임대차계약이 종료된 경우, 丙의 권리는 소멸하지 않는다.
> ㉡ 甲이 乙의 채무불이행으로 임대차를 해지한 경우 丙의 권리는 소멸한다.
> ㉢ 丙이 乙의 동의를 얻어 부속한 물건이 있는 경우 전대차가 종료한 때에 甲에게 그 매수청구할 수 있다.
> ㉣ 乙의 차임연체액이 2기의 차임액에 달하여 甲이 임대차계약을 해지하는 경우, 甲은 丙에 대해 그 사유를 통지해야 丙에게 대항할 수 있다.
> ㉤ 기간약정 없는 임대차를 甲이 乙에게 해지통고한 경우, 이를 丙에게 통지하여야 丙에게 대항할 수 있다.

① ㉠, ㉢ ② ㉠, ㉣ ③ ㉢, ㉣, ㉤
④ ㉢, ㉣ ⑤ ㉡, ㉢, ㉣

59 甲은 자기 소유 X창고건물 전부를 乙에게 월 차임 80만원에 기간약정 없이 임대하였고, 乙은 甲의 동의를 얻어 X건물 전부를 丙에게 월 차임 50만원에 2년간 전대하였다. 이에 관한 설명으로 틀린 것은? (단, 이에 관한 특약은 없으며, 판례에 따름)   중개사 32회 유사

① 甲과 乙의 합의로 임대차 계약을 종료한 경우 丙의 권리는 소멸하지 아니한다.
② 丙은 직접 甲에 대해 월 차임 50만원을 지급할 의무를 부담한다.
③ 甲이 乙에게 임대차의 해지통고를 한 경우 전차인 丙에게 이를 통지하여야 丙에게 대항할 수 있다.
④ 甲에 대한 차임연체액이 160만원에 달하여 甲이 임대차계약을 해지한 경우, 甲은 丙에게 그 사유를 통지하지 않아도 해지로써 丙에게 대항할 수 있다.
⑤ 임대차와 전대차 기간이 동시에 만료하고 건물이 현존하면 丙은 甲에게 전전대차(前轉貸借)와 동일한 조건으로 임대할 것을 청구할 수 없다.

60 임대인의 동의가 있는 적법전대차에 대한 설명으로 옳지 않은 것은? (판례에 따름)

2024 행정사

① 기간 없는 임대차가 임대인의 해지통고로 종료된 경우, 임대인은 전차인에게 그 사유를 통지하지 아니하면 전차인에게 대항하지 못한다.
② 전차인은 전대차계약상의 차임지급한도에서 직접 임대인에 대해 차임을 지급할 의무를 부담한다.
③ 전차인은 전대차계약상의 차임지급시기 전에 전대인에게 차임지급한 사정을 들어 임대인에게 대항할 수 없다.
④ 전차인은 차임지급시기 이후에 전대인에게 지급한 차임을 들어 임대인에게 대항할 수 있다.
⑤ 건물의 전차인은 임대차와 전대차의 기간이 동시에 만료되고 건물이 현존하는 경우, 특별한 사정이 없는 한 임대인에 대하여 종전의 전대차와 동일한 조건으로 임대할 것을 청구할 수 있다.

Point 65 임대차의 종료 문제 및 특례 규정 ★

정답 및 해설 p.78~79

61 다음 중 당사자간의 특약으로 유효하게 배제할 수 있는 것은?

중개사 19·24회 유사

㉠ 양도, 전대에 임대인의 동의 규정
㉡ 임차인의 차임감액청구권
㉢ 임차인의 필요비상환청구권
㉣ 기간의 약정이 없는 임대차의 해지통고
㉤ 토지임차인의 지상물매수청구권
㉥ 건물임차인의 부속물매수청구권

① ㉠, ㉢
② ㉠, ㉡
③ ㉡, ㉣
④ ㉢, ㉤
⑤ ㉣, ㉤, ㉥

62 甲 소유의 건물 중 1층에 대하여 乙과 임대차계약을 체결하였으나 乙이 점유하고 있던 건물 1층에서 발생한 화재로 건물 1층뿐만 아니라 甲이 점유하고 있던 건물 2층도 전소되었다. 이에 관한 설명 중 O, ×를 바르게 조합한 것은? (판례에 의함) 2020 변시

> ㉠ 건물 1층에서 발생한 화재가 甲이 관리하는 영역에 존재하는 하자로 발생한 것으로 추단된다면, 甲은 화재로 인한 목적물 반환의무의 이행불능으로 인한 손해배상책임을 乙에게 물을 수 없다.
> ㉡ 화재가 그 발생 원인이 불분명한 경우라면 목적물반환채무의 이행불능책임이 문제될 때 그 귀책사유에 대한 증명책임은 乙에게 있다.
> ㉢ 건물 1층과 구조상 불가분의 일체를 이루고 있는 건물 2층에서 발생한 재산상 손해에 대하여 乙에게 채무불이행에 기한 손해배상을 청구하는 경우, 甲은 화재 발생과 관련된 乙의 계약상 의무 위반이 있었다는 사실을 주장·증명하여야 한다.

	㉠	㉡	㉢		㉠	㉡	㉢
①	(O)	(O)	(O)	②	(O)	(×)	(O)
③	(O)	(×)	(×)	④	(×)	(×)	(O)
⑤	(×)	(×)	(×)				

63 임대차에 관한 설명으로 <u>틀린</u> 것을 모두 고른 것은? (다툼이 있으면 판례에 따름) 중개사 33회 유사

> ㉠ 임대차계약에서 보증금, 차임을 지급하였다는 사실에 대한 증명책임은 임차인이 부담한다.
> ㉡ 임대차계약이 종료하지 않은 경우, 특별한 사정이 없는 한 임차인은 보증금의 존재를 이유로 차임의 지급을 거절할 수 없다.
> ㉢ 임대차 종료 후 보증금이 반환되지 않고 있는 한, 임차인의 목적물에 대한 점유는 적법점유이므로 임차인이 목적물을 계속하여 사용·수익하더라도 부당이득반환의무는 발생하지 않는다.
> ㉣ 임차인이 필요비를 지출한 경우 그에 상응하는 한도에서 차임지급을 거절할 수 없다.
> ㉤ 임대차 종료로 인한 임차인의 원상회복의무에는 임대인이 임대 당시의 부동산 용도에 맞게 다시 사용할 수 있도록 협력할 의무까지 포함된다.

① ㉠, ㉤ ② ㉡, ㉣
③ ㉢, ㉣ ④ ㉠, ㉡
⑤ ㉡, ㉢

64 甲은 자신의 X주택을 보증금 2억원, 월차임 50만원으로 乙에게 임대하였는데, 乙이 전입신고 후 X주택을 점유·사용하면서 차임을 5개월간 연체하다가 계약이 종료되었다. 계약종료 전에 X주택의 소유권이 매매를 원인으로 丙에게 이전되었다. 다음 설명 중 옳은 것은? (연체이자는 계산하지 아니함, 다툼이 있으면 판례에 따름)

중개사 35회 유사

> ㉠ 특별한 사정이 없는 한 丙이 5개월간의 연체차임채권을 승계한다.
> ㉡ 연체차임에 대한 지연손해금의 발생종기는 특별한 사정이 없는 한 임대차의 종료일이다.
> ㉢ 임대인이 차임채권을 양도하는 등의 사정으로 인하여 차임채권을 가지고 있지 아니한 경우에는 특별한 사정이 없는 한 임대차계약 종료 전에 임대차보증금에서 공제한다는 의사표시를 할 수 있는 권한이 없다.
> ㉣ X주택을 반환받기 전까지는 잔존하는 甲의 차임채권이 압류가 되었더라도 5개월간의 연체료는 보증금에서 당연히 공제된다.

① ㉠
② ㉡
③ ㉢
④ ㉠, ㉢
⑤ ㉢, ㉣

65 甲은 자신의 X건물을 보증금 2억원, 월차임 200만원으로 乙에게 임대하였는데, 乙이 사업자등록 후 X건물을 점유·사용하면서 차임을 연체하다가 계약이 종료되었다. 계약 종료 전에 X건물의 소유권이 매매를 원인으로 丙에게 이전되었다. 다음 설명 중 틀린 것은? (다툼이 있으면 판례에 따름)

> ㉠ 丙은 甲의 차임채권을 양수하지 않았다면 X건물을 반환받을 때 보증금에서 차임채권을 공제할 수 없다.
> ㉡ X건물을 반환하지 않으면, 특별한 사정이 없는 한 乙은 보증금이 있음을 이유로 연체차임의 지급을 거절할 수 없다.
> ㉢ 임대차 종료 후 보증금을 반환하기 전까지 乙은 기존의 임대차의 차임 월 200만원이 아니라 현재의 시세에 따른 차임을 지급할 의무를 부담한다.

① ㉠
② ㉡
③ ㉢
④ ㉠, ㉢
⑤ ㉡, ㉢

7개년 출제비중분석

제4편 출제비중
15%

7개년 평균 출제비중

장별 출제비중

장 제목	평균	제35회	제34회	제33회	제32회	제31회	제30회	제29회
제1장 주택임대차보호법	1.4	2	1	1	2	2	1	1
제2장 상가건물 임대차보호법	1.1	2	1	1	1	1	1	1
제3장 가등기담보 등에 관한 법률	1	1	1	1	1	1	1	1
제4장 집합건물의 소유 및 관리에 관한 법률	1.3	1	2	2	1	1	1	1
제5장 부동산 실권리자명의 등기에 관한 법률	1.1	1	1	1	1	1	1	2

*평균: 최근 7개년 동안 출제된 각 장별 평균 문제 수입니다.

제4편
민사특별법

제1장 주택임대차보호법
제2장 상가건물 임대차보호법
제3장 가등기담보 등에 관한 법률
제4장 집합건물의 소유 및 관리에 관한 법률
제5장 부동산 실권리자명의 등기에 관한 법률

제1장 주택임대차보호법

중요 출제가능성이 높은 중요 문제 고득점 고득점 목표를 위한 어려운 문제 신유형 기존에 출제되지 않은 신유형 대비 문제

> **Tip 출제의 맥**
> - 존속기간에서 최단기·묵시갱신·갱신요구권이 기본 맥이다.
> - 대항력 문제, 보증금 회수보장이 출제의 맥이다.

Point 66 주택임대차의 기간, 대항력, 보증금 보장 ★★★ 정답 및 해설 p.79~82

01 「주택임대차보호법」의 적용대상이 되는 경우를 모두 고른 것은? (판례에 따름)

중개사 27회 유사

㉠ 임차주택이 미등기, 무허가인 경우
㉡ 임차주택이 일시사용을 위한 것임이 명백하게 밝혀진 경우
㉢ 사무실로 사용되던 건물이 주거용 건물로 용도 변경된 경우
㉣ 적법한 임대권한을 가진 자로부터 임차하였으나 임대인이 주택소유자가 아닌 경우
㉤ 중소기업에 해당하는 법인이 소속직원의 주거용으로 주택을 임차한 경우

① ㉠, ㉢
② ㉡, ㉣
③ ㉠, ㉢, ㉣, ㉤
④ ㉡, ㉢, ㉣
⑤ ㉠, ㉡, ㉢

신유형

02 「주택임대차보호법」상의 존속기간에 관한 설명으로 옳은 것은?

① 기간의 정함이 없거나 1년 미만으로 정한 임대차는 1년으로 본다.
② 2년 미만으로 정한 경우 양 당사자는 2년 미만이 유효함을 주장할 수 있다.
③ 묵시갱신이 된 경우 1년으로 본다.
④ 묵시갱신이 된 경우 양 당사자는 언제든지 해지통지를 할 수 있다.
⑤ 묵시갱신이 된 경우 임차인은 언제든지 해지통지를 할 수 있고 그 효력은 임대인이 통지를 받은 때로부터 3월 후에 생긴다.

03 甲이 그 소유의 X주택에 거주하려는 乙과 존속기간 1년의 임대차계약을 체결한 경우에 관한 설명으로 틀린 것은?

중개사 30회 유사

① 乙은 2년의 임대차 존속기간을 주장할 수 있다.
② 乙은 1년의 존속기간이 유효함을 주장할 수 있다.
③ 乙이 2기의 차임액에 달하도록 차임을 연체한 경우, 묵시적 갱신이 인정되지 아니한다.
④ 임대차계약이 묵시적으로 갱신된 경우, 乙은 언제든지 甲에게 계약해지를 통지할 수 있다.
⑤ 임차인이 계약갱신을 요구한 경우 임대인은 실거주목적으로 갱신거절할 수 있으나 임대인의 지위를 승계한 양수인이 실거주를 이유로 종전의 임대인과 별도로 갱신거절할 수 없다.

신유형
04 「주택임대차보호법」상 임차인의 갱신요구권에 관한 내용 중 틀린 것은?

① 임대차 기간이 끝나기 6월에서 2월 전까지 임차인은 갱신요구하여야 한다.
② 갱신요구권은 1회에 한하여 허용된다.
③ 임대인의 직계 존속·비속이 목적주택에 실제거주하려는 경우 임대인은 갱신거절할 수 있다.
④ 갱신요구권을 행사한 경우 종전임대차와 동일한 기간으로 간주하며, 양 당사자는 기간 중 해지할 수 없다.
⑤ 임차인이 2기의 차임액을 연체한 사실이 있거나 중과실로 파손한 경우, 임대인의 동의 없이 전대한 경우, 임대인은 임차인의 갱신요구를 갱신거절할 수 있다.

05 「주택임대차보호법」상의 주택의 양수인이 임대인의 지위를 승계하는 경우를 모두 고르면? (단, 임차인은 대항요건을 갖춘 상태이고 각 지문은 독립적임, 판례에 의함)

> ㉠ X주택에 선순위 저당권이 있는 주택을 임차인이 전입신고를 마쳤다가 그 후 경매실행으로 낙찰된 경우
> ㉡ X주택에 선순위 저당권이 설정된 뒤에 임차인이 전입신고와 인도를 마친 다음에 후순위 저당권자가 X주택을 경매한 경우
> ㉢ ㉡에서 낙찰대금 완납 전에 임차인이 선순위 저당권의 채무를 대위변제한 경우
> ㉣ X주택에 임차인의 보증금반환채권을 임차인의 금전채권자가 가압류한 상태에서 주택이 양도된 경우
> ㉤ X주택에 임차인의 보증금반환채권을 임차인의 금전채권자가 압류 및 전부명령을 받은 상태에서 주택이 양도된 경우

① ㉠, ㉢
② ㉡, ㉣
③ ㉢, ㉣, ㉤
④ ㉡, ㉢, ㉣
⑤ ㉢, ㉤

06 「주택임대차보호법」상의 주택의 양수인이 임대인의 지위를 승계하지 <u>않는</u> 경우를 모두 고르면? (단, 임차인이 대항요건을 갖춘 상태이고 각 지문은 독립적이며, 판례에 의함)

> ㉠ 임차인이 주택양수인의 지위승계를 원하지 않아 이의제기를 한 때
> ㉡ 선순위 저당권이 있는 주택을 임차하였으나 주택이 경매실행되어 낙찰된 경우
> ㉢ 선순위 저당권이 설정된 뒤에 임차인이 소액임차인으로 대항요건을 갖추고 후순위 저당권자가 경매를 실행한 경우
> ㉣ 최선순위 전세권자가 대항요건을 함께 갖춘 상태에서 주택의 경매로 전세권에 기해 배당요구하였으나 보증금의 전액을 변제받지 못한 경우
> ㉤ 채권담보를 목적으로 임차주택을 양도담보로 소유권이전등기한 경우

① ㉠, ㉡, ㉢, ㉤
② ㉡, ㉣
③ ㉢, ㉤
④ ㉠, ㉡, ㉣
⑤ ㉠, ㉡, ㉢

07 「주택임대차보호법」에 관한 설명으로 옳은 것을 모두 고른 것은? (다툼이 있으면 판례에 따름)

> ㉠ 다가구용 단독주택 일부의 임차인이 대항력을 취득하였다면, 후에 건축물 대장상으로 다가구용 단독주택이 다세대 주택으로 변경되었다는 사정만으로는 이미 취득한 대항력을 상실하지 않는다.
> ㉡ 우선변제권이 있는 임차인은 임차주택과 별도로 그 대지만이 경매될 경우, 그 대지의 환가대금에 대하여 우선변제권을 행사할 수 있다.
> ㉢ 임차인이 대항력을 가진 후 그 임차주택의 소유권이 양도되어 양수인이 임차보증금반환채무를 부담하게 되었더라도, 임차인이 주민등록을 이전하면 양수인이 부담하는 임차보증금반환채무는 소멸한다.
> ㉣ 선순위로 저당권이 있는 주택임을 임차하여 주민등록과 인도를 마친 경우 임차주택이 경매되면 보증금 전부를 반환받을 때까지 임대차의 존속을 낙찰자에게 주장할 수 있다.

① ㉠, ㉣
② ㉢, ㉣
③ ㉠, ㉡
④ ㉡, ㉢
⑤ ㉠, ㉡, ㉢

08 「주택임대차보호법」상의 주택임대차에 관한 설명으로 **틀린** 것은? (판례에 의함)

① 대항력 있는 주택임대차가 종료된 상태에서 임차주택이 양도되더라도 임차인은 상당한 기간 내에 이의를 제기한 때는 양도인의 보증금반환의무는 소멸하지 않는다.
② 다세대주택은 동, 호수까지 정확히 일치하여야 하고, 가족 중 세대원의 일부가 전출하여도 대항력은 존속한다.
③ 임차인이 대항력을 갖추기 위하여 확정일자는 요건이 아니다.
④ 다가구용 단독주택의 임대차에서는 전입신고를 할 때 지번만 기재하고 동·호수의 표시가 없어도 대항력을 취득할 수 있다.
⑤ 저당권이 설정된 주택을 임차하여 대항요건을 갖춘 임차권자는 후순위 저당권이 실행되더라도 매수인(경락인)이 된 자에게 임차권으로 대항할 수 있다.

09 주택임차인 乙이 보증금 2억원을 지급하고 대항요건을 갖춘 후 임대인 甲이 그 주택의 소유권을 丙에게 양도하였다. 이에 관한 설명으로 <u>틀린</u> 것은? (판례에 따름) 중개사 31회

> ㉠ 주택임차인이 대항력을 갖춘 후 임대인이 소유권을 양도한 경우, 특별한 사정이 없는 한 임차인은 주택의 양수인에게만 보증금반환을 청구할 수 있다.
> ㉡ 임차주택 양도 전 발생한 연체 차임채권은 특별한 사정이 없는 한 丙에게 승계되지 않는다.
> ㉢ 임차주택 양도 전 보증금반환채권이 A에 의하여 가압류된 경우, A는 가압류의 효력을 丙에게 주장할 수 없다.
> ㉣ 丙이 乙에게 보증금을 반환하였다면 특별한 사정이 없는 한 甲에게 부당이득반환을 청구할 수 있다.

① ㉠, ㉡
② ㉡, ㉢
③ ㉡, ㉣
④ ㉢, ㉣
⑤ ㉠, ㉣

10 「주택임대차보호법」에 관한 설명으로 옳은 것은? (판례에 따름)

① 임차권보다 선순위의 저당권이 존재하는 주택이 경매로 매각된 경우, 경매의 매수인은 임대인의 지위를 승계한다.
② 적법하게 갱신요구권을 행사한 경우 양 당사자는 언제든지 임대차를 해지통고할 수 있다.
③ 임차인은 확정일자를 받아야 임차주택에 대하여 대항력을 취득한다.
④ 임차권보다 선순위의 저당권이 존재하는 주택이 경매로 매각된 경우, 임차인은 보증금을 전부 받을 때까지 낙찰자에게 임대차의 존속을 주장할 수 있다.
⑤ 대항력을 갖춘 임차인의 임대차보증금반환채권이 가압류된 상태에서 주택이 양도된 경우, 양수인은 채권가압류의 제3채무자 지위를 승계한다.

신유형

11 「주택임대차보호법」상의 임차인의 보증금회수에 관하여 옳지 못한 것은?

① 임차인이 보증금반환청구소송의 확정판결에 기하여 주택의 경매를 신청하는 경우, 그 반대의무의 제공을 집행 개시의 요건으로 하지 않는다.
② 임차인이 우선변제를 받기 위하여는 대항요건과 확정일자를 요건으로 하고 배당요구를 하여야 한다.
③ 임차인이 우선변제를 받기 위하여 대항요건이 유지되어야 할 최종시점은 배당요구의 종기까지이다.
④ 최선순위 대항요건과 확정일자를 함께 갖춘 임차인이 주택 경매절차에서 배당요구로 보증금 전액을 받지 못한 경우 주택의 낙찰자에게 임대차의 존속을 주장할 수 있다.
⑤ 임차인의 우선변제권은 주택의 환가대금에서만 인정되고 대지의 환가대금에서는 인정되지 않는다.

고득점

12 「주택임대차보호법」상의 임차인의 우선변제권에 관하여 옳지 못한 것은? (판례에 의함)

① 임차인이 우선변제를 받기 위하여는 대항요건과 확정일자를 요건으로 한다.
② 임차인의 우선변제권은 주택과 대지의 환가대금에서 인정된다.
③ 임차인이 보증금을 수령하기 위하여는 주택을 양수인에게 인도하여야 한다.
④ 임대차계약을 체결하려는 자는 임대인의 동의를 받아야 확정일자부여기관에 정보제공을 요청할 수 있다.
⑤ 임대차계약을 체결할 때 임대인은 임차인에게 차임 및 보증금의 정보를 제시해야 하나 「국세징수법」상 납세증명서의 제시 의무는 없다.

⭐중요
13 「주택임대차보호법」상의 최우선변제권에 관한 설명으로 **틀린** 것은? (판례에 의함)

① 임차인의 대항요건은 경매신청등기 전까지 임차주택이나 대지가 매매가 아니라 경매될 때 인정된다.
② 소액임차인은 경매신청의 등기 전까지 임대차계약서에 확정일자를 받아야 최우선변제권을 행사할 수 있다.
③ 확정일자를 갖춘 임차인이 소액임차인으로서의 지위를 겸한 경우, 먼저 소액임차인으로서 일정액을 우선배당받고 남은 보증금은 확정일자를 갖춘 순서대로 배당받는다.
④ 처음에는 보증금이 커서 소액임차인에 해당하지 않았으나 그 후 새로운 계약으로 보증금이 감액되어 소액임차인에 해당되면 최우선변제를 받을 수 있다.
⑤ 하나의 주택에 임차인이 2인 이상이고 그들이 그 주택에서 공동생활을 하는 경우 이들을 1인의 임차인으로 본다.

🆕신유형
14 「주택임대차보호법」상의 임차권등기명령에 관하여 **옳은** 것은? (판례에 의함)

① 임대차가 끝나기 전에, 임대인에게 임차권등기명령 결정이 송달되기 전에도 관할 세무서에 임차권등기명령을 신청할 수 있다.
② 임차권등기명령을 경료한 임차인은 경매절차에서 배당요구하여야 우선변제를 받을 수 있다.
③ 임차권등기명령으로 등기를 마친 주택을 그 후에 임차한 자도 소액임차인이면 최우선변제를 받을 수 있다.
④ 임차권등기명령에 따라 임차권이 등기되면 그 후에 임차인이 대항요건을 상실할 경우, 이미 취득한 대항력이나 우선변제권을 상실한다.
⑤ 임대인의 보증금반환의무와 임차권등기말소의무는 동시이행관계가 아니다.

15 주택임대차에 관한 설명으로 옳은 것은? (판례에 의함) 중개사 22·24회 유사

① 대항력을 갖춘 임차인의 임대차보증금반환채권이 가압류된 상태에서 주택이 양도된 경우, 주택의 양수인은 채권가압류의 제3채무자 지위를 승계하지 않는다.
② 주택임차권은 상속인에게 상속될 수 없다.
③ 임차권보다 선순위의 저당권이 존재하는 주택이 경매로 매각된 경우, 경매의 매수인은 임대인의 지위를 승계한다.
④ 대항요건과 확정일자를 갖춘 임차인은 임차주택과 별도로 그 주택의 대지만이 경매될 경우, 그 대지의 환가대금에 대하여 우선변제권을 행사할 수 있다.
⑤ 선순위 가압류권자와 후순위 임차인이 대항요건과 확정일자를 갖춘 경우 당해 주택이 경매되면 임차인이 우선변제받는다.

16 「주택임대차보호법」에 관한 설명으로 옳은 것은? (판례에 따름) 중개사 26회

① 주택임차인이 사망한 경우, 그 주택에서 가정공동생활을 하던 사실혼 배우자는 2촌 이내의 상속권자에 우선하여 임차인의 권리와 의무를 승계한다.
② 임차권등기명령에 따라 주택에 대해 임차권등기가 끝난 후 소액보증금을 내고 그 주택을 임차한 자는 최우선변제권을 행사할 수 없다.
③ 임차권보다 선순위의 저당권이 존재하는 주택이 경매로 매각된 경우, 경매의 매수인은 임대인의 지위를 승계한다.
④ 소액임차인은 경매신청의 등기 전까지 임대차계약서에 확정일자를 받아야 최우선변제권을 행사할 수 있다.
⑤ 주택임차인의 우선변제권은 대지의 환가대금에는 미치지 않는다.

17 「주택임대차보호법」에 관한 설명으로 옳지 못한 것은? (판례에 의함)

① 최선순위 전세권자로서의 지위와 대항력을 갖춘 임차인으로서의 지위를 함께 가진 자가 전세권자로서 배당요구한 경우, 변제받지 못한 보증금에 대하여 임차인으로서의 대항력을 낙찰자에게 주장할 수 있다.
② 임차인과 전세권자의 지위를 함께 가지는 자가 임차인의 지위에서 경매법원에 배당요구를 하였다면 전세권도 함께 배당요구를 한 것으로 본다.
③ 선순위 저당권이 없는 주택의 임차인은 주택이 경매될 때 보증금을 전액 반환받을 때까지 임대차의 존속을 주장할 수 있다.
④ 대항력을 갖춘 임차인이 당해 주택을 매수한 경우 임대인의 보증금반환의무는 소멸한다.
⑤ 자기명의로 주택을 매도하면서 동시에 그 주택을 임차한 경우 주택의 매도인으로서 가지는 대항력은 매수인 명의로 소유권이전등기가 경료된 다음 날부터다.

18 甲은 乙소유의 X주택에 관하여 乙과 보증금 3억원으로 하는 임대차계약을 체결하고 2018.3.5. 대항요건과 확정일자를 갖추었다. 丙은 2018.5.6. X주택에 관하여 저당권을 취득하였고, 甲은 2020.3.9. X주택에 임차권등기명령의 집행에 따른 임차권등기를 마쳤다. 이에 관한 설명으로 옳은 것은? (판례에 따름)

㉠ 甲은 임대차 종료 전에 임차권등기명령을 관할 세무서에 신청할 수 있다.
㉡ 甲이 2020.3.10. 세대원 전원과 함께 다른 곳으로 이사한 경우, 대항력을 상실하지 않는다.
㉢ 乙의 임차보증금반환의무와 甲의 임차권등기말소의무는 동시이행의 관계이다.
㉣ 경매가 2020.6.9. 개시되어 X주택이 매각된 경우, 甲이 배당요구를 하지 않아도 丙보다 우선변제를 받을 수 있다.
㉤ X주택이 경매실행된 경우 甲이 대항력과 우선변제권 중에서 배당요구를 선택하였으나 3억원을 전액 배당받지 못한 경우 낙찰자에게 임대차를 주장할 수 있다.

① ㉠, ㉢ ② ㉡, ㉤
③ ㉢, ㉣ ④ ㉡, ㉣, ㉤
⑤ ㉢, ㉣, ㉤

19 乙 소유의 X주택을 甲은 임차보증금은 2억원에 임대차계약을 체결하여 2022년 3월 15일 입주하여 그날 전입신고와 확정일자를 받았다. 乙은 같은 해 한 달 뒤 丙은행에서 대출을 받고 위 주택에 근저당권을 설정하였다. 1년 뒤 丙은행은 근저당권을 실행하여 丁이 주택의 새로운 소유자가 되었다. 다음 중 옳지 <u>않은</u> 것을 모두 고른 것은? (판례에 의함)

> ㉠ 甲은 丁에 대하여 자신의 임차권으로써 대항할 수 있다.
> ㉡ 甲은 주택의 경매시 임대차계약의 종료 전에는 보증금을 우선변제받을 수 없다.
> ㉢ 丁이 임대인으로서의 지위를 승계하는 경우, 乙은 甲에 대한 보증금반환채무를 면하고 丁이 승계한다.
> ㉣ 주택에 임대차계약 전에 이미 다른 저당권이 설정되어 경매시까지 존속한 경우, 丙은행이 근저당권을 실행하면 丁이 乙의 지위를 승계한다.

① ㉠, ㉢
② ㉡
③ ㉡, ㉣
④ ㉢
⑤ ㉡, ㉢

20 2022년 甲은 乙에게 3억원의 1번 저당권이 설정되어 있는 丙소유의 X주택을 丙으로부터 보증금 2억원에 임차하여 즉시 대항요건을 갖추고 확정일자를 받아 거주하고 있다. 그 후 丁이 X주택에 2번 저당권을 취득하고 저당권실행을 위한 경매에서 戊가 X주택의 소유권을 취득하였다. 옳은 것을 모두 고르면? (판례에 따름) 중개사 28회 유사

> ㉠ 乙, 甲, 丁은 경매로 모두 소멸한다.
> ㉡ 戊는 丙의 보증금반환의무를 승계하지 아니한다.
> ㉢ 甲이 배당요구를 하면 乙보다 보증금 2억원에 대해 우선변제를 받는다.
> ㉣ 甲은 戊에게 보증금을 전부 받을 때까지 임대차의 존속을 주장할 수 있다.
> ㉤ 丁이 甲보다 매각대금으로부터 우선변제를 받는다.
> ㉥ 甲이 우선변제를 받기 위하여는 배당요구시까지 대항요건이 존속하여야 한다.

① ㉠, ㉡
② ㉡, ㉣, ㉥
③ ㉢, ㉤
④ ㉠, ㉣, ㉤
⑤ ㉢, ㉤, ㉥

제2장 상가건물 임대차보호법

Tip 출제의 맥
- 상임법 적용범위에서 환산보증금 초과의 법리를 대비한다.
- 대항력·우선변제권·권리금 회수 관련 조문을 출제 맥으로 한다.
- 갱신요구거절 사유를 대비한다.

Point 67 상가건물 임대차보호법 ★★★

정답 및 해설 p.82~84

01 「상가건물 임대차보호법」에 관한 설명으로 <u>틀린</u> 것은? (판례에 의함)

① 공장이나 창고를 상품의 제조와 더불어 영리를 목적으로 하는 활동이 함께 이루어진다면 동법의 적용대상이 되는 상가건물에 해당한다.
② 동법이 적용되려면 사업자등록의 대상이 되는 상가건물이어야 한다.
③ 확정일자는 상가건물 소재지 관할법원에서 부여한다.
④ 임차인의 차임연체액이 3기에 달하는 때에는 임대인은 계약을 해지할 수 있다.
⑤ 대항력, 권리금 규정, 3기 연체시 해지의 규정은 환산보증금의 액수에 관계없이 임차인에게 적용된다.

02 「상가건물 임대차보호법」에 관한 다음 설명 중 <u>틀린</u> 것은?

① 보증금액수가 법률이 정한 환산보증금을 초과하지 않는 임대차에는 우선변제권, 임차권등기명령, 확정일자 규정 등이 인정된다.
② 일시 사용 임대차에는 적용하지 않는다.
③ 임차인이 대항력을 갖추기 위해서는 임대차계약서상의 확정일자를 받아야 한다.
④ 사업자등록은 대항력의 취득요건이고 존속요건이므로 배당요구의 종기까지 존속하여야 하고, 사업자가 폐업을 하였다가 다시 같은 상호로 사업자등록을 하여도 애초의 대항력이 존속한다고 볼 수 없다.
⑤ 임차인이 우선변제권을 취득하기 위해서는 대항요건을 갖추고 임대차계약서상의 확정일자를 관할 세무서에서 받아야 한다.

03 乙은 甲소유의 X상가건물을 甲으로부터 임차하고 인도 및 사업자등록을 마쳤다. 乙의 임대차가 제3자에 대하여 효력이 있는 경우를 모두 고른 것은? (다툼이 있으면 판례에 따름)

중개사 31회 유사

㉠ 乙이 폐업한 경우
㉡ 乙이 폐업신고를 한 후에 다시 같은 상호 및 등록번호로 사업자등록을 한 경우
㉢ 丙이 乙로부터 X건물을 적법하게 전차하여 직접 점유하면서 丙명의로 사업자등록을 하고 사업을 운영하는 경우
㉣ 甲소유의 X상가건물에 A 앞으로 가등기가 먼저 경료된 후 乙이 상가를 임차하여 인도와 사업자등록을 마쳤는데 A가 가등기에 기하여 본등기를 경료한 경우

① ㉠, ㉣
② ㉢
③ ㉠, ㉡, ㉣
④ ㉡, ㉢
⑤ ㉠, ㉡, ㉢

04 「상가건물 임대차보호법」에 관한 다음 설명 중 옳은 것은?

① 기간의 정함이 없거나 기간을 2년 미만으로 정한 임대차는 그 기간을 1년으로 본다.
② 기간을 1년 미만으로 정한 경우 양 당사자는 그 기간이 유효함을 주장할 수 있다.
③ 묵시갱신된 경우 기간은 1년으로 보며 임차인은 언제든지 해지할 수 있다.
④ 묵시갱신된 경우 양 당사자는 언제든지 임대차를 해지할 수 있다.
⑤ 계약갱신요구권은 최초임대차를 포함하여 10년의 범위에서 1회에 한하여 인정된다.

05 「상가건물 임대차보호법」상 임대인이 임차인의 계약갱신 요구를 거절할 수 있는 사유에 해당하는 경우를 모두 고르면?

중개사 17·22회 종합

㉠ 임차인이 임차한 건물의 전부 또는 일부를 경과실로 파손한 경우
㉡ 임대인이 임차인에게 일방적으로 보상금을 공탁한 경우
㉢ 임차인이 2기의 차임액에 달하도록 차임을 연체한 사실이 있는 경우
㉣ 임차인이 임대인의 동의 없이 목적건물의 전부 또는 일부를 전대한 경우
㉤ 임대인이 목적건물의 대부분을 철거 또는 재건축하려는 경우
㉥ 임대인이 실거주 목적인 경우

① ㉠, ㉢
② ㉡, ㉣
③ ㉢, ㉤
④ ㉣, ㉤
⑤ ㉡, ㉥

06 甲은 2021년 2월 10일 서울특별시에 위치한 乙소유 X상가건물에 대하여 보증금 7억원, 월 차임 5백만원, 3년 기간으로 임대차계약을 체결하였다. 甲은 2021년 2월 15일 건물의 인도를 받아 영업을 개시하고, 사업자등록을 신청하였다. 이에 관한 설명으로 옳은 것을 모두 고른 것은? (다툼이 있으면 판례에 따름)

중개사 32회 유사

> ㉠ 위 계약에는 확정일자 부여 등에 대해 규정하고 있는「상가건물 임대차보호법」제4조의 규정이 적용된다.
> ㉡ 2024년 1월 3일, 甲이 임차건물의 일부를 중과실로 파손한 경우 계약갱신을 요구할 수 있고 임대인은 이를 거절할 수 있다.
> ㉢ 甲이 2개월분의 차임을 연체하던 중 매매로 건물의 소유자가 丙으로 바뀐 경우, 특별한 사정이 없는 한 연체차임은 乙에게 지급해야 한다.
> ㉣ 乙이 3기의 차임액을 연체하거나 중과실로 목적물을 멸실한 경우, 임대인은 권리금회수 기회 보호의무를 부담한다.

① ㉠, ㉣
② ㉡, ㉣
③ ㉢, ㉣
④ ㉠, ㉡
⑤ ㉡, ㉢

07 임대차의 묵시갱신에 관하여 옳지 않은 것을 모두 고르면? (판례에 따름)

> ㉠ 주택의 임차인이 기간 만료일 9월 30일 기준 1월 전까지 갱신하지 아니한다는 뜻의 통지를 하지 아니한 경우, 임대차계약은 묵시갱신으로 연장된다.
> ㉡ 상가의 임차인이 임대차기간 만료일 9월 30일 기준으로 2주 전부터 만료일 사이에 갱신거절의 통지를 하지 아니한 경우 임대차계약은 묵시적 갱신이 인정된다.
> ㉢ 「민법」상 토지임대차에서 임대인이 기간 만료 6월에서 2월 전에 이의제기가 없으면 묵시갱신으로 간주한다.
> ㉣ 주택임대차에서 임대인이 기간 만료 6월에서 2월 전까지 갱신거절의 통지가 없을 경우, 임대차는 묵시갱신으로 연장된다.

① ㉠, ㉡
② ㉠, ㉢
③ ㉡, ㉢
④ ㉠, ㉡, ㉢
⑤ ㉠, ㉡, ㉣

08 乙은 식당을 운영하기 위해 2023.5.1. 甲으로부터 그 소유의 서울특별시 소재 X상가 건물을 보증금 8억원, 월 임료 500만원, 기간은 2년으로 하여 임차하는 상가임대차계약을 체결하였다. 「상가건물 임대차보호법」상 乙의 주장이 인정되지 <u>않는</u> 것을 모두 고른 것은? (다툼이 있으면 판례에 따름)

중개사 34회 유사

㉠ X상가 건물을 인도받고 사업자등록을 마친 乙이 대항력을 주장하는 경우
㉡ 乙이 甲에게 1년의 존속기간을 주장하는 경우
㉢ 乙이 甲에게 계약갱신요구권을 주장하는 경우
㉣ 乙이 종료 전 6월에서 종료시까지 특별한 사정이 없는 한 권리금계약을 체결하는 경우
㉤ X상가 건물이 경매처분시 乙이 우선변제권을 주장하는 경우

① ㉠, ㉢　　② ㉡, ㉤　　③ ㉢, ㉤
④ ㉡, ㉢, ㉣　　⑤ ㉠, ㉢, ㉣

09 2018.1. 甲은 선순위 권리자가 없는 乙의 서울소재 X상가건물을 보증금 1억원, 월 차임 40만원, 기간 약정 없이 임차하여 대항요건을 갖추고 확정일자를 받았다. 다음 설명 중 틀린 것은? (다툼이 있으면 판례에 의함)

① 甲이 3기의 차임을 연체한 경우, 乙은 甲의 계약갱신요구를 거절할 수 있다.
② 임대차기간은 1년으로 본다.
③ 甲이 임대차계약을 체결하려 할 때 乙의 동의를 받아 관할세무서장에게 乙의 납세증명서, 차임, 보증금의 정보제공을 요청할 수 있다.
④ 甲이 X건물의 환가대금에서 보증금을 우선변제받기 위해서는 대항요건이 배당요구 종기까지 존속하여야 한다.
⑤ 보증금이 전액 변제되지 않는 한 X건물에 대한 경매가 실시되어 매각되더라도 甲의 임차권은 존속한다.

10 甲이 2017.2.10. 서울소재의 乙소유의 X상가건물을 乙로부터 보증금 7억원, 월 차임 700만원, 기간 3년으로 임차하여 「상가건물 임대차보호법」상의 대항요건을 갖추고 영업하고 있다. 다음 설명 중 옳지 <u>못한</u> 것은?   중개사 28회 유사

① 甲에게는 대항력, 권리금회수기회 보호규정이 인정된다.
② 임대차가 묵시갱신된 경우 1년으로 간주하며 甲은 언제든지 해지할 수 있다.
③ 甲은 계약갱신요구권을 최대 10년의 범위에서 행사할 수 있다.
④ 임대차종료 후 보증금이 반환되지 않은 경우 甲은 X건물의 소재지 관할세무서에 임차권등기명령을 신청할 수 있다.
⑤ X건물이 경매로 매각된 경우, 甲은 대항요건과 확정일자를 받아야 보증금에 대해 일반채권자보다 우선하여 변제받을 수 있다.

11 상가임대인이 그의 임차인이 주선한 신규임차인으로 되려는 자와 임대차계약의 체결을 거절할 수 있는 경우를 모두 고른 것은? (판례에 따름)   중개사 29회 유사

> ㉠ 임대인이 1년 6개월을 영리목적으로 사용하지 않을 계획인 경우
> ㉡ 임차인이 주선한 신규임차인이 되려는 자가 보증금을 지급할 자력이 없는 경우
> ㉢ 임대인이 선택한 신규임차인이 임차인과 권리금계약을 체결하고 그 권리금을 지급한 경우
> ㉣ 임차인이 주선한 신규임차인이 되려는 자가 임차인으로서의 의무를 위반할 우려가 있는 경우
> ㉤ 임대인이 1년을, 그 후 임차인이 있는 그 상가건물의 양수인이 6개월을 영리목적으로 사용하지 않은 경우

① ㉠, ㉡
② ㉠, ㉢, ㉤
③ ㉡, ㉣, ㉤
④ ㉠, ㉢, ㉣
⑤ ㉡, ㉢, ㉣, ㉤

중요
12 「상가건물 임대차보호법」상의 권리금에 대한 내용으로 틀린 것은?

① 권리금계약이란 임차인이 신규임차인이 되려는 자와 권리금을 지급하기로 하는 계약을 말한다.
② 임대인은 기간이 끝나기 6개월 전부터 종료시까지 임차인이 권리금 계약에 따라 신규임차인이 되려는 자로부터 권리금을 받는 것을 방해해서는 안 된다.
③ 임대인이 신규임차인이 되려는 자에게 주변상가건물에 비추어 현저히 고액의 차임을 요구하는 행위는 권리금회수기회를 방해하는 행위로 본다.
④ 임대인이 적법한 권리금계약을 방해하여 임차인에게 손해를 발생하게 한 때에는 임대차 종료일로부터 3년 내에 그 손해를 배상할 책임이 있다.
⑤ 임대차 목적물인 상가건물을 임대인이 3년 이상 영리목적으로 사용하지 아니한 경우 임대인이 권리금계약 체결의 거절에 정당한 사유가 있는 것으로 본다.

13 「상가건물 임대차보호법」상의 권리금에 대한 내용으로 틀린 것은?

① 임차인이 주선한 신규임차인이 되려는 자로부터 임대인이 권리금을 수수하는 행위는 권리금회수기회의 보호의무 위반 행위로 본다.
② 상가소유권이 이전되기 전에 이미 발생한 연체차임은 별도의 채권양도절차가 없는 한 원칙적으로 건물양수인에게 승계되지 않는다.
③ 임차인이 3기의 차임액을 연체하거나 중과실로 목적물을 멸실한 경우, 임대인은 권리금회수기회를 보장할 보호의무를 부담하지 않는다.
④ 갱신요구 최대기간을 지나서 더 이상 임차인이 계약갱신요구권을 행사할 수 없는 경우, 임대인은 권리금회수기회 보호의무를 부담하지 아니한다.
⑤ 임차인의 목적물반환의무와 임대인의 권리금회수방해로 인한 손해배상의무는 동시이행관계가 아니다.

14 「상가건물 임대차보호법」에 관한 설명으로 옳지 못한 것은? (판례에 의함)

① 임차인이 대항력을 갖추기 위해서는 임대차계약서상의 확정일자는 요건이 아니다.
② 상가건물 임대차 계약서 사본을 소지한 임차인도 상가건물소재지 관할 세무서장에게 확정일자부여를 신청할 수 있다.
③ 임차인이 3기의 차임을 연체한 경우, 임대인은 임차인의 계약갱신요구를 거절할 수 있고, 권리금회수기회 보호의무를 부담하지 않는다.
④ 환산보증금액을 초과하는 상가임대차에서 기간을 정하지 아니한 경우 기간 종료 전 6월에서 1월 전에 행사하는 갱신요구권이 발생할 여지가 없다.
⑤ 임차권등기명령은 임대차 종료 후 보증금이 반환되지 아니한 경우 건물소재지 관할법원에 신청한다.

15 「상가건물 임대차보호법」에 관한 설명으로 옳은 것은? 중개사 27·30회 종합

① 사업자등록의 대상이 되지 않는 건물에 대해서도 위 법이 적용된다.
② 임차인이 임차한 건물을 중대한 과실로 전부 파손한 경우, 임대인은 권리금회수의 기회를 보장할 필요가 없다.
③ 기간을 정하지 아니하거나 기간을 2년 미만으로 정한 임대차는 그 기간을 2년으로 본다.
④ 임대차가 종료한 후 보증금이 반환되지 않은 때에는 임차인은 관할 세무서에 임차권등기명령을 신청할 수 있다.
⑤ 권리금회수의 방해로 인한 임차인의 임대인에 대한 손해배상청구권은 그 방해가 있은 날로부터 3년 이내에 행사하지 않으면 시효의 완성으로 소멸한다.

16. 甲은 2024년 2월 1일 서울특별시에 위치한 乙소유 X상가건물에 대하여 보증금 7억원, 월차임 5백만원에, 기간약정 없이 임대차계약을 체결하고 건물의 인도를 받아 영업을 개시하고, 사업자등록을 신청하였다. 이에 관한 설명으로 옳지 <u>않은</u> 것을 모두 고른 것은? (다툼이 있으면 판례에 따름)

> ㉠ 2024년 4월 1일 매매로 건물의 소유자가 乙에서 丙으로 바뀐 경우 甲은 대항력을 丙에게 주장할 수 없다.
> ㉡ 甲에게는 종료 6월 전에서 1월 전에 행사하는 계약갱신요구권은 인정되지 아니한다.
> ㉢ 甲이 5개월분의 차임을 연체하던 중 매매로 건물의 소유자가 乙에서 丙으로 바뀐 경우, 특별한 사정이 없는 한 연체차임은 丙에게 승계되지 아니한다.
> ㉣ 위 계약에는 확정일자 부여, 임차권등기명령 규정이 적용된다.

① ㉠, ㉡
② ㉡, ㉢
③ ㉢, ㉣
④ ㉠, ㉣
⑤ ㉡, ㉣

17. 「상가건물 임대차보호법」이 적용되는 X건물에 관하여 임대인 甲과 임차인 乙이 보증금 3억원, 월차임 60만원으로 정하여 체결한 임대차가 기간 만료로 종료되었다. 그런데 甲이 乙에게 보증금을 반환하지 않아서 乙이 현재 X건물을 점유·사용하고 있다. 다음 설명 중 옳은 것은? (다툼이 있으면 판례에 따름)

> ㉠ 甲은 임대차의 종료 후 사용하는 乙에게 불법행위로 인한 손해배상을 청구할 수 없다.
> ㉡ 乙이 임대차 종료 이후에 보증금 3억원을 반환받기 전에 임차 목적물을 점유하고 있다고 하더라도 차임 상당의 부당이득이 성립한다고 할 수 없다.
> ㉢ 임대차가 종료한 이후 보증금을 반환받는 날까지 甲은 乙에게 종전 임대차계약에서 정한 차임이 아니라 시가에 따른 차임에 상응하는 부당이득금을 청구할 수 있다.
> ㉣ 乙은 보증금 3억원을 전부 반환받을 때까지 X건물에 대해 유치권을 행사할 수 있다.

① ㉠, ㉢
② ㉡, ㉣
③ ㉢, ㉣
④ ㉠, ㉡
⑤ ㉡, ㉢

제3장 가등기담보 등에 관한 법률

중요 출제가능성이 높은 중요 문제   고득점 고득점 목표를 위한 어려운 문제   신유형 기존에 출제되지 않은 신유형 대비 문제

> 💡 **Tip 출제의 맥**
> - 가등기담보의 귀속청산 절차와 경매시 쟁점이 출제의 맥이다.
> - 양도담보의 사례문제를 출제의 맥으로 대비한다.

Point 68 가담법의 적용, 귀속청산, 양도담보 ★★★

정답 및 해설 p.84~86

01 다음 중 「가등기담보 등에 관한 법률」이 적용되는 경우는? (판례에 의함) 중개사 21·34회

① 시가 5억원의 부동산에 대해 선순위 저당권(채권 2억원)이 설정된 상태에서 1억원을 차용하면서 대물변제의 예약을 하고 가등기한 경우
② 1억원의 토지매매대금의 지급담보와 그 불이행의 경우의 제재를 위해 2억원 상당의 부동산을 가등기한 경우
③ 1천만원을 차용하면서 2천만원 상당의 고려청자를 양도담보로 제공한 경우
④ 1억원을 차용하면서 3천만원 상당의 부동산을 양도담보로 제공한 경우
⑤ 3억원을 차용하면서 이미 2억원의 채무에 대한 저당권이 설정된 4억원 상당의 부동산에 가등기한 경우

🔍 신유형
02 「가등기담보 등에 관한 법률」이 적용되지 <u>않는</u> 경우를 모두 고르면? (판례에 의함)

⊙ 토지매매대금채권을 담보하기 위하여 채권자에게 가등기를 경료한 경우
ⓒ 공사대금채권을 담보하기 위하여 가등기를 경료한 경우
ⓒ 선순위 저당권(채권액 1억원)이 설정된 채무자에게 채권자가 2억원을 빌려주고 채무자 소유의 시가 5억원의 집에 채권자 앞으로 가등기를 경료한 경우
ⓔ 채무자에게 1억원을 빌려주고 시가 3억원 상당의 토지를 채권자에게 양도담보를 제공하기로 약속하고 소유권이전등기가 경료되지 않은 경우

① ㉠, ㉢   ② ㉡, ㉣   ③ ㉠, ㉡, ㉣
④ ㉠, ㉣   ⑤ ㉠, ㉡

03 「가등기담보 등에 관한 법률」에 관한 설명 중 옳지 않은 것은? (판례에 의함)

① 가등기담보권자는 특별한 사정이 없는 한 가등기담보권을 그 피담보채권과 함께 제3자에게 양도할 수 없다.
② 담보가등기인지, 청구권보전을 위한 가등기인지의 여부는 등기부의 기재로 형식적으로 결정될 것이 아니고 당사자의 의사해석에 따라 결정된다.
③ 가등기담보설정자는 채무자와 제3자도 될 수 있다.
④ 채권자가 청산금의 평가액을 통지할 때는 목적부동산의 평가액과 「민법」 제360조에 규정된 채권액을 밝혀야 한다.
⑤ 채권자 아닌 제3자명의로 가등기를 하는데 대하여 3자합의와 특별한 사정이 있을 때에는 제3자명의 가등기도 유효하다.

04 가등기담보권의 실행에 관한 설명 중 틀린 것은?

① 가등기담보권자는 경매실행과 소유권 취득에 의한 실행을 선택할 수 있으며 귀속청산의 절차의 경우 청산금의 평가액과 피담보채권액을 밝혀야 한다.
② 실행통지의 상대방이 채무자 등 여러 명인 경우, 그 모두에 대하여 실행통지를 하여야 통지로서의 효력이 발생한다.
③ 채권자가 담보물의 객관적인 가액보다 낮은 금액을 주관적으로 평가한 금액을 통지한 경우 그 통지의 효력이 없다.
④ 청산금을 통지 후에는 채권자는 통지한 청산금액을 다툴 수 없다.
⑤ 목적 부동산의 가액이 피담보채권액에 미달하여 청산금이 없다고 인정되는 경우에도 그 뜻을 통지하여야 한다.

05 「가등기담보 등에 관한 법률」상 채권자가 담보목적 부동산의 소유권을 취득하기 위하여 채무자에게 실행통지를 할 때 밝히지 않아도 되는 것은?

① 청산금의 평가액
② 후순위 담보권자의 피담보채권액
③ 통지 당시 담보목적부동산의 평가액
④ 청산금이 없다고 평가되는 경우 그 뜻
⑤ 가등기담보권자의 피담보채권액

06 「가등기담보 등에 관한 법률」에 대한 설명으로 틀린 것은? (판례에 의함)   감평사

① 가등기 담보권자는 담보권을 실행할 때는 소유권취득 또는 경매청구 중 선택하여 실행할 수 있다.
② 채권자가 나름대로 평가한 청산금액이 객관적인 청산금평가액에 미달하더라도 담보권의 실행통지로서 효력이 있다.
③ 청산금은 실행통지 당시의 목적부동산 가액에서 그 시점에 목적부동산에 존재하는 모든 피담보채권액을 공제한 차액이다.
④ 가등기의 주된 목적이 매매대금채권의 확보에 있고, 대여금채권의 확보는 부수적 목적인 경우, 동법은 적용되지 않는다.
⑤ 가등기담보권이 설정된 경우, 설정자는 담보권자에 대하여 그 목적물의 소유권을 자유롭게 행사할 수 있다.

07 「가등기담보 등에 관한 법률」에 대한 설명으로 옳은 것은? (판례에 의함)

감평사, 중개사 32회 종합

① 매매대금의 지급을 담보하거나 물품대금채권을 담보하기 위하여 가등기한 경우 「가등기담보 등에 관한 법률」이 적용된다.
② 후순위 권리자는 청산기간에 한정하여 그 피담보채권의 변제기가 도래하기 전이라도 담보목적 부동산의 경매를 청구할 수 있다.
③ 청산금은 담보권의 실행통지 당시의 가액에서 가등기의 피담보채권액과 후순위 담보권자의 채권액을 합산하여 공제한 금액이다.
④ 채권자가 사적실행으로 청산금의 지급 전에 본등기 이전과 담보목적물을 인도받을 것을 내용으로 하는 처분정산형의 담보권실행도 허용된다.
⑤ 가등기담보권자가 청산금을 지급하지 않고 본등기가 경료된 경우 무효이나, 그 후에 청산절차를 마친 경우 유효한 등기가 될 수 없다.

08 「가등기담보 등에 관한 법률」에 관한 설명으로 틀린 것은? (판례에 의함)

중개사 22 · 28회 유사

① 이 법에서 정한 청산절차를 거치지 않고 담보권자가 담보가등기에 기한 본등기는 원칙적으로 무효이다.
② 가등기담보의 채무자의 채무변제와 가등기말소는 동시이행관계에 있다.
③ 집행법원이 정한 기간 안에 채권신고를 하지 않은 담보가등기권자는 매각대금을 배당받을 수 없다.
④ 청산금을 지급할 필요 없이 청산절차가 종료한 경우, 그때부터 담보목적물의 과실수취권은 채권자에게 귀속한다.
⑤ 강제경매가 실행된 경우 담보가등기는 저당권으로 간주하고, 가등기권리는 매각으로 소멸한다.

09 「가등기담보 등에 관한 법률」에 관한 설명으로 옳지 않은 것을 모두 고른 것은? (판례에 의함)

2015 감평사 유사

㉠ 담보가등기권자는 경매에서 채권액을 신고하여야 우선변제받을 수 있다.
㉡ 귀속청산의 경우 담보가등기권자가 청산금통지한 후 곧바로 가등기에 기하여 본등기를 할 수 있다.
㉢ 귀속청산의 경우 후순위권리자는 변제기 도래 전에도 청산기간에 한하여 귀속청산을 저지하고자 독자적인 경매청구할 수 있다.
㉣ 강제경매가 실행된 경우 담보가등기는 저당권으로 간주하므로 소멸하고, 가등기에 기한 본등기를 할 수 없다.
㉤ 귀속청산의 경우 지급할 청산금이 없을 때는 청산기간이 경과함으로써 청산절차는 종료되고, 이후 담보물의 과실수취권은 채무자에게 귀속된다.

① ㉠, ㉡
② ㉠, ㉢
③ ㉠, ㉤
④ ㉡, ㉤
⑤ ㉡, ㉢, ㉣

10 「가등기담보 등에 관한 법률」에 관한 설명 중 옳은 것을 고르면?

> ㉠ 소비대차로 인한 채권담보를 위해 가등기를 경료하기 전에도 본 법률이 적용된다.
> ㉡ 양도담보권자의 소유권이전등기말소의무와 채무자의 채무변제의무는 동시이행관계에 있다.
> ㉢ 가등기의 주된 목적이 공사대금채권의 확보에 있고, 대여금채권의 확보는 부수적인 목적인 경우에「가등기담보 등에 관한 법률」이 적용되지 않는다.
> ㉣ 채무자의 피담보채무변제의무와 채권자의 가등기말소의무 상호간에는 동시이행관계이다.
> ㉤ 채무자의 목적물인도 및 소유권이전의무와 채권자의 청산금지급의무는 동시이행관계이다.

① ㉠, ㉡
② ㉡, ㉤
③ ㉢, ㉣
④ ㉡, ㉢
⑤ ㉣, ㉤

11 甲은 乙의 X토지(시가 2억원)에 대하여 1억원의 차용금의 담보로 가등기담보권을 취득하였고 丙은 저당권을 취득하였으나, 乙은 변제기에 甲의 채무를 이행하지 않고 있다. 다음 설명 중 틀린 것은? (판례에 의함)

① 甲은 X토지의 경매를 청구할 수 있다.
② 丙이 경매를 실행한 경우 甲의 가등기담보권은 소멸하고, 자기 채권의 배당요구를 하여 우선변제를 받을 수 있다.
③ 甲이 乙에게 담보권 실행통지를 하지 않은 경우 청산금을 지급하더라도 가등기에 기한 본등기를 청구할 수 없다.
④ X토지의 후순위권리자 丙은 청산기간에 한정하여 그 피담보채권의 변제기 도래 전이라도 X토지의 경매를 청구할 수 있다.
⑤ 乙의 다른 채권자의 강제경매로 제3자가 X토지의 소유권을 취득한 경우에도 甲은 가등기에 기한 본등기를 청구할 수 있다.

12 甲은 乙에게 무이자로 빌려준 1억원을 담보하기 위해, 丙명의의 저당권(피담보채권 5,000만원)이 설정된 乙소유의 X건물(시가 2억원)에 관하여 담보가등기를 마쳤고, 乙은 변제기가 도래한 甲에 대한 차용금을 지급하지 않고 있다. 다음 설명 중 **틀린** 것은? (다툼이 있으면 판례에 따름)

> ㉠ 甲이 乙에게 청산금을 지급하지 않고 자신의 명의로 본등기를 마친 경우, 그 등기는 무효가 원칙이다.
> ㉡ 甲이 귀속청산절차에 따라 적법하게 X건물의 소유권을 취득하면 丙의 저당권은 소멸한다.
> ㉢ 경매절차에서 丁이 X건물의 소유권을 취득하면 甲의 가등기담보권은 소멸한다.
> ㉣ 청산금이 없는 경우, 적법하게 실행통지를 하여 2개월의 청산기간이 지나면 청산절차의 종료와 함께 X건물에 대한 사용·수익권은 乙에게 귀속된다.

① ㉠, ㉡ ② ㉡, ㉢
③ ㉡, ㉣ ④ ㉠, ㉢
⑤ ㉢, ㉣

13 「가등기담보 등에 관한 법률」에 관한 설명으로 **틀린** 것은? (판례에 따름)

중개사 28·32회 종합

> ㉠ 담보가등기를 마친 부동산에 대하여 강제경매가 된 경우 담보가등기권리는 그 부동산의 매각에 의해 소멸한다.
> ㉡ 가등기의 피담보채권은 당사자의 약정과 관계없이 가등기의 원인증서인 매매예약서상의 매매대금의 한도로 제한된다.
> ㉢ 채무자가 청산기간이 지나기 전에 한 청산금에 관한 권리의 양도는 이로써 후순위권리자에게 대항할 수 있다.
> ㉣ 가등기가 담보가등기인지 여부는 등기부의 기재에 따라 형식적으로 결정되는 것이 아니라 거래의 실질과 당사자의 의사해석에 따라 결정된다.

① ㉠, ㉡ ② ㉡, ㉢
③ ㉠, ㉣ ④ ㉢, ㉣
⑤ ㉠, ㉢

고득점

14 甲은 乙로부터 2억원을 빌리면서 甲소유의 X건물(시가 4억원 상당)을 乙에게 양도담보로 제공하고 소유권이전등기까지 마쳐주었다. 사안에 대한 설명으로 옳지 못한 것을 모두 고르면?

중개사 14·20·29회 종합

> ㉠ X건물에 대한 사용권과 과실수취권은 甲에게 귀속함이 원칙이다.
> ㉡ X건물에 대한 제3자의 침해가 있는 경우 甲은 등기명의 없이도 실질적 소유자임을 주장하여 소유권에 기하여 건물인도를 청구할 수 있다.
> ㉢ 甲은 乙로부터 청산금을 받기 전에 채무액을 채권자에게 지급하고 乙명의 소유권이전등기의 말소청구할 수 있다.
> ㉣ 乙이 X건물을 청산절차 없이 丙에게 매각한 경우, 丙은 선의·악의 관계없이 소유권을 취득한다.
> ㉤ 채무자 甲의 乙명의 소유권이전등기말소청구권은 10년의 제척기간에 걸리고, 10년이 지나면 채권자는 소유권을 확정적으로 취득하는데 이때 청산금 지급의무가 없다.

① ㉠, ㉡
② ㉡, ㉢
③ ㉢, ㉣
④ ㉡, ㉤
⑤ ㉣, ㉤

15 乙은 甲으로부터 1억원을 빌리면서 자신의 X빌라(시가 3억원)를 양도담보로 제공하고 甲 명의로 소유권이전등기를 마쳤다. 그 후 丙은 X빌라를 사용·수익하던 乙과 임대차계약을 맺고 전입신고를 하고 인도받아 사용하고 있다. 다음 설명 중 옳지 못한 것은? (다툼이 있으면 판례에 따름)

중개사 24회·29회 종합

> ㉠ 甲이 적법하게 담보권의 실행통지를 하고 청산금을 乙에게 지급한 때는 X빌라에 대하여 소유권을 취득한다.
> ㉡ 乙이 이행지체에 빠졌을 경우, 甲은 丙에게 소유권에 기하여 X빌라의 인도를 청구할 수 있다.
> ㉢ 甲은 乙의 채무의 변제기가 도래하면, 담보권의 실행통지절차를 거쳐서 임차인 丙에게 X빌라의 인도를 청구할 수 있다.
> ㉣ 甲이 선의의 丁에게 X빌라를 매도하고 소유권이전등기를 마친 경우, 乙은 丁에게 소유권이전등기의 말소를 청구할 수 있다.

① ㉠, ㉡
② ㉡, ㉣
③ ㉡, ㉢
④ ㉠, ㉢
⑤ ㉠, ㉣

제4장 집합건물의 소유 및 관리에 관한 법률

중요 출제가능성이 높은 중요 문제 고득점 고득점 목표를 위한 어려운 문제 신유형 기존에 출제되지 않은 신유형 대비 문제

> **💡 Tip 출제의 맥**
> - 구분소유권의 성립에 등기 여부가 쟁점이다.
> - 공용부분·대지사용권이 출제의 맥이다.
> - 구분소유자의 의무, 담보책임, 재건축, 관리인과 관리위원회가 주요 쟁점이다.

Point 69 집합건물법의 공용부분, 대지사용권, 관리 및 재건축 ★★★

정답 및 해설 p.86~87

01 「집합건물의 소유 및 관리에 관한 법률」상 구분소유권에 대하여 옳지 <u>못한</u> 것은? (판례에 의함)

① 전유부분과 공용부분 중 구분소유권의 목적이 되는 것은 전유부분이다.
② 구분건물이 객관적·물리적으로 완성되더라도 그 건물이 집합건축물대장에 등록되지 않는 한 구분소유권의 객체가 되지 못한다.
③ 구조상 공용부분에 관한 물권의 득실변경은 등기를 요하지 아니한다.
④ 전유부분과 공용부분의 지분은 분리하여 처분할 수 없다.
⑤ 규약에 달리 정함이 없는 한 구분소유자가 전유부분과 분리하여 대지사용권을 처분할 수 없다.

중요
02 「집합건물의 소유 및 관리에 관한 법률」상 공용부분에 대한 설명 중 옳지 못한 것은? (판례에 따름)

중개사 26 · 22회 유사

① 공유자가 공용부분에 관하여 다른 공유자에 대하여 가지는 채권은 그 특별승계인에도 행사할 수 있다.
② 건물의 어느 부분이 구분소유자의 전원 또는 일부의 공용에 제공되는지의 여부는 건물의 구조에 따른 '객관적인 용도'에 의하여 결정한다.
③ 공용부분의 사용과 비용부담은 전유부분의 지분비율에 따른다.
④ 전유부분이 속하는 한 동의 건물의 보존의 하자로 인하여 타인에게 손해를 가한 때에는 그 하자는 공용부분에 존재하는 것으로 추정된다.
⑤ 집합건물의 공용부분은 취득시효에 의한 소유권 취득의 대상이 될 수 없다.

중요
03 「집합건물의 소유 및 관리에 관한 법률」상 대지사용권에 대한 설명 중 옳지 못한 것은? (판례에 의함)

① 규약에 특별한 정함이 없는 한 구분소유자는 그가 가지는 전유부분과 분리하여 대지사용권을 처분할 수 없다.
② 분리처분금지는 그 취지를 등기하지 아니하면 선의로 물권을 취득한 제3자에 대하여 대항하지 못한다.
③ 법원의 '강제경매' 절차에 의하더라도 전유부분과 대지사용권은 분리, 처분할 수 없다.
④ 전유부분에 대한 '압류의 효력'은 종된 권리인 '대지사용권'에도 미친다.
⑤ 대지사용권에 관하여 공유자가 공유지분을 포기하거나 상속인 없이 사망하면 그 지분은 다른 공유자에게 귀속한다.

04 「집합건물의 소유 및 관리에 관한 법률」상의 관리단과 관리인에 관한 설명으로 옳지 못한 것은? (판례에 의함)

중개사 22 · 29회 종합

① 관리인의 선임은 관리단집회의 소집 · 개최 없이 서면결의로 할 수 있다.
② 구분소유자가 아닌 임차인도 관리인이 될 수 있다.
③ 관리단은 구분소유관계가 성립하는 건물이 있는 경우, 특별한 조직행위가 없어도 당연히 구분소유자 전원을 구성원으로 하여 성립하는 단체이다.
④ 구분소유자가 공동이익에 반하는 행위를 하는 경우, 일정한 요건을 갖추어 각 구분소유자가 공동이익에 반하는 구분소유자의 전유부분의 사용금지를 청구할 수 있다.
⑤ 관리위원회 위원은 구분소유권자 중에서 선임한다.

05 「집합건물의 소유 및 관리에 관한 법률」에 대한 설명으로 틀린 것은? (판례에 의함)

중개사 20회

① 전유부분에 대한 처분이나 압류 등의 효력은 특별한 사정이 없는 한 대지권에는 미치지 않는다.
② 규약은 특별한 사정이 없는 한 관리단집회에서 구분소유자 및 의결권의 각 4분의 3 이상의 찬성으로 변경될 수 있다.
③ 재건축의 결의가 법정정족수 미달로 무효인 경우에는 구분소유자 등의 매도청구권이 발생하지 않는다.
④ 공용부분 관리비에 대한 연체료는 전 구분소유자의 특별승계인에게 승계되는 공용부분 관리비에 포함되지 않는다.
⑤ 구분소유자의 특별승계인에게 그의 체납관리비를 승계하도록 한 관리규약은 공용부분 관리비에 한하여 유효하다.

06 「집합건물의 소유 및 관리에 관한 법률」에 대한 설명으로 옳은 것은? (판례에 의함)

중개사 21·32회 종합

① 관리비 징수에 관한 유효한 관리단 규약 등이 존재하지 않는 이상, 이 법상의 관리단은 공용부분에 대한 관리비를 구분소유자에게 청구할 수 없다.
② 구분소유자 중 일부가 권원 없이 무단으로 공용부분인 복도를 배타적으로 사용하여 이익을 얻은 경우, 무단사용한 구분소유자는 그로 인한 이득을 부당이득으로 반환의무가 있다.
③ 다른 구분소유자의 동의 없이 구분소유자 1인이 공용부분을 독점적으로 점유·사용하는 경우, 다른 구분소유자는 공용부분의 보존행위로서 그 인도를 청구할 수 있다.
④ 구분소유자가 아닌 대지소유자가 대지공유지분권에 기하여 "적정 대지지분을 가진 구분소유자"를 상대로 대지의 사용수익에 따른 부당이득반환을 청구할 수 있다.
⑤ 관리인은 구분소유자가 10인 이상일 경우 구분소유자 중에서 관리단집회의 결의로 선임한다.

07 「집합건물의 소유 및 관리에 관한 법률」상 공용부분에 대한 설명으로 옳은 것은? (판례에 의함)

중개사 29 · 34회 종합

① 구분소유권의 특별승계인이 구분소유권을 다시 제3자에게 이전한 경우, 달리 정함이 없는 한, 각 특별승계인들은 전(前)구분소유자의 공용부분에 대한 체납관리비를 지급할 책임이 없다.
② 구조상의 공용부분에 관한 물권의 득실변경은 등기하여야 효력이 생긴다.
③ 관리단은 관리비 징수에 관한 유효한 규약이 없다면 공용부분에 대한 관리비를 그 부담의무자인 구분소유자에게 청구할 수 없다.
④ 공용부분의 하자 담보책임의 기산점은 인도시부터이다.
⑤ 대지사용권을 가지지 아니한 구분소유자가 있을 때에는 그 전유부분의 철거를 구할 권리를 가진 자는 그 구분소유자에 대하여 구분소유권을 시가로 매도할 것을 청구할 수 있다.

☆중요

08 「집합건물의 소유 및 관리에 관한 법률」상 관리인에 대한 설명으로 틀린 것은?

① 구분소유자가 10인 이상일 때에는 관리단을 대표하고 관리단의 사무를 집행할 관리인을 선임하여야 한다.
② 관리인은 구분소유자 중에서 선임하며, 관리위원회 위원과 겸직할 수 없다.
③ 관리인은 부득이한 사유가 있을 때는 서면, 대리인에 의하여 결의할 수 있다.
④ 관리인에게 부정한 행위나 직무를 수행하기에 적합하지 아니한 사정이 있을 때에는 각 구분소유자는 관리인의 해임을 법원에 청구할 수 있다.
⑤ 관리인의 선임결의를 서면결의로 할 수 있다.

09 「집합건물의 소유 및 관리에 관한 법률」에 대한 설명으로 옳은 것은? (다툼이 있으면 판례에 의함)

① 관리위원회의 위원은 전유부분을 점유하는 자 중에서 관리단집회의 결의에 의하여 선출한다.
② 구분소유자 중 일부가 권원 없이 공용부분인 복도를 배타적으로 사용하여 이익을 얻은 경우 그로 인한 이득은 부당이득으로 반환의무가 있다.
③ 구분건물이 객관적·물리적으로 완성되더라도 그 건물이 집합건축물대장에 등록되지 않는 한 구분소유권의 객체가 되지 못한다.
④ 구조상의 공용부분에 관한 물권의 득실변경은 등기하여야 효력이 생긴다.
⑤ 각 공유자는 공용부분을 그 지분비율에 따라 사용할 수 있다.

10 「집합건물의 소유 및 관리에 관한 법률」상 구분소유자의 권리, 의무에 대한 설명으로 <u>틀린</u> 것은?

① 분양목적물에 하자가 존재하는 경우 하자담보책임을 추궁할 수 있는 자는 최초의 분양을 받은 자가 아니라 현재의 구분소유자이다.
② 전유부분의 하자담보책임의 기산점은 구분소유자에게 인도한 날부터다.
③ 하자보수에 갈음하는 손해배상청구권의 소멸시효의 기산점은 집합건물의 인도시부터다.
④ 완성된 분양목적물의 하자로 계약목적을 달성할 수 없더라도, 분양계약을 해제할 수 있다.
⑤ 대지사용권을 가지지 아니한 구분소유자가 있을 때에는 전유부분의 철거를 청구할 권리를 가진 자는 그 구분소유권을 시가로 매도할 것을 청구할 수 있다.

11 「집합건물의 소유 및 관리에 관한 법률」상의 재건축에 대한 설명으로 <u>틀린</u> 것은? 감평사

① 재건축의 집회를 소집하려는 자는 재건축결의에 찬성하지 아니하는 자에게 참가여부를 서면으로 최고하고, 2월 내에 회답이 없으면 재건축에 불참하는 것으로 본다.
② 재건축 결의와 서면결의에는 구분소유자 및 의결권의 각 5분의 4 이상의 다수에 의한 결의가 필요하다.
③ 의결권은 서면결의나 전자적 방법에 의하여 할 수 있으나 대리인을 통하여 행사할 수 없다.
④ 재건축 결의에 찬성하지 않은 구분소유자에게 매도청구권을 행사하기 위한 전제로서의 최고는 반드시 서면으로 하여야 한다.
⑤ 재건축 비용의 분담액 또는 산출기준을 확정하지 않은 채로 구분소유자 4/5 이상의 결의가 있어도 재건축 결의는 무효다.

12 「집합건물의 소유 및 관리에 관한 법률」상의 재건축에 관한 설명이다. 옳지 <u>못한</u> 것은?

① 재건축 결의시에는 새 건물의 건축에 드는 비용, 비용의 분담액수, 소유권 귀속에 관한 사항, 새 건물의 설계개요를 반드시 정하여야 한다.
② 재건축결의 요건은 구분소유자 및 의결권의 3/4 이상의 특별 다수에 의하여 재건축결의를 요한다.
③ 1필지에 집합건축물과 일반건물이 동시에 존재하는 경우 과반수 지분을 보유한 집합건물의 소유자들의 일반건물의 소유자들에 대한 일반건물의 철거청구는 「민법」상의 공유물의 변경에 해당하므로 공유자 전원의 동의를 요한다.
④ 집합건물의 구분소유자들이 대지 전체를 공동점유하여 그 대지에 대한 점유취득시효를 완성한 경우, 구분소유자들은 전유부분의 면적비율에 따라 대지지분을 시효취득한다.
⑤ 집합건물의 복도, 계단 같은 구조상 공용부분은 공유지분비율과 상관없이 대지 전부를 그 용도에 따라 사용할 수 있다.

13 「집합건물의 소유 및 관리에 관한 법률」상 구분소유자 및 의결권의 5분의 4 이상의 결의가 있어야만 하는 경우는?

㉠ 재건축 결의
㉡ 노후화 억제를 위한 것으로 구분소유권의 내용에 변동을 일으키는 공용부분의 변경
㉢ 공동생활의 방해로 구분소유권의 사용금지, 경매청구
㉣ 규약의 설정·변경 및 폐지
㉤ 서면결의

① ㉠, ㉡
② ㉡, ㉣
③ ㉠, ㉤
④ ㉢, ㉣
⑤ ㉢, ㉤

14 「집합건물의 소유 및 관리에 관한 법률」에 관한 설명으로 옳은 것을 모두 고른 것은?

중개사 31회

> ㉠ 각 공유자는 공용부분을 그 용도에 따라 사용할 수 있다.
> ㉡ 전유부분에 관한 담보책임의 존속기간은 사용검사일부터 기산한다.
> ㉢ 구조상 공용부분에 관한 물권의 득실변경은 그 등기를 해야 효력이 발생한다.
> ㉣ 분양자는 원칙적으로 전유부분을 양수한 최종구분소유자에게 담보책임을 지지 않는다.

① ㉠
② ㉢
③ ㉠, ㉡
④ ㉠, ㉣
⑤ ㉡, ㉢, ㉣

15 「집합건물의 소유 및 관리에 관한 법률」상 관리인에 관한 설명으로 틀린 것을 모두 고르면?

> ㉠ 구분소유자가 아닌 자는 관리인이 될 수 없다.
> ㉡ 구분소유자가 10인 이상일 때에는 관리단을 대표하고 관리단의 사무를 집행할 관리인을 선임하여야 한다.
> ㉢ 관리인은 공용부분의 보존행위를 할 수 있다.
> ㉣ 규약에서 달리 정한 바가 없으면, 관리인은 관리위원회의 위원이 될 수 있다.
> ㉤ 관리인의 대표권은 제한할 수 있지만, 이를 선의의 제3자에게 대항할 수 없다.

① ㉠, ㉡
② ㉡, ㉣
③ ㉢, ㉣
④ ㉢, ㉤
⑤ ㉠, ㉣

제5장 부동산 실권리자명의 등기에 관한 법률

☆중요 출제가능성이 높은 중요 문제   고득점 고득점 목표를 위한 어려운 문제   신유형 기존에 출제되지 않은 신유형 대비 문제

> **Tip 출제의 맥**
> - 2자간 명의신탁의 법리와 3자간 명의신탁의 사례가 출제의 맥이다.
> - 상호명의신탁의 법리를 출제의 맥으로 대비한다.

Point 70 2자간 명의신탁 / 3자간 명의신탁의 법리 ★★★

정답 및 해설 p.87~91

01 「부동산 실권리자명의 등기에 관한 법률」에 대한 설명으로 옳지 <u>못한</u> 것은?

① 명의신탁이란 대내적 관계에서 신탁자가 실질적 소유권을 보유하고 사용수익하면서 등기부상의 소유명의만을 수탁자로 하여두는 것을 말한다.
② 타인에게 명의를 신탁하여 등기하였다고 주장하는 사람은 그 명의신탁사실에 대해 증명할 책임이 있다.
③ 명의신탁의 금지대상이 되는 물권은 소유권에 한하지 않으며, 전세권, 저당권, 가등기도 명의신탁의 금지대상에 포함된다.
④ 사실혼 배우자간의 명의신탁은 무효이고, 신탁자와 수탁자가 혼인하여 배우자가 된 경우 명의신탁 당시로 소급하여 유효가 된다.
⑤ 종중, 배우자, 종교단체의 명의신탁이 탈세, 법령상 제한의 회피를 목적으로 하지 않는 경우 제8조의 특례에 의하여 명의신탁은 유효하다.

☆중요
02 「부동산 실권리자명의 등기에 관한 법률」의 적용대상이 되는 '명의신탁약정'에 해당하는 것은?

① 「신탁법」에 의한 신탁재산인 사실을 등기하는 경우
② 채무의 변제를 담보하기 위해 채권자가 채무자의 부동산에 대해 가등기를 한 경우
③ 부동산의 위치와 면적을 특정하여 3인이 구분소유하기로 하는 약정을 하고 그 3인의 공유로 등기하는 경우
④ 채무의 변제를 담보하기 위해 채권자가 채무자의 부동산에 소유권이전등기를 마친 경우
⑤ 「농지법」에 따른 제한을 회피하고자 친구에게 농지의 명의신탁을 한 경우

03 중요

甲은 조세포탈, 법령상 제한의 회피를 목적으로 하지 않고, 배우자 乙과의 명의신탁약정에 따라 자신의 X토지를 乙명의로 소유권이전등기를 마쳐주었다. 다음 설명 중 옳은 것은? (판례에 따름)

중개사 28회 유사

> ㉠ 甲·乙 관계에서는 乙이 甲에 대해서 X토지의 소유권을 주장할 수 있다.
> ㉡ 甲은 명의신탁약정의 해지를 원인으로 乙에게 소유권이전등기절차의 협력을 청구할 수 없다.
> ㉢ 丁이 X토지를 불법점유하는 경우 甲은 직접 丁에 대해서 소유물반환청구권을 행사할 수 없다.
> ㉣ 乙과의 매매계약에 따라 丙이 명의신탁 사실을 알고 매수한 경우 丙은 X토지에 대한 소유권을 취득할 수 있다.

① ㉠, ㉡
② ㉠, ㉢
③ ㉡, ㉢
④ ㉢, ㉣
⑤ ㉡, ㉣

04 고득점

「부동산 실권리자명의 등기에 관한 법률」상 2자간 명의신탁에 관한 설명으로 옳지 못한 것은? (판례에 따름)

중개사 19·23·26·34회 종합

> ㉠ 명의신탁의 약정과 그 약정에 따른 물권변동은 무효가 원칙이다.
> ㉡ 무효인 명의신탁약정에 따라 수탁자 명의로 등기를 한 것은 불법원인급여에 해당한다.
> ㉢ 신탁자는 무효인 명의신탁약정의 해지를 원인으로 수탁자로부터 소유권이전등기절차의 협력을 청구할 수 있다.
> ㉣ 명의신탁의 약정의 무효는 이를 알고 있는 악의 제3자에게 대항할 수 있다.
> ㉤ 수탁자로부터 다시 명의신탁약정을 하여 등기명의 외관만을 제3자 명의로 경료한 자는 부동산실명법 제4조 제3항의 제3자에 해당하지 않는다.
> ㉥ 무효인 2자간 명의신탁에서 신탁자는 수탁자에게 진정명의회복을 원인으로 소유권이전등기를 청구할 수 있다.

① ㉠, ㉢, ㉤
② ㉡, ㉣, ㉥
③ ㉡, ㉢, ㉣
④ ㉡, ㉤, ㉥
⑤ ㉠, ㉢, ㉣

05 「부동산 실권리자명의 등기에 관한 법률」상 명의신탁에 관한 설명으로 옳은 것을 모두 고른 것은? (다툼이 있으면 판례에 의함)

> ㉠ 탈법적인 목적이 없다면 사실혼 배우자간의 명의신탁은 유효다.
> ㉡ 양도담보, 가등기담보, 상호명의신탁은 본 법률상의 명의신탁에 해당하지 않는다.
> ㉢ 「농지법」에 따른 제한을 회피하고자 무효인 명의신탁약정에 기하여 타인명의의 등기가 마쳐졌다면 그것은 불법원인급여에 해당한다.
> ㉣ 명의수탁자가 제3자에게 부동산을 처분한 경우, 그 제3자는 특별한 사정이 없는 한 선의·악의를 불문하고 소유권을 취득한다.
> ㉤ 소유권 이외의 부동산 물권의 명의신탁은 동법률의 적용을 받지 않는다.

① ㉠, ㉡
② ㉠, ㉣
③ ㉡, ㉤
④ ㉡, ㉣
⑤ ㉢, ㉣

06 甲은 친구 乙과의 명의신탁약정에 따라 2024.3.5. 자신의 X부동산을 乙명의로 소유권이전등기를 해 주었고, 그 후 乙은 丙에게 이를 매도하고 丙명의로 소유권이전등기를 해주었다. 다음 설명 중 옳은 것은? (다툼이 있으면 판례에 따름) 　중개사 35회 유사

> ㉠ 甲과 乙의 명의신탁약정으로 인해 乙과 丙의 매매계약은 무효이다.
> ㉡ 甲은 乙을 상대로 불법행위로 인한 손해배상을 청구할 수 있다.
> ㉢ 甲은 乙을 상대로 명의신탁약정 해지를 원인으로 하는 소유권이전등기를 청구할 수 있다.
> ㉣ 乙이 X부동산의 소유권을 丙으로부터 우연히 다시 취득한다면, 甲은 乙을 상대로 소유권에 기하여 이전등기를 청구할 수 없다.

① ㉠, ㉡
② ㉠, ㉢
③ ㉡, ㉢
④ ㉡, ㉣
⑤ ㉠, ㉣

07 甲종중은 자신의 X토지를 탈세목적 없이 적법하게 종원(宗員) 乙에게 명의신탁하였다. 다음 설명 중 옳은 것은? (다툼이 있으면 판례에 의함)
중개사 21회 유사

> ㉠ 甲은 명의신탁해지를 원인으로 乙에게 소유권이전등기를 청구할 수 있다.
> ㉡ 제3자가 X토지를 불법점유하는 경우, 甲은 직접 소유권에 기하여 방해배제를 청구할 수 있다.
> ㉢ 乙이 丙에게 X토지를 매도하여 이전등기한 경우, 丙이 악의라면 X토지의 소유권을 취득하지 못한다.
> ㉣ 甲·乙간의 관계에서 乙은 甲에 대하여 X토지의 소유권이 자신에게 있음을 주장할 수 있다.
> ㉤ 乙이 소유권이전등기 후 X토지를 점유하는 경우, 乙의 점유는 타주점유이다.

① ㉠, ㉢
② ㉡, ㉣
③ ㉢, ㉤
④ ㉠, ㉤
⑤ ㉣, ㉤

08 부동산 명의신탁약정과 그에 따른 등기의 무효로 대항할 수 없는 제3자(「부동산 실권리자명의 등기에 관한 법률」 제4조 제3항)에 해당하지 <u>않는</u> 자를 모두 고른 것은? (다툼이 있으면 판례에 따름)
중개사 34회 유사

> ㉠ 계약명의신탁에서 수탁자명의 부동산의 등기를 기초로 임차한 자가 대항요건을 갖춘 경우
> ㉡ 부동산 명의수탁자를 상속한 자
> ㉢ 명의신탁된 부동산을 가압류한 명의수탁자의 채권자
> ㉣ 명의신탁자와 명의신탁된 부동산소유권을 취득하기 위한 계약을 맺고 등기명의만을 명의수탁자로부터 경료받은 것과 같은 외관을 갖춘 자
> ㉤ 학교법인이 명의수탁자로서 기본재산에 관한 등기를 마친 경우, 기본재산 처분에 관하여 허가권을 갖는 관할청

① ㉠, ㉢
② ㉡, ㉤
③ ㉡, ㉢
④ ㉡, ㉣, ㉤
⑤ ㉠, ㉢, ㉤

09 甲은 법령상의 제한을 회피하기 위해 2019.5. 배우자 乙과 명의신탁약정을 하고 자신의 X건물을 乙명의로 소유권이전등기를 마쳤다. 이에 관한 설명으로 <u>틀린</u> 것은? (다툼이 있으면 판례에 따름)
중개사 31회

① 甲은 소유권에 의해 乙을 상대로 소유권이전등기의 말소를 청구할 수 있다.
② 甲은 乙에게 명의신탁해지를 원인으로 소유권이전등기를 청구할 수 없다.
③ 甲은 乙을 상대로 진정명의회복을 원인으로 소유권이전등기를 청구할 수 있다.
④ 乙이 丙에게 X건물을 증여하고 소유권이전등기를 해 준 경우, 丙은 특별한 사정이 없는 한 소유권을 취득한다.
⑤ 乙이 丙에게 X건물을 적법하게 양도하였다가 다시 소유권을 취득한 경우, 甲은 乙에게 소유물반환을 청구할 수 있다.

10 甲은 법령상 제한을 회피할 목적으로 2023.5.1. 배우자 乙과 자신 소유의 X건물에 대해 명의신탁약정을 하고, 甲으로부터 乙 앞으로 소유권이전등기를 마쳤다. 다음 설명 중 <u>틀린</u> 것은? (특별한 사정은 없으며, 다툼이 있으면 판례에 따름)
중개사 34회 유사

㉠ 甲은 乙을 상대로 진정명의회복을 원인으로 한 소유권이전등기를 청구할 수 있다.
㉡ 甲은 乙을 상대로 침해 부당이득반환을 원인으로 한 소유권이전등기절차 이행을 청구할 수 있다.
㉢ 甲은 乙을 상대로 명의신탁해지를 원인으로 한 소유권이전등기를 청구할 수 있다.
㉣ 乙이 丙에게 X건물을 매도하고 소유권이전등기를 해준 경우, 丙이 명의신탁에 대하여 악의여도 소유권을 취득한다.

① ㉠, ㉡
② ㉡, ㉣
③ ㉠, ㉢
④ ㉡, ㉢
⑤ ㉢, ㉣

11
2020년 丙소유의 X부동산을 취득하고자 하는 부동산투기업자 甲은 탈세목적으로 친구 乙과 사이에 명의신탁약정을 맺고 乙에게 매수자금을 주면서 丙과 매매계약을 체결하도록 하였다. 乙은 甲의 부탁대로, 명의신탁약정이 있음을 모르는 丙과 매매계약을 체결하고 소유권이전등기를 경료받았다. 다음 설명 중 타당한 것은? (판례에 의함)

중개사 17회 수정

① 甲과 乙 사이의 명의신탁약정과 매매는 유효하다.
② 현재 X부동산의 소유자는 乙이다.
③ 甲은 乙을 상대로 명의신탁약정의 해지를 이유로 하여 X부동산 이전등기를 청구할 수 있다.
④ X부동산은 대내적으로는 甲의 소유이고, 대외적으로는 乙의 소유이다.
⑤ 乙이 X부동산을 丁에게 매도하고 이전등기를 해주었는데, 丁이 甲과 乙 사이의 명의신탁약정을 알았다면 丁은 소유권을 유효하게 취득할 수 없다.

12
2019년 9월 9일 X부동산을 취득하려는 甲은 여자친구 乙과 명의신탁을 약정하였다. 乙은 그 약정에 따라 계약당사자로서 선의의 丙으로부터 X부동산을 매수하여 자신의 명의로 등기한 후 甲에게 인도하였다. 다음 중 옳지 못한 것은? (판례에 의함)

중개사 20회 유사

① 甲과 乙의 명의신탁약정은 무효다.
② 甲은 乙을 상대로 부당이득반환으로 X부동산 자체의 등기이전을 청구할 수 없다.
③ 甲은 乙에게 제공한 부동산매수자금 회수를 담보하기 위하여 X부동산에 대하여 유치권을 행사할 수 있다.
④ X부동산의 소유자는 乙이므로 丙은 乙명의의 등기말소를 청구할 수 없다.
⑤ 乙이 자의로 X부동산에 대한 소유권을 甲에게 이전등기한 경우, 甲은 소유권을 취득한다.

13 2019년 甲은 丙의 X토지를 취득하고자 친구 乙과 명의신탁약정을 체결하고 乙에게 그 매수자금을 주었다. 甲과의 약정대로 乙은 명의신탁 사실을 모르는 丙으로부터 X토지를 매수하는 계약을 자기 명의로 체결하고 소유권이전등기를 경료받았다. 다음 설명 중 옳지 못한 것은? (다툼이 있으면 판례에 따름)

중개사 26회 유사

㉠ X토지의 소유자는 乙이다.
㉡ 甲이 X토지를 丁에게 매매계약 체결은 무효다.
㉢ 甲의 지시에 따라 장차 X토지의 처분대가를 乙이 甲에게 반환하기로 하는 약정은 무효다.
㉣ 甲은 丙에 대하여 X토지 소유권이전등기청구를 할 수 있다.
㉤ 만약 乙과 명의신탁 사실을 알고 있는 丙이 매매계약에 따른 법률효과를 직접 甲에게 귀속시킬 의도로 계약을 체결한 특별한 사정이 있을 때라면, 3자간 등기명의신탁이다.

① ㉠, ㉢ ② ㉡, ㉣ ③ ㉢, ㉣
④ ㉠, ㉤ ⑤ ㉢, ㉤

14 2020년 甲은 친구 乙과 계약명의신탁을 약정하였다. 그 사실을 '알고' 있는 매도인 丙은 명의수탁자 乙과의 매매계약에 따라 乙명의로 X토지의 소유권을 이전해 주었다. 다음 설명 중 옳은 것은? (다툼이 있으면 판례에 의함)

중개사 25회 유사

㉠ 丙에서 수탁자 乙로의 물권변동은 무효로서 丙이 소유자다.
㉡ 甲은 丙에 대하여 X토지에 대한 소유권이전등기를 청구할 수 있다.
㉢ 乙이 X토지의 소유권이전등기를 말소하지 않을 때 丙은 乙의 매매대금반환청구를 거절할 수 있다.

① ㉠ ② ㉡
③ ㉢ ④ ㉠, ㉡
⑤ ㉠, ㉢

15 2016년 한 X토지 경매절차에서 甲이 매수자금을 부담하지만 친구인 乙의 이름으로 매각받기로 명의신탁약정을 하였고 그 후 매각허가결정에 따라 乙은 대금을 완납하고 자신의 명의로 등기를 마쳤다. 다음 중 옳은 것은? (판례에 의함)

> ㉠ X토지에 대한 소유권자는 자금제공자인 甲이다.
> ㉡ X토지의 소유자가 甲·乙간의 명의신탁 사실에 대하여 선의·악의 관계없이 수탁자 乙 명의의 소유권이전등기는 유효다.
> ㉢ X토지를 甲이 丙에게 매도하는 계약은 무효다.
> ㉣ 甲의 지시에 따라 乙이 X토지를 매각한 후 그 처분대금을 甲에게 반환하기로 한 약정은 무효다.

① ㉠, ㉡
② ㉡, ㉢
③ ㉢, ㉣
④ ㉡, ㉣
⑤ ㉠, ㉢

16 甲은 2015.10.17. 경매절차가 진행 중인 乙소유의 X토지를 취득하기 위하여, 丙에게 매수자금을 지급하면서 丙명의로 소유권이전등기를 하기로 약정하였다. 丙은 위 토지에 대한 매각허가결정을 받고 매각대금을 완납한 후 자신의 명의로 소유권이전등기를 마쳤다. 옳지 못한 것을 모두 고른 것은? (판례에 따름)

중개사 27회 유사

> ㉠ X토지의 소유자는 丙이다.
> ㉡ 甲과 丙의 명의신탁약정 사실을 乙이 알았다면 丙은 토지의 소유권을 취득하지 못한다.
> ㉢ 甲은 丙에 대하여 매수자금이 아니라 부동산 자체를 부당이득반환을 청구할 수 있다.
> ㉣ 甲은 丙에게 제공한 부동산매수자금 회수를 담보하기 위하여 X부동산에 대하여 유치권을 행사할 수 있다.

① ㉠
② ㉠, ㉢
③ ㉠, ㉢, ㉣
④ ㉡, ㉢, ㉣
⑤ ㉠, ㉡, ㉢, ㉣

17 2020년 친구 사이인 甲·乙간의 명의신탁약정에 따라 수탁자 乙이 매수인으로서 丙소유의 X토지를 매입하고 乙명의로 이전등기를 하였다. 이 경우의 법률관계에 대한 설명으로 틀린 것은? (판례에 의함)   중개사 20·33회 종합

> ㉠ 甲·乙간의 명의신탁약정은 유효다.
> ㉡ 丙이 甲·乙간에 명의신탁약정이 있다는 사실을 모른 경우, 乙명의의 소유권이전등기는 유효하고, X토지는 乙이 진정한 소유자다.
> ㉢ 丙이 甲·乙간에 명의신탁약정이 있다는 사실을 알고 있었던 경우, 乙명의의 소유권이전등기는 무효이고, X토지는 丙이 진정한 소유자이다.
> ㉣ 만약 경매로 인하여 X토지가 丙에서 乙로 소유권이전된 경우, 丙이 명의신탁 사실에 대한 선의·악의 관계없이 소유권이전등기는 유효하다.
> ㉤ 乙이 X토지를 丁에게 처분한 경우 丁이 선의인 경우에 한하여 X토지에 대한 소유권을 취득한다.

① ㉠, ㉢   ② ㉡, ㉣
③ ㉣, ㉤   ④ ㉠, ㉣
⑤ ㉠, ㉤

18 계약명의신탁에 대한 설명으로 옳은 것을 모두 고르면? (판례에 따름)

> ㉠ 계약명의신탁에서 신탁자는 매도인에 대하여 등기청구권을 행사할 수 있다.
> ㉡ 계약명의신탁에서 수탁자가 매수인이 되어 매매계약을 체결하였고 신탁자가 토지를 점유하는 경우 타주점유로서 취득시효를 할 수 없다.
> ㉢ 계약명의신탁에서 신탁자와 수탁자간에 무효인 명의신탁 약정을 전제로 신탁자가 수탁자에 대한 소유권이전등기청구권을 확보하고자 신탁자명의가등기는 원인무효다.
> ㉣ 사후적으로 명의신탁자와 수탁자 사이에 매수자금의 부당이득반환에 갈음하여 부동산 자체를 대물변제의 약정에 기하여 수탁자에서 신탁자로의 소유권이전등기는 유효하다.

① ㉠, ㉡   ② ㉠, ㉢
③ ㉠, ㉢, ㉣   ④ ㉡, ㉢, ㉣
⑤ ㉠, ㉡, ㉢, ㉣

19 甲은 2020년에 친구 乙과 명의신탁약정을 하고 丙소유의 X부동산을 매수하면서 丙에게 부탁하여 丙에게서 乙명의로 소유권이전등기를 하였다. 다음 설명 중 옳은 것은? (판례에 의함)

중개사 26회 유사

㉠ 丙이 X부동산의 진정한 소유자이다.
㉡ 甲은 명의신탁해지를 원인으로 乙에게 소유권이전등기를 청구할 수 있다.
㉢ 甲은 부당이득반환을 원인으로 乙에게 소유권이전등기를 청구할 수 있다.
㉣ 丙은 진정명의회복을 원인으로 乙에게 소유권이전등기를 청구할 수 있다.
㉤ 乙명의 X부동산을 丁에게 매도한 경우, 丁이 甲·乙간 명의신탁사실에 대해 악의라면 유효하게 소유권을 취득할 수 없다.

① ㉠, ㉢
② ㉡, ㉣
③ ㉢, ㉣
④ ㉠, ㉣
⑤ ㉠, ㉤

20 3자간 등기명의신탁에 대한 판례에 대한 기술 중 옳은 것을 모두 고르면? (판례에 따름)

㉠ 3자간 등기명의신탁에서 수탁자가 명의신탁자 앞으로 바로 마쳐준 소유권이전등기는 실체에 부합하는 등기로서 유효하다.
㉡ 3자간 등기명의신탁에서 신탁자인 매수인이 부동산을 인도받아 점유하는 경우, 매도인에 대한 소유권이전등기청구권은 소멸시효가 진행하지 않는다.
㉢ 3자간등기명의신탁에서 수탁자가 제3자에게 임의처분하여 제3자가 유효하게 소유권을 취득하면, 매도인의 신탁자에 대한 소유권이전의무는 이행불능이다.
㉣ 3자간등기명의신탁에서 수탁자가 제3자에게 근저당권을 설정해준 경우, 명의수탁자는 신탁자에게 근저당권의 피담보채무상당액을 부당이득으로 반환하여야 한다.

① ㉠, ㉢
② ㉡, ㉣
③ ㉠, ㉡, ㉢
④ ㉠, ㉢, ㉣
⑤ ㉠, ㉡, ㉢, ㉣

21 2020년 甲은 丙의 X토지를 매매당사자로서 매매계약을 체결한 뒤 친구 乙과 사이에 명의신탁약정을 맺었고 丙은 甲의 부탁에 따라 직접 乙에게 소유권이전등기를 하였다. 다음 중 옳은 것은? (판례에 의함)

> ㉠ 丙의 甲에 대한 소유권이전등기의무는 소멸하였다.
> ㉡ 丙은 乙에게 진정명의회복을 원인으로 소유권이전등기를 청구할 수 있다.
> ㉢ 甲은 丙을 대위하여 乙명의 소유권등기 말소를 청구할 수 있다.
> ㉣ 甲은 명의신탁 약정의 해지를 이유로 乙에게 소유권이전등기를 청구할 수 있다.
> ㉤ 乙이 X토지를 丁에게 매각한 경우, 乙은 X토지 처분대금을 부당이득으로 丙에게 반환해야 한다.

① ㉠, ㉡   ② ㉠, ㉢   ③ ㉡, ㉢
④ ㉡, ㉣   ⑤ ㉡, ㉤

고득점
22 甲과 乙은 X토지에 관하여 구분소유적 공유관계에 있다. 다음 설명 중 틀린 것은? (다툼이 있으면 판례에 의함) 중개사 25회 유사

① 甲은 자신의 특정 구분소유 부분을 단독으로 처분할 수 있다.
② 甲의 특정 구분소유에 대하여 乙의 방해행위가 있는 경우, 甲은 소유권에 기한 방해배제를 청구할 수 있다.
③ 乙의 특정 구분소유에 대한 제3자 丙의 방해행위가 있는 경우, 甲은 제3자 丙에게 공유물의 보존행위로서 방해배제를 청구할 수 있다.
④ 상호명의신탁이 종료된 경우 甲과 乙의 지분이전등기의무는 동시이행관계다.
⑤ 甲이 乙의 구분소유토지에 Y건물을 신축하여 소유한 경우, 乙이 강제경매를 통하여 甲의 지분을 취득하면 Y건물에는 관습법상의 법정지상권이 성립한다.

23 甲은 자신의 X토지 중 일부를 특정(Y부분)하여 乙에게 매도하면서 토지를 분할하는 등의 절차를 피하기 위하여 편의상 乙에게 Y부분의 면적 비율에 상응하는 공유지분등기를 마쳤다. 다음 설명 중 옳지 <u>못한</u> 것은? (판례에 따름) 중개사 29회 유사

㉠ 乙은 甲에 대하여 공유물분할을 청구할 수 있다.
㉡ 乙은 상호명의신탁의 해지로 구분소유관계를 해소할 수 있다.
㉢ 乙은 Y부분을 불법점유하는 제3자 丙에 대하여 공유물의 보존행위로 그 배제를 구할 수 있다.
㉣ 만약 甲이 1필지 전체에 대한 진정한 공유지분으로서 처분하는 때에는 구분소유적 공유관계는 소멸한다.
㉤ 乙이 Y부분이 아닌 甲소유의 X부분에 건물을 신축하였다가 처분한 경우 그 건물에는 법정지상권이 성립한다.

① ㉡, ㉢
② ㉠, ㉡
③ ㉢, ㉣
④ ㉠, ㉤
⑤ ㉢, ㉤

Memo

저자 약력

양민 교수

현 | 해커스 공인중개사학원 민법 및 민사특별법 대표강사
해커스 공인중개사 민법 및 민사특별법 동영상강의 대표강사

전 | EBS 민법 및 민사특별법 대표강사
MTN 민법 및 민사특별법 대표강사
고시동네 민법 및 민사특별법 대표강사
랜드프로 민법 및 민사특별법 대표강사

저서 | 민법 및 민사특별법(기본서·핵심요약집), 랜드프로 2020~2021
민법 및 민사특별법(기출문제집), 랜드프로 2020~2021
민법 및 민사특별법(한손노트), 랜드프로 2021~2022
민법 및 민사특별법(기본서), 해커스패스, 2023~2025
민법 및 민사특별법(급소지문특강), 해커스패스, 2022
민법 및 민사특별법(한손노트), 해커스패스, 2023~2025
민법 및 민사특별법(핵심요약집), 해커스패스, 2024~2025
민법 및 민사특별법(단원별 기출문제집), 해커스패스, 2025
민법 및 민사특별법(출제예상문제집), 해커스패스, 2023~2024
공인중개사 1차(기초입문서), 해커스패스, 2023~2025
공인중개사 1차(핵심요약집), 해커스패스, 2023
공인중개사 1차(단원별 기출문제집), 해커스패스, 2023~2024

해커스 공인중개사
출제예상문제집
+ 7개년 기출분석

1차 민법 및 민사특별법

개정3판 1쇄 발행	2025년 5월 28일
지은이	양민, 해커스 공인중개사시험 연구소 공편저
펴낸곳	해커스패스
펴낸이	해커스 공인중개사 출판팀
주소	서울시 강남구 강남대로 428 해커스 공인중개사
고객센터	1588-2332
교재 관련 문의	land@pass.com
	해커스 공인중개사 사이트(land.Hackers.com) 1:1 무료상담
	카카오톡 플러스 친구 [해커스 공인중개사]
학원 강의 및 동영상강의	land.Hackers.com
ISBN	979-11-7404-162-3 (13360)
Serial Number	03-01-01

저작권자 ⓒ 2025, 양민
이 책의 모든 내용, 이미지, 디자인, 편집 형태는 저작권법에 의해 보호받고 있습니다.
서면에 의한 저자와 출판사의 허락 없이 내용의 일부 혹은 전부를 인용, 발췌하거나, 복제, 배포할 수 없습니다.

**공인중개사 시험 전문,
해커스 공인중개사 land.Hackers.com
해커스 공인중개사**

- 해커스 공인중개사학원 및 동영상강의
- 해커스 공인중개사 온라인 전국 실전모의고사
- 해커스 공인중개사 무료 학습자료 및 필수 합격정보 제공

해커스 공인중개사

교재만족도 96.5%!
베스트셀러 1위 해커스 교재

[96.5%] 해커스 공인중개사 수강생 온라인 설문조사(2023.10.28~12.27.) 결과 (해당 항목 응답자 중 만족 의견 표시 비율)

기초부터 탄탄하게 입문서 & 기본서

만화로 시작하는
해커스 공인중개사

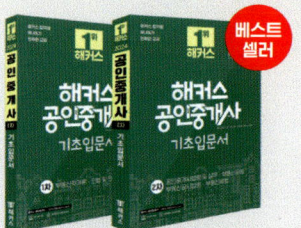
해커스 공인중개사
기초입문서

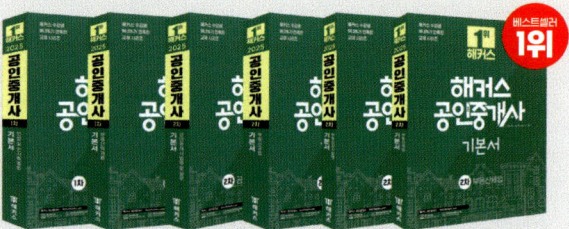
해커스 공인중개사
기본서

시험에 반드시 나오는 것만 엄선! 핵심요약집 & 부교재

해커스 공인중개사
7일완성 핵심요약집

해커스 공인중개사
한눈에 보는 공법체계도

해커스 공인중개사
계산문제집 부동산학개론

해커스 공인중개사 출제예상문제집

1차 민법 및 민사특별법

해설집

빠른 정답확인 + 정답 및 해설 + 지문분석

해커스 공인중개사 출제예상문제집

1차 민법 및 민사특별법

해설집

Contents

◉ 빠른 정답확인
◉ 정답 및 해설
    제1편   민법총칙 ·· 11
    제2편   물권법 ··· 33
    제3편   계약법 ··· 65
    제4편   민사특별법 ··· 79

빠른 정답확인

제1편 민법총칙

제1장 p.18~20

01	④
02	③
03	②
04	①
05	⑤
06	④

제2장 p.21~39

01	③
02	②
03	⑤
04	⑤
05	②
06	②
07	⑤
08	②
09	①
10	⑤
11	④
12	⑤
13	②
14	②
15	②
16	②
17	③
18	⑤
19	⑤
20	③
21	④
22	⑤
23	④
24	③
25	①
26	④
27	②
28	⑤
29	②
30	④
31	④
32	③
33	③
34	①
35	④
36	⑤
37	⑤
38	⑤
39	⑤
40	④
41	③
42	⑤

제3장 p.40~61

01	④
02	②
03	②
04	⑤
05	⑤
06	⑤
07	④
08	③
09	④
10	④
11	④
12	⑤
13	⑤
14	④
15	③
16	④
17	①
18	②
19	④
20	④
21	④
22	①
23	④
24	⑤
25	③
26	⑤
27	⑤
28	②
29	③
30	②
31	②
32	⑤
33	④
34	⑤
35	②
36	③
37	⑤
38	②
39	④
40	⑤
41	①
42	③
43	③
44	③
45	④
46	①
47	④

제4장 p.62~80

01	②
02	③
03	③
04	①
05	③
06	④
07	③
08	④
09	①
10	⑤
11	③
12	③
13	①
14	④
15	③
16	④
17	①
18	⑤
19	②
20	②
21	②
22	④
23	④
24	②
25	④
26	④
27	⑤
28	③
29	⑤
30	③
31	⑤
32	④
33	⑤
34	①
35	⑤
36	③
37	④
38	④
39	③
40	④
41	②
42	⑤
43	③

제5장 p.81~95

01	④
02	④
03	⑤
04	④
05	⑤
06	③
07	④
08	⑤
09	④
10	②
11	②
12	⑤
13	⑤
14	③
15	②
16	①
17	①
18	②
19	③
20	②
21	①
22	⑤
23	④
24	④
25	④
26	②
27	①
28	②
29	④
30	②
31	①
32	②
33	①
34	⑤
35	④

제6장 p.96~102

01	②
02	⑤
03	④
04	④
05	①
06	③
07	①
08	④
09	③
10	③
11	③
12	⑤
13	①
14	②
15	④
16	①
17	④
18	⑤
19	①

제2편 물권법

제1장 p.106~113

01	⑤
02	③
03	③
04	③
05	④
06	②
07	③
08	③

09	②
10	④
11	①
12	④
13	①
14	②
15	④
16	③
17	④
18	④
19	④
20	①

제2장 p.114~131

01	⑤
02	③
03	④
04	⑤
05	④
06	②
07	②
08	①
09	④
10	②
11	③
12	①
13	①
14	⑤
15	①

16	④
17	⑤
18	④
19	③
20	⑤
21	⑤
22	③
23	③
24	③
25	⑤
26	⑤
27	④
28	④
29	②
30	⑤
31	③
32	③
33	⑤
34	③
35	④
36	③
37	③
38	④
39	②
40	④
41	③
42	⑤
43	②

제3장 p.132~142

01	⑤
02	⑤
03	②
04	⑤
05	①
06	③
07	③
08	④
09	⑤
10	①
11	②
12	①
13	⑤
14	⑤
15	②
16	②
17	①
18	③
19	④
20	②
21	④
22	⑤
23	④
24	⑤

제4장 p.143~165

01	②
02	⑤
03	①
04	⑤

05	①
06	②
07	②
08	③
09	①
10	⑤
11	⑤
12	③
13	⑤
14	①
15	②
16	⑤
17	⑤
18	⑤
19	④
20	④
21	③
22	⑤
23	②
24	①
25	②
26	③
27	④
28	④
29	②
30	⑤
31	①
32	④
33	②
34	④

35	④
36	②
37	④
38	⑤
39	③
40	④
41	②
42	②
43	④
44	②
45	④
46	④
47	④
48	①
49	④

제5장 p.166~189

01	②
02	⑤
03	⑤
04	④
05	④
06	③
07	②
08	③
09	①
10	③
11	③
12	③
13	⑤
14	①
15	④
16	④
17	③
18	④
19	②
20	③
21	②
22	①
23	③
24	③
25	③
26	①
27	④
28	②
29	②
30	③
31	②
32	④
33	①
34	⑤
35	②
36	⑤
37	④
38	②
39	④
40	④
41	④
42	②
43	③
44	①
45	④
46	③
47	④
48	④
49	②
50	⑤
51	④
52	④
53	①
54	④
55	①

제6장 p.190~220

01	⑤
02	④
03	②
04	④
05	①
06	①
07	②
08	①
09	②
10	③
11	④
12	①
13	⑤
14	③
15	③
16	③
17	②
18	③
19	③
20	③
21	③
22	②
23	③
24	③
25	④
26	③
27	④
28	②
29	③
30	④
31	③
32	①
33	⑤
34	④
35	③
36	⑤
37	④
38	④
39	③
40	④
41	③
42	④
43	②
44	①

45	④
46	②
47	②
48	③
49	④
50	④
51	⑤
52	③
53	④
54	④
55	④
56	④
57	②

58	③
59	③
60	①
61	⑤
62	③
63	④
64	①
65	③
66	④
67	①
68	⑤
69	①
70	②

제3편 계약법

제1장 p.224~251

01	④
02	⑤
03	⑤
04	④
05	③
06	③
07	⑤
08	②
09	②
10	⑤
11	②
12	③

13	⑤
14	③
15	②
16	①
17	①
18	④
19	③
20	⑤
21	②
22	⑤
23	②
24	④

25	③
26	⑤
27	①
28	⑤
29	⑤
30	②
31	④
32	④
33	④
34	⑤
35	③
36	⑤
37	④
38	③
39	⑤
40	②
41	⑤
42	⑤
43	②
44	⑤
45	⑤
46	④
47	⑤
48	⑤
49	①
50	②
51	④
52	①
53	②
54	③

55	③
56	④
57	④
58	④
59	⑤
60	④
61	⑤
62	⑤
63	①

제2장 p.252~280

01	①
02	⑤
03	④
04	⑤
05	④
06	③
07	②
08	⑤
09	③
10	①
11	④
12	④
13	①
14	⑤
15	②
16	①
17	①
18	④
19	④

20	⑤
21	③
22	③
23	②
24	⑤
25	②
26	④
27	⑤
28	②
29	④
30	②
31	②
32	③
33	④
34	⑤
35	③
36	③
37	②
38	④
39	④
40	⑤
41	①
42	②

43	①
44	④
45	①
46	③
47	⑤
48	⑤
49	③
50	③
51	①
52	⑤
53	④
54	①
55	③
56	④
57	⑤
58	④
59	⑤
60	⑤
61	①
62	①
63	③
64	⑤
65	④

제4편 민사특별법

제1장 p.284~293

01	③
02	⑤
03	⑤
04	④
05	③
06	①
07	③
08	⑤
09	④
10	⑤
11	⑤
12	⑤
13	②
14	⑤
15	④
16	②
17	②
18	④
19	③
20	①

제2장 p.294~301

01	③
02	③
03	②④
04	③
05	④
06	⑤
07	④
08	②
09	③
10	④
11	⑤
12	⑤
13	④
14	②
15	②
16	④
17	④

제3장 p.302~308

01	①
02	③
03	①
04	③
05	②
06	③
07	②
08	②
09	④
10	③
11	⑤
12	③
13	②
14	⑤
15	②

제4장 p.309~315

문항	정답
01	②
02	③
03	⑤
04	④
05	①
06	②
07	⑤
08	②
09	②
10	③
11	③
12	②
13	①
14	①
15	⑤

제5장 p.316~327

문항	정답
01	④
02	⑤
03	④
04	③
05	④
06	④
07	④
08	④
09	⑤
10	④
11	②
12	③
13	②
14	⑤
15	④
16	④
17	⑤
18	④
19	④
20	⑤
21	③
22	⑤
23	④

정답 및 해설

제1편 민법총칙

제1장 법률관계와 권리변동 p.18~20

| 01 | ④ | 02 | ③ | 03 | ② | 04 | ① | 05 | ⑤ |
| 06 | ④ |

Point 01 권리변동과 준법률행위

01 ④
옳지 않은 것은 ㉣㉤㉥이다.
㉣ 상속으로 지상권취득 – 승계취득 중 <u>포괄승계</u>에 해당한다.
㉤ 매매로 소유권취득 – 승계취득 중 <u>특정승계</u>이다.
㉥ 건물에 저당권설정 – 승계취득 중 <u>설정적 승계</u>에 속한다.

> **보충 주의**
> 토지보상법상 재결수용으로 인한 소유권의 취득은 법률규정에 의한 원시취득이다(대판 2002다51586 · 98다47245).

02 ③
본래의 채무가 이행불능으로 손해배상채무로 변질되는 것이 <u>내용의 변경(질적 변경)</u>에 해당한다. 1순위 저당권이 소멸되어 2순위 저당권이 순위승진을 한 경우, 이는 작용의 변경이다.

> **지문분석**
> ① 신축건물의 소유권 취득, 취득시효로 인한 소유권 취득, 무주물 선점은 원시취득에 해당한다.
> ② 甲이 乙소유의 토지를 저당 잡은 경우, 이는 설정적 승계에 해당한다.
> ④ 건물매매로 인한 권리의 상대적 소멸은 권리 주체의 변경이다. 이는 이전적 승계이다.
> ⑤ 상속에 의하여 피상속인이 가지고 있던 권리가 상속인에게 승계된 경우, 이는 권리의 이전적 승계 중 포괄승계이다.

03 ②
준법률행위는 ㉠㉡㉢㉤이다.
준법률행위에는 표현행위(예 의사의 통지에 속하는 최고와 관념의 통지에 속하는 대리권수여 사실의 통지, 승낙연착의 통지)와 사실행위(예 무주물의 선점, 유실물의 습득, 가공)가 있다.

04 ①
저당권의 설정은 설정적 승계이고, 매매, 경매로 인한 소유권의 취득은 이전적 승계이다.

05 ⑤

> **논점** 준법률행위를 이해하는가?

「민법」(이하 해설에서 법명 생략) 제552조에서는 "해제권자의 상대편이 해제권자에게 해제권의 행사 여부를 일정기간을 정하여 최고하였음에도 해제권자로부터 확답을 받지 못하면 해제권이 소멸한다."고 규정하는데, 여기에서 해제권이 소멸하는 이유는 당사자의 "의사표시"가 없이도 "<u>법률의 규정</u>"에 근거하여 해제권이 소멸하기 때문이다.

06 ④
형성권에 해당하는 것은 ㉠㉡㉣이다.
㉢ 매수인의 등기청구권은 청구권이다.
㉤ 점유자의 비용상환청구권은 청구권이다.

제2장 법률행위   p.21~39

01	③	02	②	03	⑤	04	⑤	05	②
06	②	07	⑤	08	②	09	①	10	⑤
11	④	12	⑤	13	②	14	②	15	②
16	②	17	③	18	⑤	19	⑤	20	⑤
21	④	22	⑤	23	④	24	③	25	⑤
26	④	27	②	28	⑤	29	⑤	30	④
31	④	32	③	33	④	34	①	35	④
36	⑤	37	③	38	⑤	39	④	40	④
41	③	42	⑤						

Point 02 법률행위의 요건, 종류

01 ③
농지매매계약에서 농지취득자격증명은 농지매매의 효력발생요건이 아니고 등기요건에 불과하다(대판).

지문분석
① 대리행위에서 대리권의 존재는 대리행위의 효력발생요건이다. 대리권이 존재하면 유효이고 대리권이 없으면 대리행위는 무효이다.
② 정지조건부 법률행위에서 조건의 성취는 법률행위의 성립요건이 아니라 효력발생요건이다.
④ 법률행위 내용의 적법성은 법률행위의 효력발생요건이므로 내용이 적법하지 않으면 효력이 없다.
⑤ 토지거래허가구역 내의 토지거래계약에 관한 관할관청의 허가는 토지매매계약의 효력발생요건이다.

02 ②
• ㉠ 재단법인 설립행위, ㉢ 유증, ㉤ 소유권의 포기는 <u>상대방 없는 단독행위</u>이다.
• ㉡ 공유지분의 포기, 상계, 추인, ㉣ 시효이익의 포기는 상대방이 있는 단독행위이다.

03 ⑤
틀린 것은 ㉡㉤이다.
㉡ 공유지분의 포기 · 시효이익의 포기는 상대방 있는 단독행위에 속한다.
㉤ • 출연행위 - 매매, 증여(출연자의 재산은 감소되고 상대방은 재산이 증가됨)
  • 소유권의 포기는 비출연행위이다.

04 ⑤
[논점] 의무부담행위와 처분행위를 구별할 줄 아는가?
아닌 것은 ㉡㉢㉥이다.
㉠㉢㉤ 교환, 임대차, 매매의 예약, 주택분양계약은 장차 이행하기로 약정하는 행위로서 처분행위가 아니라 의무부담행위(채권행위)이다. 이에 반하여 처분행위에는, 첫째 저당권설정, 전세권설정, 소유권양도 같은 물권행위, 둘째 채권양도, 채무면제 같은 준물권행위가 있다.
㉡㉣㉥ 채권양도, 채무면제는 처분행위 중에서 준물권행위이고 저당권설정행위, 전세권설정행위는 물권행위이다.

05 ②
단독행위가 아닌 것은 ㉠㉡이다.
㉠ 매매의 예약은 항상 <u>채권계약</u>이다.
㉡ 합의해제, 합의해지는 기존계약을 해제(해지)하려는 청약과 상대방의 승낙으로 이루어지는 <u>새로운 계약이고 단독행위가 아니다</u>. 한편, 단독행위인 법정해제, 해지와 구별된다.

Point 03 법률행위의 목적

06 ②
옳지 못한 것은 ㉠㉢㉣이다.
㉠ 타인소유의 부동산의 매매(교환, 임대차)는 <u>유효하다</u>.
㉢ 법률행위의 목적은 법률행위의 <u>성립 당시에 반드시 확정되어야 하는 것은 아니고</u> 확정할 수 있는 기준이 정하여지면 족하다.
㉣ <u>사회질서의 위반을 이유로 하는 법률행위의 무효는 절대적 무효</u>이므로 선의의 제3자에게 <u>대항할 수 있다</u>.
㉥ 계약이 체결된 후 매매목적 건물이 전소된 경우, 이는 원시적 불능이 아니라 후발적 불능으로서 그 매매계약은 무효가 아니다.

07 ⑤
맞는 것은 ㉠㉡㉢이다.
㉠ 후발적 불능으로 甲에게 귀책사유가 있으므로 채무불이행으로 인한 손해배상책임이 문제된다.
㉡ 후발적 불능으로 이때 불능의 원인이 일방의 귀책사유가 있으면 채무불이행, 쌍방의 귀책사유가 없으면 위험부담이 문제된다.
㉢ 계약체결 전에 불능이므로 원시적 불능이고 계약체결상의 과실이 문제된다.
㉣ 반사회적 법률행위의 무효는 절대적 무효로서 선의 제3자가 <u>유효를 주장할 수 없다</u>. 반대로 당사자가 선의 제3자에게 무효를 대항할 수 있다.

ⓜ 법률행위의 반사회성, 불공정성 여부의 판단하는 시기는 <u>법률행위 성립 당시가 기준</u>이다.

08 ②
강제집행을 면할 목적으로 부동산에 허위의 근저당권설정등기를 경료하는 행위는 <u>반사회적 법률행위가 아니다</u>.

지문분석
① 관계 법령에서 정한 한도를 초과하는 부동산 중개수수료 약정은 한도를 초과하는 범위에서 강행법규위반으로 무효이다. 그러므로 법정수수료를 초과하여 지급된 수수료는 부당이득으로 반환청구할 수 있다.
⑤ 법률행위의 성립과정에서 강박이라는 불법적 방법이 사용된 데 불과한 때에는 반사회적 법률행위로서 무효가 아니고, <u>의사표시의 하자문제로서 취소사유이다</u>.

09 ①
효력규정이 아닌 단속규정인 것은 ㉠㉡㉢이다.
㉠ 「부동산등기 특별조치법」상 중간생략등기를 금지하는 규정은 효력규정이 아니라 단속규정이므로 이 규정을 위반한 중간생략등기는 사법상 무효가 아니다(대판).
㉡ 중개인과 의뢰인간의 직접거래 금지규정은 <u>단속규정이다</u>(대판).
㉢ 「주택법」의 전매행위 제한을 위반하여 한 전매약정은 <u>단속규정위반</u>으로 유효하다.
㉣㉤㉥ 모두 효력규정으로서 이를 위반하면 무효다.

10 ⑤
지문분석
① 개업공인중개사가 직접 중개의뢰인과 체결한 직접 거래 금지규정 위반은 단속규정위반으로 무효가 아니다.
② 공인중개사 자격이 없는 자가 우연히 1회성으로 행한 중개행위에 대한 적정한 수준의 수수료 약정은 중개를 업으로 한 것이 아니므로 그에 따른 중개수수료 지급약정은 강행규정위반으로 무효라고 할 수 없다.
③ <u>민사사건</u>에서 변호사와 의뢰인 사이에 체결된 <u>적정한 수준의 성공보수약정은 무효가 아니다</u>. 반면에 형사사건에서 성공보수약정은 무효이다.
④ 불공정한 법률행위로서 무효이기 위하여는 폭리자는 피해자가 궁박한 사정이 있음을 알면서 이를 이용하려는 악의가 필요하다. 그런데 매도인이 실수로 상업지역이라 칭하였으므로 폭리를 취하려는 <u>악의가 없으므로</u> 불공정한 법률행위로 무효라고 할 수 없다.

Point 04 반사회적 법률행위(제103조)

11 ④
양도소득세의 일부를 회피할 목적으로 매매계약서에 실제로 거래한 가액보다 낮은 금액을 매매대금으로 기재한 경우(다운계약서 작성)에 그 매매계약은 <u>탈세목적으로 처벌은 받을지언정 반사회적 행위에는 해당하지 않는다</u>.

지문분석
② 법정에 나와 증언할 것을 조건으로 대가를 지급하기로 약정한 경우, 그 대가가 여비, 일당에 그쳐서 과도한 급부가 아닌 경우 그 약정은 반사회적 행위가 아니나 과도한 급부를 지급하기로 한 경우 무효이다.
③ 이중매매에서 2매수인의 선의·악의 불문하고 <u>유효</u>다. 2매수인이 적극가담하여야 제103조 위반으로 무효다.
⑤ 반사회질서의 법률행위는 당사자가 그 무효임을 알고 추인하여도 새로운 법률행위를 한 효과가 생길 수 없다.

12 ⑤
부동산에 대한 강제집행을 면할 목적으로 그 부동산에 허위의 근저당권을 설정하는 행위는 '의사와 표시'를 상대방과 짜고 허위로 표시하여 무효인 것이지 법률행위의 '내용'에 반사회성이 있는 것은 아니다. 따라서 <u>반사회적 법률행위에 해당하지 않는다</u>(대판).

지문분석
① 과도하게 중한 위약벌 약정은 의무의 강제로 얻는 채권자의 이익에 비하여 약정된 벌이 과도하게 무거울 때는 반사회적 법률행위에 해당하여 무효이다(대판).
③ 소송에서의 증언을 조건으로 통상 용인되는 수준을 넘는 과도한 급부나 대가를 받기로 한 약정은 반사회적 행위로서 무효이다.

13 ②
반사회적 행위가 아닌 것은 ㉢㉤이다.
㉢ 형사사건이 아니라 민사사건에서 변호사와 의뢰인간의 성공보수 약정은 유효하다.
㉤ 양도소득세를 회피할 목적으로 실제로 거래한 매매대금보다 낮은 금액으로 매매계약을 체결한 행위는 반사회적 행위가 아니다.

14 ②
무효로 되는 것은 ㉡㉣이다.
㉠ 법률행위의 성립 과정에서 강박이라는 불법적 방법이 사용된 데 불과한 법률행위는 의사표시의 하자문제일 뿐 반사회적 법률행위에 해당하지 않는다(대판).

ⓒ 부첩관계의 종료를 해제조건으로 한 증여는 첩관계의 지속을 내용으로 하는 반사회적인 조건으로 조건도 무효이고 증여도 무효다.
ⓒ 태아에 대한 상해보험계약은 유효하고 반사회적 행위에 해당하지 않는다.
ⓔ 이미 매도된 부동산임을 알면서도 매도인의 배임행위에 적극 가담하여 이루어진 저당권설정행위는 반사회적 행위로서 무효이다. 이때 1행위와 2행위는 매매에 국한하지 않고 저당권설정행위, 가등기설정행위도 포함한다(대판).

15 ②
부첩관계인 부부생활의 종료를 해제조건으로 하는 증여계약은 반사회적조건이 붙은 법률행위로 조건도, 증여도 무효다.

16 ②
해당하는 것은 ⓒⓔ이다.
⑦ 양도소득세의 회피를 목적으로 자신 앞으로 소유권등기를 하지 아니하고 미등기인 채로 부동산의 매매계약을 체결한 경우 탈세를 목적으로 하는 것으로 반사회적 행위에 해당하지 않는다.
ⓒ 민사사건에서 변호사와 의뢰인간의 성공보수약정은 반사회적 행위에 해당하지 아니한다.

17 ③
부동산에 대한 강제집행을 면할 목적으로 그 부동산에 허위의 근저당권을 설정하는 행위는 "의사와 표시"를 상대방과 짜고 허위로 표시하여 무효인 것이지 법률행위의 "내용"에 반사회성이 있는 것은 아니다. 따라서 반사회적 법률행위에 해당하지 않는다(대판).

18 ⑤
대리행위의 하자 여부는 대리인이 기준이므로 대리인이 반사회적 행위에 적극가담했다면 본인이 설령 이를 알지 못했다 해도 반사회적 행위의 무효로 되는 데 장애가 되지 않는다(대판).

지문분석●
① 반사회성 여부는 법률행위 성립 당시 기준으로 판단해야 한다.
② 반사회질서의 법률행위의 무효는 절대적 무효로서 이를 주장할 이익이 있는 자는 누구든지 주장할 수 있다(대판).

Point 05 2중매매

19 ⑤
틀린 것은 ⓒⓔⓔⓜ이다.
ⓒ 1매수인은 소유권이전등기청구권(채권)을 가진 자로서 소유권이 아직 없는 자이므로 매도인 甲을 대위하여 2매수인 丙명의의 등기를 말소청구할 수 있으나 직접 말소를 청구할 수 없다(대판).
ⓒ 채권자 취소권은 전제조건이 금전채권을 보전할 때 쓰이므로 乙은 금전채권이 아닌 등기청구권을 보전하기 위하여서는 채권자 취소권을 행사할 수 없다(대판).
ⓔ 전득자는 2매수인이 이중매매를 적극 가담한 사실을 모르는 채 선의로 매수한 경우에도 2매수인의 매매행위는 절대적 무효로서 전득자가 선의여도 2중매매의 유효를 주장할 수 없고 유효하게 소유권을 취득할 수 없다(대판).
ⓜ 甲의 丙에 대한 급부는 불법원인급여로서 甲은 소유물반환을 청구할 수 없다.

20 ③
틀린 것은 ⓒ이다.
ⓒ 乙은 자신의 등기청구권의 보전을 위하여, 甲과 丙 사이의 매매계약을 채권자취소권으로 행사할 수 없다. 채권자 취소권은 금전채권을 보전하는 것이 전제조건인데 등기청구권은 금전채권이 아니기 때문이다.

21 ④
지문분석●
① 매매계약체결만으로 소유권은 이전하지 않고 형식주의에 의거하여 등기를 하여야 소유권이 이전한다.
② 2매수인이 甲·乙간의 매매를 알았거나 알 수 있었을 경우 무효가 아니고 유효다.
③ 2매수인이 적극 가담한 경우 2중매매는 반사회적 행위로서 무효이다.
⑤ 계약금의 해제는 중도금 지급 전이어야 가능하므로 중도금을 지급한 이후에는 계약금배액상환의 해제를 할 수 없다.

22 ⑤
대리행위에서 하자여부의 표준은 대리인이다. 따라서 적극가담의 표준은 대리인이다. 따라서 대리인이 적극 가담한 것을 본인이 모른 경우에도 이중매매는 반사회적 행위로서 무효이고 그 경우 이를 모르고 있는 본인은 소유권을 취득할 수 없다.

지문분석●
① 2매수인이 적극 가담하지 않는 한 이중매매는 2매수인의 선의·악의 불문하고 유효하다. 그러므로 2매수인은 소유권을 유효하게 취득한다.

② 1매수인 乙은 매도인 甲이 배임행위를 하여 2매수인에게 소유권이전등기를 경료하는 그때에 매수인 乙에 대한 등기이전의무가 이행불능에 빠진다. 그러므로 1매수인은 매도인의 소유권이전채무의 이행불능을 원인으로 최고 없이 계약을 해제할 수 있다.
③ 乙은 등기 전이므로 진정명의회복을 원인으로 이전등기 청구를 할 수 없다.
④ 甲과 丙의 계약이 사회질서 위반으로 절대적 무효인 경우, 丙으로부터 X토지를 전득한 丁은 선의이더라도 그 소유권을 취득하지 못한다.

23 ④
틀린 것은 ㉢㉣이다.
㉢ 반사회적 행위는 절대적 무효로서 만약 선의의 丁이 X부동산을 丙으로부터 매수하여 이전등기를 받은 경우, 丁은 甲과 丙의 매매계약의 유효를 주장할 수 없다.
㉣ 계약금 2배 상환에 의한 해제는 중도금 지급 전이어야 하는데 이미 중도금을 지급한 상태에서는 甲은 계약금의 배액을 상환하고 매매계약을 해제할 수 없다.

24 ③
옳은 것은 ㉠㉢이다.
㉠ X토지에 관하여 丙명의로 경료된 소유권이전등기는 원인무효이다.
㉡ 丙이 토지를 丁에게 매각하고 소유권이전등기를 경료하였다면 2매매는 반사회적 행위로 절대적 무효로서 丁은 제2매매계약이 유효하다고 주장할 수 없다.
㉢ 丙이 토지를 무단점유하고 있는 戊에게 토지에 대한 소유물반환청구를 주장한 경우, 戊는 제2매매계약의 무효를 주장할 수 있다. 왜냐하면 반사회적 행위의 무효는 절대적 무효로서 이해관계 있는 자는 누구든지 무효를 항변할 수 있기 때문이다.

25 ①
2중매매가 무효인 경우 이러한 무효는 절대적 무효이므로 그 부동산을 제2매수인으로부터 전득한 자는 설사 2중매매가 무효임을 모른 상태로 선의라 하여도 2중매매가 유효함을 주장할 수 없고 자기의 소유권 취득을 주장할 수 없다(대판).

26 ④
甲과 乙이 m²당 98만원으로 합의했으나 m²당 89만원으로 기재됐다면 쌍방간에 서로 진의가 공통된 이상 서로 합의한 98만원으로 계약이 성립하며(자연적 해석의 결과), 이때 甲은 서로의 합의가 이뤄진 진의대로 계약이 성립됐으므로 착오를 이유로 계약을 취소하지 못한다(오표시 무해의 원칙).

지문분석
① 1매수인은 매도인의 채무불이행(이행불능)으로 계약을 해제할 수 있고 사기로 취소할 수 없다.
② 甲·乙간에는 乙에게 표시한 대로 m²당 89만원에 토지의 매매가 성립한다(규범적 해석의 결과이다).
③ 이때 1매수인 乙은 매매당사자인 甲에게 토지소유권이전청구권을 가질 뿐 소유권자가 아니므로 계약당사자가 아닌 2매수인 丙명의로 이루어진 소유권이전등기를 직접 말소할 수 없다.
⑤ 선의 제3자인 전득자 丁은 甲과 丙 사이의 매매계약의 유효를 주장할 수 없다. 왜냐하면 丙이 적극 가담한 경우 이중매매행위는 절대적 무효이고 등기에는 공신력이 없기 때문이다(대판).

27 ②
수목에 대하여 2중매매의 경우 공시방법을 먼저 갖춘 자가 소유자다. 甲은 명인방법을 먼저 실시하였으므로 소나무에 대한 소유권을 입목등기 없이 취득한다.

Point 06 불공정한 법률행위(제104조)

28 ⑤
제103조, 제104조의 판단시기는 법률행위의 성립 당시를 기준으로 판단한다.

지문분석
① 무경험이란 거래 일반의 경험부족을 말하는 것이고 해당 특정영역에서의 경험부족을 말하는 것이 아니다(대판).
② 불공정한 법률행위가 되기 위해서는 피해자에게 궁박, 경솔과 무경험의 세 가지 중 어느 하나가 필요하다(대판).
③ 법률행위가 현저하게 공정을 잃었다고 하여 곧 그것이 궁박·경솔 또는 무경험으로 이루어진 것으로 추정되지 않는다(대판).
④ 불공정한 법률행위로 불이익을 입는 당사자가 불공정성을 소송 등으로 주장할 수 없도록 하는 "부제소 합의"를 하였어도 이는 효력이 없어 무효이다(대판).

29 ②
불공정한 법률행위는 절대적 무효로서 당사자가 추인하여도 유효로 될 수 없다.

30 ④
불공정한 법률행위는 추인에 의하여 유효로 할 수 없다.

31 ④
틀린 것은 ⓒⓔ이다.
ⓒ 불공정성 여부는 법률행위 성립 당시가 기준이므로 법률행위가 성립한 이후에 주변의 지가의 변동으로 인하여 일방이 커다란 폭리를 얻게 된 경우 불공정한 법률행위가 성립할 수 없다(전원합의체).
ⓔ 불공정한 법률행위의 무효는 양 당사자가 아니라 폭리자 일방에게만 폭리행위를 제공하여 불법원인이 존재하므로 폭리자 일방만 급여물의 부당이득반환을 청구할 수 없다.

32 ③
논점 불공정한 행위를 이해하는가?
불공정한 법률행위에 해당하는지 여부는 그 행위를 한 때를 기준으로 판단한다.

지문분석
① 매매계약이 약정된 매매대금의 과다로 말미암아 제104조에서 정하는 '불공정한 법률행위'에 해당하여 무효인 경우에도 무효행위의 전환에 관한 제138조가 적용될 수 있다(대판).
④ 불공정한 법률행위는 반사회적 행위의 예시로 이해하므로 불공정한 법률행위의 요건을 갖추지 못한 법률행위는 반사회질서행위가 될 수 있다.

33 ③
무경험은 특정거래영역에서의 경험부족을 뜻하는 것이 아니라 거래 일반에 대한 경험부족을 뜻한다.

34 ①
옳은 것은 ⓐⓑ이다.
ⓒ 급부와 반대급부가 현저히 균형을 잃은 법률행위는 궁박·경솔 또는 무경험으로 인해 이루어진 것으로 추정되지 않는다.
ⓓ 불공정한 법률행위에 해당하는지는 이행기가 아니라 성립 당시를 기준으로 판단해야 한다.

35 ④
옳지 못한 것은 ⓐⓑ이다.
ⓐ 단독행위인 채권포기에는 적용되지만, 증여, 경매에 있어서는 불공정한 법률행위가 적용되지 아니한다.
ⓑ 급부와 반대급부간에 현저한 불균형이 존재하면 궁박, 경솔, 무경험으로 인해 이루어진 것으로 추정되지 아니하므로 무효를 주장하는 자가 객관적 요건과 주관적 요건을 모두 증명하여야 한다.

36 ⑤
지문분석
① 현저히 불균형을 입증하여도 甲은 궁박상태가 추정되지 않는다.
② 궁박 여부는 본인 甲이 기준이고, 경솔·무경험 여부는 대리인이 기준이다.
③ 절대적 무효에 해당하므로 제3자 丁은 甲에게 선의로 유효임을 항변할 수 없다.
④ 판단하는 시기는 성립 당시이다.

37 ⑤
모두 옳다.
ⓐ 매매계약을 체결하면서 양도소득세를 면탈할 의도로 소유권이전등기를 일정기간 유보하는 약정은 반사회질서행위로 볼 수 없다.
ⓑ 경매는 불공정한 법률행위가 적용되지 않는다.
ⓒ 도박에 쓸 것을 알면서 빌려준 금전을 담보하기 위하여 저당권을 설정한 사람은 무효인 저당권설정등기의 말소를 청구할 수 있다.

Point 07 법률행위의 해석

38 ⑤
의사표시해석에 있어서 당사자의 진정한 의사를 상대방이 알지 못한 경우, 의사표시는 내심적 효과의사를 기준으로 하는 것이 아니라 표시행위로부터 추단되는 효과의사를 기준으로 하여 해석하여야 한다(대판).

지문분석
③ 임의 법규와 다른 관습이 있는 경우 당사자 의사가 불분명할 때는 관습에 의한다. 반면에 당사자 의사가 분명한 때는 관습보다 의사에 의한다.

39 ④
ⓐ은 규범적 해석, ⓑ은 자연적 해석이다.
ⓐ 표의자가 960만원에 매도할 의사였으나 잘못 표시하여 690만원으로 표기하였을 때 그 처리문제는 상대방이 표의자의 진의(내심적 효과의사)를 알았느냐, 몰랐느냐로 결정된다. 상대방이 표의자의 진의(내심적 효과의사)를 알 수 없었을 때에는 표시된 대로 받아들일 수밖에 없으므로 690만원으로 계약이 성립한다(이는 규범적 해석의 결과).
ⓑ 반면에 상대방이 표의자의 진의가 960만원이라는 것을 알 수 있었다면 표시된 대로가 아니라 서로 합의된 진의대로 계약이 성립된다(자연적 해석).

40 ④

매도인은 매수인과 서로 합의한 쌍방의 진의대로 X토지에 관하여 매매계약이 성립하므로 착오를 이유로 X토지에 대한 계약을 취소할 수 없다(해석에 의하여 당사자가 원하는 대로 계약이 성립할 때는 착오로 취소를 할 수 없다).

지문분석

③ Y토지가 매수인으로부터 제3자에게 적법하게 양도되어도 무효등기에는 공신력이 없으므로 제3자는 유효하게 소유권을 취득할 수 없다.

41 ③

옳은 것은 ㉠㉡이다.
㉠ 오표시 무해의 원칙에 관한 판례문제이다. 쌍방의 착오가 있어도 진의가 공통이면 쌍방의 공통된 진의대로 계약은 성립한다. 그러므로 매매계약은 X토지에 대하여 유효하게 성립한다(자연적 해석의 결과이다).
㉡ 매매계약은 Y토지가 아니라 쌍방의 진의대로 X토지에 대하여 성립한다(대판).
㉢㉣ Y토지가 아니라 쌍방의 진의대로 X토지에 대하여 매매계약이 성립하지만 당사자는 착오를 이유로 취소할 수 없다. 왜냐하면 당사자가 원하는 쌍방의 진의대로 계약이 성립하였다고 해석하였으므로 착오로 취소를 못한다.

42 ⑤

甲이 금융기관이 정한 여신제한 등의 규정을 회피하여 乙 명의로 대출을 받은 경우, 내부적으로 甲이 그 원리금을 상환하기로 하였더라도, 상대방과 명백한 합의가 없는 이상, 상대방(은행)이 이를 '인식하여 알고 있었다' 하여도 이는 소비대차계약에 따른 '경제적 효과'를 타인에게 귀속시키려는 의사에 불과할 뿐, 그 '법률상의 효과까지도 타인에게 귀속시키려는 의사로 볼 수는 없으므로, 명의자 乙이 대출계약서류에 서명한 행위는 진의와 표시에 불일치가 있다고 보기는 어렵다. 따라서 명의자 乙이 대출서류에 서명할 때 채무를 부담할 의사가 있었다면 이는 비진의표시가 아니다(대판). 따라서 대출서류상 명의자 乙이 대출금반환채무를 부담한다.

제3장 의사표시   p.40~61

01	④	02	②	03	②	04	⑤	05	⑤
06	⑤	07	④	08	③	09	②	10	④
11	④	12	⑤	13	⑤	14	④	15	③
16	④	17	①	18	②	19	④	20	⑤
21	④	22	①	23	②	24	⑤	25	②
26	④	27	⑤	28	②	29	③	30	②
31	②	32	⑤	33	④	34	⑤	35	②
36	⑤	37	⑤	38	②	39	④	40	⑤
41	③	42	③	43	③	44	③	45	③
46	①	47	④						

Point 08 진의 아닌 의사표시

01 ④

틀린 것은 ㉠㉢㉣이다.
㉠ 진의란 표의자가 진정으로 마음속에서 바라는 사항을 뜻하는 것이 아니라 표의자가 어떤 상황에서 특정한 의사를 표시하려는 표의자의 생각을 말한다(대판).
㉢ 진의 아닌 의사 표시는 유효가 원칙이나 진의 아님을 상대방이 알았거나 알 수 있었을 경우 취소가 아닌 무효다.
㉣ 공무원의 사직서 제출행위는 공법행위에는 의사표시 규정이 준용되지 않는다. 그 결과 표시한대로 사직서 제출행위는 유효하다.

02 ②

비진의표시에 관한 규정은 대리인이 대리권을 남용한 경우 유추적용된다. 그래서 진의 아닌 의사표시가 대리인에 의하여 이루어지고 대리인의 진의가 본인의 의사에 반하여 제3자의 이익을 도모하여 이루어진 것임을 "상대방이 알았거나 알 수 있었을 경우" 제107조 단서를 유추적용하여 대리인의 행위에 대해서 본인은 아무런 책임을 지지 않는다(대판).

지문분석

⑤ 은행대출한도를 넘은 甲을 위해 乙이 은행대출약정서에 주채무자명의로 서명날인한 경우, 대출명의자인 乙이 대출계약의 당사자이다. 이때 은행이 상대방과 대출 명의자가 대출책임을 부담하지 않는다는 "명백한 합의"가 없는 이상 이런 사정을 "알고" 있었더라도 명의자인 乙은 원칙적으로 대출금반환채무를 진다(대판).

03 ②
틀린 것은 ⓒⓜ이다.
ⓒ 상대방이 자신의 선의·무과실을 증명하는 것이 아니라 <u>무효를 주장하는 자가 상대방의 악의를 증명하여야 한다.</u>
ⓜ 乙이 진의 아님을 모르고 <u>무과실인 경우 이는 유효하므</u>로 乙로부터 매수한 丙이 악의라도 소유권을 취득할 수 있다.

04 ⑤

> **지문분석**

① 대출절차상 편의를 위하여 명의를 빌려준 자가 채무부담의 의사(내심적 효과의사)를 가졌을 경우에는 그 의사표시는 진의를 가지고 한 의사표시이므로 비진의표시에 해당하지 아니한다(대판).
② 표의자가 상대방의 강박에 의하여 증여를 하기로 하고 증여의사를 표시한 경우 증여의 내심적 의사를 가지고 증여한 것이니까 비진의표시에 해당하지 않는다.
③ 근로자가 자의로 심사숙고하여 중간퇴직한 경우 이는 사직할 진의를 가지고 한 것이니까 진의 아닌 의사표시에 해당하지 않는다.
④ 사직의사 없는 사기업의 근로자가 <u>사용자의 지시로 어쩔 수 없이 일괄사직서를 제출하는 형태의 의사표시는 진의 안 가지고(진의 없이) 한 의사표시로서 비진의표시에 해당한다(대판).</u>

05 ⑤
상대방이 진의 없음을 알았거나, 알 수 있었다는 사실은 상대방이 아니라 무효를 주장하려는 표의자가 입증해야 한다(대판).

06 ⑤
표의자가 강제에 의하여 증여를 하기로 하고 그에 따른 증여 표시를 한 경우에 재산을 강제로 빼앗긴다는 것이 표의자의 본심에 잠재되어 있다하여도 증여를 하기로 결심하고 증여 표시를 한 것으로 증여의 내심의 효과의사가 결여된 것이라고 볼 수 없다(대판).

07 ④
표의자 甲의 진의 아닌 의사표시임을 상대방 乙이 알았거나 알 수 있었을 경우 甲의 의사표시는 무효이므로 상대방 乙은 토지소유권을 취득하지 못한다(제107조 단서).

> **지문분석**

① 甲의 <u>진의 아닌 의사표시는 원칙적으로 유효하므로</u> 乙은 소유권을 취득한다(제107조 본문).

② 비진의표시는 <u>단독 허위표시이므로 상대방이 있든 없든 적용된다.</u> 이 점에서 통정허위표시는 통정할 상대방이 있을 때에만 적용된다는 점에서 구별된다.
③ 甲의 乙에 대한 진의 아닌 의사표시는 乙이 악의이면 무효로서 乙은 甲에게 소유권이 회복되어도 비진의표시는 처음부터 무효이므로 그로 인한 손해배상을 청구할 수도 없다.
⑤ 제3자 丙이 <u>선의라면 과실 있어도</u> 유효하게 취득한다.

Point 09 통정허위표시

08 ③
당사자가 통정하여 증여를 매매로 가장한 경우, 소위 은닉행위를 하여 소유권이전등기를 한 경우, <u>증여는 유효하나 매매는 허위표시로서 무효</u>이다.

09 ②
강제집행을 면할 목적으로 부동산에 허위의 근저당권설정등기를 경료하는 행위는 <u>제103조의 선량한 풍속 기타 사회질서에 위반한 사항을 내용으로 하는 법률행위가 아니다.</u>

10 ④

> **지문분석**

① 진의와 표시의 <u>불일치에 관하여 상대방과 합의가 있어야</u> 한다.
② 허위표시의 제3자가 선의인 경우, 선의에 대한 과실이 있는 경우 제3자는 소유권을 취득할 수 있다.
③ 대리인의 통정허위표시에서 <u>본인은 허위표시의 제3자에 해당하지 않는다.</u> 따라서 본인은 허위표시의 유효를 주장할 수 없다.
⑤ 가장소비대차에 따른 대여금채권의 선의의 양수인은 허위표시의 제3자에 해당한다.

11 ④
가장매매는 반사회적 행위가 아니므로 甲은 乙에게 허위표시의 무효를 이유로 부당이득반환을 청구할 수 있다.

> **지문분석**

① 제3자가 선의이면 과실 있어도 유효하게 소유권을 취득한다.
② 丙의 선의는 추정된다.
③ 乙의 상속인은 허위표시의 제3자에 해당하지 않는다.
⑤ 丙은 선의이면 과실 있어도 보호받는 제3자에 해당한다.

12 ⑤
지문분석
① 허위표시는 반사회적 행위가 아니므로 불법원인급여가 적용되지 않는다.
② 본인은 허위표시의 제3자가 아니므로 선의일지라도 유효를 주장할 수 없다.
③ 은닉행위는 유효하다.
④ 제3자가 보호받기 위하여 선의이면 족하고 무과실은 요건이 아니다.

13 ⑤
丙의 저당권 실행으로 제3자가 부동산을 매수한 경우, 부동산은 선의 제3자가 유효하게 취득하고 이때 부동산을 제3자에게 빼앗긴 가장양도인 甲은 가장양수인 乙에게 허위표시의 무효를 원인으로 부동산의 매매대금을 부당이득반환청구할 수 있다. 허위표시 자체는 반사회적 법률행위가 아니기 때문이다.

지문분석
③ 제3자는 선의이면 족하고 무과실을 요하지 아니한다. 그러므로 제3자에게 선의나 과실이 있어도 유효하게 보호받는다(제108조 제2항).

14 ④
옳은 것은 ㉠㉡이다.
㉠ 甲, 乙간의 대출약정이 유효하다고 믿고서 丙이 甲의 채권을 가압류한 경우 丙은 허위표시의 제3자에 해당한다. 이 경우 丙이 선의이나 과실 있어도 보호받는 제3자에 해당한다.
㉡ 丁이 대출약정과 관련한 甲의 계약상 지위를 이전받은 경우, 丁은 허위표시의 제3자에 해당하지 아니한다. 그러므로 허위표시의 당사자 乙은 丁에게 대출약정이 무효임을 항변할 수 있다.
㉢ 甲의 상속인 A는 허위표시의 제3자가 아니라 포괄승계인에 불과하므로 甲, 乙간의 대출약정이 허위표시임을 모른 경우에도, 乙은 A에게 무효임을 대항할 수 있다.
㉣ 甲에게 파산선고가 된 경우, 파산관재인 B가 대출약정이 허위표시임을 알았을 경우, 파산채권자 중 일부가 선의라면 乙은 B에게 대출약정의 무효를 대항할 수 없다. 판례에 따르면 파산관재인 개인을 기준으로 선의, 악의 여부를 판단하지 아니하고 총파산채권자를 기준으로 판단하며, 총채권자가 악의가 아닌 한 선의로 다루어진다.

Point 10 은닉행위의 사례

15 ③
甲에서 乙에게 이전등기는 실제와 다른 원인에 의한 등기로 실체와 부합하여 유효하므로 甲은 乙을 상대로 이전등기의 말소를 청구할 수 없다. 당사자간에 "실제는 증여를 매매로 허위기재"하여 소유권이전등기를 경료한 경우 이 등기는 "실제와 다른 원인"에 의한 등기로 실체에 부합하므로 유효하다. 따라서 등기명의자 乙은 소유권을 취득한다.

지문분석
①② 이때 증여는 이면계약(은닉행위)으로서 증여가 입증될 수 있는 한 유효하다. 한편 매매는 허위계약으로서 무효이다.
④⑤ 여기서 소유권자 乙이 제3자에게 부동산을 매각한 것은 자기부동산의 소유권자로서 유효하게 처분한 것이므로 제3자는 선의·악의 불문하고 소유권을 취득하게 된다. 그 결과 甲·乙은 제3자 丙의 등기를 말소청구하지 못한다.

16 ④
틀린 것은 ㉡㉢㉣이다.
㉠ 甲과 乙 사이의 매매계약은 허위표시로서 무효이다.
㉡ 甲과 乙 사이의 증여계약은 증여의사가 실재하므로 유효이다.
㉢ 甲에서 乙에게로의 소유권이전등기는 실체에 부합하여 유효하고, 완전한 소유권자 乙로부터 매매를 한 丙도 유효하게 소유권을 취득한다. 따라서 甲은 丙에게 X토지의 소유권이전등기말소를 청구할 수 없다.
㉣ 완전한 소유권자 乙로부터 매매를 한 丙은 선의이고 과실이 있더라도 유효하게 소유권을 취득한다.

Point 11 허위표시의 제3자 여부

17 ①
가장 소비대차의 계약상 지위를 이전받은 자는 허위표시의 외형을 기초로 새로운 이해관계를 맺은 제3자에 해당하지 아니한다.

18 ②
해당하는 것은 ㉠㉡㉥이다.
㉢ 대리인의 통정허위표시에서 본인-대리인과 동일시하는 자이고 허위표시의 외형을 기초로 새로운 법률관계를 맺은 자가 아니다.
㉣ 가장양수인의 상속인은 가장양수인을 포괄승계한 자로서 독립된 이해관계를 맺은 제3자에 해당하지 아니한다.

ⓜ 차주와 통정하여 가장소비대차계약을 체결한 금융기관으로부터 그 계약을 인수한 자는 허위표시의 외형을 기초로 독립한 이해관계를 맺은 자에 해당하지 아니한다.
ⓗ 가장소비대차의 대주가 파산선고를 받았을 경우 파산관재인은 파산채권자 전체의 공동이익을 위하여 직무를 행하므로 파산자와는 독립하여 그 재산에 관한 이해관계를 가지는 자에 해당한다. 이때 파산관재인의 선의·악의는 파산관재인 개인의 선의·악의를 기준으로 할 수 없고 총파산채권자를 기준으로 하여 파산채권자 모두가 악의로 되지 않는 한 파산관재인은 선의로 추정된다(대판).

19 ④
[논점] 허위표시의 제3자 여부
해당하지 않는 것은 ⓛⓜ이다.
ⓛ 채권의 가장양도에서 변제 전 채무자는 허위표시의 외형을 기초로 독립된 법률원인으로 새로운 이해관계를 맺은 자에 해당하지 않는다.
ⓜ 가장 소비대차의 계약상 지위를 이전받은 자는 가장채권의 외형을 믿고 새로운 이해관계를 맺은 제3자에 해당하지 아니한다.

20 ④
해당하는 것은 ⓒⓔ이다.
ⓐ 가장 소비대차에서 가장소비대주의 계약상 지위를 이전받은 자는 허위표시의 외형을 기초로 새로운 이해관계를 맺은 제3자에 해당하지 아니한다.
ⓑ 제3자를 위한 계약의 수익자는 낙약자와 새로운 이해관계를 맺은 자가 아니다.

Point 12 착오문제

21 ④
동기의 착오로 취소하기 위하여는 동기를 상대방에게 표시하여 의사표시의 내용으로 되어 있으면 족하고, 의사표시의 내용으로 삼기로 하는 상대방과 합의까지 필요한 것은 아니다.

22 ①
제3자의 기망으로 표시상의 착오가 발생한 경우, 표의자는 제110조 제2항의 제3자의 사기를 이유로 의사표시를 취소할 수 없고 표시상의 착오로 취소할 수 있다.

23 ⑤
인정되는 것은 ⓛⓔ이다.
ⓛ 매매 목적물의 시가의 착오가 현저하지 아니한 경우 중요부분의 착오가 아니다.

ⓔ 양도소득세액에 관한 법률의 착오를 일으켜 토지를 매도하였으나 그 후 법률개정으로 불이익이 소멸된 경우, 중요부분의 착오에 해당하지 아니한다.

24 ⑤
매수인의 중도금을 미지급을 이유로 매도인이 적법하게 계약을 해제한 후 매수인은 해제효과로 발생하는 손해배상책임을 면하거나 지급한 계약금의 반환을 위하여 매매계약이 해제된 후라도 착오를 이유로 계약을 다시 취소할 수 있다. 결국 해제 후 취소가 가능하다(대판).
[지문분석]
① 매매계약 당시 장차 도시계획이 변경되어 공동주택, 호텔 등 신축에 대한 인허가를 받을 수 있는 것이라 생각하였으나 그 후 기대대로 되지 않은 경우 착오라 할 수 없다.

25 ③
틀린 것은 ⓐⓛⓔ이다.
ⓐ 계약의 해제 후 취소가 가능하다(대판).
ⓛ 표의자가 착오를 이유로 의사표시를 취소하여 상대방이 손해를 입은 경우 상대방은 불법행위를 이유로 착오한 자에게 그로 인한 손해배상을 청구할 수 없다. 왜냐하면 착오에 빠져서 취소한 행위는 위법한 것이 아니기 때문이다(대판).
ⓒ 옳은 설명이다.
ⓔ 착오가 표의자의 중대한 과실로 인한 경우에는 착오로 취소할 수 없으나 상대방이 표의자의 착오를 알고 이용였다면 표의자는 의사표시를 취소할 수 있다(대판).
ⓜ 표의자의 중대한 과실 유무는 착오에 의한 의사표시의 효력을 부인하는 자(착오자)가 아니라 취소를 저지하려는 자(계약을 유지하려는 상대방)가 입증해야 한다.

26 ⑤
표의자가 착오를 이유로 의사표시를 취소하여 상대방이 손해를 입은 경우 상대방은 불법행위를 이유로 착오한 자에게 그로 인한 손해배상을 청구할 수 없다. 왜냐하면 착오에 빠져서 취소한 행위는 위법한 것이 아니기 때문이다.

27 ⑤
양도소득세액에 관한 착오로 인한 甲의 불이익이 법령의 개정으로 사후에 사정변경으로 소멸되었을 경우, 착오자에게 경제적 불이익이 없으므로 甲은 착오로 취소할 수 없다.
[지문분석]
① 매수인은 매도인의 하자담보책임이 성립하는지와 상관없이 착오를 이유로 매매계약을 취소할 수 있다.

② 착오자 甲이 아니라 상대방 乙이 착오자에게 중과실 있음을 입증해서 착오로 인한 취소를 저지시켜야 한다.
③ 해제 후 착오로 취소할 수 있다.
④ 착오에 빠진 甲이 매매계약을 취소한 경우, 乙은 甲에게 불법행위책임을 물을 수 없다.

28 ②
옳은 것은 ㉡이다.
㉠ 착오자 甲이 아니라 착오자의 상대방 乙이 착오자의 중과실 있음을 증명하여야 한다.
㉢ 착오자의 중대한 과실로 인한 때에는 취소하지 못하지만 상대방이 알고 이용한 경우에는 중과실이어도 취소할 수 있다.
㉣ 하자담보책임이 성립하여도 별도로 착오로 취소할 수 있다.

29 ③
토지매매에서 특별한 사정이 없는 한 매수인에게 측량을 하거나 지적도와 대조하는 등의 방법으로 매매목적물이 지적도상의 그것과 정확히 일치하는지 여부를 미리 확인하여야 할 주의의무가 있다고 할 수 없다(대판 2019다288232).

30 ②
옳은 것은 ㉡㉣이다.
㉠ 사기의 취소가 아니라 착오로 취소할 수 있다.
㉢ 착오, 사기의 취소로 대항할 수 없는 제3자는 선의이면 족하고 무과실은 요건이 아니다.
㉤ 다소 과장광고한 것은 위법한 기망행위에 해당하지 않는다.

31 ②
옳은 것은 ㉢이다.
㉠ 상대방의 대리인에 의한 강박은 상대방과 동일시할 수 있는 자이므로 제110조 제2항의 제3자의 강박에 해당하지 아니한다.
㉡ 제3자는 선의로 추정되므로 제3자가 사기에 의한 의사표시에 대항하기 위하여는 특별한 사정이 없는 한 자신의 선의를 증명할 책임이 없다.

32 ⑤
대리인의 사기문제 – 甲의 대리인 乙의 사기로 乙에게 매수의사를 표시한 매수인 丙은 본인 甲과 대리인 乙이 동일시되는 자이므로 제110조 제2항의 제3자의 사기에 해당하지 않는다. 따라서 토지의 매수인 丙은 본인 甲이 대리인 乙의 사기사실을 모른 경우 사기로 취소할 수 있다.

지문분석
① 제3자의 사기·강박의 경우 상대방이 선의·무과실이면 취소할 수 없다(제110조 제2항). 상대방이 제3자의 사기사실을 알았거나 알 수 있었을 경우에 한해 취소할 수 있다.
② 사기에 의한 의사표시의 상대방의 포괄승계인(상속인)은 "사기로 인한 취소로 대항할 수 없는 제3자"에 포함되지 않는다.
④ 교환에서 시가를 묵비한 것은 상대방의 의사결정에 불법적인 간섭을 한 것이라고 볼 수 없으므로 특별한 사정이 없는 한 위법한 기망행위에 해당하지 않는다(대판).

Point 13 제3자의 사기 사례

33 ④
논점 제3자의 사기를 사례에 응용하기
틀린 것은 ㉢㉣㉤이다.
㉢ 甲은 乙과의 계약을 사기로 취소할 수 있으나 이를 이유로 선의 제3자에게는 취소를 대항할 수 없다(제110조 제3항).
㉣ 제3자에게 손해배상을 청구하기 위하여 반드시 乙과의 매매계약을 취소하여야 하는 것은 아니다(대판).
㉤ 대리인에 의한 사기, 강박의 경우 제3자의 사기에 해당하지 않으므로 본인이 알았거나 알 수 있었을 경우뿐만 아니라 선의, 무과실인 경우에도 상대방은 취소할 수 있다.

34 ⑤
옳지 않은 것은 ㉠㉤이다.
㉠ 상대방이 알았거나 또는 알 수 있었을 경우에 한하여 취소할 수 있다.
㉤ 사기로 인한 취소는 선의 제3자에게 대항할 수 없는데 여기서 제3자는 선의이면 과실 있어도 보호받는 제3자에 해당한다.

35 ②
틀린 것은 ㉠㉡㉣이다.
㉣ 대리인의 사기는 본인과 동일시할 수 있는 자에 해당하기 때문에 제110조 제2항의 제3자의 사기에 해당하지 아니한다. 그러므로 ㉠ C는 A가 B의 기망사실에 대하여 알았거나 알 수 있었을 경우뿐만 아니라 모른 경우에도 취소할 수 있다.

36 ③
분양회사가 상가를 분양하면서 그곳에 첨단 오락타운을 조성하여 수익을 보장한다는 다소 과장된 선전광고를 하는 것은 위법한 기망행위에 해당하지 아니한다. 기망행위의 위법성은 신의칙상 현저한 기망이 있어야 위법성을 인정하고 다소의 과장광고는 위법성을 인정하지 않는다(대판).

37 ⑤
지문분석
① 의사결정의 과정에 흠이 존재하는 것을 취소의 원인으로 하므로 피기망자에게 손해를 가할 의사는 사기에 의한 의사표시의 성립요건이 아니다.
② 상대방이 불법으로 어떤 해악을 고지하였으나 표의자가 어떤 공포심을 느껴야 위법한 강박에 해당한다.
③ 상대방의 대리인이 한 사기는 상대방과 동일시할 수 있는 자에 해당하므로 제111조 제2항의 제3자의 사기에 해당하지 아니한다.
④ 단순히 상대방의 피용자에 지나지 않는 사람이 행한 강박은 제112조 제2항의 제3자의 강박에 해당한다.

38 ②
부정행위에 대한 고소, 고발은 정당한 권리행사로서 위법성이 없으나 '부정한 이익을 목적'으로 하는 경우에는 위법성이 인정된다(대판).

39 ④
지문분석
① 강박에 의해 증여의 의사표시를 하였다면 하자 있는 의사표시로서 취소는 가능하지만 증여를 하기로 하고 증여한 것이므로 증여의 내심의 효과의사가 결여된 것이라고 할 수 없다. 이는 비진의표시에 해당하지 않는다(대판).
② 법률행위의 "성립과정"에 강박이라는 불법적 방법이 사용된 것에 불과한 때에는 의사표시의 하자문제일 뿐 반사회질서의 법률행위라고 할 수 없다(대판).
③ 제3자의 강박에 의해 의사표시를 한 경우, 상대방이 그 사실을 알 수 있었다면 표의자는 자신의 의사표시를 취소할 수 있다.
⑤ 이익 달성을 위한 수단으로 부적당한 경우에는 위법성이 인정된다.

Point 14 의사표시의 종합 문제

40 ⑤
상대방이 표의자의 착오를 알고 이용한 경우, 착오가 표의자의 중대한 과실로 인한 경우에는 상대방을 보호할 필요성이 탈락하므로 표의자는 착오로 취소할 수 있다.

41 ①
파산선고에 따라 파산자와는 독립한 지위에서 파산채권자 전체의 공동의 이익을 위하여 직무를 행하게 된 파산관재인은 그 허위표시에 따라 외형상 형성된 법률관계를 토대로 실질적으로 새로운 법률상 이해관계를 가지게 된 제108조 제2항의 제3자에 해당하고, 그 '선의·악의'도 파산관재인 개인의 선의·악의를 기준으로 할 수는 없고, 총파산채권자를 기준으로 하여 파산채권자 모두가 악의로 되지 않는 한 파산관재인은 선의의 제3자라고 할 수밖에 없다(대판).

지문분석
② 취소가 아니라 무효다.
③ 허위표시는 상대방과 통정이 있으나 비진의표시는 통정이 없다. 표의자가 표시의 불일치를 알고 하면 비진의표시이고 모르고 하면 착오다.
④ 제3자는 선의로 추정된다.
⑤ 판례는 해제 후에도 착오로 취소를 할 수 있다.

42 ③
옳지 않은 것은 ⓒⓒ이다.
㉠ 타당하다(「부동산 실권리자명의 등기에 관한 법률」 제4조 제3항).
㉡ 제한능력으로 인한 취소(절대적 취소)는 선의 3자에게 대항할 수 있다.
㉢ 반사회적 행위, 불공정한 행위의 무효(절대적 무효)는 선의 3자에게 대항할 수 있다.
㉣ 무권대리의 추인은 계약시로 소급하나 제3자의 권리를 해하지 못한다.

Point 15 의사표시의 효력발생

43 ③
매매의 청약을 발한 후 상대방에게 도달 전에 청약자가 사망·제한능력자가 된 경우 청약의 의사표시에는 영향을 미치지 아니한다. 즉, 청약은 유효하다.

44 ③
도달이란 객관적으로 알 수 있는 상태를 의미하므로 상대방이 현실적으로 통지를 수령하거나 그 내용을 알아야 하는 것이 아니다.

45 ④
표의자가 그 통지를 발송한 후 제한능력자가 된 경우, 의사표시의 효력에 영향을 미치지 아니한다. 그러므로 표의자가 보낸 의사표시는 효력이 있다(제111조 제2항). 주의할 것은 의사표시를 제한능력자가 수령한 경우 표의자는 도달을 주장하지 못한다.

46 ①
발신주의가 적용되는 경우는 ㉠㉢이다.

㉠ 격지자간의 계약 성립에 있어 승낙의 통지 ⇨ 발신주의(제531조)
㉡ 매매예약완결권 행사 여부의 최고에 대한 확답 ⇨ 도달주의(제564조 제3항)
㉢ 해제권 행사 여부의 최고에 대한 해제의 통지 ⇨ 도달주의(제552조)
㉣ 제3자를 위한 계약에 있어 계약이익 향수 여부의 최고에 대한 수익자의 확답 ⇨ 도달주의(제540조)
㉤ 무권대리에서 본인에게 추인 여부의 확답을 최고한 경우 본인의 확답(제131조) ⇨ 발신주의

47 ④

지문분석

① 발송 후 제한능력자로 된 경우 의사표시는 유효하다.
② 보통우편은 등기우편과 달리 도달로 추정되지 않는다.
③ 도달은 상대방이 통지의 내용을 알 수 있는 객관적 상태에 있으면 그 효력이 생기고 상대방이 통지내용을 수령하거나 알았음을 요하지 아니한다.
⑤ 표의자는 상대방에게 도달 전이어도 철회할 수 있다.

제4장 법률행위의 대리   p.62~80

01	②	02	③	03	③	04	①	05	③
06	④	07	③	08	④	09	③	10	⑤
11	③	12	③	13	①	14	④	15	③
16	④	17	①	18	⑤	19	②	20	②
21	④	22	④	23	④	24	②	25	④
26	④	27	⑤	28	③	29	⑤	30	⑤
31	⑤	32	④	33	⑤	34	①	35	⑤
36	⑤	37	④	38	④	39	③	40	④
41	②	42	⑤	43	③				

Point 16 대리제도의 종합

01 ②
대리인은 행위능력자일 필요가 없다. 다만, 본인은 권리능력을 갖추면 족하고, 대리인은 행위능력이 필요 없으나 의사결정을 하기 위하여 의사능력이 필요하므로 의사능력이 결여된 대리행위는 무효이다.

02 ③
대리권의 범위에 속하지 않는 것은 ㉢㉤㉥이다.
㉢ 처분행위에 속하는 채무면제는 할 수 없다. 또한 이용·개량행위 중에서 성질이 변하는 행위(예금을 주식에 투자)는 허용될 수 없다(제118조).
㉤ 계약을 해제하는 행위는 대리인이 행사할 수 없다.
㉥ 은행예금을 찾아 보다 높은 금리로 개인에게 빌려 주는 행위, 밭을 논으로 형질변경하는 행위는 "성질이 변하는 것"으로 허용되지 아니한다(제118조).

03 ③
예금계약의 체결을 위임받은 자의 대리권에는 그 예금을 담보로 대출받을 수 있는 권한이 포함된 것이 아니다(대판).

04 ①
첫째, 금전출납권을 위임받은 대리인에 대한 본인의 금전채무가 '기한이 도래'한 경우, 이는 '다툼이 없는 채무의 이행'으로서 대리인은 본인의 특별수권(허락)없이 그 채무를 변제할 수 있다. 둘째, '기한이 도래하기 전의 채무의 변제는 '다툼이 있는 채무'로서 대리인은 본인의 특별수권을 얻어야 변제할 수 있다.

05 ③
아닌 것은 ㉡㉤이다.
본인은 사망뿐이고 본인의 성년후견의 개시, 본인의 파산은 대리권의 소멸사유가 아니다. 대리인의 사망, 성년후견의 개시, 파산으로 소멸한다. 주의할 것은 대리인의 피한정후견의 개시는 소멸사유가 아니다. 수권행위의 철회와 원인된 법률관계의 종료는 임의대리권만의 특유한 소멸사유다.

06 ④
대리인의 기망행위로 계약을 체결한 상대방은 본인이 그 기망행위를 알지 못한 경우, 사기를 이유로 계약을 취소할 수 있다(대리인과 본인은 동일시되는 자이기 때문이다).

07 ③
옳지 않은 것은 ㉠㉣이다.
㉠ 법정대리권이 아니라 임의대리권은 원인된 법률관계의 종료로 소멸한다.
㉣ 법률행위에 의해 대리권을 부여받은 대리인은 임의대리인을 말하므로 특별한 사정이 없는 한 복대리인을 선임할 수 없다.

08 ④

지문분석

① 甲이 乙로부터 매매계약체결의 대리권한을 포괄적으로 위임받은 경우, 甲은 그 계약에서 정한 계약금, 잔금을 수령할 권한을 가진다.
② 甲이 乙로부터 금전소비대차계약의 대리권한을 위임받은 경우, 특별한 사정이 없는 한 甲은 그 계약의 해제권한을 가질 수 없다.
③ 乙이 사망하더라도 특별한 사정이 없는 한 甲의 대리권은 소멸한다.
⑤ 甲이 부득이한 사유로 丙을 복대리로 선임한 경우, 丙은 대리인 甲의 대리인이 아니라 본인의 대리인이다.

09 ①

대리인을 통한 부동산거래에서 상대방 앞으로 소유권이전등기가 마쳐진 경우, 대리권 유무에 대한 증명책임은 상대방이 아니라 대리권의 부존재를 주장하여 등기말소를 청구하는 본인에게 증명책임이 있다.

10 ⑤

매매계약이 매도인의 대리인에 의한 채무불이행으로 상대방에 의하여 적법하게 해제된 경우, 그 해제로 인한 원상회복의무는 대리인이 아니라 본인과 상대방이 부담한다.

Point 17 대리제도의 사례문제 적용

11 ③

해제로 인한 원상회복책임은 대리인이 아니고 본인과 상대방에게 있다.

12 ③

지문분석

① 乙 자신을 위한 것으로 본다.
② 乙은 매매계약을 해제할 권한이 없다.
④ 채무불이행으로 인한 손해배상책임은 본인이 부담하므로 丙은 乙에게 손해배상을 청구할 수 없다.
⑤ 대리권의 남용을 상대방이 알았거나 알 수 있는 경우 본인에게 효력이 없다(비진의표시 단서 유추적용설).

13 ①

지문분석

② 대리인의 사기문제 – 매도인 甲의 대리인 乙이 매수인 丙에게 사기를 행한 경우 대리인과 본인은 한통속으로 동일시할 수 있는 자이므로 제110조 제2항 제3자의 사기에 해당하지 않으므로 甲이 그 사실을 알았는지와 관계없이 丙은 계약을 취소할 수 있다.
③ 甲은 대리인의 제한능력자임을 이유로 대리행위를 취소할 수 없다.
④ 乙은 甲의 허락이 있어야 자기계약을 할 수 있다.
⑤ 불공정한 법률행위인가를 판단함에는 경솔·무경험은 대리인(경무대)을 표준으로 판단한다.

14 ④

법률행위에 의해 대리권을 부여받은 대리인은 임의 대리인을 말하므로 특별한 사정이 없는 한 복대리인을 선임할 수 없다.

15 ③

지문분석

① 의사표시의 하자표준은 대리인 乙이다.
② 대리행위의 하자로 인한 취소권자는 원칙적으로 본인 甲이다.
④ 대리인의 사망으로 대리권은 소멸하고 대리인의 상속인이 대리권을 승계할 수 없다.
⑤ 착오와 사기가 경합하는 경우 선택하여 행사할 수 있다.

Point 18 복대리의 성질·복임권 여부

16 ④

옳은 것은 ㉠㉢이다.
㉡ 복대리인은 언제나 임의 대리인이다.
㉢ 복대리인은 본인의 대리인으로서 행위능력자임을 요하지 않는다.
㉣ 복대리권은 대리권의 존재를 전제로 하는 것이므로, 대리권이 소멸하면 복대리권도 소멸한다.

17 ①

[논점] 복대리의 기본원리와 복임권 유무
복대리인은 대리인의 대리인이 아니라 본인의 대리인이다.

지문분석

② 제123조 제2항
③ 임의대리인은 본인의 승낙, 부득이한 사유가 있으면 복대리인을 선임할 수 있다.

18 ⑤

복대리인은 본인의 대리인이므로 대리행위시 본인을 위한 것임을 표시하여야 한다.

19 ②
복대리인이 적법하게 선임되어도 대리인의 대리권은 소멸하지 아니한다.

20 ②
법률행위의 성질상 대리인 자신에 의한 처리가 필요로 하지 아니한 경우, 특별한 사정이 없는 한 본인이 복대리 금지의 사를 명시하지 않는 한 복대리의 선임에 관하여 묵시적 승낙이 있는 것으로 보는 것이 타당하다(대판). 가령 甲이 채권자를 특정하지 아니하고 X부동산을 담보로 제공하여 乙에게 금원의 차용을 위임하였고, 대리인 乙이 다시 이를 丙에게 위임하였으며 丙은 丁에게 X부동산을 담보로 제공하여 금원을 차용하여 乙에게 교부하였을 경우, 甲이 乙에게 '금원차용의 사무를 위임한 의사에는 '복대리 선임에 관한 본인의 승낙'이 묵시적으로 포함되었다(대판).

지문분석
① 복대리인은 본인의 대리인이고 대리인의 대리인이 아니다.
③ 甲의 승낙을 얻어 丙을 선임한 경우 乙은 甲에 대하여 그 선임감독에 관한 책임이 있다.
④ 대리인의 능력에 따라 사업의 성공여부가 결정되는 사무에 대해 대리권을 수여받은 자는 본인의 명시적인 승낙 없이는 복대리선임을 할 수 없고, 묵시적 승낙으로도 복대리인을 선임할 수 없다(대판 97다56099).

21 ②
틀린 것은 ⓒⓜ이다.
ⓒ 무권대리행위의 추인은 다른 의사표시가 없는 한, 계약시로 소급효가 인정된다. 이 점에서 무효행위의 추인(비소급효)과 구별된다.
ⓜ 무권대리행위의 추인과 추인거절의 의사표시는 무권대리인, 상대방에게도 할 수 있다.

22 ④
틀린 것은 ⓒⓔⓜ이다.
ⓒ 상대방의 철회권은 본인이 추인하기 전까지이다.
ⓔ 본인의 사망으로 무권대리인이 단독상속한 경우 무권대리인이 무효를 주장하는 것은 신의칙에 반하여 허용될 수 없으나 스스로 추인을 주장하는 것은 허용될 수 있다.
ⓜ 미성년자인 경우 책임이 면제된다.

23 ④
무권대리인의 책임은 무과실책임이다. 무권대리인의 무권대리행위가 제3자의 기망이나 문서 위조로 야기된 경우라고 하더라도 무권대리인의 책임은 부정되지 아니한다(대판).

24 ②
상대방이 유효하게 무권대리행위를 철회한 후에는 본인은 추인할 수 없다.

25 ④
상대방이 계약을 철회한 경우, 그 철회의 유효를 다투기 위해서는 상대방이 스스로 대리권이 없음을 알지 못하였다는 것에 대해 증명해야 하는 것이 아니다. 상대방이 대리인에게 대리권이 없음을 알았다는 점에 대한 주장·입증책임은 철회의 효과를 다투는 본인에게 있다.

26 ④
무권대리인의 책임은 무과실 책임으로서 무권대리행위가 제3자의 기망 등 위법행위로 야기된 경우, 무권대리인의 상대방에 대한 책임은 부정되지 아니한다.

Point 19 무권대리의 사례 적용

27 ⑤
무권대리인이 상대방에게 무과실책임을 부담하기 위하여는 본인 甲이 무권대리행위를 추인하지 않는 것을 전제로 한다. 그런데 본인 甲이 추인을 한 경우 丙은 甲에게 계약의 이행을 청구하게 되므로 무권대리인 乙을 상대로 손해배상을 청구할 수 없다.

28 ③
틀린 것은 ⓒⓔ이다.
ⓒ 무권대리인이 본인의 지위를 단독상속한 경우 무권대리인이 자신의 매매행위가 무권대리행위이어서 무효임을 이유로 소유권이전등기의 말소나 부당이득을 원인으로 무효를 주장하는 것은 신의칙에 반하므로 허용될 수 없다(대판).
ⓔ 乙은 무권대리행위를 丙에게 추인거절하는 것은 신의칙에 반하여 허용될 수 없으나 추인할 수 있다.

29 ⑤
틀린 것은 ⓒⓜ이다.
ⓒ 丙이 계약을 유효하게 철회하면, 계약은 확정적 무효로 되고 그때 丙은 실질적 이익을 얻은 상대방, 즉 乙을 상대로 계약금 상당의 부당이득반환을 청구할 수 있고 실질적 이익을 얻지 못한 본인 甲에게는 부당이득반환청구할 수 없다.
ⓜ 甲이 무권대리를 이유로 그 등기의 말소를 청구하는 때에는 무권대리로서 무효임을 주장하는 본인이 대리권의 부존재를 증명할 책임을 부담한다. 반대로 상대방이 대리인에게 대리권의 존재를 증명할 책임을 부담하는 것이 아니다.

30 ③
甲이 乙의 대리행위를 丙에게 추인하면, 추인의 소급효는 이미 소유권을 취득한 제3자 丁의 권리를 해할 수 없다(제133조).

지문분석
① 추인하면 계약시로 소급한다.
② 상대방의 선택에 따른다.
④ 丙이 악의면 철회할 수 없고 최고를 할 수 있다.
⑤ 추인거절로 본다(제131조).

31 ⑤
매매계약을 원인으로 丙명의로 소유권이전등기가 된 경우, 甲이 무권대리를 이유로 그 등기의 말소를 청구하는 때에는 무권대리로서 무효임을 주장하는 본인 甲 쪽에서 乙에게 대리권의 부존재를 증명하여야 한다.

Point 20 표현대리

32 ④
틀린 것은 ⓒⓔ이다.
ⓒ 본조의 대리권의 수여표시는 묵시적으로도 가능하다.
ⓔ 대리권의 수여를 통지받은 상대방과 대리행위를 한 경우에 본조(제125조)가 성립한다.

33 ⑤
표현대리가 적용되려면 거래행위가 유효하고 현명하여야 하므로 표현대리인이 대리관계를 표시하지 않고 자기명의로 한 경우 표현대리는 성립하지 않는다(대판).

34 ①

지문분석
② 복대리인 선임권 없는 대리인이 선임한 복대리인의 권한도 제126조의 기본대리권이 된다.
③ 대리인이 사술을 써서 대리행위를 표시하지 아니하고 본인의 성명을 모용하여 자기가 마치 본인인 것처럼 기망하여 법률행위를 한 경우 제126조의 표현대리가 성립하지 않는다(대판).
④ 대리행위가 강행법규에 위반하여 무효인 경우에는 표현대리가 성립하지 않는다. 사원총회의 결의를 거쳐야 처분할 수 있는 비법인사단의 총유재산을 대표자가 임의로 처분한 경우 강행법규 위반으로서 무효이고, 권한을 넘은 표현대리에 관한 규정이 준용될 수 없다(대판).
⑤ 등기신청권한을 가진 자가 대물변제를 한 경우 표현대리행위가 기본대리권과 동종이 아닌 이종이어도 상대방의 정당한 이유가 인정되면 제126조의 표현대리가 성립한다(대판).

35 ⑤
틀린 것은 ㉠ⓒⓔ이다.
㉠ 표현대리는 상대방이 주장하여야 성립하는 것이지 "상대방이 표현대리를 주장하지 않은 경우" 본인은 표현대리를 주장할 수 없다.
ⓒ 토지거래허가제를 위반하여 강행법규에 위반한 경우 무효이므로 표현대리가 성립하지 않는다.
ⓔ 표현대리가 성립하려면 대리관계를 표시하여야 하는데 대리인이 대리관계의 표시 없이 자기 자신을 매도인으로 하여 매도하였다면 대리행위 자체가 없으므로 표현대리가 성립하지 않는다(대판).

36 ③
틀린 것은 ⓒⓔ이다.
ⓒ 대리인이 대리권 소멸 후 본래의 대리권의 범위를 초과하여 대리행위를 한 경우 제129조가 아니라 제126조의 권한을 넘은 표현대리가 성립한다.
ⓔ 대리인이 대리권 소멸 후 복대리인을 선임하여 그 복대리인이 선의이고 무과실인 상대방과 거래를 한 경우 제129조의 표현대리가 성립하여 본인이 책임진다.

37 ④
다른 것은 ⓔⓜ이다.
ⓔ 총회결의 없이 총유재산을 처분한 것은 무효이므로 표현대리가 준용될 수 없다.
ⓜ 상대방이 표현대리를 주장하여 표현대리가 성립하여 본인이 책임을 부담하더라도 이는 상대방의 신뢰보호를 위하여 본인에게 책임을 귀속시킨 것일 뿐 무권대리였던 표현대리가 유권대리로 전환되는 것은 아니다(대판).

38 ④
옳은 것은 ⓒⓜ이다.
㉠ 상대방의 유권대리 주장에는 무권대리에 속하는 표현대리의 주장이 포함되어 있지 않다(대판).
ⓒ 권한을 넘은 표현대리의 기본대리권은 대리행위와 같은 종류에 한하지 아니하고 전혀 별개의 것이라도 무방하다(대판).
ⓔ 제125조의 대리권수여표시에 의한 표현대리에서 대리권수여표시는 대리권 또는 대리인이라는 명칭을 반드시 사용하여야 하는 것이 아니고 본인의 직함이나 명칭사용을 묵인하여 묵시적인 대리권수여표시가 있는 경우에도 제125조의 표현대리가 성립한다(대판).

39 ③
대리인이 사자 내지 임의로 선임한 복대리인을 통하여 권한 외의 법률행위를 한 경우, 제126조의 기본대리권의 흠결의 문제는 생기지 않는다(대판).

40 ④
복대리인의 대리행위에도 표현대리가 성립할 수 있다.

41 ②

지문분석
① 기본대리권이 처음부터 존재하지 않는 경우 무권대리가 성립한다.
③ 상대방의 유권대리 주장에는 무권대리에 속하는 표현대리의 주장을 포함하지 않는다.
④ 무권대리인이 추인거절을 주장함은 신의칙에 반한다.
⑤ 표현대리가 성립하면 본인이 전적인 책임을 부담하므로 과실상계가 허용되지 않는다.

42 ⑤
모두 틀렸다.
㉠ 대리인이 여러 명인 때에는 공동대리가 아니라 각자대리가 원칙이다.
㉡ 권한을 정하지 아니한 대리인은 보존행위, 성질이 변하지 않는 범위에서 이용·개량행위만을 할 수 있다.
㉢ 유권대리에 관한 주장 속에는 무권대리에 속하는 표현대리의 주장이 포함되어 있다고 볼 수 없다.
㉣ 임의대리인은 부득이한 사유가 있어야 복대리인을 선임할 수 있다.

43 ③
대리인 乙이 丙으로부터 대금 전부를 지급받은 이상 아직 본인 甲에게 전달하지 않았더라도 특별한 사정이 없는 한 법률효과는 본인에게 발생하므로 丙의 대금지급의무는 변제로 소멸한다.

지문분석
① 경솔·무경험은 대리인이 기준이고 궁박은 본인이 기준이다.
② 임의대리인은 본인의 승낙이나 부득이한 사유가 있어야 복대리를 선임할 수 있다.
④ 대리인은 원칙적으로 해제권한이 없다.

제5장 법률행위의 무효와 취소 p.81~95

01	④	02	④	03	⑤	04	④	05	⑤
06	③	07	④	08	⑤	09	④	10	②
11	②	12	⑤	13	①	14	③	15	③
16	②	17	①	18	②	19	③	20	②
21	①	22	⑤	23	④	24	④	25	④
26	②	27	①	28	②	29	④	30	⑤
31	①	32	②	33	①	34	⑤	35	④

Point 21 무효의 종류

01 ④
무효인 법률행위는 ㉤㉥이다.
㉠ 전세권의 양도금지특약은 무효가 아니다.
㉡ 「주택법」의 전매행위제한을 위반하여 한 전매약정 ⇨ 단속규정 위반으로 무효가 아니다.
㉢ 임대인의 동의 없는 전대차 약정도 당사자간에는 유효하다.
㉣ 존속기간이 영구적인 구분지상권 설정계약도 유효하다.
㉤ 지역권을 목적으로 저당권을 설정계약은 무효다.
㉥ 도박채무를 변제하기 위하여 그 채권자와 체결한 토지양도계약 ⇨ 반사회적 행위로서 무효다.

02 ④
무효인 법률행위는 ㉠㉢㉤㉥이다.
㉠㉢ 절대적 무효는 추인해도 효력이 없으며 유효로 되지 아니한다.
㉡ 무권대리행위는 불확정 무효이나 추인하면 유효로 된다.
㉣ 허위표시는 확정무효이나 상대적 무효로서 추인하면 유효로 된다.
㉤ 반사회적 행위로 절대적 무효다.
㉥ 절대적 무효로 추인해도 효력 없다.

03 ⑤
법률효과가 확정적이지 않은 것은 ㉣㉤이다.
㉠ 상대방과 통정한 허위의 법률행위 ⇨ 확정적 무효이고 상대적 무효이다.
㉡ 무권대리행위를 상대방이 철회한 경우 ⇨ 확정적 무효다.
㉢ 사기가 있는 날로부터 10년이 경과하면 취소권이 소멸하여 확정적 유효다.
㉣ 허가 전에는 유동적 무효이다.

ⓜ 소유권유보부 매매를 원인으로 하는 동산 소유권 취득
⇨ 대금이 모두 지급되는 것을 정지조건으로 하는 매매계약이다(대판). 이는 대금지급이라는 조건의 성취 여부에 따라 소유권 취득이 좌우되는 불확정 상태이다.

04 ④
매도인의 토지거래허가절차 협력의무는 매매계약의 주된 의무가 아니라 부수적 의무에 불과하므로 협력의무 위반을 이유로 매매계약을 해제할 수 없다. 다만, 협력의무 불이행으로 인한 손해배상을 청구할 수 있다는 점을 유의해야 한다.

05 ⑤
옳지 못한 것은 ⓒⓜ이다.
ⓒ 무효행위의 추인은 명시적으로, 묵시적으로 할 수 있다.
ⓜ 강행법규 위반으로 무효인 법률행위는 추인해도 유효로 되지 않는다.

Point 22 무효행위의 추인

06 ③
지문분석
① 무효원인이 소멸된 후에 추인하여야 한다.
② 무효행위의 추인은 법률행위의 취소와 달리 3년의 기간 제한이 없다.
④ 채권양도금지특약을 위반하여 채권자가 채권양도를 하고 채무자가 승낙한 때?
당사자의 양도금지의 의사표시로써 채권은 양도성을 상실하며 양도금지의 특약에 위반해서 채권을 제3자에게 양도한 경우에 악의 또는 중과실의 채권양수인에 대하여는 채권 이전의 효과가 생기지 아니하나, 악의 또는 중과실로 채권양수를 받은 후 채무자가 그 (채권)양도에 대하여 승낙을 한 때에는 채무자의 사후승낙에 의하여 무효인 채권양도행위가 추인되어 유효하게 되며 이 경우 다른 약정이 없는 한 소급효가 인정되지 않고 양도의 효과는 승낙시부터 발생한다(대판 2009다47685).
⑤ 강행법규 위반으로 무효인 법률행위는 추인이 허용되지 않는다.

07 ④
지문분석
① 법률행위가 불성립한 경우에도 무효행위의 추인이 허용되지 않는다.
② 반사회적 법률행위는 추인하여도 유효로 될 수 없다.
③ 원인이 소멸한 후 무효임을 알고 추인하여야 한다.

⑤ 무효행위를 추인하면 소급하여 유효로 되는 것이 아니라 추인한 때로부터 새로운 법률행위를 한 것으로 본다.

Point 23 유동적 무효의 사례 적용

08 ⑤
甲과 乙 '쌍방이 허가신청을 하지 아니하기로 한 의사표시'를 명백히 하면 매매계약은 확정적으로 무효로 된다.
지문분석
①② 甲은 乙의 중도금이행이 있을 때까지 허가절차의 협력의무이행을 거절할 수 없다. 왜냐하면 매수인의 대금지급의무와 매도인의 협력의무 상호간에는 동시이행관계가 아니기 때문에 이를 이유로 거절하지 못한다. 그러므로 매수인은 대금의 제공 없이도 협력의무 이행을 청구할 수 있다(대판).
③ 허가 전에도 계약금의 배액을 상환하고 해제할 수 있다.
④ 일정기간 내 허가를 받기로 약정한 경우, 특별한 사정이 없는 한 그 허가를 받지 못하고 약정기간이 경과하였다는 사정만으로도 매매계약은 확정적 무효가 되는 것은 아니다.

09 ④
토지거래허가를 받으면 매매계약은 허가를 받은 때로부터가 아니라 계약시로 소급하여 유효로 된다.

10 ②
甲이 허가절차에 협력하지 아니한 경우, 이는 부수적 채무에 불과하므로 乙은 이를 이유로 계약을 해제할 수 없다.

11 ②
매매계약이 확정적 무효로 됨에 귀책사유 있는 자가 스스로 그 계약의 무효를 주장하는 것은 신의칙위반이라고 할 수 없으므로 허용된다(대판).
지문분석
① 관할관청의 불허가처분이 있으면 매매계약은 확정적으로 무효가 된다. 농지전용을 정지조건으로 매매계약이 있었으나 토지가 절대농지로 묶여서 정지조건이 허가를 받기 전에 이미 불성취로 확정된 경우에 그 계약은 확정적으로 무효다.

12 ⑤
옳은 것은 ⓔⓜ이다.
ⓐ 협력의무 위반으로 계약 자체를 해제할 수 없다(협력의무는 부수적 의무이므로).

ⓒ 허가 전에는 채권, 채무가 없으므로 甲은 계약상 채무불이행을 이유로 계약을 해제할 수 없다(대판).
ⓒ 유동적 무효상태에서는 이미 지급한 계약금을 부당이득으로 반환을 청구할 수 없고 확정적 무효로 되어야 반환청구할 수 있다(대판).

13 ⑤
허가구역 내에서 중간생략등기는 확정적 무효이므로 甲으로부터 매매계약을 체결한 乙이 다시 丙에게 X토지를 전매하고 丙이 자신과 甲을 매매 당사자로 하는 토지거래의 허가를 받아 甲으로부터 곧바로 등기를 이전받았어도 그 등기는 무효이다. 왜냐하면 각 매매계약마다 토지거래허가를 받아야 하는데 이를 받지 아니하였기 때문이다. 만약 토지거래 허가구역 밖이었다면 그 등기는 실체에 부합하여 유효인 등기다.

14 ③
옳은 것은 ⓒⓒ이다.
㉠ 계약금만 지급된 상태에서 관할관청에 허가를 신청하여 토지거래의 허가를 얻었어도 이는 이행의 착수가 아니므로 계약금에 기한 해제는 허용된다.
㉣ 매도인은 특별한 사정이 없는 한 매수인의 매매대금이행제공이 있을 때까지 허가신청절차 협력의무의 이행을 거절할 수 없다.

15 ②
반사회적 행위로 인한 불법원인 급여자는 상대방에게 무효를 주장하여 부당이득반환을 청구할 수 없고, 소유권에 기해 반환을 청구할 수 없다.

16 ①
무효인 법률행위를 당사자가 무효임을 알고 추인한 때는 원칙적으로 소급효가 인정되지 않고 추인한 때부터 새로운 법률행위를 한 것으로 본다.

Point 24 취소

17 ①
제한능력자가 제한능력을 이유로 자신의 법률행위를 취소하기 위해서는 법정대리인의 동의를 요하지 아니한다.

18 ②
법정대리인이 추인하면 법률행위는 확정적 유효로 되고 미성년자의 취소권은 소멸한다.

19 ③
특별한 사정이 없는 한 취소권을 가질 수 없는 자는 ⓒⓐⓑ이다.
ⓒ 제한능력자의 임의 대리인은 특별수권이 없는 한 취소권이 없다.
ⓐ 강박으로 인한 취소권은 증여한 날로부터 10년 내에 행사해야 하고 10년 후에는 취소권이 소멸한다.
ⓑ 제3자를 위한 계약의 수익자는 계약의 당사자가 아니므로 취소권이 없다.

20 ②
㉠ 취소권자는 미성년자(甲)와 그 법정대리인(乙)이고 ⓒ 취소의 상대방은 계약의 상대방(丙)이지 현재 부동산의 소유자가 아니다. 한편 추인은 취소원인이 소멸하여야 하므로 ⓒ 추인권자는 미성년자는 될 수 없고 법정대리인(乙)이다.

21 ①
매도인이 적법하게 매매계약을 해제한 후라도 매수인은 착오를 증명하여 취소할 수 있다.

22 ⑤
㉠은 10년, ⓒ은 3년, ⓒ은 3년이다.
취소권은 첫째, 취소원인이 소멸된 날을 의미, 둘째, 미성년자는 성년이 된 날로부터 3년, 셋째, 사기당한 자는 ⓒ 속은 것을 안 날로부터 3년을 의미한다. ⓒ 추인할 수 있는 날로부터 3년 내, ㉠ 법률행위를 한 날로부터 10년 내에 행사하여야 한다.

23 ④
옳은 것은 ㉠ⓐ이다.
㉠ 취소권은 취소할 수 있는 날이 아니라 추인할 수 있는 날로부터 3년 내에 행사하여야 한다(제146조).
ⓒ 취소권은 취소사유가 있음을 안 날이 아니라 법률행위시로부터 10년 내에 행사하여야 한다(제146조).
ⓒ 제한능력을 이유로 법률행위가 취소된 경우 제한능력자는 선의·악의 관계없이 현존이익만 반환한다(제141조).
ⓓ 법정대리인의 추인은 취소의 원인이 소멸하기 전이라도 추인을 할 수 있다(제144조).
ⓐ 취소원인의 소멸 전에도 취소는 허용된다.

24 ④
지문분석
① 취소할 수 있는 법률행위는 취소권자가 취소원인의 소멸 전에 취소할 수 있다. 이 점에서 제한능력자는 취소원인이 소멸 후에 추인할 수 있는 것과 다르다.

② 취소할 수 있는 법률행위를 추인한 후에는 다시 취소할 수 없다.
③ 취소할 수 있는 법률행위를 제한능력자가 추인하는 경우 취소원인 소멸 후에 할 수 있다.
⑤ 취소하여 무효로 된 법률행위도 무효행위의 추인으로 추인할 수 있으나 이미 취소하여 무효로 된 법률행위이므로 취소할 수 있는 법률행위로는 추인할 수 없다.

Point 25 법정추인

25 ④
법정추인 사유 6가지 중에서 취소권자가 '이행청구, 권리의 양도'를 적극적으로 한 경우에만 법정추인이 된다. 반면에 ⓒⓒ처럼 취소권자의 상대방이 이행청구나 권리양도를 한 경우에는 법정추인이 되지 아니한다.

26 ②
법정추인에 해당하는 것은 ⓒⓜ이다. 사안에서 취소권자는 乙이고 甲은 취소의 상대방에 해당한다.
㉠ 취소권자가 아니라 상대방 甲이 이행을 청구한 경우, 법정추인이 아니다.
㉡ 상대방 甲이 권리를 양도하는 경우 법정추인이 아니다.
㉢ 취소권자가 사기를 안 후 건물을 양도한 것은 법정추인에 해당한다.
㉣ 甲(취소권자의 상대방)이 이전등기에 필요한 서류를 취소권자 乙에게 제공한 경우 취소권자가 이를 수령하였다면 법정추인이 되지만 취소권자의 상대방이 이행을 제공한 것에 불과하여 법정추인이 될 수 없다.
㉤ 기망상태에서 벗어난 취소권자 乙이 이의 유보 없이 매매대금을 지급한 경우 법정추인에 해당한다.
㉥ 乙이 매매계약의 "취소를 통해 취득하게 될 계약금 반환청구권"은 취소하는 것을 전제로 하는 것이므로 추인이 될 수 없다.

27 ①
해당하는 것은 ㉠㉣이다.
㉡ 아직 미성년자인 甲이 乙에게 매매대금의 이행을 청구한 경우 아직 취소원인이 소멸하기 전에 미성년자가 이행을 청구하여도 법정추인의 효력이 생기지 아니한다.
㉢ 미성년자가 계약을 해제한 것은 적법하여 매매계약은 효력을 상실하게 되고 매매계약에 대한 추인의 효력은 없다.
㉤ 乙은 취소권자의 상대방으로서 취소권자가 아니라 취소권자의 상대방이 매매로 취득한 빌라를 제3자에게 양도한 경우 법정추인에 해당하지 아니한다.

28 ②
법정추인 사유에 해당하는 것은 ⓒⓒ이다.
㉠ 취소권자가 장래에 취소함으로써 받게 될 부당이득반환채권을 양도한 경우 이는 취소를 전제로 하는 행위이다.
㉡ 취소권자가 취소할 수 있는 법률행위를 통해 취득한 건물을 타인에게 양도한 경우(취소권자의 권리의 양도)에 해당하여 법정추인이다.
㉢ 사기의 사실을 안 취소권자가 상대방으로부터 강제집행을 받은 경우 법정추인이다.
㉣ 취소권자가 이의를 유보하면서 채무를 수령한 것은 법정추인이 되지 못한다. 반면에 취소권자가 이의 유보 없이 채무를 수령하면 법정추인이 된다.
㉤ 취소권자가 아니라 상대방이 취소권자에게 이행의 청구를 한 경우 취소권자는 아무런 행동을 표현하지 않았으므로 법정추인이 인정될 수 없다.
㉥ 취소권자가 이행청구를 해야 법정추인이다.

29 ④
법정대리인이 미성년자의 법률행위를 추인하는 경우 취소원인이 소멸 전에도 추인할 수 있다.

30 ②
취소로 무효가 된 법률행위도 무효행위의 추인의 요건을 갖추면 무효행위의 추인할 수 있다.

31 ①
취소할 수 있는 법률행위는 취소권을 행사하지 않는 한 유효하다.

32 ②
옳은 것은 ⓒ이다.
㉠ 취소권은 추인할 수 있는 날로부터 3년, 법률행위시로부터 10년이 경과하면 소멸한다(「민법」 제146조).
㉡ 강박에 의한 의사표시를 한 자는 취소원인이 소멸하기 전, 즉 강박상태를 벗어나기 전에도 이를 취소할 수 있다. 다만, 이를 추인하기 위하여는 취소원인이 소멸한 후이어야 추인을 할 수 있다는 점에서 구별된다.
㉢ 취소할 수 있는 법률행위의 상대방이 확정되었더라도 상대방이 그 법률행위로부터 취득한 권리를 제3자에게 양도하였다면 취소의 의사표시는 그 제3자가 아니라 계약의 상대방(양도인)에게 해야 한다.

33 ①
취소권의 단기제척기간은 취소할 수 있는 날로부터가 추인할 수 있는 날로부터 3년이다.

34 ⑤
옳은 것은 ⓒⓔ이다.
㉠ 묵시적으로 추인할 수 있다.
㉡ 무권한자의 처분행위를 권리자가 추인하면 무권대리의 추인을 준용하여 소급하여 유효로 된다.

35 ④
채권양도금지특약을 위반하여 채권자가 채권양도를 하고 채무자가 승낙한 때?
채무자가 그 (채권)양도에 대하여 승낙을 한 때에는 채무자의 사후승낙에 의하여 무효인 채권양도행위가 추인되어 유효하게 되며 이 경우 다른 약정이 없는 한 소급효가 인정되지 않고 양도의 효과는 승낙시부터 발생한다(대판 2009다47685).

제6장 조건과 기한   p.96~102

01	②	02	⑤	03	④	04	④	05	①
06	③	07	①	08	④	09	③	10	⑤
11	③	12	②	13	①	14	②	15	④
16	①	17	④	18	⑤	19	①		

Point 26 조건

01 ②
옳지 않은 것은 ㉠ⓔ이다.
㉠ 조건은 법률행위의 성립 여부가 아니라 효력발생 여부를 좌우하는 부관이다.
ⓔ 저당권설정 같은 물권행위에도 조건을 붙일 수 있다.

02 ⑤
불능조건이 해제조건이면 유효이고, 불능조건이 정지조건이면 무효다.

03 ④
조건성취의 효력은 원칙적으로 법률행위가 성립한 때부터가 아니라 조건이 성취된 때부터 효력이 발생한다(제147조).

04 ④
지문분석
① 해제조건이 성취되면 특약이 없는 한 처음부터 소급하는 것이 아니라 조건성취한 때로부터 효력을 잃는다.
③ 기성조건(+)이 해제조건(-)이면 법률행위는 유효가 아니라 무효(-)다.
⑤ 반사회적인 조건을 해제조건으로 하는 법률행위는 불법조건이 붙은 법률행위로서 무효다.

05 ①
옳은 것은 ㉠ⓔ이다.
㉡ '丙이 사망하면 부동산을 주겠다'고 한 약정은 사망이라는 확실한 사실에 의존하므로 조건부가 아니라 불확정 기한부 증여이다.
ⓒ 조건이 성취되면 법률행위가 성립하는 것이 아니라 효력이 발생한다(조건성취는 효력발생요건이다).
ⓓ 당사자가 조건성취의 효력을 그 성취 전에 소급하게 할 의사를 표시하면 당사자 사이에서 법률행위는 조건이 성취한 때부터가 아니라 법률행위시부터 소급하여 효력이 생긴다(제147조 제3항).

06 ③
불법조건이 붙은 법률행위는 불법조건만 무효로 할 수 없고 그 법률행위도 무효다.

07 ①
옳은 것은 ㉠ⓒⓔ이다.
ⓓ 정지조건부 법률행위에서 조건의 성취사실은 그 법률효과의 발생을 주장하는 자(권리를 취득하는 자)가 입증한다. 반대로 법률행위에 정지조건이 붙어있다는 사실은 법률행위의 효과발생을 다투는 자(의무를 부담하는 자)가 입증한다.

08 ④
부관에 붙은 법률행위에 있어서 부관에 표시된 사실의 발생유무에 상관없이 그 채무를 이행해야 하는 경우 이는 조건이 아니라 불확정 기한이다.

Point 27 기한과 기한의 이익

09 ③
틀린 것은 ⓒⓕ이다.
ⓒ 기한의 도래는 기한이 도래한 때부터 효력이 발생하고 당사자간 특약으로 소급효가 인정되지 아니한다. 한편 조건은 특약으로 법률행위가 성립한 때로 소급효가 인정되는 것과 구별하여야 한다.

ⓑ 기한은 특약이 없는 한 채무자를 위한 것으로 간주가 아니라 추정한다.

10 ⑤
불확정 기한과 정지조건의 구별은?
첫째, 정지조건: 특약사실이 발생하면(조건이 성취되면) 채무를 이행하여야 하고, 특약사실이 발생하지 아니하면(성취되기 전) 채무를 이행할 의무가 없다.
둘째, 불확정 기한: 특약 사실이 발생한 때에는 물론이고 반대로 발생하지 아니하는 것이 확정된 때에도 채무를 이행하여야 한다(대판).

지문분석
① 시기는 기한도래시부터 효력이 생긴다.
② 기한의 이익은 채무자를 위한 것으로 본다가 아니고 추정한다.
③ 기한이익상실약정은 특별한 약정이 없는 한 정지조건부 기한이익의 상실약정이 아니라 형성권부 기한이익상실약정으로 추정한다.
④ 기한의 이익이 상대방에게 있는 경우에도 상대방의 손해를 배상하고 포기할 수 있다.

11 ③
지문분석
① 기한의 이익이 쌍방에게 있어도 채무자는 상대방의 손해를 배상하고 기한이익을 포기할 수 있다.
② 채무자가 담보를 손상하면 기한이익을 상실하여 기한이익을 주장하지 못하나 후순위 저당권을 설정한 것은 기한이익의 상실사유가 아니다.
④ 채무자를 위한 것으로 추정한다.
⑤ 정지조건부 기한이익상실특약의 경우 특약사유가 발생하면, 채권자의 의사표시가 없이 이행기가 도래한다.

12 ⑤
지문분석
① 동산의 소유권유보부 매매(할부매매)는 대금완납을 정지조건으로 매매한 것으로 본다(대판).
② 기한의 이익은 채무자를 위한 것으로 간주가 아니라 추정된다(제153조 제1항).
③ 조건부 권리, 기한부 권리 모두 담보·양도·보존·상속할 수 있다.
④ 불법조건부 법률행위는 조건만 무효가 아니라 법률행위 전체가 무효이다(제151조 제1항).

13 ①
지문분석
② 조건성취의 효과는 소급효가 아니라 성취시부터 발생한다.
③ 기성조건이 정지조건이면 유효, 해제조건이면 무효다.
④ 불법조건이 붙은 법률행위는 조건만 분리하여 무효로 할 수 없고 법률행위 전체가 무효다.
⑤ 기한의 이익상실특약은 특약이 없는 한 정지조건부 상실특약이 아니라 형성권부 기한이익상실특약으로 추정한다(대판).

14 ②
지문분석
① 조건은 불확실한 장래의 사실에 의존하고 기한은 확실한 장래의 사실에 의존한다.
③ 해제와 같은 단독행위도 상대방이 동의하면 조건을 붙일 수 있다.
④ 조건은 법률행위의 성립시로 소급효 특약이 가능하다.
⑤ 종기가 도래하면 법률행위의 효력을 잃는다.

15 ④
조건의 성취로 불이익을 받을 당사자가 신의성실에 반하여 조건의 성취를 방해한 경우, 상대방은 방해행위가 없었더라면 조건이 성취되었으리라고 추산되는 시점에 조건의 성취를 주장할 수 있다.

16 ①
조건을 붙이는 것이 허용되지 않는 법률행위에 조건을 붙이면 조건만 무효로 되는 것이 아니고 법률행위 전체가 무효로 된다.

17 ④
기한이익상실특약은 특별한 사정이 없으면 형성권부 기한이익상실특약으로 추정한다.

18 ⑤
옳은 것은 ㉠㉡㉢이다.
㉣ 기한 도래 전의 기한부 권리는 조건부 권리와 동일하게 양도, 담보로 할 수 있다.

19 ①
원칙적으로 소급효가 인정되는 것은 ㉠㉢이다.

핵심 | 법률행위의 소급효 여부

소급효	비소급효
• 무권대리의 추인 • 계약의 해제 • 점유취득시효의 완성효력 • 취소	• 무효행위의 추인 • 계약의 해지, 합의해지 • 조건성취의 효력 • 기한 도래의 효력 • 가등기에 기한 본등기한 때 물권변동의 시기

제2편 물권법

제1장 총설
p.106~113

01	⑤	02	③	03	③	04	③	05	④
06	②	07	③	08	③	09	②	10	④
11	①	12	④	13	①	14	②	15	④
16	③	17	④	18	④	19	④	20	①

Point 28 물권의 객체 / 물권법정주의

01 ⑤
증감변동하는 뱀장어를 특정되면 양도담보의 목적물로 할 수 있으며, 특정된 구성물의 변동이 생겨도 그 특정성을 상실하지 않는다.

02 ③
지상권은 저당권의 객체가 될 수 있다.

지문분석
① 수목의 집단은 명인방법을 갖추면 소유권의 객체는 될 수 있으나 저당권의 객체는 될 수 없다.
③ 물권의 객체는 물건이 원칙이나 예외적으로 지상권, 전세권을 목적으로 저당권을 설정할 수 있다.
⑤ 1필 토지의 일부에 대한 취득시효가 인정되는데 시효완성자가 소유권을 취득하려면 점유취득시효완성 후 점유하는 토지부분의 분필절차를 밟은 후에 취득시효의 등기를 해야 한다.

03 ③
등기된 입목에는 저당권을 설정할 수 있으나 명인방법을 갖춘 수목에는 소유권을 표시하여 소유권의 양도, 유보는 할 수 있으나 저당권을 설정할 수 없다.

04 ③

지문분석
① 물권은 법률, 관습법으로만 창설할 수 있고 명령, 규칙으로 창설할 수 없다.
② 관습상 분묘기지권이 있다.
④ 사도통행권은 물권이 아니다.
⑤ 무허가 양수인에게는 소유권에 준하는 물권이 인정되지 않는다.

05 ④
물건에 대한 사용·수익권과 처분권은 소유권의 핵심적 권능으로서 소유자가 제3자와의 계약으로서 소유물에 대한 사용수익권능을 포기하거나 사용·수익권의 행사를 영구히 제한하게 하는 것은 법률에 규정되지 않는 새로운 종류의 소유권을 창설하는 것으로서 물권법정주의에 위배되어 허용되지 않는다(대판).

06 ②
물권이 아닌 것은 ㉠㉢㉣이다.
온천권, 사도통행권, 근린공원이용권, 환매권은 물권이 아니다. 또한 미등기건물의 양수인에게 소유권에 준하는 관습상 물권이 인정되지 아니한다.

07 ③
지문분석
① 소유권, 지상권, 전세권, 저당권은 물건의 지배를 정당화할 수 있는 본권의 일종이다.
② 저당권은 한 필지 일부에 성립할 수 없다.
④ 공원이용권이라는 배타적 물권을 인정하지 않는다.
⑤ 미등기 무허가건물의 양수인은 소유권이전등기를 경료받지 않은 경우 소유권도 취득할 수 없고, 소유권에 준하는 관습법상의 물권도 인정할 수 없다(대판).

08 ③
옳지 못한 것은 ㉡㉢이다.
㉠ 구분소유의 목적이 되는 건물의 등기부상 표시에서 전유부분의 면적 표시가 잘못된 경우, 표시경정등기로 바로잡으면 되고 그 잘못 표시된 면적만큼의 소유권보존등기를 말소할 수 없다(대판).
㉡ 1필지의 일부에 저당권을 설정할 수 없으나 지상권은 설정할 수 있다.
㉢ 지적공부를 작성함에 있어 기점을 잘못 선택하는 등의 기술적인 착오로 말미암아 지적공부상의 경계가 진실한 경계선과 다르게 잘못 작성되었다는 등의 "특별한 사정이 있는 경우"에는 그 토지의 경계는 지적공부에 의하지 않고 실제의 경계에 의하여 확정하여야 하지만, 그 후 그 토지에 인접한 토지의 소유자 등 이해관계인들이 그 토지의 실제의 경계선을 지적공부상의 경계선에 일치시키기로 합의하였다면 적어도 그 때부터는 지적공부상의 경계에 의하여 그 토지의 공간적 범위가 특정된다(대판 2006다24971).

Point 29 물권적 청구권

09 ②
지문분석
① 점유물반환청구권은 점유의 침탈을 당한 날로부터 1년이다.
③ 저당권에는 제213조가 준용되지 않는다.
④ 토지 위에 무단으로 건축된 건물을 임차하여 점유하고 있는 자는 건물의 철거권한이 없으므로 철거청구권의 상대방이 될 수 없다.
⑤ 유효하게 부동산을 명의신탁한 자는 대외적으로 소유권을 주장할 수 없는 결과 자신이 직접 제3자에게 물권적 청구권을 행사하여 신탁재산에 대한 방해배제를 구할 수 없다.

10 ④
소유자는 방해예방 또는 손해배상의 담보를 청구할 수 있다(제214조).

11 ①
옳은 것은 ㉠㉡이다.
㉠ 丙은 매매로 인하여 점유할 권리를 보유한 자이기 때문에 甲이 소유물반환청구권을 丙에게 행사할 수 없다.
㉡ 점유를 수반하지 않은 저당권자와 지역권자는 반환청구권은 없으나 방해제거·예방청구는 할 수 있다.
㉢ 물권을 방해하는 한 방해자의 고의·과실이 있든 없든 물권적 청구권을 행사할 수 있다.
㉣ 유치물을 침탈당한 유치권자는 유치권에 기한 반환청구권이 인정되지 않고 점유권에 기하여 반환청구할 수 있다.

12 ④
소유물반환청구권은 점유를 침탈한 자의 승계인이 선의여도 인정된다. 따라서 침탈자 丙의 점유를 선의인 丁이 승계받은 경우 甲은 丁에게 소유물반환청구권을 행사할 수 있다.

13 ①
소유권을 방해할 염려가 있는 행위를 하는 자에 대하여 그 방해예방 행위를 청구하거나 소유권을 방해할 염려가 있는 행위로 인하여 발생하리라고 예상되는 손해의 배상에 대한 담보를 지급할 것을 청구할 수 있으나, 소유자가 방해제거 행위 또는 방해예방 행위를 하는 데 드는 비용을 청구할 수 있는 권리는 위 규정에 포함되어 있지 않으므로, 소유자가 제214조에 기하여 방해배제비용 또는 방해예방비용을 청구할 수는 없다(대판).

지문분석
② 불법원인으로 물건을 급여한 사람은 원칙적으로 소유권에 기하여 반환청구를 할 수 없다.

③ 소유물반환청구 (제213조)	기간의 제한이 없음	승계인이 선의여도 가능함
점유물반환청구 (제204조)	1년 이내	승계인이 선의면 불가능함

④ 소유권에 기한 방해배제청구권은 '방해결과의 제거를 내용'으로 하는 것이 되어서는 아니 되며(이는 손해배상의 영역에 해당한다), 현재 계속되고 있는 '방해의 원인을 제거하는 것을 내용으로 한다(대판).

14 ②
채권적 청구권을 보전하기 위하여 가등기가 허용된다.

지문분석
④ 미등기건물의 매수인도 사실상 건물의 철거권한을 보유한 자이므로 건물철거청구의 상대방이 될 수 있다.

15 ④
옳은 것은 ㉠㉣이다.
㉡ 물권적 청구권을 행사하기 위해서는 상대방에게 귀책사유를 요하지 아니한다.
㉢ 소유권에 기한 방해배제청구권에 있어서 방해에는 현재 계속되고 있는 방해의 원인을 제거하는 것이고, 이미 종결된 침해 결과의 제거를 내용으로 하는 손해배상청구와는 구별된다.
㉣ 소유권에 기한 물권적 청구권은 소멸시효의 대상이 아니다.
㉤ 甲이 X건물을 乙에게 명의신탁하였는데 乙이 丙에게 X건물을 적법하게 양도하였다가 다시 소유권을 취득한 경우, 乙의 처분으로 소유권을 상실한 甲은 乙에게 소유물반환을 청구할 수 없다(전원합의체).

16 ③
미등기건물의 양수인은 건물의 소유권자는 아니나 사실상 건물의 처분권(건물의 철거권한)을 보유한 자이기 때문에 건물의 철거청구의 상대방이 될 수 있다(대판).

지문분석
① 토지소유자는 건물의 소유자가 건물을 통하여 타인의 토지를 점유하고 있는 경우 건물의 철거와 대지인도를 청구할 수 있으나 건물에서 퇴거는 청구할 수 없다(대판).
② 甲이 토지를 丙에게 매매하여 소유권이전등기를 경료한 경우 전소유자 甲은 소유권을 상실한 자로서 물권적 청구권을 행사할 수 없다.
④ 토지소유자는 건물의 철거권한이 없는 임차인을 상대로 철거청구할 수 없다.
⑤ 토지소유자는 대항력을 갖춘 임차인을 상대로 철거청구는 할 수 없으나 퇴거청구를 할 수 있다.

17 ④
옳지 않은 것은 ㉡㉢이다.
㉡ 甲은 대항력을 갖춘 丙을 상대로 Y건물에서의 퇴거를 청구할 수 있다. 건물의 소유자 아닌 사람(임차인)이 건물을 점유하는 경우 토지소유자 甲은 건물의 임차인이 대항력을 갖춘 경우 건물의 철거를 위하여는 건물의 점유자인 임차인을 상대로 토지소유권에 기한 방해배제청구권에 기하여 건물에서 퇴거청구할 수 있다(대판).
㉢ 甲은 乙을 상대로 Y건물에서의 퇴거를 청구할 수 없다. 토지소유자는 건물의 소유자가 건물을 통하여 타인의 토지를 점유하고 있는 경우 건물의 소유자에 대하여 건물의 철거와 대지인도를 청구할 수 있으나 건물에서 퇴거청구는 할 수 없다(대판).
㉣ 미등기건물의 양수인은 사실상 건물의 처분권(건물의 철거권한)을 보유한 자이기 때문에 건물의 철거청구의 상대방이 될 수 있다(대판).

18 ④
지문분석
① 乙은 甲의 직원 A(점유보조자는 점유권이 없음)에게 X토지의 반환을 청구할 수 없다.
② 甲이 신축한 Y건물을 B에게 임대한 경우, 직접점유자 B와 간접점유자 甲 모두 점유자이다.
③ 乙은 Y건물을 소유하는 甲에게 건물에서 퇴거할 것을 청구할 수 없다.
⑤ 乙은 甲에 대한 X토지반환청구권을 유보하고 X토지의 소유권을 丁에게 양도할 수 없다.

19 ④
틀린 것은 ㉠㉣이다.
㉠ 甲은 임차인 丙을 상대로 퇴거를 청구할 수 있으나 건물을 소유하고 있는 임대인 乙에게는 자기소유 건물에서의 퇴거를 청구할 수 없다.
㉣ 乙이 무허가 건물을 丁에게 양도하여 현재 丁이 거주하나 등기를 경료하지 아니한 경우, 건물에 대하여 사실상 처분권한을 가진 丁에 대하여 토지소유자 甲이 丁에게 X건물의 철거청구는 허용된다.

20 ①

옳은 것은 ㉠이다.

㉠ 타인소유물을 불법으로 점유하였던 자라도 더 이상 현실적으로 점유를 하고 있지 않은 이상 그를 상대로 하는 소유물반환청구는 부당하다.

㉡ 타인의 토지에 무단으로 건물을 신축하여 소유하는 자에 대하여 토지소유자는 그 건물에서 퇴거할 것을 청구할 수 없다.

㉢ 토지소유자는 토지에 대한 점유취득시효를 완성한 자에 대하여 불법점유를 이유로 토지의 반환을 청구할 수 없다. 시효완성자는 점유할 권리를 보유하기 때문이다.

제2장 물권의 변동 p.114~131

01	⑤	02	③	03	④	04	⑤	05	④
06	②	07	②	08	①	09	④	10	②
11	③	12	①	13	①	14	⑤	15	①
16	④	17	⑤	18	③	19	③	20	③
21	⑤	22	③	23	③	24	③	25	⑤
26	⑤	27	④	28	④	29	⑤	30	⑤
31	③	32	⑤	33	⑤	34	⑤	35	⑤
36	③	37	③	38	⑤	39	③	40	④
41	③	42	⑤	43	②				

Point 30 물권변동에서 등기

01 ⑤

옳은 것은 ㉠㉡㉢이다.

㉣ 丙이 등기부 취득시효로 X토지 소유권을 취득하였다면, 이미 소유권을 상실한 甲은 乙의 말소등기의무가 이행불능임을 이유로 전보배상청구권을 행사할 수 없다(전원합의체).

02 ③

등기를 해야 물권변동이 일어나는 경우는 ㉡㉣이다.

㉠ 혼동에 의한 저당권의 소멸 – 법률규정으로 인한 물권변동으로 등기 불요

㉡ 환매에 의한 부동산 소유권 취득 – 법률행위로 소유권이전등기가 필요하다.

㉢ 존속기간만료에 의한 지상권의 소멸 – 제187조로 등기 불요

㉣ 매매예약완결권 행사 – 법률행위이므로 그로 인한 물권의 취득은 등기를 하여야 효력이 생긴다.

㉤ 집합건물에서 공용부분의 득실변경 – 등기를 요하지 아니한다.

㉥ 형성판결이므로 등기를 요하지 않는다.

03 ④

현물분할의 합의(의사표시를 요소로 하므로 법률행위임)에 의하여 단독소유권을 취득하는 경우 제186조의 법률행위로 인한 물권변동에 해당하므로 등기를 요한다. 반면에 재판상 분할은 형성판결로서 등기를 요하지 않는다(제187조).

> **지문분석**

③ 집합건물에서 구조상 공용부분의 득실변경은 등기를 요하지 아니한다.

⑤ 집합건물에서 구조상·이용상 독립성을 갖추고 구분행위로 인하여 구분소유권을 취득하는 경우 최근의 변경된 판례는 종전의 견해와 달리 구분건물로 등기 없이 구분소유권이 성립한다는 것으로 판례의 입장이 바뀌었다(전원합의체).

04 ⑤

지역권을 시효취득하려면 등기를 하여야 취득한다(대판).

05 ④

등기가 있어야 물권변동이 되는 경우가 아닌 것은 ㉡㉥이다.

㉡ 공유물분할 판결은 형성판결로 등기를 요하지 아니한다.

㉢ 공유물현물분할의 협의가 성립하여 조정이 된 때 공유자들의 소유권 취득 – 공유자들이 협의한 바에 따라 토지의 분필절차를 마친 후 각 단독 소유로 하기로 한 부분에 관하여 <u>다른 공유자의 공유지분을 이전받아 등기를 마침으로써</u> 비로소 그 부분에 대한 대세적 권리로서의 소유권을 취득한다(전원합의체).

㉣ 소유권이전등기 이행을 명하는 판결에 의한 소유권 취득에는 등기를 요한다.

㉤ 공유지분의 포기는 법률행위이므로 등기를 요한다.

06 ②

<u>확인판결, 이행판결에 의한 소유권취득시기</u>는 판결확정시가 아니라 <u>등기를 경료한 때</u>이다. 반면, 형성판결에 의한 소유권취득 시기는 확정판결시점에 등기 없이 소유권을 취득한다.

07 ②

이행판결에 기한 부동산물권의 변동시기는 확정판결시가 아니라 <u>등기를 경료한 때</u>이다.

08 ①
필요하지 아니한 것은 ㉠이다.
㉡ 화해조서에 의하여 부동산 소유권을 취득하는 경우, 등기를 하여야 소유권을 취득한다.
㉢ 공유자 사이에 현물분할에 관한 조정이 성립하여 이에 따라 각 공유자가 소유권을 취득하는 경우, 등기를 하여야 소유권을 취득한다.

09 ④
부동산소유권이전을 내용으로 하는 화해조서에 기한 소유권 취득, 공유물현물분할의 협의가 성립하여 조정이 성립된 경우에는 공유자에게 등기 없이 각 공유자에게 협의에 따른 새로운 법률관계가 창설적으로 발생하는 것이 아니라 공유자 앞으로 등기를 마쳐야 소유권을 취득한다.

> **지문분석**
> ⑤ 매매계약이 취소·해제되면 원인행위가 실효됨으로써 매수인에게 이전하였던 소유권은 "말소등기 없이" 매도인에게 자동으로 복귀한다.

10 ②
등기를 요하지 않는 물권취득의 원인인 판결이란 이행판결을 의미하는 것이 아니라 형성판결을 의미한다.

> **지문분석**
> ④ 매수한 토지를 인도받아 점유하고 있는 미등기 매수인으로부터 그 토지를 다시 매수한 자는 3자간 합의가 없는 한 최초 매도인에 대하여 직접 자신에게로의 소유권이전등기를 청구할 수 없다. 3자간 합의가 없는 한 중간자 앞으로 이전등기 후 다시 최종양수인 앞으로 순차적으로 이전등기를 경료해야 한다.
> ⑤ 강제경매로 관습상 법정지상권을 취득할 때는 등기를 요하지 않으나 법률행위에 의해 양도하기 위해서는 등기가 필요하다.

11 ③
원인 없이 불법하게 등기가 말소되어도 물권은 소멸하지 아니한다(대판).

> **지문분석**
> ① 등기는 물권의 효력존속요건이 아니라 효력발생요건이다.
> ② 저당권 등기가 원인 없이 불법말소된 경우 저당권은 소멸하지 않고 말소회복등기를 할 수 있다.
> ④ 점유의 추정력은 부동산에는 인정되지 않고 동산에만 인정된다(제200조).
> ⑤ 소유권이전등기가 경료된 경우 당사자뿐만 아니라 제3자에게도 등기의 추정력이 인정된다.

12 ①
소유권보존등기가 된 부동산에서 보존등기명의인이 건물을 신축한 것이 아님이 증명된 경우 보존등기의 추정력은 깨어진다.

13 ①
등기부상 권리변동의 당사자 사이에서도 등기의 추정력을 원용할 수 있다.

14 ⑤
등기의 추정력은 권리사항에만 미치고 부동산의 현황, 면적 같은 표제부의 사실에 관한 사항에는 미치지 아니한다.

15 ①
옳은 것은 ㉠㉡이다.
㉠ 다만, 등기의무자가 사망 전에 등기원인인 매매가 존재하는 사정이 있는 경우에는 그 등기의 추정력을 부인할 수 없다(대판).
㉡ 전등기명의인의 직접적인 처분행위에 의한 것이 아니라 제3자가 그 처분행위에 개입된 경우 현등기명의인이 그 제3자가 전등기명의인의 대리인이라고 주장하더라도 현등기명의인의 등기가 적법하게 이루어진 것으로 추정된다(대판).
㉢ 근저당권의 등기만으로 기본계약의 존재는 추정되지 않으므로 기본계약을 성립시키는 법률행위가 별도로 존재하여야 근저당권이 유효하게 성립한다.
㉣ 건물 소유권보존등기 명의자가 전(前)소유자로부터 그 건물을 양수하였다고 주장하는 경우, 전(前)소유자가 양도 사실을 부인하는 경우 그 보존등기의 추정력은 깨어진다.

16 ④
등기의 추정력이 깨어지지 않는 경우는 ㉡㉤이다.
㉠ 소유권이전등기에서 전소유자의 사망 이후에 사망자의 명의로 신청된 경우 ⇨ 추정력이 깨어진다(대판).
㉡ 등기의무자의 사망 전에 그 등기원인이 존재하는 사정(매매계약을 이미 체결한 경우)이 있는 경우 ⇨ 추정력이 깨지지 않는다(대판).
㉢ 전소유자가 실재하지 않는 허무인 경우 ⇨ 등기의 추정력이 깨어진다(대판).
㉣ 소유권이전등기 원인으로 주장된 계약서가 진정하지 않은 것으로 증명된 경우, 등기절차가 적법하게 진행되지 아니한 것으로 볼만한 의심스러운 사정이 증명된 경우 ⇨ 추정력이 깨어진다(대판).
㉤ 구「임야소유권이전등기 특별조치법」소정의 보증서나 확인서가 허위 또는 위조된 것이라거나 그 밖의 사유로 적법하게 등기된 것이 아니라는 입증이 없는 한 그 소유

권보존등기나 이전등기의 추정력은 깨어지지 않는 것이며, 특별조치법이 부동산의 사실상의 양수인에 대하여 그 권리변동 과정과 일치하지 않는 등기를 허용하는 것임에 비추어 권리취득의 원인인 매수일자가 전등기명의인의 사망일자보다 뒤로 되어 있거나 보증서나 확인서상의 매도인 명의나 매수일자의 기재가 실제와 달리 되어 있거나 보증서에 구체적 권리변동사유의 기재가 생략되고 현재의 권리상태에 대해서만 기재되어 있다 하더라도 그것만으로는 바로 그 등기의 적법추정력이 깨어진다고 할 수 없다(대판 2009다15145). 특별조치법에 따라 등기를 마친 자가 보증서나 확인서상의 취득원인 사실과 다른 취득원인 사실을 주장한 경우에는 바로 그 등기의 추정력이 깨어진다는 취지로 판시한 대판 92다17938 및 92다32067은 이 판결의 견해에 배치되는 범위에서 이를 변경하기로 한다(대판 2000다71388·71395 전원합의체).

17 ⑤
해당하는 것은 ㉠㉡㉢이다.
㉠ 건물 소유권보존등기의 명의자가 건물을 신축한 것이 아닌 것이 증명된 경우 보존등기의 추정력은 깨어진다.
㉡ 공유지분의 분자 합계와 분모 합계가 상이한 때에는 등기의 추정력이 깨어진다.
㉢ 보존등기명의자가 전 소유자로부터 양도받은 것이라고 주장하고 전소유자는 양도사실을 부인하는 경우 보존등기명의자의 권리추정력은 깨어진다(대판).

18 ④
소유권이전청구권을 보전하기 위하여 가등기가 경료된 경우, 소유권이전등기를 청구할 법률관계의 존재가 추정되지 아니한다.

19 ③
무효등기의 유용은 이해관계 있는 제3자가 없을 때에 한하여 허용된다. 따라서 甲 소유 토지에 乙의 저당권, 丙의 전세권이 존재하는 경우, 이해관계를 가진 전세권이 존재하므로 무효인 저당권의 등기를 당사자간 합의로 유용할 수 없다.

20 ⑤
신축건물의 보존등기를 먼저 하고 난 후 그 건물이 완성된 경우 그 신축건물의 보존등기는 실체에 부합하여 유효하다.

21 ⑤
판례의 태도가 아닌 것은 ㉠㉣이다.
㉠ 등기는 물권의 효력 발생요건이고 존속요건이 아니므로 등기가 불법으로 말소되거나 등기부가 멸실되어도 물권은 소멸하지 않는다(대판).

㉣ 전세권등기를 전세권의 존속기간이 시작되기 전에 먼저 경료한 경우 그 전세권등기는 유효다.

22 ③
먼저 된 유효한 소유권보존등기로 인해 뒤에 경료된 이중보존등기가 무효인 경우, 1부동산 1용지 원칙상 뒤에 된 등기를 근거로 등기부 취득시효를 주장할 수 없다.

23 ③
지문분석
① 등기는 물권의 효력존속요건이 아니다.
② 묵시적 합의도 가능하다.
④ 상속은 등기를 요하지 않는다.
⑤ 실체에 부합하는 등기로서 유효하다.

Point 31 중간생략등기와 가등기

24 ③
중간생략등기합의는 「부동산등기 특별조치법」을 위반한 것으로 적법한 원인이 아니다. 다만, 단속규정위반으로 유효다.
지문분석
⑤ 당사자 사이에 적법한 원인행위가 성립되어 이미 중간생략등기가 이루어졌더라도 중간생략등기에 대한 합의가 없었다면 이미 경료된 소유권이전등기는 실체에 부합하므로 유효하다.

25 ⑤
중간자 乙이 丙에게 소유권이전등기청구권을 양도하고 그 사실을 甲에게 통지한 경우, 매도자 甲의 승낙을 얻지 못하였으므로 등기청구권을 양도할 수 없다. 그 결과 최종매수인 丙은 甲의 승낙이 없는 이상 직접 甲에 대하여 소유권이전등기를 청구할 수 없다(대판).

26 ⑤
옳지 못한 것은 ㉠㉡㉢㉣ 모두이다.
㉠ 부동산의 매수인이 소유권이전등기를 경료받기 전에 토지를 인도받은 매수인으로부터 다시 토지를 매수하여 점유·사용하고 있는 자(토지를 매매하여 점유, 사용할 권리가 있으므로)에 대하여 매도인이 토지소유권에 기한 물권적 청구권을 행사할 수 없다(대판 1998.6.26, 97다42823).
㉡ 중간생략등기의 합의가 있는 경우 丙은 직접 甲을 상대로 소유권이전등기를 청구할 수 있다.
㉢ 만약 乙이 인도받은 후 현재 10년이 지났다하여도 乙이 다시 丙에게 매매로 처분한 경우, 乙의 甲에 대한 등기청구권은 소멸시효에 걸리지 아니한다. 따라서 여전히 乙은 甲에 대해 소유권이전등기를 청구할 수 있다.

㉣ 丙은 甲의 동의나 승낙을 얻어야 乙의 소유권이전등기 청구권을 양도받아 직접 甲에게 소유권이전등기를 청구할 수 있다.

27 ④
중간생략등기의 합의가 없다면, 丙은 甲의 동의나 승낙을 얻어야 乙의 소유권이전등기청구권을 양도받아 직접 甲에게 소유권이전등기를 청구할 수 있다.

28 ④
[지문분석]
① 가등기는 종국등기가 아니므로 등기의 추정력이 인정되지 않는다. 따라서 가등기가 있다고 해서 乙이 甲에게 소유권이전등기를 청구할 법률관계의 존재(매매계약관계의 존재)가 추정되지는 않는다.
② 본등기의 상대방은 가등기 당시 소유자이고 현재 소유자인 丙이 아니다.
③ "물권변동의 시기"는 본등기한 때부터이고 가등기한 때로 소급하지 아니하며 본등기의 "순위"가 가등기한 때로 소급한다.
⑤ 가등기의 가등기도 가능하다(전원합의체).

29 ②
2024년 5월에 乙이 가등기에 기한 본등기를 경료한 경우, 물권변동의 효력은 가등기시로 소급하지 않고 본등기를 경료한 2024년 5월부터이다. 따라서 丙은 2022년부터 2024년 5월까지 X건물의 사용수익에 대하여 乙에게 부당이득반환의무를 부담하지 아니한다.
[지문분석]
① 가등기에는 적법한 법률관계의 존재가 추정되지 않는다.
③ 채권적 청구권을 보전하기 위하여만 가등기가 허용된다.
④ 가등기로 보전하려는 소유권이전청구권은 채권적 청구권으로 시효에 걸린다.
⑤ 가등기에 기하여 본등기를 하기 전에는 중간취득등기말소를 청구할 수 없다(대판).

30 ⑤
甲이 토지를 乙에게 명의신탁하고 장차의 소유권이전청구권의 보전을 위하여 자기명의로 가등기를 마친 가등기권리자 甲이 가등기에 기하여 본등기를 하지 아니하고 별개의 원인으로 소유권이전등기를 경료한 때 가등기 후에 가압류가 존재하는 경우에는 혼동의 법리에 의하여 甲의 가등기에 기한 본등기청구권이 소멸하는 것은 아니다(대판).
[지문분석]
① 가등기도 부기등기로 양도할 수 있다.

③ 가등기에 기하여 본등기를 경료한 때로부터 소유권을 취득한다.
④ 가등기 후 가압류등기는 직권말소된다.

31 ③
甲이 토지를 乙에게 명의신탁하고 장차의 소유권이전청구권의 보전을 위하여 자기명의로 가등기를 마친 가등기권리자 甲이 가등기에 기하여 본등기를 하지 아니하고 별개의 원인(증여)으로 소유권이전등기를 경료한 때 혼동의 법리에 의하여 甲의 가등기에 기한 본등기청구권이 소멸하는 것은 아니다. 따라서 가등기 권리자는 본등기청구를 구할 수 있고 그 경우 가등기 후의 중간취득등기는 말소된다(대판).

Point 32 등기청구권의 성질

32 ③
부동산의 매수인이 매매의 목적물을 점유하던 중 부동산을 제3자에게 처분하여 점유를 승계하여 준 경우 매수인의 등기청구권의 소멸시효는 진행하지 아니한다. 왜냐하면 매수인이 부동산을 처분하여(매매) 제3자에게 점유를 인도한 것은 권리 위에 잠자는 자가 아니라 적극적으로 권리를 행사한 것이기 때문이다(전원합의체).

33 ⑤
아닌 것은 ㉣㉤이다.
㉣ 매매계약 취소, 해제, 합의해제로 인하여 원인행위가 실효되면 그로 인하여 이전하였던 물권도 당연히 매도인에게 소유권이전등기 없이 자동복귀한다. 이때 실제소유권자인 매도인과 등기명의자에 해당하는 매수인과 불일치하는데, 이 경우 매도인은 "소유권에 기한 물권적 청구권"으로 매수인명의 등기를 말소청구할 수 있다.
㉤ 신탁자가 수탁자를 상대로 하는 진정명의회복으로 인한 이전등기청구는 물권적 청구권이다.

34 ③
옳은 것은 ㉢㉣이다.
㉠ 매매, 환매로 인한 등기청구권은 채권적 청구권이다.
㉡ 취득시효완성으로 인한 소유권이전등기청구권은 채권자와 채무자 사이에 아무런 계약관계나 신뢰관계가 없고, 그에 따라 채권자가 채무자에게 반대급부로 부담하여야 하는 의무도 없다. 따라서 취득시효완성으로 인한 소유권이전등기청구권의 양도의 경우에는 매매로 인한 소유권이전등기청구권에 관한 양도제한의 법리가 적용되지 않고 통상의 채권양도절차에 의하여 채권양도의 통지만으로 대항력이 생긴다.

ⓜ 매매로 인한 소유권이전등기청구권의 양도는 특별한 사정이 없는 이상 양도가 제한되고 양도에 채무자의 승낙이나 동의를 요한다고 할 것이므로 통상의 채권양도와 달리 양도인의 채무자에 대한 통지만으로는 채무자에 대한 대항력이 생기지 않으며 반드시 채무자의 동의나 승낙을 받아야 대항력이 생긴다.

35 ④
甲이 토지를 丙에게 매도하고 인도하여 점유를 상실하였어도 매수자가 보다 적극적인 권리행사의 일환으로 매매를 하여 점유를 승계한 때에는 甲의 乙에 대한 등기청구권의 소멸시효는 <u>진행되지 아니한다</u>.

36 ③
양도인과 양수인간의 거래행위는 유효하여야 하므로 무효인 거래, 무권대리인 경우에는 선의취득할 수 없다.

지문분석
① 선의취득은 동산만 가능하고 부동산, 자동차, 입주권은 선의취득할 수 없다.
② 양수인이 선의이며 무과실이어야 한다(제249조).
④ 점유개정으로는 선의취득할 수 없다.
⑤ 양수인에게 선의점유는 추정되나 무과실의 점유는 추정되지 않는다.

37 ③
인도가 물권적 합의보다 먼저 이루어진 경우, 선의·무과실의 판단은 인도시점이 아니라 <u>합의시점을 기준</u>으로 한다.

38 ④
도품이라도 양수인이 유효하게 선의취득을 하며, 다만 도품, 유실물의 특칙에 의하여 원소유자는 2년 내에 반환청구할 수 있다.

지문분석
① 동산의 점유에는 공신력이 있으므로 丙은 X의 소유권을 선의취득할 수 있다(제249조).
② 乙과 丙간의 매매계약이 유효한 거래이어야 한다.
③ 점유개정으로 점유를 취득하면 선의취득할 수 없다.
⑤ 부동산은 선의취득의 객체가 될 수 없다.

Point 33 물권의 소멸

39 ②
공유지분의 포기에 의한 물권변동은 상대방 있는 단독행위로서 지분포기의 의사표시가 있는 즉시 물권변동의 효력이 발생하는 것이 아니고 제186조에 의하여 등기를 해야 한다(대판).

지문분석
① 소유권, 점유권은 소멸시효에 걸리지 않는다.
③ 전세권이 저당권의 목적인 경우, 저당권자의 동의 없이 전세권을 포기할 수 없다.
④ 용익물권은 존속기간의 만료로써 말소등기 없이 소멸한다.
⑤ 토지에 저당권을 취득한 丙이 토지의 소유권을 취득한 경우 丙의 저당권은 혼동으로 소멸한다.

40 ④
甲의 지상권에 대한 <u>乙이 1번 저당권</u>을 취득한 후 乙이 그 지상권을 취득한 경우 지상권과 저당권이 혼동이 발생하므로 저당권이 소멸한다.

지문분석
① X토지의 지상권이 저당권의 목적인 경우에 <u>지상권이 제3자 저당권의 목적</u>이므로 지상권은 혼동으로 소멸하지 않는다.
② X부동산 위에 甲이 1번 저당권, 乙이 2번 저당권을 취득한 경우 후순위 2번 저당권이 존재하므로 甲이 X부동산을 매매로 취득하여도 혼동으로 소멸하지 않는다.
③ 저당권이 설정된 부동산에 가압류등기가 된 후 그 <u>저당권자보다 후순위로 가압류가 존재하므로 혼동으로 소멸하지 않는다.</u>
⑤ 임차권자가 소유권을 매매로 취득하면 임차권은 혼동으로 소멸한다. 다만, 후순위가압류가 존재하면 임차권은 소멸하지 아니한다.

41 ③
부동산에 대한 합유지분의 포기는 법률행위로 인한 물권의 변동이므로 등기하여야 포기의 효력이 생긴다.

42 ⑤
옳은 것은 ⓒⓓ이다.
㉠ 2번 저당권자가 매매로 취득하면 2번 저당권은 소멸하지만 1번 저당권자가 매매로 소유권을 취득하면 후순위 권리자가 있으므로 1번 저당권은 소멸하지 않는다.
㉡ 소멸하는 지상권이 저당권자인 제3자의 권리의 목적인 경우 지상권은 소멸하지 아니한다(제191조 단서).

ⓜ 甲 소유 토지에 乙에게 지상권을 설정해 준 후 甲이 乙에게 1억원의 채권 담보로 소유권이전등기(양도담보)를 경료해 준 경우, 乙의 지상권은 혼동으로 소멸하지 않는다. 왜냐하면 지상권(토지의 사용권)과 양도담보권(1억원의 채권을 담보하는 권리)은 별개의 권리이므로 동일인에게 두 개가 양립가능하기 때문에 혼동으로 소멸하지 않는다.

43 ②
분묘기지권이 성립한 후에 분묘기지권의 포기의사를 표시한 경우 점유의 반환 없이 분묘기지권이 소멸한다.

제3장 점유권   p.132~142

01	⑤	02	⑤	03	②	04	⑤	05	①
06	③	07	③	08	④	09	⑤	10	①
11	②	12	①	13	⑤	14	⑤	15	②
16	②	17	①	18	⑤	19	④	20	②
21	④	22	⑤	23	②	24	⑤		

Point 34 점유제도

01 ⑤
옳은 것은 ⓒⓔ이다.
㉠ 타인의 지시를 받아 물건을 사실상 지배하는 자는 점유보조자로서 점유권이 없다.
㉡ 상속인은 피상속인의 사망을 몰라도 피상속인이 사망한 때부터 점유권을 취득한다.
㉢ 건물은 부지를 떠나서는 존재할 수 없으므로 건물의 부지는 건물의 소유자가 점유하는 것이다. 그러므로 건물의 소유명의자가 아닌 전 소유자가 건물을 실제 점유하고 있는 경우 그 건물의 부지를 점유하는 것으로 볼 수 없다(대판).
㉣ 직접점유자가 제3자에 의하여 점유를 침탈당한 경우 간접점유자도 점유권을 가지므로 점유회수를 청구할 수 있다.

02 ⑤
간접점유에서 점유매개관계를 이루는 임대차계약 등이 종료된 이후에도 직접점유자가 목적물을 점유한 채 이를 반환하지 않고 있는 경우, 간접점유의 점유매개관계가 단절되지 아니한다(대판 2021다249810).

03 ②
건물의 소유자가 그 건물을 현실적으로 점거하지 아니하는 경우, 그 건물의 부지를 점유한다고 볼 수 있다.

04 ⑤
틀린 것은 ⓒⓔ이다.
㉢ 직접점유자가 그 점유를 임의로 양도한 경우, 그 점유 이전이 간접점유자의 의사에 반하더라도 간접점유가 침탈된 것이라고 할 수 없다.
㉣ 간접점유자에게도 직접점유자와 마찬가지로 점유보호청구권이 인정된다(제207조 제1항).

05 ①
점유매개자(예 임차인)의 점유는 소유권이 타인에게 존재함을 전제로 하는 점유이므로 타주점유이다.

06 ③
지문분석
① 점유자에게 무과실은 추정되지 않는다.
② 점유자는 자주점유로 추정되므로 스스로 자주점유를 입증할 책임이 없다.
④ 점유의 권리적법의 추정력은 동산에만 인정되고 부동산에는 인정되지 않는다.
⑤ 양시점의 점유자가 다른 경우 점유계속은 추정된다.

07 ③
인접토지를 매수한 자가 경계를 상당부분 침범하여 점유한 경우 계약당사자는 이러한 사실을 알고 있었다고 보는 것이 상당하므로 자주점유가 아니라 타주점유다.

08 ④
해당하는 것은 ⓔⓜⓗ이다.
㉣ 점유자의 점유권원이 불분명한 경우 자주점유로 추정된다.
㉤ 점유자가 스스로 매매와 같은 자주점유의 권원을 주장하였으나 권원이 인정되지 않은 경우 점유자에게 자주점유의 증명책임이 없는 이상 자주점유가 타주점유로 전환되지 않는다(전원합의체).
㉥ 토지의 매수인이 매매계약에 의하여 토지를 점유한 경우 그것이 타인토지의 매매에 해당한다하더라도 특별한 사정이 없는 한 매수인의 점유가 자주점유라는 추정이 깨어지지 않으며 타주점유라고 할 수 없다(대판).

09 ⑤
옳지 못한 것은 ⓒⓔ이다.

ⓒ 타주점유자인 피상속인으로부터 점유를 상속한 자는 특별한 사정이 없는 한 자주점유로 전환되지 않으며 자주점유로 전환되려면 새로운 권원이 필요하다.
ⓔ 점유의 승계가 있는 경우 시효이익을 받으려는 자는 자기 또는 전(前)점유자의 점유개시일 중 임의로 점유가산점을 선택할 수 있으나 임의로 중간시점을 선택할 수 없다.

Point 35 점유자와 회복자 관계

10 ①
옳은 것은 ㉠㉣㉤이다.
ⓛ 악의의 점유자가 잘못으로 인하여[점유자의 과실(過失)로 인하여] 과실(果實)을 수취하지 못한 때 과실(果實)의 대가를 보상하여야 한다.
ⓒ 점유물이 점유자의 책임 있는 사유로 인하여 멸실 또는 훼손한 때에는 선의이고 자주점유자는 이익이 현존하는 한도에서 반환하고, 악의의 점유자와 선의이고 타주점유자는 그 손해의 전부를 배상하여야 한다.
ⓔ 선의·악의 불문하고 점유자가 점유물을 반환할 때에는 회복자에 대하여 필요비의 상환을 청구할 수 있다.

11 ②
옳은 것은 ⓒⓔ이다.
㉠ 선의점유자는 과실을 취득하나 악의 점유자, 폭력, 은비에 의한 점유자는 점유물의 과실을 취득할 수 없다.
ⓒ 점유물에 관한 필요비상환청구권은 선의·악의의 점유자에게도 인정된다.
ⓔ 필요비상환청구권에 대하여 회복자는 법원에 상환기간의 허여를 청구할 수 없다. 반면에 유익비상환청구에 대하여는 법원에 상환기간의 허여를 청구할 수 있다(제203조 제3항).

12 ①
필요비가 아니라 유익비는 가액 증가가 현존하여야 한다.

지문분석
⑤ 점유자가 비용을 지출할 당시 계약관계 등 적법한 점유의 권원을 가진 경우 회복 당시의 소유자가 아니라 '계약관계의 상대방'에게 계약관계의 조항에 따라 비용상환을 청구해야 하고, 계약관계 등 적법한 점유권원이 없는 경우, 예컨대 매매가 무효인 경우에는 제203조에 근거하여 '회복 당시의 소유자'에게 지출비용의 상환을 청구할 수 있다(대판).

13 ⑤
이행지체로 인해 매매계약이 해제된 경우에는, 무효인 때에 그로 인한 반환범위를 규정한 제548조의 부당이득반환에 관한 특칙이 적용되므로 선의점유자의 제201조의 과실취득규정은 적용되지 않는다.

14 ⑤
무효인 매매계약의 매수인이 비용을 지출한 것은 계약관계 등 '적법한 점유권원이 없는 경우'에 해당하고 그 경우에는 제203조에 근거하여 '회복 당시의 소유자(양수인)에게 지출비용의 상환을 청구할 수 있다(대판).

지문분석
① 과실을 취득한 경우 통상 필요비는 청구할 수 없다.
② 이행지체로 인해 매매계약이 해제된 경우, 제548조의 부당이득반환에 관한 특칙이 적용되므로 선의점유자의 제201조의 과실취득규정은 적용되지 않는다.
③ 악의 점유자는 손해전부를 배상하여야 한다.
④ 회복자의 선택에 따른다.

15 ②
비용상환청구권은 점유자에게 인정되고, 선의점유, 악의점유를 가리지 아니하며 자주, 타주를 가리지 아니한다.

지문분석
① 과실수취권은 선의점유자로 족하고 자주점유임을 요건으로 하지 아니한다.

16 ②
옳은 것은 ⓒⓔ이다.
㉠ 악의의 점유자가 책임 있는 사유로 점유물을 멸실한 때에는 손해전부를 배상하여야 한다.
ⓒ 소유권의 시효취득을 주장하는 점유자는 특별한 사정이 없는 한 자주점유로 추정되므로 자신의 점유가 자주점유에 해당함을 증명하여야 하는 것이 아니라 자주점유를 부정하는 상대방이 타주점유임을 증명하여야 한다.

17 ①
옳은 것은 ㉠ⓛ이다.
ⓒ 乙이 선의·자주 점유자라면 이익이 현존하는 한도에서 배상하여야 한다.
ⓔ 乙이 유익비를 지출한 경우 가액의 증가가 현존한 경우에 한하여 회복자 甲의 선택에 따라 상환을 청구하여야 한다.
ⓜ 乙이 유익비를 지출한 경우 비용지출 즉시가 아니라 점유물을 반환할 때 회복자에게 비용상환을 청구할 수 있다.

〈점유자와 회복자의 핵심쟁점〉

과실 취득 (제201조)	• 선의점유자 – 과실 취득 • 대가보상 – 악의, 은비, 점유자가 과실 소비	악의점유자 – 과실 반환
멸실 책임 (제202조)	선의, 자주 – 현존한도	악의, 타주 – 손해전부
비용상환 청구 (제203조)	• 필요비 – 반환시 상환청구 • 과실 취득시 필요비는 청구할 수 없다.	• 유익비 – 가액 증가가 현존 • 과실 취득시 유익비는 상환청구

18 ③
유익비상환청구는 가액의 증가가 현존하는 경우에 乙은 선·악의점유에 관계없이 甲에게 상환을 청구할 수 있다(제203조).

지문분석
① 과실수취권은 선의이어야 인정되므로 乙이 악의인 경우에는 과실수취권이 인정되지 않는다.
② 점유물을 '사용하여 이용'해 왔으므로 과실을 수취한 것으로서 甲에 대하여 통상의 필요비 상환을 청구할 수 없다(제203조).
④ 선의의 점유자에게는 과실수취권이 인정되므로 乙은 甲에 대하여 점유·사용으로 인한 이익을 반환할 의무가 없다.
⑤ 乙의 유익비상환청구권에 대하여 법원은 상환기간을 허여할 수 있다.

19 ④
선의의 점유자라도 본권에 관한 소에 패소한 때에는 그 판결이 확정된 때가 아니라 소 제기한 때부터 악의의 점유자로 본다.

Point 36 점유보호청구권

20 ②
점유의 침탈이 아닌 경우 첫째, 사기로 점유물을 인도한 경우 이는 점유침탈이 아니므로 점유회수할 수 없다(대판). 둘째, 직접점유자 乙이 간접점유자 甲의 의사에 반하여 점유물을 丙에게 인도한 경우, 이는 직접점유자 스스로의 의사에 기한 것으로 점유물의 침탈이 아니므로 甲은 丙에게 점유물반환청구권을 행사할 수 없다(대판).

지문분석
④ 침탈자의 선의의 특별승계인에게는 점유물반환청구권을 행사할 수 없다(제204조 제2항).

21 ④
틀린 것은 ⓒⓔ이다.
ⓒ 간접점유자도 점유회수할 수 있다.
ⓔ 점유침탈자로부터 특별승계인이 선의인 경우 점유자는 점유회수할 수 없다(제204조 제2항).

22 ⑤
옳은 것은 ㉠ⓒⓗ이다.
ⓛ 점유의 방해를 받을 염려가 있을 때 점유자는 방해의 예방 또는 손해배상의 담보를 청구할 수 있다.
ⓔ 점유자가 점유의 침탈을 당한 경우 침탈자의 선의의 매수인으로부터 악의로 이를 전득한 자에 대해 점유물반환청구권을 행사할 수 없다(승계인이 선의이면 엄폐물의 법칙이 작용하여 전득자가 악의라 하여도 점유자는 반환청구할 수 없다).
ⓜ 간접점유자도 점유물반환청구권을 행사할 수 있다.
ⓗ 점유권에 기인한 소는 본권에 관한 이유로 재판하지 못하므로 점유회수의 청구에 대하여 점유침탈자가 점유물에 대한 본권이 있다는 주장으로 점유회수를 배척할 수 없다(대판 2019다202795).

23 ④
틀린 것은 ㉠ⓔ이다.
㉠ 물권적 청구권은 방해자의 귀책사유 없이도 인정되므로 과실 없이 점유를 방해하는 자에 대해서도 방해배제를 청구할 수 있다.
ⓔ 타인의 점유를 침탈한 뒤 제3자에 의해 점유를 침탈당한 자는 점유물반환청구권의 상대방이 될 수 없다. 甲의 점유물을 乙이 침탈한 뒤에 제3자 丙이 점유물을 취득한 경우 점유물반환청구의 상대방은 현재 점유자이므로 침탈자 乙이 상대방이 될 수 없고 현재 점유자 丙이 그 상대방이 된다.

24 ⑤

지문분석
① 사기에 의한 의사표시에 의하여 물건을 인도해 준 경우 점유침탈에 해당하지 아니한다.
② 직접점유자가 임의로 물건을 인도해 준 경우, 그것이 간접점유자의 의사에 반하는 경우에는 점유침탈에 해당하지 아니한다.
③ 점유회수청구권은 침탈자의 특별승계인이 악의인 경우, 점유회수를 할 수 있다.
④ 간접점유자가 점유회수를 청구하는 경우, 먼저 직접점유자에게 반환할 것을 청구하고 직접점유자가 반환받을 수 없는 경우에 자신에게 반환을 청구해야 한다.

제4장 소유권   p.143~165

01	②	02	⑤	03	①	04	⑤	05	①
06	②	07	②	08	③	09	①	10	⑤
11	⑤	12	③	13	④	14	④	15	②
16	⑤	17	③	18	⑤	19	④	20	④
21	③	22	⑤	23	②	24	①	25	②
26	③	27	④	28	④	29	②	30	⑤
31	③	32	③	33	④	34	④	35	④
36	②	37	④	38	⑤	39	③	40	④
41	②	42	③	43	④	44	②	45	④
46	④	47	④	48	①	49	④		

01 ②
옳지 못한 것은 ⓒⓔ이다.
ⓒ 소유물에 대한 사용·수익권을 포기하거나 영구히 제한하는 것은 법률에 규정하지 않은 새로운 종류의 소유권을 창설하는 것으로서 허용되지 않는다(대판).
ⓔ 지적공부에 등록된 1필 토지의 소유권의 범위, 경계는 특별한 사정이 없는 한 현실의 경계와 관계없이 공부상의 지적도에 의하여 확정된다(대판).

Point 37 상린관계

02 ⑤
건축시 거리제한 규정에 위반하여 건축을 완성하였을 때에는 건물철거를 청구할 수 없다.

지문분석
① 경계표, 담, 구거 등 상린자 일방의 비용으로 설치되었거나 담이 건물의 일부인 경우 상린자의 공유가 아니라 단독소유이다(제239조).
② 수목의 가지가 경계를 넘은 때는 소유자에게 먼저 제거를 청구하고 응하지 않을 때 제거할 수 있으나 수목뿌리는 임의로 제거할 수 있다(제240조).

03 ①
담 설치비용은 반반씩, 측량비용은 면적에 비례하여 부담한다(제237조).

지문분석
② 토지의 분할로 통로가 없는 경우 무상통행권이 인정된다(제220조 - 토지분할과 일부양도로 토지가 공로에 통하지 못하는 경우에는 보상의무가 없다).
⑤ 지상권에도 상린관계 규정이 준용된다.

04 ⑤
옳지 못한 것은 ⓐⓒⓔ이다.
ⓐ 토지 주변의 소음이 사회통념상 수인한도(참을 한도)를 넘은 경우에 소유권에 기하여 방해제거를 청구할 수 있다. 수인한도를 넘지 않으면 인용하여야 한다.
ⓒ 자연유수의 승수의무(承水義務)는 소극적 승수의무를 의미하고 적극적으로 그 자연유수의 소통을 유지할 의무까지는 포함하지 않는다(대판).
ⓔ 제242조 제1항에서 정한 이격 거리를 위반한 경우라도 건축에 착수한 후 1년을 경과하거나 건물이 완성된 후에는 손해배상만을 청구할 수 있을 뿐 건물의 변경이나 철거를 청구할 수 없다(제242조 제2항). 여기에서 '건물의 완성'은 사회통념상 독립한 건물로 인정될 수 있는 정도로 건축된 것을 말하며, '건축 관계법령에 따른 건축허가나 착공신고 또는 사용승인 등 적법한 절차를 거친 것인지는 문제되지 아니'한다(대판).

05 ①
주위토지통행권은 '현재의 토지의 용법'에 따른 이용의 범위에서 인정되는 것이지 더 나아가 '장차의 이용 상황까지를 미리 대비'하여 통행권을 정할 것은 아니다(대판). 그러므로 장래의 아파트 신축으로 도로이용량이 많아지게 될 것이라는 이유로 통행권을 주장할 수 없다.

06 ②
이미 토지의 용도에 필요한 통로가 있는 경우 주위토지를 이용하는 것이 더 편리하더라도 주위토지통행권을 주장할 수 없다(대판).

Point 38 취득시효

07 ②
시효취득을 할 수 없는 것은 ⓐⓔⓘ이다.
ⓐ 저당권과 불표현된 지역권은 점유를 수반하지 않으므로 시효취득을 할 수 없다.
ⓒ 시효취득의 대상이 반드시 타인의 소유물이어야 하거나 그 타인이 특정되어 있어야만 하는 것은 아니므로 성명불상자의 소유물에 대하여 시효취득을 인정할 수 있다(대판).

ⓔ 국유재산 중 행정재산(舊 행정재산과 보존재산)은 시효취득의 대상이 되지 않지만, 일반재산(舊 잡종재산)은 시효취득의 대상이 된다(대판).
ⓜ「집합건물의 소유 및 관리에 관한 법률」(집합건물법이라 함)상 공용부분인 대지의 취득시효를 인정하면 전유부분과 분리처분이 되므로 이를 허용할 수 없다(대판).

08 ③
저당권은 점유를 요소로 하지 아니하므로 취득시효를 할 수 없다.

09 ①
종중같은 비법인 사단, 지자체, 국가도 취득시효의 주체가 될 수 있다.

10 ⑤
부동산에 대한 가압류는 점유를 파괴하지 아니하므로 점유취득시효를 중단시키지 아니한다.

11 ⑤
등기청구권의 상대방은 시효완성 당시의 진정한 소유자이다. 그러므로 무효등기 명의인은 진정한 소유자가 아니므로 상대방이 될 수 없다(대판).

▶ 지문분석 ◀
① 시효취득은 원시취득이다.
② 자주점유 여부는 내심의 의사가 아니라 권원의 성질에 따라 객관적으로 결정한다(전원합의체).
③ 직접점유와 간접점유 모두 취득시효의 기초가 되는 점유에 해당한다.
④ 미등기 부동산이라도 시효완성자는 등기하여야 소유권을 취득한다(대판).

12 ③
시효취득자가 제3자에게 목적물을 처분하여 점유를 상실하면, 그의 소유권이전등기청구권은 점유를 상실하는 즉시 소멸하는 것이 아니라 점유상실시부터 10년 후에 소멸시효가 완성된다(대판).

13 ⑤
부동산에 대한 압류 또는 가압류는 점유취득시효를 중단시키지 않는다. 왜냐하면 점유의 파괴를 초래하여야 취득시효가 중단되는데 부동산에 대한 압류 또는 가압류는 점유의 파괴를 초래하지 않으므로 취득시효를 중단시키지 못한다(대판).

14 ④
아닌 것은 ⓒⓜ이다. 선의점유와 무과실의 점유는 등기부취득시효만의 특별요건이다.

15 ②
▶ 지문분석 ◀
① 무단점유는 자주점유의 추정이 깨어진다.
③ 1필의 토지 일부에 대한 점유취득시효를 완성한 점유자는 분필등기절차를 거쳐서 소유권을 취득할 수 있다.
④ 시효완성자는 그 완성 전에 이미 설정되어 있던 가등기에 기하여 시효완성 후에 소유권 이전의 본등기를 마친 자, 즉 시효완성 후의 제3자에 대해 시효완성을 주장할 수 없다.
⑤ 시효기간 만료 후 명의수탁자로부터 적법하게 소유권이전등기를 경료한 명의신탁자(즉, 시효완성 후 새로운 제3자에 해당함)에게 시효완성자는 취득시효의 효과를 주장할 수 없다.

16 ⑤
▶ 지문분석 ◀
① 시효완성 후 점유자가 등기하기 전인 경우 소유자는 점유자에게 점유를 개시한 때에 소급하여 효력이 생기므로 부동산의 점유로 인한 손해배상을 청구할 수 없다(대판).
② 시효완성 후 점유자가 등기하기 전인 경우 소유자는 점유자에게 점유로 인한 부당이득반환을 청구할 수 없다(대판).
③ 부동산소유자와 시효취득자 사이에 계약상의 채권, 채무관계가 존재하지 않는다. 따라서 소유자가 제3자에게 처분하여도 채무불이행책임이 성립하지 않는다.
④ 시효완성으로 소유권이전등기를 경료한 자가 근저당채무를 변제한 경우, 시효취득자가 용인하여야 할 부담을 제거하여 완전한 소유권을 확보하기 위한 것으로 그 자신의 이익을 위한 것으로 원소유자에게 구상권이나 부당이득반환을 청구할 수 없다(대판).

17 ⑤
▶ 논점 ◀ 취득시효로 인한 등기청구권 양도
매매로 인한 소유권이전등기청구권의 양도는 특별한 사정이 없는 이상 양도가 제한되고 양도에 채무자의 승낙이나 동의를 요한다고 할 것이므로 통상의 채권양도와 달리 양도인의 채무자에 대한 통지만으로는 채무자에 대한 대항력이 생기지 않으며 반드시 채무자의 동의나 승낙을 받아야 대항력이 생긴다. 그러나 취득시효완성으로 인한 소유권이전등기청구권은 채권자와 채무자 사이에 아무런 계약관계나 신뢰관계가 없고, 그에 따라 채권자가 채무자에게 반대급부로 부담하여야 하는 의무도 없다. 따라서 취득시효완성으로 인한 소유권이전등기청구권의 양도의 경우에는 매매로 인한 소유권이전등기청구권에 관한 양도제한의 법리가 적용되지 않는다 (대판).

18 ⑤
시효완성 후 시효완성자에게 등기 없는 상태에서 취득시효 기간이 경과하였다는 사정만으로 시효완성자가 소유권을 취득할 수 없으므로 소유권의 확인을 구할 수 없다.

19 ④
[논점] 취득시효 완성 후 소유자가 토지를 처분한 경우의 책임
시효완성으로 소유권이전등기를 경료한 자가 근저당채무를 변제한 경우, 시효취득자가 용인하여야 할 부담을 제거하여 완전한 소유권을 확보하기 위한 것으로 그 자신의 이익을 위한 것으로 원 소유자에게 구상권이나 부당이득반환을 청구할 수 없다(대판).

20 ④
점유자와 소유자 사이에는 계약상 채권, 채무관계가 성립하는 것이 아니므로 토지를 처분한 소유자에게 이행불능을 이유로 하는 채무불이행책임을 주장할 수 없다. 다만, 시효완성을 알고(점유자가 소유자에게 등기요구를 한 후) 처분하면 불법행위가 성립한다(대판).

21 ③
옳지 않은 것은 ㉠㉡이다.
㉠ 원소유자가 취득시효의 완성을 알고 처분한 경우 불법행위책임을 부담한다.
㉡ 丙 명의의 가등기에 기하여 소유권이전의 본등기를 한 경우 시효완성자 甲은 시효완성 후 제3자에 해당하는 丙에 대하여 취득시효를 주장할 수 없다.

22 ⑤
[논점] 취득시효의 법리를 사례에 적용할 수 있는가?
취득시효완성으로 인한 소유권이전등기청구권의 양도의 경우에는 매매로 인한 소유권이전등기청구권에 관한 양도제한의 법리가 적용되지 않으므로 소유자의 승낙을 요건으로 하지 않는다.

[지문분석]
① 매매, 취득시효로 인한 등기청구권은 점유하면 시효로 소멸하지 아니한다.
② 매매를 원인으로 하여 점유를 개시하였음을 증명하지 못하여도 점유자에게 자주점유 입증책임이 없는 이상 자주점유로 추정되고 타주점유로 전환되지 않는다.

③ 시효완성 후 등기 전 소유자가 제3자에게 처분한 경우 점유자는 제3자에게 시효완성을 주장할 수 없다. 시효완성 사실을 알고 丙이 X토지를 乙로부터 매수하여 소유권을 취득한 경우, 乙의 甲에 대한 등기이전의무를 丙이 승계하지 않는다.
④ 점유승계인이 시효완성을 주장을 하는 방법은 첫째, 점유승계인이 점유승계를 주장하여 자신의 시효완성을 주장할 경우, 직접 소유자에게 등기청구할 수 있다. 둘째, 점유승계인이 시효완성자인 전점유자의 시효완성으로 인한 등기청구권을 주장할 경우 직접 자기에게 등기청구할 권원은 없고 전 점유자인 시효완성자의 등기청구권을 대위하여 행사할 수 있을 뿐이다(전원합의체). 이러한 결과는 대법원 판례가 점유승계인은 전 점유자의 점유만 승계받을 뿐 점유로 인한 법률효과(등기청구권)는 승계를 받지 못한다는 해석을 하는 데에서 비롯되는 문제이다.

23 ②
이중으로 경료된 보존등기는 무효이지만 이를 기초로 한 등기부취득시효는 1부동산 1용지 원칙에 위반하여 허용되지 않는다(전원합의체).

[지문분석]
⑤ 등기는 물권의 효력존속요건이 아니므로 등기부 취득시효가 완성된 후에 그 부동산에 관한 점유자 명의의 등기가 말소되거나 적법한 원인 없이 다른 사람 앞으로 소유권이전등기가 경료되는 경우에는 그 점유자는 소유권을 상실하지 아니한다.

24 ①
[지문분석]
② 무주(無主)의 부동산은 선점할 수 없다.
③ 점유를 개시한 때로 소급효가 있다.
④ 발견자와 토지소유자가 절반씩 취득
⑤ 타주점유자는 취득시효할 수 없다.

Point 39 부합

25 ②
[지문분석]
① 증축부분이 독립성이 있을 때 구분소유권이 성립하고 독립성이 없는 때는 부합물이다.
③ 저당권의 효력이 부합물과 종물에 미친다는 규정은 임의규정이다. 따라서 이와 다른 당사자간의 약정은 유효하다.

④ 증축한 부분이 독립성이 없을 때는 부합물이다. 따라서 부속물매수청구의 대상이 될 수 없다.

1. 증축부분이 독립성이 없어 건물의 부합이 되면 증축부분은?	• 부합물이므로 임대인의 소유다. • 부속물매수청구할 수 없다.
2. 증축부분이 기존건물과 별개의 구조상 독립성이 인정되면 증축부분은?	• 별개의 소유물로서 부속시킨 자의 소유다. • 임차인의 부속물매수청구권이 인정된다.

⑤ 부동산의 소유자가 소유권을 취득한다.

26 ③
건물에 부합된 증축부분이 경매절차에서 경매목적물로 평가되지 않은 때도 매수인은 건물에 부합된 증축부분의 소유권을 취득한다.

지문분석

① 임대차나 사용대차로 빌린 토지에 권원에 의하여 수목을 심은 경우에는 토지에 부합하지 않고 수목을 심은 자에게 소유권이 있다(대판).
② 정당한 권원에 의하여 타인의 토지에서 경작·재배하는 성숙한 농작물은 토지에 부합하지 않고 언제나 경작자의 소유다.
④ 주유소 지하에 매설된 유류저장탱크는 토지에 부합한다.
⑤ 기존건물의 증축부분이 구조상·이용상 독립성을 가진 경우 증축부분에도 효력이 미치지 아니한다.

27 ④
옳은 것은 ㉠㉡㉢㉤이다.
㉠ 지상권자가 지상권에 기하여 토지에 부속시킨 물건은 토지의 부합물이 아니라 지상권자의 소유로 된다.
㉡ 적법한 권원 없이 타인의 토지에 경작한 성숙한 배추(농작물)의 소유권은 토지에 부합하지 아니하고 언제나 경작자에게 귀속한다.
㉢ 적법한 권원 없이 타인의 토지에 식재한 수목의 소유권은 토지의 부합물로서 토지소유자에게 귀속한다.
㉣ 건물임차인이 권원에 기하여 증축한 부분은 구조상·이용상 독립성이 없는 때에는 기존건물의 부합물로서 건물소유자의 소유이나, 구조상·이용상 독립성이 있는 경우 임차인의 소유에 속한다.
㉤ 부동산에 부합된 물건이 거래상 독립한 객체성을 상실하여 부동산의 구성부분이 된 경우 타인이 권원에 의하여 부합시켰을 경우 그 물건은 부동산의 소유자에게 귀속한다.

28 ④
④⑤ 매도인에 의하여 소유권이 유보된 자재를 매수인이 제3자와 사이의 도급계약에 의하여 제3자 소유의 건물 건축에 사용하면 부합이 성립하고 부합에 따라 매도인이 소유권을 상실하는 경우에, 비록 그 자재가 직접 매수인으로부터 제3자에게 교부된 것은 아니지만 도급계약에 따른 이행에 의하여 제3자에게 제공된 것으로서 거래에 의한 동산 양도와 유사한 실질을 가지므로, 그 부합에 의한 보상청구에 대하여도 위에서 본 선의취득에서의 이익 보유에 관한 법리가 유추적용된다. 따라서 매도인에게 소유권이 유보된 자재가 제3자와 매수인과 사이에 이루어진 도급계약의 이행에 의하여 부합된 경우 보상청구를 거부할 법률상 원인이 있다고 할 수 없지만, 제3자가 도급계약에 의하여 제공된 자재의 소유권이 유보된 사실에 관하여 과실 없이 알지 못한 경우라면 선의취득의 경우와 마찬가지로 제3자가 그 자재의 귀속으로 인한 이익을 보유할 수 있는 법률상 원인이 있다고 봄이 상당하므로 매도인으로서는 그에 관한 보상청구를 할 수 없다(대판).

29 ②
옳지 못한 것은 ㉡㉢이다.
㉠ 토지소유자는 그 토지 위에 무단으로 건축된 건물을 미등기로 매수하여 점유하고 있는 자(건물의 철거권한을 보유한 자)를 상대로 건물의 철거를 청구할 수 있다.
㉡ 취득시효완성 후 시효완성자 앞으로 등기 전에 시효완성자는 토지에 대한 점유할 권리를 보유하므로 소유자가 소유권에 기해 담장철거 및 토지인도를 청구할 수 없다.
㉢ 방해예방 또는 손해배상의 담보를 청구한다.
㉣ 소유물방해예방청구권에서 방해의 염려는 관념적인 방해의 가능성만으로 불충분하고 객관적으로 근거 있는 상당한 개연성이 필요하다.

30 ⑤
매도인으로부터 매매계약의 이행으로 토지를 인도받은 매수인이 이전등기를 마치지 않고 다시 제3자에게 전매하여 인도한 경우, 제3자는 매매로 인하여 토지를 "점유할 권리"를 보유하므로 토지매도인은 제3자에게 소유권에 기한 물권적 청구권을 행사할 수 없다(대판).

지문분석

① 가등기는 채권적 청구권을 보전하기 위하여 허용되나 물권적 청구권을 보전하기 위하여는 허용될 수 없다(대판).
② 토지가 포락되어 효용을 상실하면 토지의 소유권은 소멸한다.
③ 미등기건물의 양수인에게는 소유권과 유사한 관습법상의 물권을 인정하지 아니한다.

④ 소유권을 상실한 종전소유자는 방해배제를 청구할 수 없다.

31 ①
매도인은 매매계약의 이행으로 토지를 인도받았으나 소유권이전등기를 하지 않고 점유·사용하는 매수인에게 토지의 인도청구나 부당이득의 반환을 청구할 수 없다. 왜냐하면 매매로 점유할 권리가 있기 때문이다.

Point 40 공유

32 ④
옳지 못한 것은 ㉠㉢㉤이다.
㉠ 관리행위는 공유자의 과반수가 아니라 공유자 지분의 과반수다.
㉢ 각 공유자가 지분을 처분함에는 다른 공유자의 동의를 요하지 않는다.
㉤ 나대지에 건물을 신축하는 행위는 처분행위이다.

33 ②
옳은 것은 ㉡㉣이다.
㉠ 부동산 공유자 중 1인이 포기한 지분은 다른 공유자에게 균등한 비율이 아니라 지분의 비율로 귀속한다.
㉢ 공유자 중 1인의 지분 위에 설정된 담보물권은 특별한 사정이 없는 한 공유물의 분할로 인하여 설정자가 취득한 부동산 앞으로 분할된 부분에 집중하지 않는다.

34 ④
소수지분의 공유자 1인이 동의없이 공유물을 배타적으로 독점·사용하는 경우 이는 위법하며, 다른 소수 공유자는 보존행위로서 공유물의 인도를 청구할 수 없고 지분권에 기한 방해배제청구로 위법상태를 시정할 수 있다(2020 전원합의체).

35 ④
타당하지 못한 것은 ㉠㉣이다.
㉠ 소수지분의 공유자 1인이 공유물을 배타적으로 독점·사용하는 경우 이는 위법하며, 다른 소수 공유자는 보존행위로서 공유물의 인도를 청구할 수 없다(2020 전원합의체 판례의 변경).
㉡ 과반수지분권자 甲은 乙에게 보존행위로 토지전부의 인도를 청구할 수 있다.
㉣ 과반수지분권자 甲이 X토지를 다른 공유자의 동의 없이 丁에게 임대한 것은 적법한 관리권한에 터 잡은 것으로, 甲·乙의 관계에서 이는 적법한 점유다.

36 ②
공유자 1인이 다른 공유자의 동의 없이 공유토지를 자신의 단독명의로 등기한 경우 다른 공유자는 전부말소를 청구할 수 없다. 왜냐하면 처분공유자의 지분범위 내에서는 유효하기 때문이다.

37 ④
> 지문분석
① 관리에 관한 특약은 공유자의 과반수가 아니라 공유지분의 과반수로 정한다.
② 공유물의 관리 특약이 공유지분권의 본질 부분을 침해하는 경우(1인이 배타적 사용하기로 정한 때) 특별한 사정이 없는 한 공유자의 특별승계인에게 승계되지 않는다.
③ 공유건물의 임대차, 임대차를 해지, 갱신요구를 거절하는 행위는 처분행위가 아니라 관리행위다.
⑤ 공유건물을 소수지분권자 甲이 다수 지분권자 乙의 동의 없이 임대하여 제3자가 점유하는 경우 이는 불법점유로 부당이득반환의무가 있다.

38 ⑤
공유지상에 공유자의 1인 소유의 건물이 있을 경우 공유대지의 분할(전원이 동의하여 건물이 존재하는 상태로 대지를 단독소유로 분할받은 것이므로 대지분할 동의 속에는 묵시적으로 관습상 지상권을 승인하여 준 것이다)로 그 대지와 지상건물이 소유자를 달리하게 된 경우에는 다른 특별한 사정이 없는 한 관습법상의 지상권이 성립한다(대판).

39 ③
옳지 못한 것은 ㉢㉣이다.
㉠ 재판상 분할에서 분할을 원하는 공유자의 지분만큼은 현물분할하고, 분할을 원하지 않는 공유자는 계속 공유로 남게 할 수 있다(2014다233428).
㉡ 공유자간에 지분을 교환하는 경우 다른 공유자의 동의 없이 할 수 있다.
㉢ 공유자 사이에 이미 분할협의가 성립하였는데 일부 공유자가 분할에 따른 이전등기에 협조하지 않은 경우, 공유물분할소송을 제기할 수 없다(94다30348).
㉣ 공유물의 분할청구는 과반수 공유자가 아니라 각 공유자가 청구할 수 있다.

40 ④
공유물의 관리에 관한 특약을 한 경우, 그 특약은 특별한 사정이 없는 한 그들의 특정승계인에게도 효력이 미친다. 다만, 공유지분권의 '본질적 부분을 침해하는 관리특약(지분권자로서의 사용, 수익권을 사실상 포기하는 약정)은 특별한 사정이 없는 한 공유자의 특별승계인에게 원칙적으로 승계되지 않는다(대판).

지문분석

① 자신의 지분을 포기한 경우, 다른 공유자에게 균등한 비율이 아니라 지분비율로 귀속한다.
② 공유토지를 제3자에게 임대하는 행위는 관리행위로서 과반수지분권자이어야 하는데 甲은 1/2 지분을 가진 자로서 과반수지분권자가 아니므로 다른 공유자에 대한 관계에서 위법하다.
③ 나대지인 X토지에 건물을 신축하는 행위는 공유물의 관리행위를 넘은 처분행위이다.

41 ②

甲과 乙이 丙과의 협의 없이 X토지에 건물을 신축하기로 하는 결정은 처분행위에 해당하고, 공유물의 관리방법으로 부적법하다.

42 ②

틀린 것은 ㉡㉢이다.
㉡ 소수지분권자인 甲이 단독으로 丁에게 X토지를 임대하여 丁이 배타적으로 점유·사용한 경우, 이는 불법점유로서 乙은 丁에게 부당이득반환을 청구할 수 있다.
㉢ 다른 공유자의 동의 없이 X토지를 배타적으로 점유·사용하는 乙에게 甲은 보존행위로서 X토지의 인도를 청구할 수 없다.

43 ④

소수지분권자가 다른 공유자와의 협의 없이 X토지 면적의 2/5에 해당하는 특정 부분을 배타적으로 사용·수익하는 것은 다른 공유자의 지분비율에 따른 사용권을 박탈하는 것으로 허용되지 않는다.

44 ②

甲이 乙의 동의 없이 X토지 전부를 丙에게 매도한 경우, 그 매매계약은 타인권리의 매매로서 유효하다.

지문분석

① 乙은 甲의 동의 없이 자신의 지분을 丙에게 처분할 수 있다.
③ 丙이 X토지를 불법점유하고 있는 경우, 甲은 자신의 지분이 아닌 다른 공유자 乙의 지분에 관하여도 단독으로 丙에게 손해배상을 청구할 수 없다(공유자가 다른 공유자의 지분권을 주장하는 것은 보존행위가 아니다).
④ 1/2 지분권자 甲이 乙의 동의 없이 X토지에 건물을 축조한 경우, 이는 처분행위로서 乙은 甲에게 그 건물 전부의 철거를 청구할 수 있다.
⑤ 2/3 지분권자 甲이 乙의 동의 없이 X토지 전부를 임차인 丙에게 사용하게 한 경우, 이는 적법점유로서 乙은 丙에게 X토지의 인도청구할 수 없다.

45 ④

지문분석

① 甲이 乙, 丙의 동의 없이 X토지의 1/3 부분을 배타적으로 사용하는 경우 乙은 甲에게 보존행위로 인도를 청구할 수 없으나 지분권에 기하여 방해배제를 청구할 수 있다.
② 소수지분권자 甲이 乙, 丙의 동의 없이 X토지의 1/3 부분을 배타적으로 사용하는 경우 다른 소수지분권자 乙은 공유물의 보존행위로서 甲에게 토지 전부의 인도를 청구할 수 없다.
③ 제3자 丁이 X토지의 점유를 무단침범하는 경우, 甲은 공유물의 보존행위로서 공유토지 전부를 반환청구할 수 있다. 다만, 제3자의 불법점유로 인한 손해배상청구권이나 부당이득반환청구권은 각 공유자에게 자기 지분비율만큼만 청구할 수 있다.
⑤ 공유물의 임대권한을 가지지 못한 1/3 지분권자 甲이 X토지를 乙, 丙과의 협의 없이 제3자에게 임대하여 제3자가 점유, 사용하게 한 경우, 이는 다른 공유자와의 관계에서는 불법점유이므로 乙은 제3자에 대하여 부당이득반환을 청구할 수 있다.

46 ④

소수지분권자 乙은 과반수지분권자로부터 허락을 받아 적법 점유하는 임차인 丁에게 차임상당의 부당이득반환을 청구할 수 없다.

47 ④

공유물, 합유물은 각자 단독으로 보존행위를 할 수 있으나 총유물은 대표자가 단독으로 보존행위로서 소송을 제기할 수 없다. 총유재산에 관한 소송은 법인 아닌 사단이 총회결의를 얻어 하거나 구성원 전원이 제기해야 하고 그 대표자나 구성원의 1인은 총회결의를 거친 경우에도 총유재산의 보존행위로 단독으로 소를 제기할 수 없다(대판).

지문분석

① 합유지분은 상속되지 않는다. 공유는 공유자가 사망시 그 상속인에게 상속등기가 허용되지만 합유물, 총유물은 상속등기가 허용되지 않는다.
② 합유물보존행위는 단독으로 할 수 있다.
③ 판례는 교회의 분열을 인정하지 않으며 교회재산권은 분열 당시의 교인들의 총유가 아니라 잔존교인들의 총유로 본다(전원합의체).
⑤ 공유와 달리 합유자의 전원동의 없이 합유지분의 처분은 지분범위 내에서도 유효가 아니고 무효다.

48 ①
합유자 전원의 동의 없이 합유물에 대한 지분을 매매하면 공유와 달리 자신의 지분의 범위 내에서 유효가 아니라 처분행위자체가 무효이다(대판).

> 지문분석

④ 합유지분을 포기한 경우 포기된 합유지분은 '나머지 잔존 합유자들에게 균등하게 귀속'되지만 그와 같은 물권변동은 법률행위에 기한 것으로서 등기하여야 효력이 생긴다(대판).

49 ④

> 지문분석

① 공유자끼리 그 지분을 처분, 교환하는 경우 다른 공유자의 동의가 필요 없다.
② 총유재산에 관한 보존행위는 공유·합유와 달리 구성원 단독으로 행사할 수 없다.
③ 합유자 중 1인은 다른 합유자의 동의 없이 자신의 지분을 단독으로 제3자에게 매도할 수 없다.
⑤ 법인 아닌 종중이 그 소유 토지의 매매를 중개한 중개업자에게 중개수수료를 지급하기로 하는 약정을 체결하는 것은 단순한 채무부담행위에 불과하여 총유물의 관리·처분행위에 해당하지 아니한다(대판).

제5장 용익물권 p.166~189

01	②	02	⑤	03	⑤	04	④	05	④
06	③	07	②	08	③	09	①	10	③
11	③	12	③	13	⑤	14	①	15	④
16	④	17	③	18	④	19	②	20	④
21	②	22	①	23	③	24	⑤	25	③
26	①	27	④	28	②	29	②	30	⑤
31	②	32	⑤	33	①	34	⑤	35	②
36	⑤	37	③	38	②	39	④	40	④
41	④	42	②	43	③	44	①	45	④
46	③	47	③	48	④	49	②	50	⑤
51	④	52	④	53	①	54	⑤	55	①

Point 41 지상권

01 ②
지상권의 존속기간을 영구로 하는 약정은 <u>유효</u>다.

02 ⑤
지상권의 지료가 1년 연체된 상태에서 토지가 제3자에게 양도되고 다시 그 지료가 1년 6개월 연체된 경우, 토지양수인(새 주인)에 대한 관계에서 연체기간이 2년이 되어야만 지상권의 소멸을 청구할 수 있다. 따라서 양수인에게 1년 6개월을 연체하였으므로 소멸청구하지 못한다.

03 ⑤
옳지 못한 것은 ⓒⓒⓔⓜ이다.
ⓒ 지료는 유상, 무상 모두 가능하므로 지료의 지급은 지상권의 성립요건이 아니다.
ⓒ 지상권에 기하여 토지에 부속된 공작물은 토지에 부합하지 않고 지상권자의 소유다.
ⓔ 구분지상권은 수목소유를 위하여는 설정할 수 없다.
ⓜ 수목의 소유를 목적으로 하는 지상권의 최단 존속기간은 30년이다.

04 ④
법정지상권자는 등기 없이도 토지의 소유자뿐만 아니라 토지양수인 즉 제3자에게 대항할 수 있다.

05 ④
지상권이 저당권의 목적인 경우 지료연체를 이유로 하는 지상권소멸청구는 저당권자에게 통지하면 <u>즉시가 아니라 상당기간이 경과함으로써</u> 그 효력이 생긴다(제288조).

06 ③
지상권자는 제3자에게 지상이나 지하의 특정공간을 목적으로 하는 구분지상권을 설정해 줄 수 없다.

07 ②
지료는 지상권의 성립요소가 아니다.

08 ③
수목의 소유를 목적으로 하는 지상권이 기간 만료로 소멸한 경우 존속기간 중 심은 수목은 지상권설정자의 토지에 부합하는 것이 아니라 토지에 대하여 정당한 권원을 가지고 있는 <u>지상권자</u>의 소유로 귀속한다.

지문분석●

④ 지상권의 양도금지특약은 효력이 없다. 그러므로 양도가 금지된 경우에도 지상권의 양도는 유효하고, 그 지상권의 양수인은 자신이 양수한 지상권으로 지상권설정자에게 대항할 수 있다.

09 ①
옳은 것은 ㉠㉡이다.
㉢ 지료는 2년 연체하여야 소멸청구가 허용되므로 乙이 약정한 지료의 1년 6개월분을 연체한 경우, 甲은 지상권의 소멸을 청구할 수 없다.
㉣ 지상권의 존속기간을 정하지 않은 경우, 최단기간을 정한 것으로 간주하여 30년이 되므로 甲은 기간 만료 전에는 지상권의 소멸을 청구할 수 없다.

10 ③
옳은 것은 ㉡㉣이다.
㉠ 지료는 성립요건이 아니다.
㉢ 지료체납 중 토지소유권이 양도된 경우, 양도 전후를 합산하여 2년에 이르면 지상권소멸청구를 할 수 없고 양수인에 대하여 연체기간이 2년이 되어야만 지상권소멸을 청구할 수 있다.

11 ③
옳지 않은 것은 ㉠㉢이다.
㉠ 양도인과 양수인에 대한 지료연체액의 합산을 주장하여 지상권의 소멸청구할 수 없다.
㉢ X토지를 丁이 불법점유하고 있는 경우, 토지소유자가 아닌 지상권자 乙은 지상권에 기하여 토지반환을 청구할 수 있다.

12 ③
틀린 것은 ㉢이다.
㉢ 연체된 지료는 승계되지 아니하므로 乙의 토지를 양수한 丁은 甲의 乙에 대한 지료연체액과 합산하여 2년의 지료가 연체되면 지상권의 소멸을 청구할 수 없다.

13 ⑤
채권담보를 위하여 토지에 저당권과 함께 무상의 담보지상권을 취득한 채권자는 특별한 사정이 없는 한 제3자가 토지를 불법점유하면 임료 상당의 손해배상청구를 할 수 없다. 왜냐하면 담보지상권자는 토지의 사용권을 본체로 하지 않고 토지에 대한 담보가치의 확보를 본질로 하기 때문이다.

14 ①
수목을 소유하기 위하여 구분지상권을 설정할 수 없다.

Point 42 분묘기지권

15 ④
분묘기지권을 시효취득할 경우에는 '지료를 청구한 때로부터' 지급하여야 한다(종전에 무상에서 유상으로 전원합의체 판례가 변경되었다).

지문분석●

① 토지소유자의 승낙 없이 분묘를 설치한 후 20년간 평온·공연하게 분묘기지를 점유한 자는 그 기지의 <u>소유권이 아니라 분묘기지권을 시효취득한다</u>.
② 타인토지에 무단으로 분묘를 설치한 자는 자주점유가 아니라 <u>타주점유로 추정된다</u>.
③ 분묘기지권을 시효취득할 경우 분묘가 공시기능을 하므로 등기를 요하지 아니한다.
⑤ 분묘기지권의 존속기간은 공작물의 존속기간인 5년이 아니라 <u>분묘수호를 계속하는 한</u> 계속된다.

16 ④
옳은 것은 ㉠㉡㉣이다.
㉢ 분묘기지권은 물권이므로 분묘기지권이 성립한 토지를 양수한 새로운 토지소유자는 분묘기지권자에게 분묘를 이장해 달라고 청구할 수 없다.

17 ③
옳은 것은 ㉡㉣이다.
㉠ 甲이 분묘기지권을 시효취득하려면 등기를 요하지 아니한다.
㉢ 甲은 X토지의 분묘기지에 대한 소유권이 아니라 분묘기지권을 등기 없이 시효취득한다.
㉣ 2024년 현재 甲은 분묘기지권을 시효취득한 날이 아니라 토지소유자가 지료를 청구한 날로부터 지료를 지급할 의무가 있다.

18 ④
옳은 것은 ㉢㉣이다.
㉠ 분묘의 소유자는 등기 없이 관습법에 의한 분묘기지를 사용할 권리가 생기는 것이지 분묘기지의 '소유권'을 취득하는 것이 아니다.
㉡ 부부 중 일방을 단분 형태로 합장하여 분묘를 설치하는 것도 허용되지 않는다.

19 ②
옳은 것은 ㉢이다.
㉠ 분묘기지권은 봉분 등 외부에서 분묘의 존재를 인식할 수 있는 형태를 갖추고 있으므로 등기를 요하지 아니한다.

ⓒ 토지소유자의 승낙을 얻어 분묘를 설치함으로써 분묘기지권을 취득한 경우, 설치할 당시 토지소유자와의 합의에 의하여 정한 지료지급의무의 존부나 범위의 효력은 그 토지의 승계인에게도 효력이 미친다(대판 2017다271834).
ⓔ 자기 소유 토지에 분묘를 설치한 사람이 그 토지를 양도하면서 분묘를 이장하겠다는 특약을 하지 않음으로써 분묘기지권을 취득한 경우, 특별한 사정이 없는 한 분묘기지권자는 분묘기지권이 성립한 때부터 토지소유자에게 그 분묘의 기지에 대한 토지사용의 대가로서 지료를 지급할 의무가 있다(대판 2020다295892).

Point 43 (관습법상)법정지상권

20 ③
틀린 것은 ㉠㉣㉤이다.
㉠ 토지와 건물이 원시적으로 동일인 소유일 필요는 없고 처분 당시에 동일인의 소유이어야 한다.
㉣ 법정지상권은 강행규정이지만 관습법상 법정지상권을 배제하기로 하는 당사자간의 특약은 유효다.
㉤ 관습법상 지상권은 등기 없이 효력이 생기므로 취득 당시의 토지소유자와 <u>그로부터 전득자인 제3자에게 대항하기 위하여 등기가 필요 없다</u>(대판).

21 ②
법정지상권은 법률의 규정으로 인한 물권취득으로서 등기를 요하지 아니하므로 그 지상권을 등기함이 없이도 지상권을 "취득할 당시의 토지소유자"와 그로부터 "토지를 양수한 제3자"에게 대항하기 위하여도 등기를 요하지 아니한다(대판).

22 ①
자신의 토지 위에 미등기 건물을 신축한 자가 건물의 철거특약 없이 토지를 매도한 경우 토지소유자와 건물의 소유자가 동일인 요건을 충족하고 토지만 매매한 것으로 관습상 지상권이 성립한다.

23 ③
> 지문분석
① 환매특약상태(나대지 상태)로 반환하여 줄 의무가 있으므로 환매권자의 환매권행사로 대지와 건물의 소유자가 달라진 경우 관습법상 법정지상권이 성립하지 않는다(대판).
② 따로 건물을 위하여 대지에 대한 임대차계약을 체결한 경우 관습법상 지상권을 포기한 것으로 본다.

④ 토지공유자 중 1인이 공유지분 과반수의 동의를 얻어 건물을 건축한 후 토지와 건물의 소유자가 달라진 경우, 관습법상의 법정지상권이 성립하지 아니한다. 이를 인정하게 되면 공유자 1인으로 다른 공유자의 지분에 대하여도 지상권설정이라는 처분행위를 허용하는 셈이어서 부당하기 때문이다.
⑤ 대지만 소유권이전등기를 넘겨받은 뒤 대지가 경매로 처분될 당시에 토지는 매수인소유이고 건물은 매도인의 소유로 소유자가 다르기 때문이다.

24 ③
토지소유자는 장차 지상권을 취득할 지위에 있는 건물의 양수인에게 건물의 철거 및 토지인도를 청구할 수 없다(왜냐하면 신의칙에 반하기 때문이다)(전원합의체).

> 지문분석
① 건물양수인은 지상권이전등기를 하여야 지상권을 승계취득한다.
② 법정지상권이 있는 건물의 양수인은 토지소유자에게 직접 지상권의 설정 및 이전등기를 청구할 수 없다(건물의 양수인은 토지소유자와 계약을 한 것이 아니라 건물의 양도인과 건물양도계약을 한 것이므로 건물의 양도인을 대위하여 지상권의 설정 및 이전등기를 하여야 한다).
④ 토지소유자는 장차 법정지상권을 취득할 지위에 있는 건물의 양수인에게 대지사용, 이익을 부당이득으로 반환청구하는 것은 신의칙에 반하는 것이 아니므로 허용된다.
⑤ 건물의 양수인은 지상권이전등기를 하여야 지상권을 승계취득한다.

25 ③
옳지 못한 것은 ㉠ⓒ이다.
㉠ C는 지상권의 등기를 이전하여야 승계취득하고, A에게 지상권을 주장할 수 있다.
ⓒ A가 C에게 건물철거를 청구하는 것은 신의칙에 반하므로 허용될 수 없다.
ⓒ C는 직접 A에게 C 앞으로 지상권설정등기를 청구할 수 없고 순차적으로 설정 및 이전을 대위한다.
ⓔ A는 C에게 토지사용에 대하여 부당이득반환을 청구할 수 있다.

26 ①
틀린 것은 ㉠ⓒ이다.
㉠ 법정지상권이 붙어있는 건물이 <u>매매로 양도되면</u> 건물양수인은 지상권이전등기하여야 지상권을 승계취득한다. 아직 지상권등기 없는 건물양수인은 지상권을 승계취득하지 못한다.

ⓒ 건물소유자 乙에게 관습법상 지상권이 성립한 상태에서 토지가 양도된 경우에도 관습법상 지상권은 등기 없이 발생하는 것이므로 이를 취득할 당시의 토지소유자에게 법정지상권 취득을 등기 없이 주장할 수 있으며 그로부터 대지의 소유권을 전득한 제3자에게 지상권을 대항하기 위하여 등기가 필요한 것이 아니다(대판).

27 ④
甲은 지료가 결정되지 않은 경우, 지료의 연체가 있을 수 없으므로 2년 이상의 지료지급지체를 이유로 지상권소멸을 청구할 수 없다.

지문분석
⑤ 관습상 지상권자 丙으로부터 건물만 양수한 丁은 아직 지상권을 취득하지 못하였다.

28 ②
강제경매에 있어 관습상 법정지상권이 인정되기 위해서는 매각대금 완납시가 아니라 압류효력발생시를 기준으로 해서 토지와 건물이 동일인의 소유에 속하여야 한다.

29 ②
틀린 것은 ⓒ이다.
ⓒ 지상권자의 지료지급 연체가 토지소유권의 양도 전후에 걸쳐 이루어진 경우, 토지양수인은 자신에 대한 연체기간이 2년 미만이면 지상권의 소멸을 청구할 수 없다. 판례에 따르면 토지양수인에 대한 연체기간이 2년이어야 지상권의 소멸을 청구할 수 있다.
ⓒ 분묘기지권을 시효취득한 자는 토지소유자가 지료를 청구한 날부터 지료를 지급할 의무가 있다(2021 전원합의체). 반면에 양도형 분묘기지권은 분묘기지권이 성립한 날로부터 지료를 지급하여야 한다.

Point 44 지역권

30 ③
틀린 것은 ⓒⓒⓜ이다.
ⓒ 지역권취득시효를 하기 위하여는 지역권의 등기가 필요하다.
ⓒ 요역지가 수인의 공유인 경우에 그 1인에 의한 지역권 소멸시효의 정지·중단은 다른 공유자에게 효력이 있다.
ⓜ 1필의 토지의 일부에는 지역권을 설정할 수 있다. 다만, 1필지의 일부를 위하여 설정할 수 없다.

31 ②
지역권은 요역지 소유권에 부종하여 이전하므로 이를 요역지와 분리하여 양도할 수 없다.

지문분석
④⑤ 불가분성

지역권 '소멸시효의 중단'	다른 공유자를 위하여 소멸시효 중단의 효력이 있다.
지역권 '취득기간의 중단'	모든 공유자에 대한 사유가 아니면 취득시효 중단의 효력이 없다.

32 ④
요역지 공유자 중 1인은 자신의 지분만에 대해서 지역권을 소멸시킬 수 없다(제293조).

33 ①
논점 지역권에 「민법」 제213조가 준용되는가?
지역권자는 점유권이 없으므로 지역권을 침탈한 경우에도 소유권에 기한 소유물반환청구권에 관한 규정(제213조)은 지역권에 준용되지 않는다. 따라서 지역권에 기한 반환청구권이 인정되지 않는다.

34 ⑤
옳은 것은 ⓒⓔ이다.
㉠ 요역지의 불법점유자는 시효취득을 할 수 없다.
ⓒ 요역지 공유자 중 1인은 자신의 지분에 대해서만 지역권을 소멸시킬 수 없다.
ⓜ 지역권에서 위기(委棄)란 요역지의 소유자가 아니라 승역지의 소유자가 승역지의 소유권을 일방적 의사표시에 의하여 지역권자에게 이전시켜서 소유권과 지역권이 동일인에게 귀속되어 혼동으로 지역권을 소멸하게 하는 단독행위이다(제299조).

35 ②
틀린 것은 ⓒⓔ이다.
ⓒ 요역지의 지상권자는 인접한 토지에 통행지역권을 시효취득할 수 있다.
ⓔ 통행지역권을 시효취득하였다면, 요역지 소유자는 도로설치로 인해 승역지 소유자가 입은 손실을 보상해야 한다.

36 ⑤
지문분석
① 지역권은 점유를 요소로 하지 않는다.
② 지역권은 요역지와 수반하여 이전한다.

③ 지역권의 지료에 관한 「민법」 규정이 없으므로 지료 약정은 성립요건이 아니다.
④ 통로를 개설하여야 통행지역권을 시효취득할 수 있다.

37 ④
지역권은 20년간 불행사하면 소멸시효에 걸린다.

Point 45 전세권

38 ②
임대차와 달리 전세권설정은 처분행위로서 처분권한을 가져야 하고, 처분권한이 없는 자의 전세권 설정은 무효다.

39 ④
지문분석
① 목적물의 인도는 전세권의 성립요소가 아니다.
② 전세권의 사용·수익 권능을 배제하고 채권담보만을 위해 전세권을 설정하는 것은 허용되지 않는다.
③ 전세권자는 필요비의 상환을 청구할 수 없다.
⑤ 설정행위로 전세권의 양도를 금지하는 약정은 유효다.

40 ④
옳은 것은 ⓒⓑ이다.
㉠ 건물전세권의 최단기간은 1년으로, 2년을 주장할 수 없다.
㉡ 토지가 아니라 건물전세권의 최단기간은 1년이다.
㉢ 건물전세권이 법정갱신되면 기간의 정함이 없는 것으로 본다.
㉣ 법정갱신은 건물에만 허용되고 토지에는 허용되지 않는 따라서 토지전세권설정자가 아니라 건물전세권설정자이어야 맞다.
㉤ 양당사자가 소멸통고할 수 있고, 6월 후에 효력이 생긴다.

41 ④
인정되지 않는 권리는 ⓜⓑ이다.
㉤ 전세권자는 목적물을 스스로 유지, 관리하여야 하므로 목적물에 지출한 필요비상환을 청구할 수 없다. 다만, 목적물에 지출한 유익비는 상환청구할 수 있다.
㉥ 지상물매수청구권은 건물전세권자에게 인정되지 않으며 지상권자에게 인정된다. 다만, 토지의 전세권에도 지상물매수청구권을 인정함이 판례이다.

42 ②
건물의 전세권에는 지상물매수청구권이 인정되지 않으므로 전세권의 존속기간이 만료한 경우, 甲은 지상물매수를 청구할 수 없다. 반면에 토지전세권자에게는 「민법」에 명문규정이 없으나 대법원 판례는 지상물매수청구권을 인정한다.

43 ③
지문분석
① 전세권의 최장기는 10년이다.
② 건물전세권에만 최단기 1년의 제한을 받는다.
④ 건물전세권자에게는 지상물매수청구권이 인정되지 않으나 토지전세권자에게는 토지임차인에게 인정되는 지상물매수청구권을 인정함이 판례이다.
⑤ 건물전세권에만 법정갱신을 인정한다.

44 ①
옳은 것은 ㉠ⓒ이다.
㉡ 기존의 채권으로 전세금에 갈음할 수 있다.
㉣ 채권담보목적으로 전세권을 설정하였으나 설정과 동시에 목적물의 인도를 받지 아니하였어도, 장차 전세권자가 목적물의 사용수익권을 배제하는 것이 아니라면 전세권은 유효다.
㉤ 토지가 아닌 건물전세권의 최단기간은 1년이다.

45 ④
전세권설정자가 아니라 전세권자는 스스로 목적물의 유지·관리의무를 부담한다.

46 ③
지문분석
① 전세권의 존속기간을 1년으로 약정한 경우 1년으로 본다(제312조 제2항). 주의할 것은 「주택임대차보호법」에서는 1년 약정하여도 최단기간 2년이 보장된다.
② 전세권설정자가 부속물매수를 청구한 때 전세권자는 정당한 이유 없이 거절하지 못한다(제316조).
④ 건물에 대한 전세권이 법정갱신된 경우, 법률의 규정에 의한 것이므로 전세권자는 새로이 전세권 등기 없이도 건물의 양수인에게 전세권을 주장할 수 있다(대판).
⑤ 전세권자는 전세권에 기한 물권적 청구권으로 건물철거를 청구할 수 있다.

47 ④
옳은 것은 ㉣ⓜ이다.
㉠ 일부의 전세권자는 전세권에 기하여 건물 전체를 경매신청할 수 없다.

ⓒ 전세권자가 목적물을 타인에게 전전세, 임대한 경우, 임대하지 않았으면 면할 수 있었던 불가항력으로 인한 손해에 대하여도 책임을 부담한다.
ⓒ 제305조의 법정지상권은 전세권설정자(건물 소유자)가 취득한다. 법정지상권이 성립하면 토지를 지상권자가 배타적으로 점유·사용하게 되므로 동일토지 위에 전세권을 설정할 수 없다.
② 법정지상권이 성립하면 토지를 지상권자가 배타적으로 점유·사용하게 되므로 동일토지 위에 전세권을 설정할 수 없다.

48 ④
전세권 목적 저당권에서 기간이 만료되면 저당권자는 전세권 자체에 대하여 실행을 할 수 없고 전세권에 갈음하여 존속하는 전세금반환채권에 물상대위를 할 수 있다.

지문분석
① 전세권을 처분함에는 전세권설정자의 동의를 요하지 않는다.
② 전세권의 처분금지특약은 유효다.
③ 전전세를 설정하여도 원전세권은 소멸하지 아니한다.
⑤ 원전세권과 전전세권이 모두 소멸하여야 목적부동산에 대해 경매청구할 수 있다.

49 ②
지문분석
③ 전세목적물이 처분된 때에도 전소유자(양도인)가 아니라 신소유자가 전세권관계에서 생기는 권리·의무의 주체이다.
④ 전세권 목적저당권에서 전세권의 기간이 만료되면 전세권은 소멸한다.
⑤ 전세권설정자는 전세권자에게 전세금을 지급하여야 한다.

50 ⑤
乙의 전세권에 갈음하여 존속하는 것으로 볼 수 있는 전세금반환채권에 압류하여 물상대위를 할 수 있다.

51 ④
토지소유자가 지상권자의 지료연체로 지상권소멸청구를 하고 건물의 점유자인 전세권자에게 퇴거를 청구할 수 있고, 그 건물전세권자가 대항력을 갖춘 경우라도 토지소유자의 퇴거청구에 건물의 전세권으로 대항할 수 없다.

52 ④
틀린 것은 ⓐⓒ이다.
ⓐ 대지와 건물을 소유한 자가 건물에 대해서만 전세권을 설정한 후 대지를 제3자에게 양도한 경우, 제3자는 전세권자가 아니라 전세권설정자에 대하여 대지에 대한 지상권을 설정한 것으로 본다(「민법」 제305조의 법정지상권).
ⓒ 타인의 토지에 지상권을 설정한 자가 그 위에 건물을 신축하여 그 건물에 전세권을 설정한 경우, 그 건물소유자는 전세권자의 동의 없이 지상권을 소멸하게 하는 행위를 할 수 없다(「민법」 제304조).

53 ①
옳은 것은 ⓐⓑ이다.
ⓒ 전세권이 법정갱신되면 등기 없이 전세금은 종전과 동일한 조건으로 다시 전세권을 설정한 것으로 본다. 다만 기간은 정함이 없는 것으로 본다.
ⓒ 乙에 대한 전세금 반환의무는 전세권설정자 甲이 아니고 신소유자인 丙이 부담한다.
② 전세권 목적저당권 – 丙의 저당권의 목적인 乙의 전세권이 기간만료로 소멸하면, 丙은 그 전세권 자체에 대하여 저당권을 실행할 수 없고 전세금반환채권을 압류하여야 한다.

54 ④
전세권이 저당권의 목적인 경우 전세권자가 목적물의 소유권을 매매로 취득하여도 전세권이 제3자의 권리의 목적이므로 전세권은 혼동으로 소멸하지 아니한다.

55 ①
전세권이 법정갱신되는 경우, 그 존속기간은 1년이 아니라 기간의 정함이 없는 전세권으로 된다. 주의할 것은 주택임대차에는 법정갱신되면 2년으로 된다.

제6장 담보물권
p.190~220

01	⑤	02	④	03	②	04	④	05	①
06	①	07	②	08	①	09	②	10	③
11	④	12	①	13	②	14	③	15	③
16	③	17	②	18	③	19	③	20	③
21	③	22	②	23	③	24	③	25	④
26	③	27	④	28	②	29	③	30	④
31	③	32	①	33	③	34	③	35	③
36	⑤	37	④	38	④	39	③	40	④
41	③	42	④	43	②	44	①	45	④
46	②	47	②	48	③	49	③	50	④
51	⑤	52	③	53	④	54	③	55	④
56	④	57	②	58	③	59	③	60	①
61	⑤	62	③	63	④	64	①	65	③
66	④	67	①	68	⑤	69	①	70	②

Point 46 유치권

01 ⑤
유치권자는 ㉠ 경매권, 유치적 효력, 비용상환청구권, 간이변제충당권, ㉢ 과실수취권, ㉤ 부종성 등이 인정된다. 반면에 우선변제권, ㉣ 유치권에 기한 반환청구권, ㉥ 물상대위는 인정되지 않는다.

02 ④
틀린 것은 ㉠㉤이다.
㉠ 유치권은 점유를 성립요건으로 한다. 그러나 동시이행항변권은 그러하지 아니하다.
㉢ 건물의 도급계약으로 건물을 완성한 건축업자는 공사대금채권에 대하여 건물을 유치할 수 있고, 또 동시이행항변권도 가지므로 양자는 병존할 수 있다.
㉤ 유치권은 물권으로 제3자에게 주장할 수 있으나 동시이행항변권은 모든 사람이 아니라 계약당사자에게 주장할 수 있다.

03 ②
유치권자는 채권의 변제를 받기 위하여 유치물을 경매할 수 있다.

04 ④
채권자가 목적물의 채무자를 직접점유자로 하여 간접점유하는 경우 유치권자로서의 점유에 해당하지 않는다(대판).

05 ①
인정되는 것은 ㉠㉤이다.
㉠ 임차목적물의 하자로부터 발생한 손해배상청구권은 목적물과 채권간에 견련성이 인정된다.
㉡ 간판공사대금채권은 임차건물과 독립한 별개로서 견련성이 없다.
㉢ 자기소유물에는 유치권이 성립할 수 없다.
㉣ 보증금반환청구권, 권리금반환청구권은 임차목적물과 서로 견련성이 없으므로 유치권이 성립하지 않는다(대판).
㉤ 건축자재에 대한 매매대금채권과 그 건축자재로 신축한 건물은 견련성이 없다.

06 ①
주택수선공사를 한 수급인이 공사대금채권을 담보하기 위하여 주택을 점유하는 경우 수급인은 그 건물에 관하여 발생한 채권을 담보하기 위하여 유치권을 취득한다.

07 ②
해당하는 것은 ㉢㉤이다.
㉠ 임대차보증금반환청구권은 임차목적물에서 발생한 채권이 아니다.
㉡ 권리금반환청구권은 임차목적물과 견련성이 없다.
㉢ 임차인의 필요비상환청구권은 목적물에 관하여 발생한 채권으로 유치권의 목적이 될 수 있으며, 필요비상환채무의 불이행으로 인한 손해배상청구권도 원채권의 연장으로 보아야 하므로 물건과 원채권간에 견련성이 있는 경우 그 손해배상채권과 물건간에도 견련관계가 인정된다(대판).
㉣ 건물의 임차인이 임대차관계 종료시에는 건물을 원상으로 복구하여 임대인에게 명도하기로 약정한 것은 건물에 지출한 각종 유익비 또는 필요비의 상환청구권을 미리 포기하기로 한 취지의 특약이라고 볼 수 있어 임차인은 유치권을 주장을 할 수 없다(대판).
㉤ 임차인이 건물의 하자로 인하여 발생한 손해배상채권은 건물과 견련성이 인정된다.

보충 임대차에서 견련성 여부

1. 목적물에 지출한 필요비상환청구권	목적물에 관하여 생긴 채권으로 유치권 성립한다.
2. 필요비상환채무의 불이행으로 인한 손해배상청구권	원채권에서 발생한 채권의 연장이므로 유치권 성립한다.
3. 임차목적물(건물)의 하자로 인하여 발생한 손해배상채권	건물에 관해 발생한 채권이므로 유치권 성립한다.

08 ①
임차보증금반환청구권은 건물에 관하여 발생한 채권이 아니므로 건물과 견련관계가 인정되지 아니한다.

09 ②
틀린 것은 ㉠㉢이다.
㉠ 유치권의 성립을 배제하는 당사자의 유치권의 포기 특약은 유효다.
㉢ 계약명의신탁의 신탁자는 매매대금 상당의 부당이득반환청구권은 부동산에서 발생한 채권이 아니므로 이를 피담보채권으로 하여, 자신이 점유하는 부동산에 대해 유치권을 행사할 수 없다.

10 ③
채권과 물건 사이에 견련관계가 있다면 그 채무불이행으로 인한 손해배상채권은 본래 채권의 연장성으로 견련관계가 인정된다.

지문분석
④ 경매개시결정 전(압류 전)에 유치권을 취득한 자는 유치물의 낙찰자에게 대항할 수 있다.

11 ④
옳은 것은 ㉠㉡이다.
㉠ 보증금반환청구권, 권리금반환청구권은 건물에 비용을 투입하여 발생한 채권이 아니므로 건물에 유치권을 주장할 수 없다(대판).
㉡ 채무자의 승낙 없이 유치권자가 유치물을 임대하여 임차인이 건물을 사용하는 경우 임차인은 임차권을 가지고 건물의 경락인에게 대항하지 못한다(대판).
㉢ 임대차 계약해지가 된 후에 권원 없음을 알면서 점유를 개시하였다면 불법행위로 점유를 개시한 것으로서 유치권이 성립하지 않는다.

㉣ 채권발생은 점유 전후 관계없이 성립한다. 어떤 물건을 점유하기 전에 그에 관하여 발생한 채권에 대해서 후에 채권자가 점유를 취득하였다면 유치권이 성립한다(대판).

12 ①
옳은 것은 ㉠㉡이다.
㉢ 자재업자가 공사수급인과의 계약으로 시멘트를 공급하였고 이것이 공사수급인에 의해 건물신축공사에 사용됨으로써 부합된 경우, 시멘트대금채권은 신축된 건물 자체에 관하여 발생한 채권이라고 할 수 없어 건물에 유치권을 행사할 수 없다.

13 ⑤
유치권자가 유치물인 주택에 거주하며 사용하는 것은 '보존을 위한 사용'으로서 '적법한 사용'이다. 그러므로 채무자는 불법점유를 이유로 유치권의 소멸을 청구하지 못한다. 다만, 유치권자에게 그 건물사용으로 인하여 얻은 이익을 부당이득으로 반환청구할 수 있다(대판).

지문분석
① 유치권의 목적부동산이 제3자에게 경매로 양도된 경우, 유치권은 소멸하지 않는다.
② 유치권자는 "채무자"에게 채권의 변제를 청구해야 하는 것이고 유치물의 경락을 받은 "제3자"는 채무자가 아니므로 채권을 변제하라고 청구할 수 없다(대판).
③ 물건을 점유하여 유치하는 동안에도 채권의 소멸시효는 중단되지 아니하고 진행한다(제326조).
④ 채무자가 직접점유자로 하여 채권자 자신이 간접점유하는 경우에도 유치권은 성립할 수 없다.

14 ③
옳지 않은 것은 ㉢㉣이다.
㉢ 유치권자로서 건물에 거주하는 것은 보존을 위한 사용으로 채무자의 승낙 없이 종전대로 사용할 수 있다.
㉣ 유치권자가 종전대로 건물을 사용하는 경우 이는 적법한 점유로서 불법행위가 성립하지 않기 때문에 채무자는 유치권의 소멸을 청구하지 못한다. 다만, 유치권자가 채무자의 주택에서 거주하여 얻은 사용이익은 부당이득이므로 부당이득반환의무는 성립한다.

15 ③
지문분석
① '점유취득'이 먼저이고 '채권발생'이 나중인 경우이든 '채권발생'이 있고 난 후에 '점유취득'이 나중인 경우이든 채권과 물건 사이에 견련성만 있으면 유치권은 성립한다.

제2편 물권법 57

② 채무자를 직접점유자로 하여 채권자가 간접점유하는 경우 유치권은 성립할 수 없다.
④ 압류 효력 발생 후 점유를 취득하여도 유치권은 성립하나 낙찰자에게 대항할 수 없다.
⑤ 상대방이 유치권을 깨뜨리려면 ·유치권자의 불법점유임을 입증하여야 한다.

16 ③

지문분석

① 불법으로 점유를 취득한 경우에도 유치권이 성립할 수 없다.
② 채권자가 물건에 대하여 유치권을 행사하여도 채권의 소멸시효진행에 영향을 미치지 아니한다.
④ 유치권에는 우선변제적 효력이 없으나 경매권이 있다.
⑤ 유치권자로서 건물에서 거주하여 사용한 것은 불법행위가 성립하지 않으나 부당이득으로 반환하여야 한다(대판).

17 ②

'압류효력 발생 후' 점유를 취득한 경우	불완전 유치권으로는 경락인에게 주장할 수 없다(압류의 처분금지효에 저촉되므로).
압류효력 발생 전 점유를 취득한 경우	• '완전한 유치권이 성립'한다. • 유치물의 경락인에게 유치권으로 대항할 수 있다(대판).

18 ③

압류효력 발생 [경매기입등기] 2월 8일	후에	채권의 변제가 도래 [유치권이 성립한 시점] 3월 14일

옳은 것은 ⓒ이다.
㉠ 압류 전에 점유를 취득하였으나 압류 후 채권의 변제기가 도래한 경우, 채권의 변제기가 도래한 시점에 유치권이 성립하므로 압류 후 채권의 변제기가 도래하여 유치권을 취득한 것이다. 따라서 압류 후 성립한 유치권에 해당하고 그 부동산의 경락인에게 유치권으로 대항할 수 없다(대판). 따라서 낙찰자 丙은 유치권자에게 소유물반환청구를 할 수 있다.
㉡ 乙은 압류 후 유치권에 근거하여 낙찰자 丙에게 주택의 인도를 거절할 수 없다.
㉢ 乙은 계약당사자에게 주장할 수 있는 동시이행항변권에 근거하여 제3자인 경락인 丙의 주택의 인도를 거절할 수 없다.

19 ③

하나의 채권을 담보하기 위하여 여러 필지의 토지에 대하여 유치권을 취득한 경우, 그 토지 중 일부에 대해 선관주의 의무를 위반한 경우 위반행위를 한 토지에 대하여만 유치권의 소멸청구가 허용된다. 유치권의 대상토지 전체 토지에 대한 유치권의 소멸청구는 허용될 수 없다(대판 2018다301350).

20 ③

압류효력 발생 「후」 취득한 유치권으로 경락인에게 대항할 수 없다.

21 ③

유치물에 대한 점유를 상실한 경우 유치권자가 점유회수의 소를 제기하여 승소판결을 받은 것만으로 유치권이 부활하지는 않으며 상실하였던 점유를 실제 회복하여야 소멸하였던 유치권이 부활한다.

지문분석

① 타인의 물건에 대한 점유가 불법행위로 인한 때에는 유치권이 성립하지 않는다.
② 유치물을 채무자의 승낙 없이 제3자에게 임대한 경우 채무자는 유치권의 소멸을 청구할 수 있다.
④ 채무자를 직접점유자로 하여 채권자가 간접점유를 하였다면 유치권은 성립하지 아니한다.
⑤ 저당물의 제3취득자가 저당물의 개량을 위하여 유익비를 지출한 경우, 「민법」 제367조에 의한 비용상환청구권을 피담보채권으로 하여 유치권을 행사할 수 없다. 제3취득자는 경매절차의 매각대금에서 우선상환을 받을 수 있다는 것이지 이를 근거로 저당권설정자, 경락인에 대하여 비용상환청구권을 인정할 수 없다. 따라서 제3취득자는 비용상환청구권을 피담보청구권으로 하여 유치권을 주장할 수 없다(대판 2023.7.23, 2022다265093).

Point 47 저당권의 성립요건

22 ②

㉠ 지역권과 ㉢ 1필지 토지의 일부에는 저당권이 성립할 수 없다.

23 ③

옳지 않은 것은 ㉠ⓒ이다.
㉠ 저당권설정행위는 처분행위이므로 처분권한을 요한다.
ⓒ 채무자가 아닌 제3자(물상보증인)도 저당권설정자가 될 수 있다.

24 ③
저당권자는 목적물의 점유권이 없으므로 목적물에 대한 침해시 반환청구권이 인정되지 않는다. 다만, 저당권이라는 본권에 기한 방해제거·예방청구권은 인정된다.

25 ④

지문분석

① 특정성을 유지하는 한 압류는 반드시 저당권자 자신에 의해 행해질 것을 요하지는 않는다. 따라서 일반채권자나 제3자에 의해 압류가 된 때에도 그 특정성은 유지되는 것이므로 저당권자는 일반채권자가 압류한 금전에 대하여도 물상대위권을 행사할 수가 있다(대판).
② 전세권을 저당권의 목적으로 한 경우 저당권자는 전세권에 갈음하여 존속하는 전세금반환채권에 대하여 물상대위권이 인정된다.
③ '인도 전'에 압류하여야 한다.
⑤ 「공공용지의 취득 및 손실보상에 관한 특례법」에 따른 협의취득은 '사법상의 매매계약'과 같은 성질을 가진 것에 불과하여 토지수용법상의 공용징수에 해당되지 아니하므로, 토지소유권이 협의취득자에게 이전된다고 할지라도 저당권자는 그 저당권으로서 추급할 수 있으므로 토지소유자가 협의에 따라 지급받을 보상금(실질은 매매대금)에 물상대위권을 행사할 수 없다(대판).

Point 48 저당권의 효력

26 ③
해당하는 것은 ㉠㉡㉢이다.
㉠ 저당권의 목적인 건물이 증축되어 기존건물과의 독립성이 있는 경우 저당권의 효력이 미치지 아니하지만 독립성이 없는 증축부분은 건물의 구성부분으로서 건물의 부합물에 해당하므로 저당권의 효력은 증축부분에도 미친다(대판).
㉡ 권리의 종물이론 – 건물의 소유를 목적으로 한 토지임차인이 건물에 저당권을 설정한 경우 토지임차권에도 저당권의 효력이 미친다(대판).
㉢ 구분건물의 전유부분에 관하여 저당권이 설정된 후, 전유부분의 소유자가 취득하여 전유부분과 일체가 된 대지사용권에도 저당권의 효력이 미친다(대판).
㉣ 토지저당권을 설정한 후 제3자가 권원 없이 심은 농작물은 토지와 별개로 저당권의 효력이 미치지 아니하나 토지위에 심은 수목은 토지의 부합물이다.
㉤ 압류 전 수취한 차임채권에는 저당권의 효력이 미치지 않는다. 단, 압류 후 수취한 차임채권에는 저당권의 효력이 미치지 않는다.

27 ④
건물에 대한 저당권이 실행되어 경락인이 그 건물의 소유권을 취득하였다면 경락인은 건물의 소유를 위한 법정지상권도 등기 없이 당연히 취득한다.

지문분석

① 제358조는 임의규정이다.
② 건물의 증축 부분이 기존건물에 부합하면 저당권의 효력은 평가목록에 기재여부와 관계없이 부합물에 당연히 미친다.
③ 대지사용권에 효력이 미친다(권리의 종물).
⑤ 압류 전 수취한 차임채권(과실)에는 저당권의 효력이 미치지 않으나 압류 후 수취한 과실에는 미친다.

28 ②
부합물이 될 수 없는 것을 기존건물의 부합물로 잘못 평가하여 낙찰된 경우, 경매의 매수인은 부합물의 소유권을 취득할 수 없다.

29 ③
㉣㉥은 질권의 피담보채권의 범위에 속한다. 저당권은 원본, 이자, 위약금, 채무불이행으로 인한 손해배상 및 저당권의 실행비용을 담보한다. 그러나 지연배상에 대해서는 원본의 이행기일을 도과한 후의 1년분에 한하여 저당권을 행사할 수 있다.

30 ④
소멸하되, 2순위로 우선변제권을 가진다. 말소기준권리인 1번 저당권보다 후순위 전세권은 소멸하나 저당권보다 선순위로 전세권이 존재하면 배당요구하지 않는 한 존속한다.

31 ③
2번 저당권자가 경매신청한 경우 1번 저당권, 전세권, 2번 저당권은 경매로 소멸한다. 다만, 유치권은 경매시 소멸하지 아니한다.

32 ①
중간에 낀 용익권은 말소기준권리보다 후순위이므로 경매시에 소멸한다(삭제주의).

지문분석

② 배당요구하지 않으면 전세권은 존속한다.
③ 인수주의
④ 제3취득자가 목적물에 유익비를 지출하였다면 목적물의 매각대금에서 지출비용을 우선상환받는다.
⑤ 제3취득자의 지위 – 지상권자는 채권을 변제하고 저당권의 소멸을 청구할 수 있다(제364조).

Point 49 법정지상권·일괄경매·제3취득자

33 ⑤

지문분석

① 강행규정이므로 법정지상권을 배제하는 저당권 설정 당사자 사이의 약정은 효력이 없다.
② 법정지상권이 붙은 건물을 제3자에게 매도하는 경우 건물의 양수인은 지상권의 등기 없이는 법정지상권을 취득하지 못하고, 법정지상권은 원래의 지상권자, 즉 '건물양도인'에게 유보되어 있다(대판).
③ 舊 건물을 기준으로 신축건물에 법정지상권이 성립한다(대판).
④ 저당권의 실행경매로 인한 법정지상권은 저당권 설정 당시 동일인이어야 한다.

34 ④

옳지 않은 것은 ⓒⓒ②이다.
ⓒ 건물공유자인 甲과 乙 중 1인이 그 건물의 부지인 토지를 단독으로 소유하면서 그 토지에 관하여만 저당권을 설정하였다가 위 저당권에 의한 경매로 인하여 토지의 소유자가 달라진 경우, 위 토지소유자는 자기뿐만 아니라 다른 건물공유자들을 위하여 위 토지의 이용을 인정하고 있었다고 할 것인 점, 저당권자로서도 저당권 설정 당시 법정지상권의 부담을 예상할 수 있었으므로 불측의 손해를 입는 것이 아닌 점, 건물의 철거로 인한 사회경제적 손실을 방지할 공익상의 필요성도 인정되는 점 등에 비추어 위 건물공유자들은 제366조에 의하여 토지 전부에 관하여 건물의 존속을 위한 법정지상권을 취득한다(대판).
ⓒ 동일인의 소유에 속하는 토지 및 그 지상 건물에 관하여 '공동저당권이 설정된 후 그 지상 건물이 철거되고 새로 건물이 신축된 경우'에는 특별한 사정이 없는 한, 저당물의 경매로 인하여 토지와 그 신축건물이 다른 소유자에 속하게 되더라도 그 신축건물을 위한 법정지상권은 성립하지 않는다(전원합의체).
② 나대지에 저당권을 설정한 후 건물을 신축한 것으로 법정지상권이 성립하지 않는다.

35 ③

성립되는 것은 ⓒⓒ이다.
㉠ 저당권 설정 당시에는 나대지이어서 건물이 없는 토지였다가 후에 건물을 신축한 것이므로 법정지상권이 성립하지 않는다.
ⓒ 소위 중간에 건물주가 바뀐 경우 – 토지에 저당권이 설정될 당시 지상에 건물이 존재하고 있었고 그 양자가 동일 소유자에게 속하였다가 그 후 저당권의 실행으로 '토지가 매각되기 전에 건물이 제3자에게 양도된 경우 설정 당시에는 토지와 건물이 동일인이었으므로 법정지상권이 성립한다(대판). 즉, 계속하여 소유자의 동일성을 요하지 않는다는 것이 판례의 입장이다.
ⓒ 토지에 저당권이 설정될 당시 그 지상에 건물이 토지 소유자에 의하여 건축 중이어서 건물의 규모, 크기 등을 예상할 수 있을 때에도 법정지상권을 인정한다(대판).
② 동일인 소유의 토지와 건물에 관하여 '공동저당권이 설정된 후 그 건물이 철거되고 제3자 소유의 건물이 신축된 경우에는 법정지상권이 성립하지 않는다(전원합의체).

36 ⑤

해당하는 것은 ⓒ이다.
㉠ X토지에 '저당권을 설정'한 甲이 저당권자 乙의 동의를 얻어 Y건물을 신축하였으나 저당권실행 경매에서 丙이 X토지의 소유권을 취득한 경우 – 토지에 저당권을 설정한 후에 건물신축을 한 것으로 건물에는 법정지상권이 불성립한다.
ⓒ 甲소유의 X토지와 그 지상건물에 '공동저당권이 설정된 후 지상건물을 철거하고 Y건물을 신축하였고 저당권의 실행으로 토지와 건물이 달라진 경우 – 건물에는 법정지상권이 불성립한다.
ⓒ X토지를 소유하는 甲이 그 지상에 Y건물을 甲과 乙이 공동으로 신축하여 공유하던 중에 저당권실행 경매에서 X토지가 丙에게 낙찰된 경우 – 건물에는 법정지상권이 성립한다.

37 ④

인정되지 않는 것은 ㉠ⓒ②⑩이다.
㉠ '타인소유의 토지 위에 토지소유자의 승낙'을 얻어 신축한 건물을 매수자가 건물만을 매매로 취득한 경우: 처분 당시에 토지와 건물이 동일인이 아니므로 관습상 지상권이 성립하지 않는다(대판).
ⓒ 건물공유자인 甲과 乙 중 1인이 그 건물의 부지인 토지를 단독으로 소유하면서 그 토지에 관하여만 저당권을 설정하였다가 위 저당권에 의한 경매로 인하여 토지의 소유자가 달라진 경우, 법정지상권이 성립한다. 위 토지소유자는 자기뿐만 아니라 다른 건물공유자들을 위하여도 위 토지의 이용을 인정하고 있었다고 할 것인 점, 건물의 철거로 인한 사회경제적 손실을 방지할 공익상의 필요성도 인정되는 점 등에 비추어 위 건물공유자들은 제366조에 의하여 토지 전부에 관하여 건물의 존속을 위한 법정지상권을 취득한다(대판).

ⓒ 미등기건물을 그 대지와 함께 매수한 사람이 그 대지에 관하여만 소유권이전등기를 넘겨받고 건물에 대하여는 그 등기를 이전받지 못하고 있다가 '대지에 대하여 저당권을 설정'하고 그 저당권의 실행으로 대지가 경매되어 다른 사람의 소유로 된 경우에는 그 '저당권 설정 당시에 이미 대지와 건물이 각각 다른 사람의 소유에 속하고 있었으므로' 법정지상권이 성립될 여지가 없다(전원합의체).
ⓔ 이 경우 법정지상권을 인정하게 되면 공유자 1인으로 하여금 다른 공유자의 지분에 대하여 지상권설정이라는 처분권을 준 것으로 부당하기 때문이다.
ⓜ 가설건축물은 토지의 정착물로 볼 수 없으므로 가설건축물소유를 위한 법정지상권은 성립하지 않는다.

38 ④
지문분석
① 나대지인 토지에 저당권 설정한 후 설정자가 건물을 신축하여야 일괄경매가 인정된다.
② 토지에 저당권을 설정한 후 건물을 양도하면 토지와 건물소유자가 달라지므로 토지와 건물을 일괄경매하지 못한다(대판).
③ 저당권설정자로부터 지상권 같은 '용익권을 설정받은 자'가 건축한 건물이라도 저당권설정자가 나중에 건물의 소유권을 취득하여 토지와 건물이 동일인의 소유가 되었다면, 저당권자의 일괄경매청구가 허용된다(대판).

39 ③
옳은 것은 ㉠㉢이다.
㉡ 甲이 건물을 신축하였으나 경매 당시에 건물이 제3자에게 양도되어 제3자소유로 된 경우 乙은 토지와 건물의 소유자가 동일인이 아니므로 건물과 함께 토지를 일괄경매할 수 없다.

40 ④
해당하는 것은 ㉡㉢이다.
㉠ 나대지여야 하는데 이미 건물이 존재하고 있으므로 일괄경매를 청구할 수 없다.
㉡ 저당권설정 후 건물신축하고 동일인의 소유이므로 일괄경매할 수 있다.
㉢ 제3자가 지상권으로 건물신축한 후 저당권설정자가 건물을 취득하여 동일인의 소유가 된 경우 일괄경매할 수 있다.

41 ③
옳지 못한 것은 ㉢㉣이다.
㉢ 제3취득자가 저당목적물에 유익비를 지출한 경우 저당목적물이 경매되면, 저당권보다 우선상환을 받을 수 있다.

ⓔ 저당물의 제3취득자가 아닌 물상보증인이나 저당권설정자, 투자자가 저당물에 비용을 지출한 경우에는 우선상환권이 인정되지 아니한다(대판).
ⓜ 저당부동산의 후순위 저당권자는 채무를 변제하고 저당권의 소멸을 청구할 수 있는 제3취득자에 해당하지 않는다.

42 ④
옳은 것은 ㉠㉢㉣이다.
㉠ 저당부동산에 대한 후순위 저당권자는 저당부동산의 피담보채권을 변제하고 그 저당권의 소멸을 청구할 수 있는 제3취득자에 해당하지 않는다.
㉡ 저당부동산의 제3취득자는 부동산의 보존·개량을 위해 지출한 비용을 그 부동산의 경매대가에서 우선상환을 받을 수 있다.
㉢ 저당부동산의 제3취득자는 경매에 참가하여 매수인이 될 수 있다.
㉣ 피담보채권을 변제하고 저당권의 소멸을 청구할 수 있는 제3취득자에는 경매신청 후에 소유권, 지상권 또는 전세권을 취득한 자도 포함된다.

43 ②
옳은 것은 ㉡이다.
㉠ 乙이 일괄경매청구하려면 토지와 건물이 동일인소유이어야 한다. 그런데 사안은 건물이 임차인 丙소유로 동일인이 아니므로 일괄경매청구할 수 없다.
㉡ 대지(X)가 경매실행된 경우 丙은 저당목적물의 제3취득자로서 경매절차에서 매수자가 될 수 있다.
㉢ 법정지상권이 성립되려면 토지와 건물이 저당권설정 당시에 동일인 소유이어야 한다. 그런데 사안에서 건물은 임차인의 소유로서 토지와 동일인소유가 아니므로, 대지(X)가 경매실행된 경우 丙은 대지(X)를 소유하기 위하여 건물(Y)에 법정지상권을 취득할 수 없다.

44 ①
저당부동산을 제3자가 불법점유하는 경우 저당권자는 점유권을 가지지 않으므로 저당권에 기해 저당물의 방해제거·예방청구할 수 있으나 반환청구는 할 수 없다.

45 ④
옳지 못한 것은 ㉡㉤이다.
㉡ 저당권을 양도할 때는 물상보증인이나 채무자에게 동의를 얻을 필요가 없다.
㉤ 저당권은 채무를 전부변제하면 저당권의 말소등기 없이 소멸한다.

46 ②
물상대위를 위한 압류는 반드시 저당권자 자신이 행하였음을 요하지 아니하고 제3자에 의한 압류도 가능하다.

47 ②
지문분석
① 저당부동산의 소유권이 제3자에게 양도된 후 피담보채권이 변제된 때에는 저당권을 설정한 종전소유자도 저당권설정계약의 당사자로서 저당권설정등기의 말소를 청구할 권리가 있다.
③ 근저당권의 채무자가 피담보채권의 일부를 변제한 경우, 변제한 만큼 채권최고액이 축소되지 않는다.
⑤ 저당물에 유익비를 지출한 제3취득자는 저당물의 경매대가에서 그 지출비용을 저당권보다 우선상환받을 수 있다.

48 ③
옳은 것은 ⓒⓔ이다.
㉠ 저당권은 수분성의 원리에 의거하여 그 담보한 채권과 분리하여 타인에게 양도할 수 없다.
㉡ 장래의 특정한 채권은 저당권의 피담보채권이 될 수 있다.
㉣ 토지매각대금에서만 우선변제받는다.

49 ④
지상권을 목적으로 제3자에게 저당권이 설정된 후 토지소유자가 그 지상권을 취득한 경우 지상권은 혼동으로 소멸하지 아니한다(제191조 단서).

50 ④
저당권의 이전을 위하여는 저당권의 양도인과 양수인 사이의 물권적 합의와 등기로 족하고 물상보증까지 합의가 있음을 요하지 아니한다.
지문분석
① 저당권의 효력은 원칙적으로 천연과실뿐만 아니라 법정과실에도 미치지 아니한다. 다만, 압류 후 저당부동산에서 수취한 과실에 미친다.
⑤ 공동저당관계의 등기를 공동저당권의 성립요건이라고 할 수 없다.

51 ⑤
옳은 것은 ㉣이다.
㉠ 저당권등기는 효력존속요건이 아니라 효력발생요건이므로 甲명의의 저당권등기가 불법말소되어도 甲의 저당권은 소멸하지 아니한다.
㉡ 甲명의의 저당권등기가 무효인 경우, 이해관계 있는 제3자 丙의 전세권이 존재하면 甲과 乙은 甲명의의 저당권등기를 유용할 수 없다.
㉢ 甲의 저당권은 X토지 위에 제3자가 권원 없이 심은 수목(토지의 부합물)에 효력이 미친다.

Point 50 근저당

52 ③
옳은 것은 ⓒⓔ이다.
㉠ 채권최고액은 우선변제를 받는 한도액이다.
㉡ 피담보채무 확정 전에는 채무자나 채무범위를 변경할 수 있다.
㉤ 근저당권등기가 행해지면 최고액의 존재가 공시될 뿐 그 피담보채권을 성립시키는 기본계약의 존재는 추정되지 아니한다. 따라서 당사자는 근저당권이 성립하기 위해서는 그 근저당권설정행위와 별도로 피담보채권을 성립시키는 법률행위가 있어야 한다.

53 ④
채무자의 채무액이 채권최고액을 초과하는 경우, 물상보증인, 제3취득자는 채무의 전액이 아니라 최고액을 변제하면 된다.

54 ④
근저당권자가 피담보채무의 불이행을 이유로 경매신청한 때 채무액이 확정되고 경매신청 후에 새로운 거래관계에서 발생한 원본채권은 최고액 미만이더라도 근저당권으로 담보되지 않는다.

55 ④
아닌 것은 ㉤㉥이다. 근저당권자보다 후순위의 저당권자나 전세권자가 경매신청을 한 때에는 선순위근저당권의 채권액은 경매신청시가 아니라 경락대금완납시에 확정된다(대판). 마찬가지로 근저당권자가 사망한 경우 당사자의 지위가 상속인에게 승계되므로 채권액은 확정되지 아니한다.

56 ④
㉠ 1번 근저당권자가 경매를 신청하는 경우 1번 근저당권의 채권액이 확정되는 시기는 경매를 신청한 때에 확정된다(대판).
㉡ 반면에 후순위 근저당권자가 경매신청한 경우 선순위 근저당권의 채권액이 확정되는 시기는 경매신청한 때가 아니라 선순위근저당권이 소멸되는 시점, 즉 매각대금을 완납한 때 확정된다(대판).

57 ②
물상보증인이나 제3취득자는 채권최고액만을 변제하면 되나 채무자는 채무 전액을 변제하여야 한다는 점에서 다르다(대판).

58 ③
틀린 것은 ⓒ이다.
ⓒ X토지 위에 근저당권자 甲보다 후순위 저당권자 A가 존재할 때 후순위 저당권자 A는 저당물의 제3취득자에 해당하지 아니하므로 7천만원을 변제하고 1번 근저당권의 소멸을 청구할 수 없다.

59 ③

| 乙소유 X토지 [시가 3억원] | 甲 1번 근저당권 [최고액 2억 5천만원] | 丙 2번 근저당권 [최고액 1억 5천만원] |

옳은 것은 ㉠㉣이다.
㉠ 2번 근저당권자 丙이 2022.6.1. X토지에 관해 근저당권 실행을 위한 경매를 신청한 경우에 1번 근저당권자 甲의 채권액은 매각대금의 완납시점에 확정되므로 아직 채권액은 확정되지 않는다.
ⓒ 1번 근저당권자 甲의 채권액은 매각대금완료 시점에 확정되는데 2번 근저당권자 丙이 2022.6.1. 경매만 신청한 상태로서 아직 채권액은 확정 전이고 따라서 2022.6.1. 이후에 발생한 지연이자는 채권최고액의 범위 내라면 근저당권에 의해 담보된다.
ⓒ X토지가 3억원에 경매되었다면 甲은 경매대가에서 3억원이 아니라 최고액 2억 5천만원 한도로 우선변제를 변제받는다.
㉣ 1번 근저당권자보다 후순위 근저당권자 丙은 乙의 채무 2억원을 변제하고 甲명의 근저당권을 소멸청구할 수 있는 제3취득자에 해당하지 아니한다.

60 ①
옳은 것은 ㉠이고, 옳지 않은 것은 ⓒⓒ이다.
ⓒ 근저당권설정등기가 불법하게 말소된 경우 근저당권자는 그 등기말소 당시의 소유자를 상대로 회복등기를 하여야 한다(「등기예규」 제137호).
ⓒ 경매개시결정이 있은 후에 경매신청을 취하한 경우에는 근저당권의 피담보채무는 경매신청한 때 확정되고 그 효과가 번복되지 않는다(대판).

61 ⑤
모두 옳다.

ⓒ 채권이 전부 소멸하고 채무자가 채권자로부터 새로이 금원을 차용하는 등 거래를 계속할 의사가 없는 경우에는, 그 존속기간 또는 결산기가 경과하기 전이라 하더라도 근저당권설정자는 계약을 해지하고 근저당권설정등기의 말소를 구할 수 있다(대판 2002다7176).
ⓓ 선순위 근저당권의 확정된 채권액이 최고액을 초과하는 경우, 후순위 근저당권자가 저당물의 제3취득자가 아니므로 선순위 근저당권의 최고액을 변제하더라도 선순위 근저당권의 소멸을 청구할 수 없다.

62 ③
근저당권에 의해 담보될 채권최고액에 채무의 이자는 포함된다.

63 ④
저당부동산의 담보가치 확보를 목적으로 하는 담보지상권자는 제3자가 토지를 사용한다는 사정만으로는 금융기관에게 어떤 손해가 발생하였다고 볼 수 없어 부당이득반환청구나 임료 상당의 손해배상을 청구할 수 없다(대판 2006다586).

64 ①
옳은 것은 ㉠ⓒ이다.
㉠ 채무자가 아닌 제3자, 즉 물상보증인도 근저당권을 설정할 수 있다.
ⓒ 피담보채무 확정 전에는 채무자를 변경할 수 있다(대판 1999.5.14, 97다15777).
ⓒ 근저당권에 의해 담보될 채권최고액에 채무의 이자는 포함된다(제357조 제2항).
㉣ 선순위 근저당권의 확정된 채권액이 최고액을 초과하는 경우, 후순위 근저당권자가 선순위 근저당권의 최고액을 변제하고 선순위근저당권의 소멸을 청구할 수 없다.

Point 51 공동저당 / 공동근저당의 사례

65 ③
각 부동산을 동시배당할 경우 채권액의 안분은 각 부동산의 경매대가에 비례한다.
- A부동산에서 받는 금액(원) =

  채권액(1억 5천만) × $\dfrac{9천만(A)}{9천만(A) + 6천만(B) + 3천만(C)}$

  = 7천5백만
- B부동산에서 받는 금액(원) =

  채권액(1억 5천만) × $\dfrac{6천만(B)}{9천만(A) + 6천만(B) + 3천만(C)}$

  = 5천만

66 ④

사례정리
- 乙 소유 X토지(4억원) - 甲(1번 저당권) - 丙(2번 저당권)
- 乙 소유 Y건물(2억원) - 甲(1번 저당권) - 丁(2번 저당권)

1. 동시경매시 甲이 X토지에서 배당액(원)
   = 채권액 3억 × $\frac{4억}{4억 + 2억}$ = 2억

2. 동시경매시 甲이 Y건물에서 배당액(원)
   = 채권액 3억 × $\frac{2억}{4억 + 2억}$ = 1억

丁(2번 저당권)은 건물(2억원)의 배당에서 1번 甲이 1억원을 받은 차액을 배당받는다. 그러므로 1억원(= 2억원 - 1억원)이다.

67 ①

논점 채무자소유와 물상보증인 소유를 동시배당하는 경우? 채무자소유에서 먼저 배당을 받고 부족분을 물상보증인소유에서 흡수배당한다. 채권액 5천만원을 X부동산의 경매로 전액 배당받으므로 Y부동산에서 0원을 받는다.

68 ⑤

사례정리
- X토지 - 甲(1번 저당) - 丁(2번 저당) 4천만원
- 제3자 Y토지 - 甲(1번 저당) - 戊(2번 저당) 4천만원

1번 저당권자가 5천만원을 우선 배당을 받게 되고, 물상보증인이 구상권으로 채무자 X토지에 1번 저당권을 보증인이 대위하여 취득한다. 이때 물상보증인이 취득한 1번 저당권의 자리를 '물상보증인 부동산의 후순위 권리자'인 戊가 대위하여 저당권을 이전받게 된다. 이때 물상보증인 부동산의 후순위 권리자는 자신의 채권 4천만원 전액을 변제받는다.

69 ①

사례에서 총 3억원의 채권 중 Y건물의 배당에서 2억원을 받았으므로 甲은 이시배당에서 X토지매각대금에서는 1억원을 배당받는다.
문제는 X토지의 매각대금이 총 3억원인데 1번 저당권자 甲이 1억원을 우선배당받았으므로 나머지 2억원을 어떻게 배당하느냐?
물상보증인 丙은 구상권취득과 동시에 변제자 대위에 의거하여 X토지 위에 1번 저당권을 대위로 취득하게 된다. 따라서 X토지의 총 3억원의 경매대금 중에서 1번 저당권자 甲이 1억원을 배당받았으므로 나머지 2억원을 물상보증인이 변제자대위로 취득하게 되어 후순위자 丁은 배당금이 0원이 된다.

- 해법: X토지 낙찰가(3억원) - [甲의 배당금 1억원 + 물상보증인 2억원 구상권] = 丁의 배당금 0원

사례정리
- 乙소유 X토지[3억원 낙찰] - 甲[1번] - 2번[丁]
- 丙소유 Y건물[낙찰 2억원] - 甲[1번][2억원 배당금]

70 ②

사례정리 공동근저당에서 이시배당

- X토지 - 甲[근저당] 최고액 1억원 - 丙[2번]
- Y토지 - 甲[근저당] 최고액 1억원 - 丁[2번]

근저당권자는 채권액이 아무리 최고액보다 큰 경우라도 채권최고액을 한도로 우선변제받는다. 따라서 X토지의 경매에서 7천만원을 배당받았고 이시배당으로 그 후 Y토지에서 배당받는 금액은 '최고액 1억원 - X토지에서 배당액 7천만원 = Y토지에서 배당받는 돈 3천만원'이다.

1. 동시 배당 방법은?
   공동근저당권이 설정된 목적 부동산에 대하여 동시배당이 이루어지는 경우에 공동근저당권자는 '채권최고액 범위 내'에서 피담보채권을 제368조 제1항에 따라 부동산별로 나누어 각 환가대금에 비례한 액수로 배당받으며, 공동근저당권의 각 목적 부동산에 대하여 채권최고액만큼 반복하여, 이른바 누적적으로 배당받지 아니한다(전원합의체).

2. 공동근저당에서 이시배당이 이루어지는 경우 배당방법은?
   공동근저당권이 설정된 목적 부동산에 대하여 이시배당이 이루어지는 경우에도 공동근저당권자가 공동근저당권 목적 부동산의 각 환가대금으로부터 채권최고액만큼 반복하여 배당받을 수는 없다.
   공동담보의 나머지 목적 부동산(Y)에 대하여 공동근저당권자로서 행사할 수 있는 우선변제권의 범위는?
   이후에 피담보채권액이 증가하더라도 최초의 채권최고액에서 위와 같이 우선변제받은 금액을 공제한 나머지 채권최고액으로 제한된다(전원합의체).

제3편 계약법

제1장 계약총론 p.224~251

01	④	02	⑤	03	⑤	04	④	05	③
06	③	07	⑤	08	②	09	②	10	⑤
11	②	12	③	13	⑤	14	③	15	②
16	①	17	①	18	④	19	③	20	⑤
21	②	22	④	23	②	24	④	25	③
26	④	27	①	28	⑤	29	③	30	⑤
31	④	32	④	33	④	34	③	35	③
36	⑤	37	④	38	③	39	⑤	40	②
41	⑤	42	④	43	②	44	⑤	45	⑤
46	④	47	⑤	48	⑤	49	①	50	④
51	④	52	④	53	④	54	③	55	③
56	④	57	④	58	③	59	⑤	60	④
61	⑤	62	⑤	63	①				

Point 52 계약의 종류

01 ④
틀린 것은 ㉠㉡㉢㉣이다.
㉠ 예약은 장차 본계약체결할 것을 약정하는 것이므로 언제나 채권계약이다.
㉡ 쌍무계약은 항상 유상계약이나 유상계약이 항상 쌍무계약은 아니다.
㉢ 교환, 매매는 쌍무, 유상, 낙성계약이다.
㉣ 계약금계약은 요물계약이다.

02 ⑤
[지문분석]
② 중개계약은 민법전에 형태가 존재하지 아니하는 비전형계약이다.
③ 증여, 사용대차는 편무, 무상, 낙성, 불요식계약이다.
④ 임대차계약은 약속만으로 성립하므로 처분권한을 요하지 아니한다.

03 ⑤
현상광고는 유상, 편무, 요물계약이다.

04 ④
요물계약은 ㉣㉤이다.
㉣ 계약금계약은 계약금을 지급하기로 하는 약정만으로는 성립하지 아니하고 약정한 계약금 전액을 지급하여야 성립하는 요물계약이다(대판).
㉤ 현상광고는 응모자가 광고에서 지정된 행위를 완료함으로써 성립하는 편무, 유상, 요물계약이다.

05 ③
약관의 내용이 '법령에 규정되어 있는 사항이거나 고객이 별도의 설명 없이도 알고 있는 사항'이면 중요사항이라도 설명의무가 면제된다.

Point 53 계약의 성립문제

06 ③
틀린 것은 ㉢㉣㉤이다.
㉢ 특정인뿐만 아니라 불특정 다수인에 대한 청약도 효력이 있다.
㉣ 청약은 도달한 때, 격지자간 승낙은 발송한 때 효력이 생긴다.
㉤ 격지자간의 계약은 승낙의 통지를 발송한 때 성립한다.

07 ⑤
청약이 상대방에게 도달하여 그 효력이 발생한 후 청약자는 이를 철회할 수 없다.

08 ②
옳지 못한 것은 ㉡㉤이다.
㉡ 격지자간의 계약은 승낙의 통지가 도달한 때가 아니라 발송한 때에 성립한다.
㉤ 계약의 본질적인 내용에 대하여 무의식적 불합의가 있는 경우, 계약이 불성립한 것으로 계약을 취소할 수 없다.

09 ②
성립하는 경우는 ㉡이다.
㉠ 계약이 성립하려면 객관적인 계약내용의 합치와 합의하려는 상대방에 대한 주관적 합치가 필요하다. 그런데 甲이 乙에게 매도의사로 청약을 하였는데, 丙이 승낙한 경우 당사자가 어긋나 있으므로 계약은 불성립한다.
㉡ 교차청약에 의한 계약성립으로서 양청약이 도달시에 성립한다.
㉢ 변경을 가한 승낙, 조건부 승낙은 새로운 청약이다. 아직 새로운 청약만 존재하므로 아직 계약은 불성립상태이다. 이 경우 상대편의 승낙이 있을 때 계약은 성립한다.

㉣ 甲의 매도의사는 청약의 유인이고 乙의 1억원 구매의사는 청약이므로 아직 계약은 성립 전이다.

10 ⑤
동일한 내용의 교차청약은 나중청약이 도달한 때 성립한다.

지문분석
① 청약이 도달한 시점(2020년 3월 4일)이후 철회할 수 없다.
② 격지자간의 계약은 승낙을 발송한 3월 7일에 성립한다.
③ 변경을 가한 승낙은 새로운 청약이므로 청약자가 이를 승낙한 때 계약은 성립한다.
④ 연착된 승낙은 새로운 청약으로 청약자가 승낙하면 계약은 성립한다.

11 ②
甲이 청약을 발송한 후 사망하였다면, 그 청약은 효력을 상실하지 아니한다.

지문분석
③ 승낙자는 회답을 해야 할 의무가 없으므로 기간 내에 회답을 않더라도 계약은 불성립한다.
⑤ 甲은 5억원에 청약을 하고, 乙은 5천만원에 승낙을 하여 계약은 불성립상태이다.

12 ③
승낙통지가 사고로 연착해버린 경우 청약자는 연착통지의무가 있다. 이때 청약자가 '연착에 대한 아무런 통지를 하지 않으면' 연착되지 않은 것으로 처리하여 계약은 성립한다. 이때 승낙서 도달일이 아니라 발송일인 4월 12일 계약이 성립한다.

13 ⑤
옳지 못한 것은 ㉡㉣이다.
㉡ 계약내용이 제시되지 않은 분양광고는 청약이 아니라 청약의 유인에 해당한다.
㉣ 교차청약의 경우에 나중의 청약이 발송된 때가 아니라 도달할 때에 계약이 성립한다.

14 ③
구체적 거래조건이 아닌 아파트 분양광고의 내용은 일반적으로 청약의 유인으로서의 성질을 가지는 데 불과하므로 분양자와 수분양자 사이의 묵시적 합의에 의하여 분양계약의 내용으로 된다고 할 수 없고 이를 이행하지 아니하였다고 하여 분양자에게 계약불이행의 책임을 물을 수는 없다(대판 2019.4.23, 2015다28968).

지문분석
④ 청약에 대하여 승낙할 것인가의 여부는 승낙자의 자유이므로 회답기간 내에 회답을 하지 않아도 계약은 청약자의 일방적인 통지만으로 성립할 수 없고 상대방은 이에 구속되지도 않는다(대판).

15 ②
인정될 수 있는 것은 ㉡㉣이다.
㉡ 계약체결상의 과실책임은 "원시적 전부불능" 요건을 갖추어야 하므로 계약 당시에 이미 그 토지 전부가 공용수용된 경우 원시적 불능으로 계약체결상 과실책임이 성립한다.
㉣ 가옥 매매계약 체결 전에 그 가옥이 지진으로 전소한 경우 원시적 불능으로 계약체결상 과실책임이 성립한다.

16 ①
계약이 의사의 불합치로 성립하지 아니한 경우 그로 인하여 손해를 입은 당사자가 상대방에게 부당이득반환청구 또는 불법행위로 인한 손해배상청구를 할 수 있는지는 별론으로 하고, 상대방이 계약이 성립되지 아니할 수 있다는 것을 알았거나 알 수 있었음을 이유로 제535조를 유추적용하여 계약체결상의 과실로 인한 손해배상청구를 할 수는 없다(대판).

지문분석
② 유효함으로 인하여 생길 이익(이행이익)이 아니라 신뢰손해의 배상이 원칙이다.
③ 계약체결상의 과실책임은 상대방의 선의이며 무과실까지 요한다.
④ 부동산매매에 있어서 실제면적이 계약면적에 미달하는 경우 담보책임으로 대금의 감액을 청구할 수 있고, 미달부분이 원시적 불능임을 이유로 계약체결상의 과실책임을 물을 수 없다.
⑤ 계약의 교섭 중 일방의 부당한 중도파기에는 불법행위책임을 인정한다.

17 ①
어느 일방이 교섭단계에 들어가서 계약이 확실하게 체결되리라는 정당한 기대 내지 신뢰를 부여하여 상대방이 그 신뢰를 믿고 이행에 착수하였음에도 상당한 이유 없이 일방적으로 계약체결을 거부한 경우(교섭 중 부당파기문제) 판례는 계약체결 전이므로, 계약체결상의 과실책임이나 채무불이행책임을 묻지 않고 불법행위책임을 인정한다.

18 ④
옳은 것은 ㉡㉢이다.

㉠ 계약이 의사의 불합치로 성립하지 아니한 경우 그로 인하여 손해를 입은 당사자가 상대방에게 부당이득반환청구 또는 불법행위로 인한 손해배상청구를 할 수 있는지는 별론으로 하고, 상대방이 계약이 성립되지 아니할 수 있다는 것을 알았거나 알 수 있었음을 이유로 「민법」 제535조를 유추적용하여 계약체결상의 과실로 인한 손해배상청구를 할 수는 없다(대판 2017.11.14, 2015다10929).
㉡ 부동산 수량지정 매매에서 실제면적이 계약면적에 미달하는 경우, 대금감액청구를 할 수 있으나 원시적 전부불능을 이유로 하는 계약체결상의 과실책임을 물을 수 없다(대판 2002.4.9, 99다47396).
㉢ 계약체결 전에 이미 매매목적물이 전부 멸실된 원시적 불능임을 알지 못한 자는 계약체결 당시 그 사실을 안 상대방에게 계약체결상의 과실책임을 물을 수 있다.

Point 54 동시이행항변권

19 ③
동시이행항변권, 위험부담의 법리는 증여 같은 편무계약에서는 발생할 수 없고 쌍무계약에서 인정되는 원리이다.

20 ⑤
해당하는 것은 ㉢㉣이다.
㉠ 저당권등기 말소의무와 피담보채무의 변제의무는 채무변제가 선이행의무이고 동시이행관계가 아니다.
㉡ 임차권등기명령에 의한 임차권등기가 된 경우, 임대인의 보증금반환의무와 임차인의 등기말소의무는 임대인의 보증금반환지체로 인한 것이므로 보증금반환의무가 선이행의무이다(대판).
㉢ 계약해제로 인한 각 당사자의 원상회복의무는 상호간에 동시이행관계에 있다.
㉣ 상호간에 동시이행관계에 있다.
㉤ 상가임대차 종료시 임대인의 권리금회수방해로 인한 손해배상의무는 부수적 보호의무에 해당하고 임차인의 목적물반환의무와는 동일한 법률요건으로 발생한 것이 아니므로 동시이행관계가 아니다.

21 ②
동시이행이 아닌 것은 ㉠㉢㉣㉤이다.
㉠ 양도담보채무자의 채무의 변제의무가 선이행의무이다.
㉡ 가등기담보권자의 청산금반환의무와 채무자의 목적물인도 및 소유권이전의무는 동시이행관계이다.
㉢ 매도인의 토지거래허가 신청절차에 협력할 의무는 부수적의무로서 매수인의 매매대금지급의무와 동시이행이 아니다.
㉣ 임차권등기명령에 의한 임차권등기는 보증금반환의무의 이행지체로 인한 것이므로 임대인의 보증금반환의무가 선이행의무이다.
㉤ 경매가 무효인 경우 낙찰자의 소유권이전등기말소의무는 전소유자에 대하여 행하지만 근저당권자의 경락대금반환의무는 낙찰자에게 행하여지므로 그 이행의 상대방이 서로 상이하므로 동시이행관계가 아니다.

22 ⑤
동시이행관계에 있는 것은 ㉠㉣㉤이다.
㉡ 임대차보증금 반환의무가 임차권등기명령에 의해 마쳐진 임차권등기의 말소의무보다 선이행의무이다.
㉢ 채권담보의 목적으로 마쳐진 가등기의 말소의무와 피담보채무변제의무는 변제가 선이행의무이다.

23 ②
'일방의 채무'가 당사자 일방의 책임 있는 사유로 채무이행이 불능(채무불이행)으로 되어 그 채무가 '손해배상채무'로 바뀌게 되면 본래 채무가 손해배상채무로 채무의 변경이 있는 것이고 본래의 채무는 소멸하는 것이 아니므로 상호간의 동시이행관계는 소멸하지 아니하고 존속한다(대판).

24 ④
일방의 이행제공으로 상대방이 수령을 지체하였으나 그 후 이행제공이 계속되지 않고 제공이 중단된 상태에서 상대방에게 이행을 청구하면 수령지체에 빠진 자도 항변권을 주장할 수 있다(대판).

25 ③
일방의 이행제공으로 상대방이 수령을 지체하였으나 그 후 이행제공이 계속되지 않고 제공이 중단된 상태에서 상대방에게 이행을 청구하면 수령지체에 빠진 자도 항변권을 주장할 수 있으므로 상대방의 이행청구를 거절할 수 있다(대판).

지문분석
① 甲은 매매대금채권 1억원을 자동채권으로 하여 乙의 대여금채권 1억원과 상계할 수 없다.
② 항변권을 가진 자가 항변권을 행사하지 않아도 지체책임이 면제된다.
④ 소송에서 항변권을 주장하면 상환급부판결을 한다(유치권도 동일하다).
⑤ 일방이 선이행의무를 부담하여 지체 중에 있다가 시간이 흘러서 상대방의 채무의 변제기가 도래하고 이행제공이 없는 상황이라면 선이행의무자도 그때부터(변제기가 도래한 시점부터) 동시이행항변권을 행사할 수 있다(대판).

26 ⑤
乙의 보증금반환채권을 (자동채권)으로 甲이 乙에게 빌려준 대여금채권과 상계하지 못한다. 이를 허용하면 임대인은 세입자가 방도 비우지 않았는데 보증금을 먼저 빼준 결과가 되어 동시이행항변권의 행사기회를 박탈하는 결과가 되어 부당하기 때문이다.

> **지문분석**
> ②③ 동시이행항변권에 기하여 주택을 사용·수익하는 경우, 이는 적법한 행위로서 불법점유를 이유로 손해배상책임을 물을 수 없다. 다만, 부당이득반환의무는 부담한다.
> ④ 甲이 채무를 제공하였으나 상대방 乙이 채무(주택명도의무)를 이행하지 않아 수령지체에 빠진 경우 그 후 甲이 보증금반환의무를 계속하여 제공하지 않은 채로 乙에게 주택의 명도를 요구해 오면 수령지체에 빠진 측에서도 항변권을 주장할 수 있다(대판).

27 ①
동시이행의 관계에 있는 것은 ㉠이다.
㉡ 주택임대인과 임차인 사이의 임대차보증금 반환의무와 임차권등기명령에 의해 마쳐진 임차권등기의 말소의무는 보증금반환의무가 선이행의무이다.
㉢ 피담보채무의 변제의무가 선이행의무이다.

Point 55 위험부담과 대상청구권

28 ⑤
계약체결 후 토지가 공용수용된 경우 이는 쌍방의 귀책사유 없는 불능으로서 그 토지의 매수인은 매도인의 귀책사유를 들어 매매계약을 해제할 수 없고, 채무자의 귀책사유를 전제로 하는 이행불능에 갈음하는 전보배상을 청구할 수 없다.

29 ⑤
채무자의 귀책사유로 인한 이행불능을 이유로 채권자는 최고 없이 계약을 해제할 수 있고 이행불능으로 인한 손해의 배상, 즉 본래 채무의 이행에 대신하는 손해배상을 청구할 수 있는데 이를 전보배상청구라고 한다.

30 ②
채무자의 책임 있는 사유로 후발적 불능이 발생한 경우, 위험부담의 법리가 아니라 채무불이행책임이 문제된다. 위험부담은 채무자의 귀책사유 없이 불능이 된 경우에 문제된다.

31 ④
쌍무계약에서 일방의 채무가 채권자의 수령지체 중에 쌍방 책임 없는 사유로 이행불능이 된 때는 채무자는 상대방의 이행을 청구할 수 있다.

32 ④
옳은 것은 ㉡㉣이다.
㉠ 사안은 후발적 불능이므로 원시적 불능에 적용되는 계약체결상의 과실은 인정될 여지가 없다.
㉡㉤ 목적물소멸에 의해 채권·채무가 소멸되는 결과, A는 받은 계약금 1천만원을 부당이득으로서 반환하여야 하고, 한편 채무자위험부담주의에 따라 A는 B에게 매매잔대금을 청구할 수 없다. 대가의 위험(집 팔고 돈 못 얻는 손해)을 건물인도채무자가 부담한다.
㉢ 쌍방의 과실이 없으므로 일방의 과실을 전제로 하는 이행불능책임을 물을 수 없다.
㉣ 쌍방의 과실이 없으므로 채무자의 과실로 이행불능이 된 전보배상책임을 물을 수 없다.

33 ③
甲·乙 쌍방의 책임 없는 사유로 진품이 소실된 경우 쌍방의 채무는 대등하게 소멸한다. 그 결과 甲은 乙에게 매매대금을 청구할 수 없다(제537조).

> **지문분석**
> ⑤ 乙의 수령지체 중에 쌍방의 책임 없는 사유로 진품이 소실되었다면 이는 乙의 수령지체에서 기인하는 것이므로 甲은 乙에게 그 대금을 청구할 수 있다[제538조(채권자 귀책사유로 인한 이행불능)].

34 ⑤
甲이 이행제공을 하였으나 상대방이 수령을 지체하던 중 불가항력으로 주택이 멸실한 경우 채권자인 매수자가 위험을 부담하므로 甲은 乙에게 대금지급을 청구할 수 있다(제538조).

35 ③
옳은 것은 ㉠㉢㉣이다.
㉠ 수용은 법률의 규정에 의한 적법한 재산권의 침해행위이므로 불법행위책임을 물을 수 없다.
㉡ 계약 체결 후의 이행불능이므로 위험부담의 문제일 뿐 원시적 불능에 적용되는 계약체결상의 과실은 적용되지 않는다.
㉢ 계약 체결 후 토지가 수용되었으므로 위험부담의 사례문제이다. 매도인 甲은 쌍방책임 없는 사유로 토지를 인도할 수 없게 되었으므로 반대급부로 매수인 乙에게 대금 지급을 청구할 수 없다. 즉, 쌍방의 채무는 대립적으로 소멸하므로 甲은 토지인도의무가 소멸하고 乙은 대금 지급의무를 부담하지 않는다.
㉣ 수용은 쌍방의 과실 없이 발생한 것이므로 채무불이행책임(일방의 귀책사유를 요건으로 함)을 추궁할 수 없다.

ⓜ 쌍방의 귀책사유 없이 수용된 것이므로 이행불능으로 인한 책임을 상대방에게 물을 수 없다.
ⓑ 乙은 반대급부를 제공해야 甲에게 토지수용으로 인한 보상금청구권의 양도를 청구할 수 있다.

36 ⑤
옳은 것은 ⓛⓑ이다.
㉠ 강제수용은 매도인의 귀책사유가 없으므로 乙은 매매계약을 해제할 수 없고 전보배상(본래의 채무 이행에 대신하는 손해배상)을 청구할 수도 없다.
㉡ 乙은 매매대금을 지급하고 매매목적물인 토지에 갈음하여 수용보상금 청구권의 양도를 청구할 수 있다(대상청구권의 행사).
㉢ 쌍방의 귀책사유 없는 이행불능의 경우 매도인이 지급받은 매매대금은 부당이득으로 반환하여야 한다(대판).
㉣ 원시적 불능일 때 성립하는 계약체결상의 과실책임을 추궁할 수 없다.
㉤ 乙이 매매대금 전부를 지급하면 甲의 수용보상금청구권 자체가 乙에게 귀속하는 것이 아니라 수용보상금청구권의 양도를 청구할 수 있다(대판).

Point 56 제3자를 위한 계약

37 ④
수익자는 계약의 해제시 보호받는 제548조 단서의 제3자에 해당하지 않는다(왜냐하면 수익자와 낙약자간에는 새로운 이해관계를 맺은 자가 아니기 때문이다)(대판).

지문분석
① 수익표시는 수익자가 낙약자에게 한다.
② 수익표시는 제3자를 위한 계약의 성립요건이 아니라 권리발생요건이다.
③ 낙약자는 요약자와 낙약자간의 계약관계(기본관계)에서 발생한 항변으로 선의·악의 불문하고 제3자에게 대항할 수 있다.

38 ③
틀린 것은 ㉢㉣㉤이다.
㉢ 낙약자는 요약자와 수익자간의 법률관계에 기한 항변으로 수익자에게 대항할 수 없다.
㉣ 낙약자는 요약자와의 계약에서 발생한 항변으로 제3자에게 대항할 수 있다.
㉤ 낙약자의 귀책사유로 요약자가 계약을 해제한 경우, 수익자는 낙약자에게 자기가 입은 손해의 배상을 청구할 수 있다.

39 ⑤
틀린 것은 ㉠㉢이다.
㉠ 낙약자는 '요약자와 수익자 사이의 법률관계(대가관계)에 기한 항변으로 수익자에게 대항할 수 없다(대판).
㉢ 수익자가 수익표시를 한 후에도 당사자는 제한능력, 사기, 강박, 착오 취소를 할 수 있고 이를 이유로 수익자에게 항변할 수 있다. 이때의 수익자는 사기 취소로 대항할 수 없는 제3자에 포함되지 않는다.

40 ②
옳은 것은 ㉡㉣이다.
㉠ 丙이 수익의 의사표시를 하면 특별한 사정이 없는 한 乙에 대한 대금지급청구권을 계약의 성립시가 아니라 수익표시를 한 때부터 취득한다.
㉢ 乙은 甲의 丙에 대한 항변[대가관계에 기한 항변]으로 丙에게 대항할 수 없다.
㉤ 甲이 乙에게 매매계약에 따른 채무이행을 하지 않는 경우, 乙은 특별한 사정이 없는 한 丙에게 대금지급을 거절할 수 있다.

41 ⑤
낙약자가 채무를 수익자에게 이행하지 아니하여 수익자에게 손해를 발생하게 한 경우 수익자는 그로 인한 손해배상을 낙약자에게 청구할 수 있다(대판).

지문분석
① 요약자와 수익자간의 법률관계는 요약자와 낙약자간의 법률관계에 영향을 주지 않는다.
② 수익표시 후에는 당사자간에 수익자의 권리를 변경할 수 없다.
③ 기본계약이 무효인 경우 이를 이유로 선의인 수익자에게 항변할 수 있다. 수익자는 통정 허위표시의 무효로 보호받는 제3자에 해당하지 않는다.
④ 수익자는 계약당사자가 아니므로 계약의 당사자가 가지는 해제권, 취소권을 행사할 수 없다.

42 ⑤
지문분석
① 丙의 수익표시는 제3자를 위한 계약의 성립요건이 아니라 권리발생요건이다.
② 甲과 丙간의 계약이 소멸한 경우, 甲과 丙의 내부관계일 뿐이고 甲·乙간의 계약은 정상으로 존속하므로 乙은 丙의 대금청구에 대항할 수 없다.

③ 甲이 乙에게 매매계약에 따른 채무를 이행하지 않는 경우, 乙은 동시이행항변권으로 丙의 대금지급 요구를 거절할 수 있다.
④ 乙의 채무불이행을 이유로 수익자 丙은 甲과 乙의 매매계약을 해제할 수 없다.

43 ②
乙은 대가관계(甲과 丙 사이의 계약)가 무효라도 자신이 기본관계에 기하여 낙약자에게 부담하는 채무의 이행을 거절할 수 없다. 따라서 낙약자 乙은 수익자 丙의 대금지급요구를 거절할 수 없다.

지문분석
① 甲이 위 매매계약을 해제하려면 丙의 동의 없이 해제할 수 있다.
③ 乙이 丙에게 매매대금을 지급하지 않는 경우, 丙은 매매계약을 해제할 수 없고 원상회복도 청구할 수 없다.
④ 丙이 수익표시한 후에도 甲이 매매계약의 흠결을 이유로 취소할 수 있다.
⑤ 매매계약이 무효인 것으로 판명된 경우, 특별한 사정이 없는 한 乙은 丙에게 대금반환을 청구할 수 없다. 급부의 청산은 당사자인 요약자와 낙약자간에 이루어져야 한다.

Point 57 해제

44 ⑤
합의해제는 단독행위인 해제와 달리 「민법」의 법정해제규정이 준용되지 않는다. 그 내용은 서로 '합의내용에 의하여 처리'되므로 첫째, 대금을 반환할 때는 이자를 가산하지 않으며, 둘째 특별한 사정이 없는 한 '일방의 계약위반이 원인이 아니라' 쌍방의 합의로 해제처리하기 때문에 '채무불이행을 원인으로 손해배상'을 청구할 수 없다.

45 ⑤
해당하는 것은 ㉡㉣㉤이다.
㉠ 이행지체이므로 해제를 위하여는 최고가 필요하다(제544조).
㉡ 이행불능으로 최고가 필요 없다(제546조).
㉢ 매매목적물에 가압류가 존재할 때 최고를 하여야 해제할 수 있다.
㉣ 미리 이행거절 의사를 명백히 표시한 경우 최고 없이 해제할 수 있다(대판).
㉤ 정기행위는 최고를 요하지 않는다.

46 ④
정기행위의 경우 해제를 위하여 최고를 요하지 아니하지만, 해제를 위하여는 해제의 의사표시는 반드시 필요하다.

47 ⑤
매매의 목적인 부동산이나 분양권에 가압류가 존재하는 경우, 그것만으로 소유권이전의무가 불가능한 것이 아니므로 이는 채무의 이행불능에 해당하지 않고, 매수인은 이행불능을 이유로 즉시 해제를 할 수 없다.

48 ④
당사자가 수인인 경우 1인이 해제권을 잃으면 다른 당사자도 해제권을 잃는다.

지문분석
② 해제 의사표시가 도달 후에는 철회할 수 없다.
③ 당사자가 수인인 경우 해제는 전원으로부터 전원에게 행사하여야 한다.
⑤ 매매계약당사자 일방이 사망하였고 여러 명의 상속인이 있는 경우 그 상속인들이 계약을 해제하려면 상속인들 전원이 해제의사표시를 하여야 한다(대판).

49 ①
매매의 목적물에 가압류가 집행된 경우, 특별한 사정이 없는 한 매수인은 매도인의 계약위반을 이유로 즉시 해제할 수 없다.

50 ②
계약당사자 일방의 채무가 그의 책임 있는 사유로 이행불능이 된 경우 상대방이 해제하려면 최고할 필요가 없으며, 매매대금도 제공할 필요가 없다.

51 ④
매매목적물에 대한 소유권이전등기가 매수인에게 마쳐진 후 계약이 해제된 경우, 목적물의 소유권은 매도인에게 소유권이전등기 없이 당연히 복귀한다.

52 ①
계약이 해제되면 계약관계로부터 발생한 채권, 채무는 소급적으로 소멸하지만, 채무불이행으로 발생한 손해라는 위법상태는 소멸하지 않고 남아있으므로 채무불이행을 원인으로 손해배상을 청구할 수 있다.

지문분석
⑤ 과실상계는 본래의 채무불이행 또는 불법행위시에 적용되는 것이다. 그러나 해제로 인한 원상회복의무의 이행을 구하는 경우에는 과실상계가 적용되지 아니한다(대판).

Point 58 해제시 보호받는 제3자의 여부

53 ②
해당하는 것은 ⓒⓔ이다.
㉠ 제3자를 위한 계약에서 수익자 ⇨ 낙약자에게 수익표시만 한 것이고 낙약자와 아무런 거래가 없는 자이므로 제548조 단서의 제3자가 아니다.
ⓒ 계약에 기한 급부목적물의 가압류권자 ⇨ 제548조 단서의 제3자에 해당한다.
㉢ 계약이 해제로 소멸되는 채권을 양수받은 자 ⇨ 제548조 단서의 제3자가 아니다.
ⓔ 해제의 의사표시가 있은 후 그 해제에 기한 말소등기 있기 전에 이해관계를 갖게 된 선의의 제3자 ⇨ 제548조 단서의 제3자에 해당한다.
㉣ 토지매수인으로부터 그 토지 위에 신축된 건물을 매수한 자 ⇨ 계약의 목적물은 토지이고 토지를 매수하여 등기를 마친 자가 제3자이고 계약의 목적물과 전혀 별개인 건물을 매수한 자는 제548조 단서의 제3자가 아니다.

54 ③
[논점] 해제시 보호되는 제3자란?
해제된 계약으로부터 생긴 법률적 효과를 기초로 하여 '해제권의 행사가 있기 전에 새로운 이해관계를 가졌을 뿐 아니라 '등기 · 인도 등으로 완전한 권리를 취득한 자'를 말한다(대판). 판례에 의할 때 ㉠ⓒⓒ은 모두 해제 전 완전한 권리를 취득한 자로서 해제시 보호받는 제3자에 해당한다.
그러나 ⓔ은 계약의 목적물인 토지를 기초로 새로운 이해관계를 가진 자가 아니라 토지 위에 신축한 건물을 매수한 자로서 해제시 보호받는 제3자가 아니다(대판).
㉣은 계약 해제 후 乙로부터 X토지를 매수하여 등기를 마친 자가 해제사실을 모른 경우에만 보호받는 제3자이다.

55 ③
계약해제의 소급효로부터 제3자가 보호받으려면 해제된 계약을 기초로 새로운 거래를 마치고 등기, 인도 등 완전한 권리(대항력)를 갖춘 자를 말한다. 해제대상인 매매계약에 의하여 채무자명의로 이전등기된 부동산을 매입하여 이전등기를 마치거나 가압류 집행한 가압류 채권자는 계약해제의 경우에 영향을 받지 않는 제3자에 해당한다(대판).

[지문분석]
① 해제에 의하여 소멸하는 계약상 채권을 가처분결정을 받은 경우 그 권리는 채권에 불과하고 대세적 효력을 갖는 완전한 권리가 아니므로 제3자에 해당하지 않는다(대판).
② 해제에 의하여 소멸하는 계약상 채권을 압류한 자는 보호받는 제3자가 아니다.
④ 임차인이 대항요건을 갖추지 못하였으므로 보호받는 제3자가 아니다.
⑤ 수증자가 이전등기를 하기 전이므로 완전한 권리를 갖추지 못하여 보호받는 제3자가 아니다.

56 ④
틀린 것은 ㉠ⓒ이다.
㉠ 대금을 지연하는 것은 이행지체이므로 최고를 하여야 해제할 수 있다.
ⓒ 甲 – 乙 – 丙으로 순차매각된 경우, 甲 · 乙간의 매매가 해제되어도 제3자 丙은 해제에도 영향이 없다. 따라서 丙은 해제시 보호받는 제3자로서 소유권을 유지한다.

57 ④
옳은 것은 ㉠ⓒⓔ이다.
ⓒ 계약의 해제는 손해배상청구에 영향을 미치지 아니한다. 따라서 甲은 계약을 해제하고 별도로 乙에게 손해 배상을 청구할 수 있다.
ⓔ 甲이 계약을 적법하게 해제한 경우 甲의 乙명의 등기말소청구권은 채권적 청구권이 아니라 <u>소유권에 기한 물권적 청구권</u>이다.

58 ③
옳은 것은 ⓒⓔ이다.
㉠ 해제권은 전원이 해제의 통지를 하여야 효력이 발생하므로 甲만이 단독으로 계약의 해제를 통지하면 X건물매매계약은 해제의 효력이 <u>발생하지 아니한다</u>.
ⓒ 해제권자인 甲이 X건물을 가공하거나 훼손하여 해제권을 상실한 경우, 다른 해제권자 乙도 <u>해제권을 잃는다</u>.

59 ⑤
틀린 것은 ⓒⓒ이다.
ⓒ 이행지체로 계약이 해제된 경우 매수인 乙은 점유자의 과실수취권이 <u>인정되지 아니한다</u>. 반면에 매매가 취소된 경우에는 매수인에게는 점유자의 과실수취권의 규정이 적용된다.
ⓒ 매매목적물인 부동산에 '근저당권설정등기나 가압류가 말소되지 아니한 경우' 바로 매도인의 소유권이전등기의무가 이행불능으로 되었다고 할 수 없고, 매수인으로서는 매도인에게 상당기간을 정하여 이행을 '최고하고' 그 기간 내에 이행하지 아니할 때에 한하여 계약을 해제할 수 있다(대판 2003.5.13, 2000다50688).

60 ④
법정해제와는 달리 합의해제의 경우, 손해배상에 대한 특약 등의 사정이 없는 한 채무불이행으로 인한 손해배상을 청구할 수 <u>없다</u>.

61 ⑤

해제로 인한 이자 가산의 성질은 반환의무의 이행지체로 인한 것이 아니라 부당이득반환의 성질을 가진 것이다.

62 ⑤

당사자 사이에 약정이 없는 이상 합의해지로 인하여 반환할 금전에 그 받은 날로부터 이자를 부가하여야 할 의무가 없다(대판).

> 지문분석

① 점포에서 스탠드바를 개업하기 위하여 금 150,065,710원 상당의 시설비 등을 지출하였으나 점포의 용도가 근린생활시설로 되어 있어서 위 영업허가를 받기 위하여는 그 용도를 위락시설로 변경하여야 하는데 그 변경허가를 받지 못하여 임차의 목적을 달성할 수 없게 된 법률적 장애의 경우, 원고가 임대차계약에 따라 임차목적물을 명도받아 점유를 계속하여 온 경우에는 임대인의 담보책임을 묻는다 하더라도 계약의 효력을 장래에 향하여 소멸하게 하는 해지를 할 수는 있다할 것이나, 그 효력을 소급적으로 소멸시키는 해제를 할 수는 없다(대판).

63 ①

합의해제의 경우 법정해제와 달리 특별한 사정이 없는 한 채무불이행으로 인한 손해배상을 청구할 수 없다.

제2장 계약각론(매매·교환·임대차)   p.252~280

01	①	02	⑤	03	④	04	⑤	05	④
06	③	07	②	08	⑤	09	③	10	①
11	④	12	④	13	①	14	⑤	15	②
16	①	17	①	18	④	19	⑤	20	⑤
21	④	22	⑤	23	②	24	⑤	25	②
26	④	27	④	28	②	29	④	30	②
31	②	32	⑤	33	④	34	⑤	35	③
36	③	37	②	38	④	39	④	40	⑤
41	①	42	①	43	①	44	⑤	45	①
46	③	47	⑤	48	⑤	49	⑤	50	③
51	①	52	⑤	53	④	54	①	55	⑤
56	④	57	⑤	58	④	59	⑤	60	⑤

61	①	62	①	63	③	64	⑤	65	④

Point 59 매매와 매매의 예약

01 ①

옳지 못한 것은 ㉠이다.
㉠ 매매의 객체는 재산권으로서 물건과 권리도 매매의 대상이고, 타인소유 토지의 매매도 유효하다.

02 ⑤

옳지 못한 것은 ㉠㉢㉤이다.
㉠ 예약은 언제나 채권계약이다.
㉢ 예약완결권은 10년의 제척기간에 걸리므로 일방이 목적물을 인도받은 경우에도 10년 경과시 소멸시효가 아니라 제척기간으로 소멸한다(대판).
㉤ 예약완결권은 제척기간으로서 법원의 직권조사사항이다.

03 ④

옳은 것은 ㉢이다.
㉠ 乙이 예약완결권을 행사한 경우, 매매의 효력이 예약체결시로 소급하지 않고 완결권을 행사한 때로부터 본계약인 매매의 효력이 발생한다.
㉡ 乙이 가진 예약완결권은 일신전속권이 아니므로 가등기할 수 있고 타인에게 양도할 수 있다.
㉣ 예약완결권은 10년의 소멸시효가 아니라 제척기간에 걸리므로 점유를 인도받아도 예약성립일로부터 10년이 경과하면 소멸한다.

Point 60 계약금

04 ⑤

계약금교부 없는 매매계약 – 약정한 계약금을 교부하기로 약정만 한 상태이거나 계약금의 일부만을 교부한 상태인 경우 계약금계약이 성립된 상태가 아니므로 이미 이루어진 주계약인 매매계약을 임의로 해제할 수 없다(대판).

> 지문분석

④ 계약금을 위약금으로 하는 특약이 없는 한, 채무불이행을 이유로 계약이 해제되더라도 위약금특약이 없으므로 계약금을 몰수하지 못하고 "실제 손해만"을 입증하여 배상받을 수 있다.

05 ④

해당하는 것은 ㉢㉣㉤이다.

㉠ 매도인이 매수인에게 이행을 최고하고 대금지급을 구하는 소송을 제기하여 승소판결을 받은 경우 이행의 착수가 아니다.
㉡ 토지거래허가구역 내 토지에 관한 매매계약을 체결하고 계약금만 지급한 상태에서 거래허가를 받은 경우 이행의 착수가 아니다.

06 ③

지문분석

①④ 계약금에 의한 해제는 계약금을 포기하고 해약하는 것이므로 법정해제와 달리 채무불이행으로 인한 손해배상청구를 할 수 없고 일방이 이행착수 전에 해약하는 것이므로 원상회복의무가 없다.
② 계약금을 포기하고 해제할 수 있는 제565조 규정은 임의규정이므로 당사자간의 합의로 계약금포기에 의한 계약의 해제를 특약으로 배제할 수 있다(대판).
⑤ 상대방이 수령을 거절한 경우 공탁할 의무까지는 없다는 것이 판례이다(대판).

07 ②

지문분석

① 계약금에 의해 해제권이 유보된 경우, 일방의 귀책사유에 기인한 채무불이행을 이유로 계약의 해제(법정해제)할 수 있다.
③ 계약금 배액을 상환하고 해제한 경우 상대방은 손해배상을 청구할 수 없다.
④ 계약금을 포기하고 해제할 수 있는 제565조 규정은 임의규정이므로 당사자간의 계약금의 포기에 의한 해제권 행사를 배제하는 당사자의 합의나 특약은 유효하다(대판).
⑤ 매도인이 매수인에게 이행을 최고하고 대금지급을 구하는 소송을 제기하여 승소판결을 받은 경우에도 아직 이행착수가 아니므로 일방은 계약금을 포기하고 해제할 수 있다(대판).

08 ⑤

옳은 것은 ㉠㉡㉢이다.
㉠ 계약금은 별도의 약정이 없는 한 해약금의 성질을 가진다.
㉡ 이행기의 약정이 있는 경우라 하더라도 당사자가 채무의 이행기 전에는 착수하지 아니하기로 하는 특약을 하는 등 특별한 사정이 없는 한 일방이 이행기 전에 중도금 이행에 착수할 수 있다. 그 경우 매수인이 중도금을 이행기 전에 이행착수하였다면, 매도인이 계약금의 배액을 상환하고 해제권을 행사할 수 없다(대판).
㉢ 수령자가 배액을 제공하였으나 이를 교부자가 '수령거절했을 경우 계약금의 배액의 제공으로써 충분하고 상대방이 수령을 거절하더라도 이를 '공탁'할 의무는 없다(대판).

㉣ 토지거래허가는 아직 이행착수 전이므로 해약금해제할 수 있다.
㉤ 매수인이 매도인에게 약정한 계약금의 일부만 지급한 경우, 매도인은 수령한 금액의 배액을 상환하고 계약을 해제할 수 없다. 이때 해약금의 기준이 되는 금액은 약정한 계약금전액의 배액이다.

09 ③

당사자가 계약금 전부를 나중에 지급하기로 약정한 경우, 교부자가 이를 지급하지 않으면 상대방은 계약금불이행을 원인으로 하여 계약금약정을 해제할 수 있다.

지문분석

① 계약금계약은 종된 계약으로서 주계약이 취소되면 종된 계약에 해당하는 계약금계약도 효력을 잃는다.
② 위약벌의 성질을 가지는 계약금이 부당하게 과도한 경우, 법원은 감액을 할 수 없고 과다한 위약벌의 경우 반사회적 행위로 취급하여 무효로 한다.
④ 토지거래허가를 받지 않아 유동적 무효 상태인 매매계약은 특별한 사정이 없는 한 해약금에 관한 규정에 의해 해제할 수 있다.
⑤ 해약금에 관한 규정에 의해 계약을 해제한 경우, 당사자 상호간에는 그 해제에 따른 손해배상의무와 원상회복의무가 없다.

10 ①

옳은 것은 ㉠㉢㉤이다.
㉠ 계약금계약은 계약금 전액을 지불하여야 성립하는 요물계약이다.
㉡ 乙이 계약금을 지불하기 전이라면 甲은 교부받은 1천만원의 배액인 2천만원을 상환하고 매매계약을 해제할 수 없다.
㉢ 乙이 약정한 날짜에 계약금을 지급하지 않으면, 甲은 주계약인 매매계약이 아니라 계약금약정을 해제할 수 있다(대판).
㉣ 乙이 중도금을 일부 지급한 경우, 乙은 甲이 아직 이행착수하기 전임을 이유로 계약금을 포기하고 계약을 해제할 수 없다.
㉤ 乙이 계약금 전액을 지급한 상황이라면 다른 약정이 없는 한 乙은 중도금을 이행기 전인 6월 10일에 미리 지급할 수 있다.

11 ④

乙의 해약금에 기한 해제권 행사로 인하여 발생한 손해에 대하여 甲은 그 배상을 청구할 수 없다. 왜냐하면 해약금해제는 채무불이행을 원인으로 하는 것이 아니기 때문이다.

12 ④
위약금약정이 있었을 때만 당연히 甲에게 귀속된다. 계약금이 수수된 경우 일방의 귀책사유로 계약이 해제되었다면, 위약금약정이 없는 한, 상대방은 계약불이행으로 입은 실제 손해만 배상받을 뿐 계약금이 상대방에게 당연히 귀속되는 것은 아니다.

13 ①
대금완납 전에 목적물에서 생긴 과실은 매도인에게 속한다(대판).

14 ⑤
틀린 것은 ㉠㉣이다.
㉠ 측량비용은 절반씩 부담하나 담보권말소비용은 특별한 사정이 없으면 매도인이, 등기비용은 매수인이 분담한다.
㉣ 乙이 대금을 완제하면 X토지에서 발생하는 과실은 매수인 乙에게 귀속한다.

Point 61 **담보책임**

15 ②
담보책임의 면제특약, 가중하는 특약은 유효하나 매도인이 하자를 '알고 고지하지 아니한 경우' 그 면제특약이 있어도 매도인은 하자에 대하여 책임을 면하지 못한다(제584조).

16 ①
건축을 목적으로 매수한 토지에 대한 법적 제한으로 건축허가를 받을 수 없어 건축이 불가능한 경우, 이는 권리의 하자가 아니라 목적물의 하자에 해당한다.

17 ①
옳은 것은 ㉠㉡이다.
甲은 착오로 취소하거나 담보책임을 주장할 수 있다. 건축을 목적으로 매매한 토지가 건축허가를 받을 수 없어 건축이 불가능한 법률적 장애의 경우 판례는 매매목적물의 하자로 본다.
㉢ 토지에 하자가 존재하는지의 여부는 계약성립시를 기준으로 판단한다.
㉣ 甲이 토지의 오염으로 인하여 계약의 목적을 달성할 수 없다면 계약을 해제할 수 있다.

18 ④
종류물의 하자의 경우 매수인은 ㉠ 계약해제 또는 ㉡ 손해배상을 청구하지 아니하고 ㉣ 하자 없는 물건을 청구할 수 있다(제581조).

19 ④
해당하는 것은 ㉠㉡㉢이다. 이는 매수인이 선의·악의 관계없이 주장할 수 있는 경우이다. ㉢㉣은 매수인이 선의이어야 담보책임을 주장할 수 있다.

20 ⑤
일부 타인권리매매에서 선의인 매수인은 대금감액 또는 해제 외에 손해배상을 청구할 수 있다.

21 ③
제576조의 저당권행사로 소유권을 취득할 수 없는 경우 매수인의 선의·악의 관계없이 계약해제와 손해배상청구를 할 수 있다.

22 ③

지문분석

① 매도인은 선의의 매수인에게 신뢰이익이 아니라 이행이익을 배상하여야 한다.
② 경매가 유효하여야 담보책임을 물을 수 있으므로 경매절차가 무효로 된 경우, 낙찰자는 채무자나 채권자에게 담보책임을 물을 수 없다.
④ 계약의 목적 달성이 불가능할 때 해제할 수 있다.
⑤ 선의의 매수인이 갖는 손해배상청구권은 계약한 날이 아니라 안 날로부터 1년 내에 행사되어야 한다.

23 ②
전부타인소유의 매매에서 매수인은 선의·악의 불문하고 계약을 해제할 수 있다.

24 ⑤
일부타인소유매매에서는 매수인 A가 선의·악의 관계없이 20평에 해당하는 대금의 감액을 청구할 수 있다.

지문분석

③ 선의인 매수인은 대금감액청구 또는 계약해제 외에 별도로 손해배상을 청구할 수 있다(제572조). 즉, 매수인은 대금감액청구와 아울러 손해배상을 청구할 수 있다.

25 ②
저당권의 실행으로 인한 경우 매수인은 선의·악의 불문하고 해제, 손해배상을 청구할 수 있다.

지문분석

⑤ 가등기에 기한 본등기로 소유권을 잃은 매수자는 선의, 악의를 불문하고 저당권의 실행에 의한 담보책임을 추궁할 수 있다.

26 ④
맞는 것은 ⓒⓔ이다.
- ⓐ 선의인 경우에 매수인은 대금감액을 청구할 수 있다(제574조).
- ⓑ 악의의 매수인은 손해배상을 청구할 수 없고 선의이어야 한다(제574조).
- ⓔ 수량 지정매매에 해당할 때에 한하여 매수인은 담보책임으로 대금감액청구권을 행사할 수 있으나 그 매매계약이 그 미달 부분만큼 일부 무효임을 들어 부당이득반환청구를 할 수 없고, 그 부분의 원시적 불능을 이유로 계약체결상의 과실에 따른 책임의 이행을 구할 수 없다(대판).
- ⓜ 선의인 매수인은 그 사실을 안 날로부터 1년이다.

27 ⑤
제576조의 저당권 실행으로 인한 담보책임의 경우 매수인은 선의 · 악의 관계없이 계약해제와 손해배상을 청구할 수 있다.

지문분석
① 제570조의 전부타인소유인 경우 매수인은 '선의 · 악의 관계없이' 해제할 수 있으나 선의일 때만 손해배상을 청구할 수 있다.
② 제572조의 일부타인의 소유인 경우 매수인은 '선의 · 악의 관계없이' 대금감액을 청구할 수 있으나 손해배상청구나 해제는 선의일 때만 가능하다.
③ 제574조의 수량부족, 일부멸실인 경우 매수인은 선의일 때만 대금감액이나 해제할 수 있다.
④ 제575조의 용익권의 제한이 있는 경우 매수인은 선의일 때만 계약해제할 수 있다.

28 ②
틀린 것은 ⓑⓔ이다.
- ⓑ 경매절차가 무효인 경우, 丁은 배당받은 채권자 丙에게 부당이득반환을 청구할 수 있으나 <u>채무자 甲에게 손해배상을 청구할 수 없다</u>.
- ⓔ 권리의 하자가 인정되면 1차적인 책임은 채권자 丙이 아니라 채무자 甲이 부담한다.

Point 62 환매와 교환

29 ④
환매기간을 정한 경우, 환매권의 행사로 발생한 소유권이전등기청구권은 채권적 청구권으로서 특별한 사정이 없는 한 (환매기간 이내가 아니라) 환매권을 행사한 날부터 10년간 행사하지 않으면 소멸한다.

30 ②
甲이 환매기간 내에 환매의 의사표시를 하면 환매에 의한 소유권이전등기를 하여야 소유권을 취득한다. 따라서 환매에 의한 소유권이전등기를 하지 않은 상태라면 X토지를 가압류집행한 제3자에 대하여 환매권자 甲은 소유권취득을 주장할 수 없다.

지문분석
④ 나대지상에 환매특약의 등기가 마쳐진 상태에서 대지소유자가 그 지상에 건물을 신축하였다면, 대지소유자는 건물신축 당시부터 환매특약의 등기 당시의 권리관계 그대로 토지소유권을 이전해 줄 잠재적 의무를 부담하므로 환매권의 행사에 따라 토지와 건물의 소유자가 달라진 경우에 그 건물을 위한 관습상의 법정지상권은 애초부터 생기지 않는다(대판).

31 ②
다른 약정이 없는 한 각 당사자는 목적물의 하자에 대해 담보책임을 부담한다. 또한 일방이 금전의 보충지급을 약정한 경우 그 금전에 대하여는 매매대금에 관한 규정을 준용한다.

32 ③
X건물과 Y임야의 가격이 달라 乙이 일정한 금액을 보충하여 지급할 것을 약정한 때에는 매매계약이 성립하는 것이 아니라 매매대금에 관한 규정을 준용한다.

Point 63 임대차의 기간, 차임, 빅3

33 ④
임대인이 임대목적물에 대한 소유권 기타 처분할 권한이 없는 경우 임대차계약은 유효하다.

34 ⑤
임대차의 최장기는 견고한 건물소유를 목적으로 하는 토지임대차를 제외하고는 20년을 넘지 못한다는 제651조 규정은 임대인의 재산권과 계약자유를 침해하여 헌법재판소에서 위헌으로 결정되었다(헌법재판소 결정). 그러므로 영구사용으로 하는 임대차 계약도 허용된다.

35 ③
경제사정변동에 따른 임대인의 차임증액청구에 대해 법원이 차임증액을 결정한 경우, 이는 형성권으로 <u>그 증액청구한 때 즉시 발생한다</u>. 임대차의 차임증감청구권, 지상권에서 지료증감청구권, 전세권에서 전세금증감청구권도 동일하다.

36 ③
손쉽게 고칠 수 있는 소규모의 수선의무는 <u>임대인이 부담하지 않는다</u>.

> 지문분석
④ 임대인은 특약이 없는 한 통상의 사용에 적합한 상태를 유지하여 주면 되고 임차인의 특별한 용도인 단란주점 운영에 필요한 시설물, 구조를 설치해줄 의무까지는 없다(대판).
⑤ 통상의 임대차관계에서 도난방지라는 보호의무는 부담하지 않는다. 일시사용임대차에서는 임대인이 고객의 안전을 배려할 보호의무를 부담한다.

37 ②
비용상환청구권은 강행규정이 아니라 임의규정이다.

38 ④
제203조의 점유자의 비용상환청구규정은 계약관계가 없는 사안에서 보충규정으로 적용할 수 있다. 사안처럼 <u>임대차계약관계가 있는 경우</u>에는 계약관계의 규정(제626조)이 우선하여 적용된다. 따라서 위 사안의 경우에는 제203조가 아니라 제626조의 임차인의 비용상환청구 규정에 따라 회복 당시의 소유자가 아니라 임대인에게 비용상환청구해야 한다(대판).

39 ④
일시 사용임대차에 관하여 비용상환청구권은 인정되나 부속물매수청구권은 인정되지 아니한다.

> 지문분석
① 임차인이 필요비가 아니라 <u>유익비</u>를 지출한 때에는 가액의 증가가 현존한 경우에 한하여 임대차가 종료한 때에 그 상환을 청구할 수 있다.
② 임차목적물의 구성부분으로 된 경우에는 부속물매수청구권의 대상이 될 수 없고 <u>비용상환청구의 대상</u>이다.
③ 임차인의 비용상환청구권은 임의규정으로 특약으로 배제할 수 있으나 부속물매수청구권에 관한 규정은 강행규정으로 당사자의 특약으로 이를 배제하거나 포기할 수 없다.
⑤ 토지임차인에게만 부속물매수청구권이 인정된다. 주의할 점은 건물의 임차인만 인정될 뿐 건물의 임대인에게는 기간이 만료한 경우, 부속물매수청구권이 인정되지 아니한다.

40 ⑤
건물 사용에 객관적 편익을 가져오는 것이 아니라 임차인의 특수목적(영업목적)에 사용하기 위해 부속된 것(예 간판, 에어컨, 식탁 등)은 부속물매수청구대상이 될 수 없다(대판).

> 지문분석
② 부속물매수청구권 규정은 비용상환청구권 규정과 달리 강행규정이다.
③ 무단전차인은 매수청구권이 없으나 적법하게 전차된 경우 전차인도 부속물매수청구할 수 있다(대판).
④ 부속물매수청구권의 객체인 부속물은 독립된 물건으로 존재하고 건물의 구성부분으로 되지 않을 것을 요한다. 반면에 건물의 구성부분으로 부합물이 되면 비용상환청구의 대상이 된다(대판).

41 ①
기존건물의 3층 부분의 일부를 철거하고 그 철거부분과 옥상부분에 새로이 증축하면서 "건물증축부분을 임대인의 소유로 귀속한다는 약정"은 첫째, 임차인의 비용상환청구권을 포기하는 약정으로서 유효하며, 둘째, 부속물매수청구권에 해당하려면 부속물의 소유가 임차인이어야 한다. 그런데 증축부분의 소유를 임대인에게 귀속하기로 하여 증축부분의 소유가 임차인이 아니므로 부속물매수청구권을 포기하는 약정에 해당하지 아니므로 강행규정에 반하여 <u>무효라고 할 수 없다</u>(대판).

> 지문분석
② 형성권으로 상대방의 승낙을 요하지 아니한다.
③ 부속물이란 건물에 부속된 것으로서 <u>건물의 구성부분으로 되지 아니한 독립한 물건</u>이어야 하고, 건물사용의 객관적 편익을 가져오는 물건이어야 한다.
⑤ 임차인의 채무불이행으로 임대차가 해지된 경우 임차인은 부속물매수청구권을 행사할 수 없다(대판).

42 ②
유익비상환청구권에 기하여 목적물에 유치권은 허용되나 부속물매수청구권은 건물과 별개의 독립한 물건으로 임차건물에 유치권은 허용되지 않는다.

43 ①
옳은 것은 ㉠㉢이다.
㉠ 근저당권이 설정되어 있는 건물도 매수청구할 수 있다(대판 2007다4356).
㉡ 건물을 신축한 토지임차인이 '건물을 타인에게 양도'한 경우 토지임차인은 건물의 소유자가 아니므로 지상물매수청구를 할 수 없다(대판 1993.7.27, 93다6386).

ⓒ 토지소유자가 아닌 제3자가 토지임대를 한 경우에 임대차계약의 당사자로서 토지를 임대하였다면, 토지소유자가 임대인의 지위를 승계하였다는 등의 특별한 사정이 없는 한 임대인이 아닌 토지소유자가 직접 지상물매수청구권의 상대방이 될 수는 없다(대판 2017.4.26, 2014다72449).
ⓔ 매수청구의 상대방은 원칙적으로 토지임차권 소멸 당시의 토지임대인이므로 임대인이 임차권 소멸 당시에 이미 토지소유권을 상실하였다면 임차인은 그에게 매수청구권을 행사할 수 없다.

44 ④
형성권이 아닌 것은 ㉠㉤이다.
㉠ 토지임차인의 갱신청구권 – 청구권
㉤ 매수인의 등기청구권 – 청구권

45 ①
기간 없는 임대차에서 건물소유 목적의 토지임차권이 임대인의 해지통고에 의하여 소멸한 경우 해지통고의 의사 속에는 미리 계약갱신청구를 거절한다는 의사가 포함되어 있으므로 임차인은 "계약갱신청구 없이 곧바로" 지상물매수청구권이 인정된다(전원합의체).

지문분석
② 채무불이행으로 해지시 매수청구할 수 없다.
③ 무허가건물도 매수청구대상이 된다.
④ 지상물매수청구권 규정은 강행규정으로 이를 포기, 배제하는 특약은 무효이다.
⑤ 토지임차인이 신축한 건물의 보존등기를 필하거나 토지임대차를 등기하여 대항력을 갖춘 경우에는 토지소유권을 새로 양수한 제3자에게도 건물매수청구권을 행사할 수 있다(대판).

46 ③
건물매수청구가 적법한 경우, 임대인의 건물대금지급이 있을 때까지는 임차인은 건물부지의 임료 상당액을 반환하여야 한다. 건물매수청구권이 행사된 경우 임차인은 임대인이 건물매매대금을 지급할 때까지 건물의 인도를 거부할 수 있는 동시이행항변권을 보유한다. 따라서 임대인으로부터 매수대금을 지급받을 때까지 건물의 인도를 거부할 수 있지만 임차인이 '건물'의 점유를 통하여 '부지'를 계속하여 점유·사용한 것은 부당이득으로서 임료상당액을 토지임대인에게 반환하여야 한다(대판).

47 ⑤
그 미등기건물의 매수인은 사실상 법률상 처분권을 가진 자이므로 지상물매수청구권을 행사할 수 있다(대판).

48 ⑤
지상건물이 임차지상과 제3자 토지 위에 걸쳐서 있는 경우 임차지상에 있는 건물 전체가 아니라 구분소유의 객체가 되는 부분에 한하여 매수청구할 수 있다.

49 ③
건물소유를 목적으로 한 토지임대차를 등기하지 않았더라도, 임차인이 그 지상건물의 보존등기를 하면, 토지임대차는 제3자에 대하여 효력이 생긴다(제622조).

지문분석
① 필요비는 가액증가와 무관하게 종료 전에도 지출 즉시 청구할 수 있다(제626조).
② 임대차 종료시에 부속물매수청구 가능하다(제646조).
④ 1차적으로 먼저 갱신청구하고 거절하면 2차적으로 지상물매수청구함이 원칙이다. 다만, 기간약정 없는 토지임대차에서 임대인이 해지통고를 하여 임대차가 종료된 경우에는 해지통고 속에 임차인의 갱신청구를 거절하는 의사가 내포된 것이므로 그러한 특수한 사정이 있는 경우에는 갱신청구 없이 지상물매수청구할 수 있다(대판).
⑤ 토지임대차에서 묵시갱신되면 양당사자는 언제든지 해지통고할 수 있다(제635조). 이 점에서 임차인만 해지할 수 있는 주택임대차와 다르다.

50 ③
틀린 것은 ㉠ⓒ이다.
㉠ 임대차계약에서 보증금을 '지급'하였다는 사실에 대한 증명책임은 임차인이 부담하고 보증금을 '반환'하였다는 입증책임은 임대인이 부담한다.
ⓒ 임대차 종료 후 보증금이 반환되지 않고 있는 한, 임차인이 목적물을 계속하여 사용·수익하였다면 기존 임대차의 차임을 지급할 의무를 부담한다(대판).

51 ①
임차인의 부속물매수청구권은 건물임차인에게만 인정되고 토지임차인에게는 인정되지 않는다.

52 ⑤
지문분석
① 임차인은 임대인에 대하여 지출 즉시 필요비의 상환을 청구할 수 있다.
③ 비용상환청구권을 포기하는 약정으로서 유효하다.

④ 무단전대에서 임대인이 임대차를 해지하지 않는 경우 임차인에게 차임을 청구할 수 있는 상황이므로 전차인에게 손해배상을 청구하지 못한다. 반면에 임대차를 해지하였다면 전차인에게 손해배상을 청구할 수 있다.

53 ④
틀린 것은 ㉠㉢이다.
㉠ 특별한 사정이 없는 한 甲이 X토지의 소유자가 아닌 경우에도 임대차 계약은 유효하다.
㉢ 건물의 소유를 목적으로 하는 토지임대차에 있어서는 그 임대차를 등기하지 않은 경우에도 임차인이 그 지상건물을 등기하면 토지의 임차권을 가지고 제3자에게 대항할 수 있다(제622조).

Point 64 양도·전대차의 법리

54 ①
임대인의 동의는 임차권의 양도 또는 임차물의 전대의 효력발생요건이 아니라 임대인에게 대항하기 위한 요건이다. 그러므로 임대인의 동의 없는 양도, 전대차도 유효하다. 다만, 임대인에게 임차권으로 대항하지 못한다.

55 ③
틀린 것은 ㉠㉢㉣이다.
㉠ 임대인 甲의 동의 없는 乙·丙 사이의 전대차계약은 유효다. 다만, 임대인에게 대항할 수 없다.
㉢ 甲은 丙에 대하여 직접 차임청구할 수 없다.
㉣ 甲은 임대차계약의 종료 전에도 丙에게 차임상당액을 손해배상 청구할 수 없다. 임대인은 임차인에게 여전히 차임청구할 수 있기 때문이다.

56 ④
옳은 것은 ㉢㉣이다.
㉠ 乙과 丙 사이의 전대차계약은 유효다.
㉡ 동의를 얻은 적법전대일 경우에는 丙은 임대차와 전대차의 기간이 만료한 때에 건물이 현존한 경우 甲에게 지상물매수청구할 수 있으나 동의 없는 무단전대에서는 전차인은 매수청구권을 행사할 수 없다.

57 ⑤
옳은 것은 ㉣이다.
임대인이 임대차를 해지하지 않는 한 임차인에게서 차임을 청구할 수 있으므로 임대인은 전차인에게 차임상당액을 부당이득반환청구하거나 손해배상 청구하지 못한다(대판).

㉠ 적법전대일 경우에는 甲·乙간 합의로 임대차를 종료하더라도 전차인의 권리는 소멸하지 않으므로(제631조) 전차인은 임대인에게 전차권을 주장할 수 있으나 무단전대는 甲·乙간 임대차를 합의로 종료하면 당연히 전차권도 소멸한다.
㉡ 적법전대의 경우에는 설문이 타당하지만, 무단전대일 경우 전차인은 임대인이 아니라 계약당사자인 임차인에게 차임을 지급하여야 한다.
㉢ 적법전대일 경우에 타당한 설명이나 무단전대에서는 임대차계약이 甲의 해지통고로 종료하는 경우, 丙에게 그 사유를 통지 없이 대항할 수 있다.
㉤ 적법전차인은 지상물매수청구권이 인정되나 무단전차인은 지상물매수청구권이 없다.

58 ④
옳지 못한 것은 ㉢㉣이다.
㉢ 丙이 임차인 乙의 동의가 아니라 임대인의 동의를 얻어 부속한 물건이 있는 경우 전대차가 종료한 때에 甲에게 그 매수청구할 수 있다.
㉣ 乙의 차임연체액이 2기의 차임액에 달하여 甲이 임대차계약을 해지하는 경우, 甲은 丙에 대해 그 사유의 통지 없이 丙에게 대항할 수 있다.

59 ⑤
임대차와 전대차 기간이 동시에 만료하고 건물이 현존하면 丙은 甲에게 전 전대차(前轉貸借)와 동일한 조건으로 임대할 것을 청구할 수 있다.

60 ⑤
건물 소유목적으로 하는 토지임차인이 적법하게 그 토지를 전대한 경우, 임대차 및 전대차의 기간이 동시에 만료하고 지상건물이 현존하여야 임대인에 대하여 종전의 전대차와 동일한 조건으로 임대할 것을 청구할 수 있다(「민법」제644조).

Point 65 임대차의 종료 문제 및 특례 규정

61 ①
특약으로 배제할 수 있는 것은 ㉠㉢이다.
차임감액청구권, 갱신청구 및 지상물매수청구권, 해지통고, 부속물매수청구권 규정은 임차인에게 불리하면 무효인 강행규정이다(제652조). 반면에 비용상환청구권의 규정, 양도, 전대의 제한 약정 규정은 임의규정이다.

62 ①
모두 옳은 설명이다.

㉠ 임대인이 관리하는 영역에서 발생한 화재에 대하여는 그 하자를 보수제거하는 것은 임대인의 의무에 속하므로 임차인에게 그로 인한 손해배상을 청구할 수 없다.
㉡ 화재가 그 발생 원인이 불분명한 경우 임차인 乙은 원칙적으로 화재로 인한 임대목적물 반환의무의 이행불능에 귀책사유가 없음을 증명하여야 한다.
㉢ 임차 외 건물부분까지 불에 탄 경우 임대인이 임차인의 계약상 의무위반을 입증하여야 한다(대판).

63 ③
틀린 것은 ㉢㉣이다.
㉢ 임대차 종료 후 보증금이 반환되지 않고 있는 한, 임차인의 목적물에 대한 점유는 적법점유이지만 임차인이 목적물을 계속하여 사용·수익하였다면 이는 부당이득이므로 그로 인한 부당이득반환의무를 부담한다.
㉣ 임차인이 필요비를 지출한 경우 그에 상응하는 한도에서 차임지급을 거절할 수 있다.

64 ⑤
옳은 것은 ㉢㉣이다.
㉠ 특별한 사정이 없는 한 丙이 5개월간의 연체차임채권을 <u>승계하지 아니한다</u>.
㉡ 연체차임에 대한 지연손해금의 발생종기는 다른 특별한 사정이 없는 한 임대차계약의 해지시가 아니라 <u>목적물이 반환되는 때</u>라고 할 것이다(대판 2009다39233).
㉢ 보증금이 수수된 임대차계약에서 <u>차임채권이 양도되었다고 하더라도</u>, 임차인은 임대차계약이 종료되어 <u>목적물을 반환할 때까지</u> 연체한 차임 상당액을 보증금에서 공제할 것을 주장할 수 있다(대판 2013다77225). 한편, 임대인이 <u>차임채권을 양도하는</u> 등의 사정으로 인하여 <u>차임채권을 가지고 있지 아니한 경우</u>에는 특별한 사정이 없는 한 임대차계약 종료 전에 임대차보증금에서 공제한다는 의사표시를 할 수 있는 권한이 있다고 할 수도 없다(대판 2011다49608, 49615).
㉣ 임대보증금이 수수된 임대차계약에서 차임채권에 관하여 압류 및 추심명령이 있었다 하더라도, 당해 임대차계약이 종료되어 목적물이 반환될 때에는 그 때까지 추심되지 아니한 채 잔존하는 차임채권 상당액도 임대보증금에서 당연히 공제된다(대판 2004다56554).

65 ④
틀린 것은 ㉠㉢이다.
㉠ 丙이 차임채권을 양도하는 등의 사정으로 차임채권을 가지고 있지 아니한 경우에도 X주택을 반환받을 때 보증금에서 연체차임을 공제할 수 있다.

㉢ 임대차 종료 후 보증금을 반환하기 전까지 乙은 현재시세에 따른 차임이 아니라 기존의 임대차의 차임 월 200만원씩을 지급할 의무를 부담한다.

제4편 민사특별법

제1장 주택임대차보호법 p.284~293

01	02	03	04	05
③	⑤	⑤	④	③
06	07	08	09	10
①	③	⑤	④	⑤
11	12	13	14	15
⑤	⑤	②	⑤	④
16	17	18	19	20
②	②	④	③	①

Point 66 주택임대차의 기간, 대항력, 보증금 보장

01 ③
해당하는 것은 ㉠㉢㉣㉤이다.
㉠ 「주택임대차보호법」(이하 주임법)은 주거용건물의 임대차에 관하여 적용되는데 이때 미등기주택에도 적용된다. 즉, 임차주택이기만 하면 건물의 내역을 따지지 아니하므로 허가받은 건물인지, 등기를 마친 건물인지를 구별하지 아니하고 본법은 적용된다(전원합의체).
㉡ 일시사용임대차에는 주임법과 「상가건물 임대차보호법」(이하 상임법) 모두 적용되지 않는다.
㉣ 주임법이 적용되는 임대차로서는, 반드시 임차인과 주택의 소유자인 임대인 사이에 임대차계약이 체결된 경우에 한정된다고 할 수는 없고, 나아가 주택의 소유자는 아니지만 주택에 관하여 적법하게 임대차계약을 체결할 수 있는 권한을 가진 임대인(주택의 명의신탁자)과 사이에 임대차계약이 체결된 경우도 포함된다(대판).

02 ⑤
임차인은 언제든지 해지통지를 할 수 있고 그 효력은 임대인이 통지를 받은 때로부터 3월 후에 생긴다(전세권은 6월 후 발생).

지문분석
① 기간의 정함이 없거나 2년 미만으로 정한 임대차는 2년으로 본다.
② 양 당사자가 아니라 임차인만 2년 미만이 유효함을 주장할 수 있다.

③ 묵시갱신이 된 경우 2년으로 본다.
④ 묵시갱신이 된 경우 양 당사자가 아니라 임차인만 언제든지 해지통지를 할 수 있다.

03 ⑤
임차인이 계약갱신을 요구한 경우 임대인은 실거주목적으로 갱신거절할 수 있고 임대인으로부터 임대인의 지위를 승계한 양수인이 종전임대인과 별도로 실거주를 이유로 갱신거절할 수 있다(2023 최신 대판).

> **지문분석**
> ①② 임차인은 2년이나 1년을 선택하여 주장할 수 있다. 반면에 임대인은 1년을 주장할 수 없다.

04 ④
갱신요구권을 행사한 경우 존속기간은 2년으로 본다. 이때에도 임차인은 언제든지 해지할 수 있다.

05 ③
해당하는 것은 ⓒⓔⓜ이다.
㉠ 임차권은 경매로 소멸하여 낙찰자가 임대인의 지위를 승계하지 않는다.
㉡ 선순위 저당권이 설정된 뒤에 임차인이 전입신고와 인도를 마친 뒤 후순위 저당권자가 주택을 경매한 경우(중간에 낀 경우) - 말소기준권리인 1번 저당권보다 늦게 전입신고를 마친 임차권은 소멸하고 양수인이 보증금반환의무를 승계하지 않는다.
㉢ 낙찰대금완납 전에 임차인이 선순위 저당권의 채무를 대위변제한 경우 임차인은 대항력 있는 것으로 바뀌어 낙찰자가 임대인의 지위를 승계한다(대판).
㉣ X주택에 임차인의 보증금반환채권을 임차인의 금전채권자가 가압류한 상태에서 주택이 양도된 경우 임대인의 지위(제3채무자)를 양수인이 승계하여 가압류권자는 주택의 양수인에게만 가압류의 효력을 주장할 수 있다(전원합의체).
㉤ 대판 2005다23773

06 ①
양수인이 승계하지 않는 경우는 ㉠ⓒⓔⓒ이다.
㉣ 최선순위 전세권자가 대항요건을 함께 갖춘 상태에서 주택의 경매로 전세권에 기해 배당요구하였으나 보증금의 전액을 변제받지 못한 경우 대항력을 갖춘 임차인으로서의 대항력을 주장할 수 있다. 그 경우 주택의 양수인은 변제받지 못한 보증금에 대하여 임대인의 지위를 승계한다(대판).
㉤ 임차주택의 양수인은 최종적으로 소유권을 이전받은 자를 말하나 양도담보로 제공한 경우 최종적인 소유권이 채권자에게 이전되지 않았으므로 채권자가 임대인의 보증금반환채무를 승계하지 않는다.

07 ③
옳은 것은 ㉠ⓒ이다.
㉠ 다가구용 단독주택 일부의 임차인이 대항력을 취득하였다면, 후에 건축물 대장상으로 다가구용 단독주택이 다세대 주택으로 변경되었다는 사정만으로는 이미 취득한 대항력을 상실하지 않는다(대판).
㉡ 우선변제권이 있는 임차인은 임차주택과 별도로 그 대지만이 경매될 경우, 특별한 사정이 없는 한 그 대지의 환가대금에 대하여 우선변제권을 행사할 수 있다(대판).
㉢ 주택의 임차인이 제3자에 대하여 대항력을 구비한 후 임대주택의 소유권이 양도된 경우, 그 양수인이 임대인의 지위를 승계하게 되므로 임대인의 보증금 반환채무도 양수인에게 이전되는 것이고, 이와 같이 양수인이 보증금반환채무를 부담하게 된 이후에 임차인이 주민등록을 다른 곳으로 이전하여도 이미 발생한 임차보증금반환채무가 소멸되지 아니한다(대판).
㉣ 선순위로 저당권이 있는 주택임을 임차하여 주민등록과 인도를 마친 경우 임차주택이 경매되면 임차권은 경매로 소멸한다. 따라서 낙찰자에게 임차권의 존속을 주장할 수 없다.

08 ⑤
중간에 낀 세입자 지위 문제 - 후순위 권리자의 저당권 실행으로 선순위 저당권도 함께 소멸하는 경우 선순위 저당권보다 뒤에 대항요건을 갖춘 자도 함께 소멸하므로 그 건물의 경락인에게 임차권으로 대항할 수 없다(대판).

09 ④
틀린 것은 ⓒⓔ이다.
㉢ 임차주택 양도 전 보증금반환채권이 A에 의하여 가압류된 경우, 양수인 丙은 임대인의 지위를 승계하므로 A는 가압류의 효력을 丙에게 주장할 수 있다.
㉣ 丙이 乙에게 보증금을 반환하였다면 이는 자신의 채무를 변제한 것이므로 특별한 사정이 없는 한 甲에게 부당이득반환을 청구할 수 없다.

10 ⑤

> **지문분석**
> ① 임차권보다 선순위의 저당권이 존재하는 주택이 경매로 매각된 경우, 경매의 매수인은 임대인의 지위를 승계하지 아니한다.

② 적법하게 갱신요구권을 행사한 경우 양 당사자가 아니라 임차인만 언제든지 임대차를 해지통고할 수 있다(묵시갱신과 동일함).
③ 임차인은 확정일자가 아니라 주민등록과 인도를 마쳐야 임차주택에 대하여 대항력을 취득한다.
④ 임차권보다 선순위의 저당권이 존재하는 주택이 경매로 매각된 경우, 대항력이 없으므로 임차인은 보증금을 전부 받을 때까지 낙찰자에게 임대차의 존속을 주장할 수 없다. 반대로 선순위로 저당권이 없는 주택을 임차하여 대항력을 갖춘 주택임차인은 보증금을 전부 받을 때까지 낙찰자에게 임대차의 존속을 주장할 수 있다.

11 ⑤
임차인의 우선변제권은 주택의 환가대금뿐만 아니라 대지의 환가대금에서도 인정된다.

12 ⑤
임대차 계약을 체결할 때 임대인은 임차인에게 확정일자 부여일·차임·보증금의 정보와 「국세징수법」에 따른 납세증명서를 제시하여야 한다(2023.4.18. 주임법 개정).

13 ②
최우선변제를 받기 위하여는 확정일자는 요건이 아니다.

14 ⑤
임차권등기명령에 따른 임차권의 등기는 임대인의 보증금반환의무를 지체한 것에서 기인하므로 보증금반환의무가 선이행의무다.

지문분석
① 임대차 종료 후에 주택소재지 관할 법원에 신청한다.
② 배당요구 없어도 우선변제받을 수 있다.
③ 임차권등기명령으로 등기가 경료된 주택을 임차한 자는 최우선변제권이 없다.
④ 임차권등기명령에 따른 등기 후 이사를 가도 대항력과 우선변제권은 소멸하지 않는다.

15 ④
주택과 대지에서 우선변제받을 수 있으므로 그 대지의 환가대금에 대하여 우선변제권을 행사할 수 있다.

지문분석
① 대항력을 갖춘 임차인의 임대차보증금반환채권이 가압류된 상태에서 주택이 양도된 경우, 주택의 양수인은 채권가압류의 제3채무자 지위를 승계한다.
② 주택임차권은 상속인에게 상속될 수 있다.

③ 임차권보다 선순위의 저당권이 존재하는 주택이 경매로 매각된 경우, 경매의 매수인은 임대인의 지위를 승계하지 아니한다.
⑤ 선순위 가압류권자와 후순위 임차인이 대항요건과 확정일자를 갖춘 경우 당해 주택이 경매되면 동순위로 안분배당받는다.

16 ②
지문분석
① 상속인이 가정공동생활을 하지 않은 경우 2촌 이내의 친족과 사실혼 배우자가 공동승계한다.
③ 임차권보다 선순위의 저당권이 존재하는 주택이 경매로 매각된 경우, 임차권은 대항력이 없으므로 경매절차의 매수인은 임대인의 지위를 승계하지 않는다.
④ 소액임차인의 최우선변제권은 대항요건만 갖추면 된다. 반면에 우선변제권은 대항요건과 확정일자를 갖추어야 한다.
⑤ 주택임차인의 우선변제권은 건물과 대지의 환가대금에도 미친다.

17 ②
임차인과 전세권자의 지위를 함께 가지는 자가 임차인의 지위에서 경매법원에 배당요구를 하였다면 전세권에 대하여는 배당요구를 한 것으로 보지 않는다.

18 ④
옳은 것은 ⓒⓔⓜ이다.
㉠ 甲은 임대차 종료 후에 임차권등기명령을 관할 법원에 신청할 수 있다.
㉢ 乙의 임차보증금반환의무와 甲의 임차권등기말소의무는 동시이행의 관계가 아니다.

19 ③
옳지 않은 것은 ⓒⓔ이다.
㉡ 甲은 임대차관계의 승계를 원하지 아니하는 경우 배당요구하여 임대차계약을 해지하고 보증금을 우선변제받을 수는 있다. 이 해지권은 임대차 종료 전에도 보장된다.
㉢ 건물의 경락인 丁이 임대인으로서의 지위를 승계하는 경우, 양도인 乙은 甲에 대한 보증금반환채무를 면하고 양수인이 승계한다.
㉣ 주택에 임대차계약 전에 이미 다른 저당권이 설정되어 경매시까지 존속한 경우, 임차권은 중간에 낀 경우로서 후순위 저당권자 丙은행이 경매실행하면 甲의 임차권은 소멸한다. 따라서 양수인이 보증금을 승계하지 않는다.

20 ①
사례정리

| 丙 주택 - 1번 저당권 - 중간임차권자(甲) - 2번 저당권 |

후순위 권리자의 저당권 실행으로 선순위 저당권도 함께 소멸하는 경우 선순위 저당권보다 뒤에 대항요건을 갖춘 임차권자도 함께 소멸하므로 그 건물의 경락인에게 임차권으로 대항할 수 없다(대판). 그러므로 임차인은 소멸하는 결과 경락인은 임대인의 지위를 승계하지 않는다.

옳은 것은 ㉠㉡이다.
㉠ 경매가 실행되면 乙 - 甲 - 丁 모두 소멸한다.
㉡ 임차권은 소멸하여 낙찰자에게 대항할 수 없고, 낙찰자는 임대인의 지위를 승계하지 않는다.
㉢ 배당순위는 乙 - 甲 - 丁 순서다.
㉣ 대항력 없는 임차권은 경매로 소멸하여 임대차의 존속을 주장하지 못한다.
㉤ 임차인 甲이 후순위저당권 丁보다 우선변제받는다.
㉥ 배당요구시가 아니라 배당요구의 종기까지 대항요건이 존속하여야 한다.

제2장 상가건물 임대차보호법 p.294~301

01	③	02	③	03	②④	04	③	05	④
06	⑤	07	④	08	②	09	③	10	④
11	⑤	12	⑤	13	④	14	②	15	②
16	④	17	④								

Point 67 상가건물 임대차보호법

01 ③
확정일자는 상가건물소재지 관할 세무서에서 부여하고, 임차권등기명령은 관할 법원에 신청한다.

02 ③
대항력을 취득하기 위하여는 사업자등록과 인도를 마쳐야 한다.

지문분석
① 본법은 보증금액수가 법이 정한 일정한도액을 초과하지 않는 임대차에만 적용된다. 주의할 것은 권리금 보장, 대항력 보장, 갱신요구권 보장, 3기 연체시 해지규정은 모든 점포의 임차인에게 보증금액수와 관계없이 인정된다. 우선변제권 규정과 최우선변제규정은 환산보증금의 액수 제한을 받는다.

03 ②④
㉠ 乙이 폐업한 경우 - 대항력을 상실한다.
㉡ 乙이 폐업신고를 한 후에 다시 같은 상호 및 등록번호로 사업자등록을 한 경우 애초의 대항력은 소멸하고, 사업자등록을 새로 하면 그 시점부터 새로운 대항력이 발생한다.
㉢ 丙이 乙로부터 X건물을 적법하게 전차하여 직접 점유하면서 丙명의로 사업자등록을 하고 사업을 운영하는 경우 임차인의 대항력이 유지된다.
㉣ X상가 건물에 A앞으로 가등기가 먼저 경료된 후 乙이 상가를 임차하여 인도와 사업자등록을 마쳤는데 A가 가등기에 기하여 본등기를 경료한 경우 임차권은 소멸하여 새주인(본등기를 경료한 사람)에게 대항력이 없으므로 쫓겨난다.

* 이의제기로 ②와 ④가 복수정답 처리되었다.

04 ③
지문분석
① 1년 미만으로 정한 때 1년으로 본다.
② 임차인만 1년 미만을 주장할 수 있다.
④ 임차인만 언제든지 해지할 수 있다.
⑤ 주임법은 1회에 한하여 허용되나 상임법은 횟수의 제한 규정이 없이 최대 10년까지 인정한다.

05 ④
갱신거절사유에 해당하는 것은 ㉣㉤이다.
㉠ 경과실이 아니라 중과실일 것이어야 한다.
㉡ 일방적인 공탁이 아니라 쌍방의 합의로 보상금을 제공할 것이어야 한다.
㉢ 2기 연체가 아니라 3기를 연체한 사실이 있을 것이어야 한다.
㉥ 실거주 목적인 경우는 상가가 아니라 주택에서 갱신거절사유에 해당한다.

06 ⑤
옳은 것은 ㉡㉢이다.
㉠ 해당 계약은 환산보증금이 9억원을 초과하는 임대차로서 확정일자 부여, 우선변제권 등에 대해 규정하고 있는 상임법 제4조의 규정이 적용되지 아니한다.
㉡ 상임법 조문상 중과실로 파손한 경우 임대인에게 갱신거절권이 인정되는 것이고 임차인의 갱신요구권을 부정하는 것은 아니다.

ⓒ 甲이 2개월분의 차임을 연체하던 중 매매로 건물의 소유자가 丙으로 바뀐 경우, 특별한 사정이 없는 한 연체차임은 전주인 乙에게 지급해야 한다. 임차인의 연체차임은 특약이 없는 한 건물양수인에게 승계되지 않기 때문이다.
ⓔ 임차인이 3기의 차임액을 연체하거나 중과실로 목적물을 멸실한 경우, 임대인은 권리금회수기회 보호의무를 부담하지 아니한다.

07 ④
옳지 않은 것은 ㉠ㄴㄷ이다.
㉠ 주택의 임차인이 기간 만료 1월 전이 아니라 <u>2월 전</u>까지 갱신하지 아니한다는 뜻의 통지를 하지 아니한 경우 임대차계약은 묵시갱신으로 연장된다.
ⓛ 상가의 임차인이 임대차기간 만료 <u>1개월 전</u>부터 만료일 사이에 갱신거절의 통지를 하지 아니한 경우 임대차계약은 묵시적 갱신이 인정되지 않고 "임대차기간의 만료일"에 종료한다.
ⓒ 「민법」상 토지임대차에서 임대인이 <u>기간 만료 후 상당기간 내</u>에 이의제기가 없으면 묵시갱신으로 의제된다.

08 ②
논점 ● 환산보증금을 초과하는 임대차에서 인정 여부
인정되지 않는 것은 ㄴㅁ이다.
㉠ X상가건물을 인도받고 사업자등록을 마친 乙이 대항력을 주장하는 경우 ⇨ 인정된다.
ⓛ 乙이 甲에게 1년의 존속기간을 주장하는 경우 ⇨ 인정되지 않는다.
ⓒ 乙이 甲에게 계약갱신요구권을 주장하는 경우 ⇨ 인정된다.
ⓔ 乙이 종료 전 6월에서 종료시까지 특별한 사정이 없는 한 권리금계약을 체결하는 경우 ⇨ 인정된다.
ⓜ X상가 건물이 경매처분시 乙이 우선변제권을 주장하는 경우 ⇨ 인정되지 않는다.

09 ③
甲이 임대차계약을 체결하려할 때 乙의 동의를 받아 관할세무서장에게 차임, 보증금의 정보제공을 요청할 수 있다. 다만, 주임법과 달리 乙의 납세증명서 제시의무는 입법사항이 아니다.

10 ④
환산보증금을 초과하므로 임차권등기명령이 인정되지 않는다.

11 ⑤
해당하는 것은 ㄴㄷㄹㅁ이다.

㉠ 임대인이 1년 6개월을 실제 영리목적으로 사용하지 않을 것을 상임법이 요건으로 하고 있으므로 영리목적으로 사용하지 않을 계획은 여기에 해당되지 아니한다.
ⓜ 임대인이 1년을, 그 후 임차인이 있는 그 상가건물의 양수인이 6개월을 영리목적으로 사용하지 않은 경우 전주인과 새주인을 합산하여 1년 6개월 이상이면 최근의 판례는 임대인의 거절사유로 인정하고 있다.

12 ⑤
임대차 목적물인 상가건물을 임대인이 1년 6개월 이상 영리목적으로 사용하지 아니한 경우 임대인이 권리금계약 체결의 거절에 정당한 사유가 있는 것으로 본다.

13 ④
하급심판결은 갱신요구기간 10년이 초과한 경우 임대인에게 권리금회수기회 보호의무를 인정하는 판결과 부정하는 판결로 대립하던 중 최근 대법원 판결로 갱신요구 최대기간을 지나서 더 이상 임차인이 계약갱신요구권을 행사할 수 없는 경우, 임대인은 권리금회수기회 보호의무를 부담한다(대판)고 판시하였다.

지문분석 ●
⑤ 임차인의 <u>임차목적물 반환의무</u>는 임대차계약의 종료에 의하여 발생하나, 임대인의 권리금 회수 방해로 인한 손해배상의무는 권리금 회수기회 보호의무 위반을 원인으로 하고 있으므로 양 채무는 동일한 법률요건이 아닌 별개의 원인에 기하여 발생한 것일 뿐 아니라 공평의 관점에서 보더라도 그 사이에 이행상 견련관계를 인정할 수 없으므로 <u>임차인의 목적물반환의무와 임대인의 권리금 회수방해로 인한 손해배상의무는 동시이행관계가 아니다</u>(대판).

14 ②
상가건물임대차 계약서 사본이 아니라 원본을 소지한 임차인이어야 상가건물소재지 관할 세무서장에게 확정일자부여를 신청할 수 있다(상임법 시행령 제3조).

지문분석 ●
③ 대판 2017다225312에 의하면 임대인은 갱신요구는 거절할 수 있으나 권리금회수기회 보호의무는 부담한다.
④ 환산보증금액을 초과하는 임대차에서 기간을 정하지 아니한 경우 종료 전 6월에서 1월 전에 행사하는 갱신요구권이 발생할 여지가 없다(대판).

15 ②

임차인이 임차한 건물을 중대한 과실로 전부 파손한 경우, 임대인은 권리금회수의 기회를 보장할 필요가 없다(상임법 제10조의4 제1항 단서의 명문 규정).

> 지문분석 ●

① 임차인의 정보요구권 – 임대차계약을 체결하려는 자는 임대인의 동의를 얻어 관할 세무서장에게 해당 상가건물의 임대차에 관한 정보제공을 요구할 수 있다(상임법 제4조 제4항).
③ 2년이 아니라 1년이다.
④ 임차권등기명령의 신청은 세무서가 아니라 건물소재지의 관할 법원에 신청한다.
⑤ 임차인의 임대인에 대한 손해배상청구권은 그 방해가 있은 날로부터가 아니라 종료시로부터 3년이다.

16 ④

옳지 않은 것은 ㉠㉣이다.
㉠ 환산보증금 9억원을 초과하는 임대차에도 대항력, 권리금규정 등은 적용된다.
㉡ 환산보증금을 초과하는 경우에는 상임법의 적용을 받지 아니하고 「민법」의 적용을 받는다. 환산보증금액을 초과하는 임대차에서 기간을 정하지 아니한 경우 "기간 약정 없는 임대차"로 간주되고, 종료 전 6월에서 1월 전에 행사하는 갱신요구권이 발생할 여지가 없다(대판).
㉢ 연체차임은 양수인에게 승계되지 아니하므로 타당하다.
㉣ 환산보증금 9억원을 초과하는 위 계약에는 확정일자 부여, 임차권등기명령 규정, 최단기 1년 보장 규정 등이 적용되지 아니한다.

17 ④

옳은 것은 ㉠㉡이다.
㉠ 임대차계약 종료 후에도 임차인이 동시이행의 항변권을 행사하여 임차물을 계속 점유하여 온 것이라면, 임차인의 건물에 대한 점유는 불법점유라고 할 수 없다. 따라서 임차인으로서는 불법행위로 인한 손해배상의무를 부담하지 않는다(대판 87다카2114).
㉡ 임차인은 보증금을 반환받을 때까지 임대차관계가 존속하는 것으로 의제된다. 상임법이 적용되는 상가건물의 임차인이 임대차 종료 이후에 보증금을 반환받기 전에 임차 목적물을 점유하고 있다고 하더라도 임차인에게 차임 상당의 부당이득이 성립한다고 할 수 없다(대판 2023다257600).
㉢ 상임법이 적용되는 임대차가 기간 만료나 당사자의 합의해지 등으로 종료된 경우 보증금을 반환받을 때까지 임차 목적물을 계속 점유하면서 사용·수익한 임차인은 종전 임대차계약에서 정한 차임을 지급할 의무를 부담할 뿐이고, 시가에 따른 차임에 상응하는 부당이득금을 지급할 의무를 부담하는 것은 아니다(대판 2023다257600).
㉣ 보증금반환채권은 건물에 관하여 발생한 채권이 아니므로 건물과 견련관계가 인정되지 아니하므로 건물에 유치권을 주장할 수 없다.

제3장 가등기담보 등에 관한 법률 p.302~308

01	①	02	③	03	①	04	③	05	②
06	③	07	②	08	②	09	④	10	③
11	⑤	12	③	13	②	14	⑤	15	②

Point 68 가담법의 적용, 귀속청산, 양도담보

01 ①

선순위 저당권의 채권액 2억원과 차용액 1억원의 합산액보다 시가 5억원이 크므로 본법(「가등기담보 등에 관한 법률」, 이하 가담법)이 적용된다.

> 지문분석 ●

② 1억원의 토지매매대금의 지급담보를 위한 것이므로 소비대차로 인한 채권담보가 아니어서 적용되지 않는다.
③ 동산에는 등기를 할 수 없으므로 적용되지 않는다.
④ 시가 3천만원보다 차용액 1억원이 클 경우 적용되지 않는다.
⑤ 선순위채권액 2억원과 차용액 3억원을 합하면 5억원이고 시가는 4억원이므로 적용되지 않는다.

> 핵심

「가등기담보 등에 관한 법률」이 적용되기 위한 3가지 요건

1. 목적물의 시가가 차용액보다 클 것
2. 소비대차로 인하여 채권이 발생할 것
3. 등기·등록을 경료하였을 것

02 ③

가담법이 적용되지 않는 경우는 ㉠㉡㉣이다.
㉠ 소비대차로 인한 채권을 담보하기 위하여 가등기한 때에 적용된다. 토지매매대금채권을 담보하기 위하여 채권자에게 가등기를 경료한 경우 가담법이 적용되지 않는다.

ⓒ 공사대금채권을 담보로 채권이 생긴 것이고 소비대차로 인하여 채권이 발생한 것이 아니므로 가담법이 적용되지 않는다.
ⓔ 양도담보권자에게 소유권등기가 경료되지 않으면 본 법률이 적용되지 않는다.

03 ①
가등기담보권자는 저당권과 마찬가지로 부종성, 수반성, 불가분성이 인정되므로 특별한 사정이 없는 한 가등기담보권을 그 피담보채권과 함께 제3자에게 양도할 수 있다.

04 ③
채권자가 담보물의 객관적인 가액보다 낮은 금액을 주관적으로 평가한 금액을 통지한 경우 그 통지의 효력은 유효하다.

05 ②
가담법 제3조 및 제4조에 의할 때 청산금의 평가액, 담보부동산의 평가액과 「민법」 제360조에 규정된 피담보채권액, 청산금이 없을 때 그 뜻, 담보목적부동산이 둘 이상인 경우 각 부동산의 소유권 이전에 의하여 소멸시키려는 채권을 통지하여야 한다(가담법 제3조 및 제4조). 그러나 선순위 담보권자의 채권액이라면 통지를 하여야 하나 <u>후순위 담보권자의 채권액은 통지를 할 필요가 없다.</u>

06 ③
청산금은 실행통지 당시의 목적부동산 가액에서 그 시점에 목적부동산에 존재하는 모든 채권액이 아니라 <u>선순위 채권액</u>을 공제한 차액이다. <u>후순위 채권액은 포함시키지 않는다.</u>

07 ②
본래 경매는 변제기가 도래하여야 할 수 있으나 후순위자 보호를 위하여 둔 특칙규정이다. 후순위 권리자는 청산기간에 한하여 피담보채권의 '변제기가 도래하기 전'이라도 담보목적 부동산의 경매를 청구할 수 있다(가담법 제12조).

<mark>지문분석</mark>
③ 부동산에 선순위담보권이 있으면 가등기의 피담보채권액에 선순위담보로 담보한 채권액을 포함시키지만 후순위 담보권의 채권액은 포함하지 아니한다.
④ 귀속청산이 허용되고 처분청산은 허용되지 않는다.
⑤ 가등기담보권자가 청산금을 지급하지 않고 본등기가 경료된 경우 무효이나, 그 후에 청산절차를 마친 경우 유효한 등기가 될 수 있다(사후청산도 유효다).

08 ②
가등기담보의 채무자의 채무변제와 가등기말소는 동시이행관계가 아니라 채무변제가 선이행의무이다.

09 ④
옳지 않은 것은 ⓒⓜ이다.
ⓒ 2개월의 청산기간을 거쳐야 본등기는 효력이 있다.
ⓜ 귀속청산의 경우 담보가등기권자가 채무자에게 지급할 청산금이 없을 때에는 2월의 청산기간이 경과함으로써 청산절차는 종료되고, 이후 담보목적물에 대한 사용·수익권과 과실수취권은 채무자에서 채권자로 이전한다(대판).

10 ③
옳은 것은 ⓒⓜ이다.
㉠ 가등기를 경료하는 것이 요건이므로 소비대차로 인한 채권담보를 위해 가등기를 경료하기 전이면 본 법률이 적용되지 않는다.
ⓒ 양도담보권자의 소유권이전등기말소의무와 채무자의 채무변제의무는 동시이행관계가 아니라 변제가 선이행의무이다.
ⓔ 채무자의 피담보채무변제의무와 채권자의 가등기말소의무 상호간에는 동시이행관계가 아니다.

11 ⑤
乙의 다른 채권자의 강제경매로 제3자가 X토지의 소유권을 취득한 경우 가등기는 저당권으로 간주되어 배당을 받고 소멸하므로 甲은 가등기에 기한 본등기를 청구할 수 없다.

12 ③
틀린 것은 ⓒⓔ이다.
ⓒ 甲이 귀속청산절차에 따라 적법하게 X건물의 소유권을 취득하면 담보물에 붙어있는 부담을 승계한 채로 소유권을 취득하게 된다. 그러므로 甲이 취득한 X건물의 소유권에 존재하던 후순위권리자 丙의 저당권은 소멸하지 아니한다.
ⓔ 청산금이 없는 경우, 적법하게 실행통지를 하여 2개월의 청산기간이 지나면 청산절차의 종료와 함께 X건물에 대한 사용·수익권은 채무자가 아니라 채권자인 甲에게 귀속된다.

13 ②
틀린 것은 ⓒⓒ이다.
ⓒ 매매예약서상 매매대금은 편의상 기재하는 것에 불과하고, 가등기의 피담보채권액이 매매예약서상 기재된 매매대금의 한도로 제한되는 것이 아니다.
ⓒ 채무자가 청산기간이 지나기 전에 한 청산금에 관한 권리의 양도는 이로써 후순위권리자에게 대항할 수 <u>없다.</u>

14 ⑤
옳지 못한 것은 ⓔⓜ이다.

㉠ 사용·수익권은 채무자인 양도담보설정자 甲에게 있다.
㉡ 양도담보설정자 甲이 소유물반환청구할 수 있다. 乙은 양도담보권을 가진다.
㉢ 채무자는 아직 채권자로부터 청산금의 반환이 없는 경우에는 채무자는 그 채무액을 채권자에게 변제하고 그 채권담보의 목적으로 경료된 소유권이전등기를 말소할 수 있다. 다만, 그 채무의 변제기가 경과한 때로부터 10년을 경과하거나, 선의의 제3자가 소유권을 취득한 때에는 그러하지 아니하다(가담법 제11조).
㉣ 양도담보권자가 청산 없이 제3자에게 처분한 때에는 제3자는 선의인 때만 유효하게 취득한다. 이때 채무자는 양도담보권자에게 불법행위책임을 추궁할 수 있다.
㉤ 청산금을 지급하여야 한다는 것이 판례이다.

15 ②
옳지 못한 것은 ㉡㉣이다.
㉡ 乙이 이행지체에 빠졌을 경우, 甲은 丙에게 소유권이 아니라 담보권실행으로 X빌라의 인도를 청구할 수 있다.
㉣ 甲이 선의의 제3자 丁에게 X토지를 매도하고 소유권이전등기를 마친 경우, 乙은 丁에게 소유권이전등기의 말소를 청구할 수 없다.

제4장 집합건물의 소유 및 관리에 관한 법률
p.309~315

01	②	02	③	03	⑤	04	④	05	①
06	②	07	⑤	08	②	09	②	10	③
11	③	12	②	13	①	14	①	15	⑤

Point 69 집합건물법의 공용부분, 대지사용권, 관리인 및 재건축

01 ②
대장에 등록 없이도 구분소유권이 성립한다는 것이 전원합의체 판례이다.

02 ③
공용부분의 사용은 용도대로, 비용부담은 전유부분의 지분비율에 따른다.

03 ⑤
대지사용권에 관하여 공유자가 공유지분을 포기하거나 상속인 없이 사망하면 그 지분은 다른 공유자가 아니라 국가에게 귀속한다(「집합건물의 소유 및 관리에 관한 법률」(이하 집합건물법) 제22조).

> **지문분석**
> ① 집합건물법 제20조 제2항
> ② 집합건물법 제20조 제3항
> ③ 대판 2009다26145
> ④ 대판 97마814

04 ④
구분소유자가 공동이익에 반하는 행위를 하는 경우, 일정한 요건을 갖추어 각 구분소유자가 아니라 관리인 또는 지정된 구분소유자는 해당 구분소유자에 대하여 전유부분의 사용금지를 청구할 수 있다.

05 ①
전유부분에 대한 처분이나 압류 등의 효력은 특별한 사정이 없는 한 대지권에 미친다.

06 ②

> **지문분석**
> ① 관리규약이 없어도 이 법상의 관리단은 공용부분에 대한 관리비를 본 법률에 근거하여 구분소유자에게 청구할 수 있다.
> ③ 구분소유자 1인이 공용부분을 독점하여 점유·사용하는 경우, 다른 구분소유자는 공용부분의 보존행위로 그 인도를 청구할 수 없다.
> ④ 구분소유자가 아닌 대지소유자가 대지공유지분권에 기하여 "적정 대지지분을 가진 구분소유자"를 상대로 대지의 사용수익에 따른 부당이득반환을 청구할 수 없다(적정대지 지분을 가진 구분소유자가 공유대지를 용도대로 사용하는 적법한 권원을 가진 것이기 때문이다).
> ⑤ 관리인은 구분소유자가 아니어도 무방하다.

07 ⑤
대지사용권을 가지지 아니한 구분소유자가 있을 때에는 그 전유부분의 철거를 구할 권리를 가진 자는 그 구분소유자에 대하여 구분소유권을 시가로 매도할 것을 청구할 수 있다(집합건물법 제7조).

> **지문분석**
> ① 구분소유권의 특별승계인은 전(前)구분소유자의 공용부분에 대한 체납관리비를 지급할 책임이 있다.

② 구조상의 공용부분에 관한 물권의 득실변경은 등기를 요하지 아니한다.
③ 관리단은 관리비 징수에 관한 유효한 규약이 없어도 공용부분에 대한 관리비를 본 법률에 근거하여 그 부담의 무자인 구분소유자에게 청구할 수 있다.
④ 공용부분의 하자 담보책임의 기산점은 임시사용 승인일부터이다.

08 ②
관리인은 구분소유자가 아니어도 가능하고 임차인도 될 수 있다(집합건물법 제24조 제2항).

09 ②
구분소유자 중 일부가 권원 없이 공용부분인 복도를 배타적으로 사용하여 이익을 얻은 경우 그로 인한 이득은 부당이득으로 반환의무가 있다.

지문분석
① 관리위원회의 위원은 전유부분을 <u>소유하는</u> 자 중에서 관리단집회의 결의에 의하여 선출한다.
③ 구분건물이 객관적·물리적으로 완성되더라도 그 건물이 집합건축물대장에 등록, 등기되지 않아도 구분소유권이 <u>성립한다</u>.
④ 구조상의 공용부분에 관한 물권의 득실변경은 <u>등기를 요하지 아니한다</u>.
⑤ 각 공유자는 공용부분을 그 지분비율이 아니라 <u>그 용도에 따라</u> 사용할 수 있다.

10 ③
하자보수에 갈음하는 손해배상청구권의 소멸시효의 기산점은 집합건물의 인도시가 아니라 각각의 구분소유권에 하자 발생시부터다.

11 ③
의결권은 서면결의나 전자적 방법에 의하여 할 수 있으며, 대리인을 통하여 행사할 수 있다(법 제38조 제2항).

12 ②
재건축결의 요건은 구분소유자 및 의결권의 4/5 이상의 특별 다수에 의하여 재건축결의를 요한다.

13 ①
해당하는 것은 ㉠㉡이다.

핵심 특별정족수

1. 4/5 이상의 결의	• 재건축 결의 • 노후화 억제를 위한 것으로 구분소유권의 내용에 변동을 일으키는 공용부분의 변경
2. 3/4 이상의 결의	• 구분소유권의 사용금지청구 • 규약의 설정·폐지 • 서면결의(집합건물법 제41조)
3. 2/3 이상 결의	공용부분의 변경

14 ①
옳은 것은 ㉠이다.
㉡ 전유부분에 관한 담보책임의 존속기간은 사용검사일이 아니라 인도시부터 기산한다.
㉢ 구조상 공용부분에 관한 물권의 득실변경은 그 등기를 요하지 아니한다.
㉣ 분양자는 원칙적으로 전유부분을 양수한 구분소유자(최종양수인)에 대하여 담보책임을 부담한다.

15 ⑤
틀린 것은 ㉠㉣이다.
㉠ 구분소유자가 아닌 자는 관리인이 될 수 있다. 관리위원회 위원은 구분소유자 중에서 선임한다.
㉣ 규약에서 달리 정한 바가 없으면, 관리인은 관리위원회의 위원을 <u>겸직할 수 없다</u>.

제5장 부동산 실권리자명의 등기에 관한 법률
p.316~327

01	④	02	⑤	03	④	04	③	05	④
06	④	07	④	08	④	09	⑤	10	④
11	②	12	③	13	②	14	④	15	④
16	④	17	⑤	18	④	19	④	20	⑤
21	③	22	⑤	23	④				

Point 70 2자간 명의신탁 / 3자간 명의신탁의 법리

01 ④
신탁자와 수탁자가 혼인하여 배우자가 된 경우 명의신탁 당시로 소급하지 않고 혼인한 때로부터 유효가 된다(대판).

지문분석
② 타인에게 명의를 신탁하여 등기하였다고 주장하는 사람은 그 명의신탁사실에 대해 증명할 책임이 있다(대판).
③ 명의신탁의 금지대상이 되는 물권은 소유권에 한하지 아니하고 전세권, 저당권, 가등기도 포함된다(대판).

02 ⑤
계약명의신탁으로서「부동산 실권리자명의 등기에 관한 법률」(이하 부동산실명법)의 규제대상이다. 나머지는 부동산실명법 제2조상의 적용제외 대상이다.

지문분석
② 부동산실명법 제2조 제1호 가목의 가등기담보
③ 부동산실명법 제2조 제1호 나목의 상호명의신탁
④ 부동산실명법 제2조 제1호 가목의 양도담보

03 ④
옳은 것은 ⓒⓔ이다.
㉠ 내부관계에서는 신탁자가 소유권자이므로 수탁자는 신탁자에게 부동산의 소유권을 주장할 수 없다(대판). 乙은 甲에 대해 X토지의 소유권을 주장할 수 없다.
ⓒ 명의신탁이 탈세목적 없으므로 유효한 명의신탁으로 해지가 인정된다.

04 ③
옳지 못한 것은 ⓒⓒⓔ이다.
ⓒ 무효인 명의신탁약정에 기하여 타인명의 등기가 마쳐졌다면 그것은 불법원인급여에 해당하지 아니한다. 따라서 신탁자는 수탁자의 등기말소를 청구할 수 있다(대판).
ⓒ 무효인 명의신탁약정의 해지를 원인으로 수탁자로부터 소유권이전등기를 청구할 수 없다. 왜냐하면 해지는 약정이 유효를 전제로 하기 때문이다.
ⓔ 명의신탁의 약정의 무효는 이를 알고 있는 악의 제3자에게 대항할 수 없다.

05 ④
옳은 것은 ⓒⓔ이다.
㉠ 법률혼이 아니라 사실혼 배우자간의 명의신탁은 무효이다.
ⓒ 무효인 명의신탁약정에 기하여 타인명의 등기가 마쳐졌다면 그것은 불법원인급여에 해당하지 않는다(대판).
ⓔ 명의수탁자가 제3자에게 부동산을 처분한 경우, 그 제3자는 적극가담하지 않는 한 선의·악의를 불문하고 소유권을 취득한다(부동산실명법 제4조 제3항).

06 ④
옳은 것은 ⓒⓔ이다.
㉠ 乙과 丙의 매매계약은 유효하고 丙은 유효하게 소유권을 취득한다. 수탁자의 물권을 기초로 새로운 이해관계를 맺은 제3자는 선의, 악의를 불문하고 소유권을 취득한다(실명법 제4조 제3항).
ⓒ 명의신탁약정이 무효이므로 甲은 乙을 상대로 무효인 명의신탁약정 해지를 원인으로 하는 소유권이전등기를 청구할 수 없다.

07 ④
옳은 것은 ㉠ⓒ이다.
ⓒ 제3자가 X토지를 불법점유하는 경우, 甲은 대외적 소유권자가 아니므로 직접 소유권에 기하여 방해배제를 청구할 수 없고 수탁자를 대위하여야 한다.
ⓒ 乙이 丙에게 X토지를 매도하여 이전등기한 경우, 丙이 악의라도 X토지의 소유권을 취득한다.
ⓔ 甲·乙간의 관계에서 실권리자는 신탁자 甲이므로 乙은 甲에 대하여 X토지의 소유권이 자신에게 있음을 주장할 수 없다.

08 ④
실명법 제4조 제3항의 제3자에 해당하지 않는 자는 ⓒⓔⓕ이다.
부동산실명법 제4조 제3항의 제3자란 "명의신탁약정의 당사자와 포괄승계인 이외의 자로서 명의수탁자가 물권자임을 기초로 그와 새로운 이해관계를 맺은 사람"을 말한다(대판 2005다34667).
ⓒ 부동산 명의수탁자를 상속한 자는 당사자의 포괄승계인으로 제3자에 해당하지 않는다.
ⓔ 명의신탁자와 명의신탁된 부동산소유권을 취득하기 위한 계약을 맺고 등기명의만을 명의수탁자로부터 경료받은 것과 같은 외관을 갖춘 자는 새로운 이해관계를 맺은 자가 아니므로 제3자에 해당하지 않는다(대판 2002다48771).
ⓕ 학교법인이 명의수탁자로서 기본재산에 관한 등기를 마친 경우, 기본재산 처분에 관하여 관할관청이 갖는 허가권은 사학재단의 기본재산을 부당히 감소시키는 것을 방지하여 사립학교의 건전한 발달을 도모하기 위하여 관할관청에 주어진 행정상 권한에 불과하므로 그 관할관청을 수탁자인 학교법인이 물권자임을 기초로 새로운 이해관계를 맺은 제3자로 볼 수 없다(대판 2013다31403).

09 ⑤
양자간 등기명의신탁에서 명의수탁자가 신탁부동산을 처분하여 제3취득자가 유효하게 소유권을 취득하고 이로써 명의신탁자가 신탁부동산에 대한 소유권을 상실하였다면, 명의신탁자의 소유권에 기한 물권적 청구권, 즉 말소등기청구권이나 진정명의회복을 원인으로 한 이전등기청구권도 더 이상 그 존재 자체가 인정되지 않는다. 그 후 명의수탁자가 우연히 신탁부동산의 소유권을 다시 취득하였다고 하더라도 명의신탁자가 신탁부동산의 소유권을 상실한 사실에는 변함이 없으므로, 여전히 물권적 청구권은 그 존재 자체가 인정되지 않는다(대판).

10 ④
틀린 것은 ㉡㉢이다.
㉡ 甲은 乙을 상대로 침해 부당이득반환을 원인으로 한 소유권이전등기를 청구할 수 없다(왜냐하면 명의수탁자 명의로의 소유권이전등기로 인하여 명의신탁자가 어떠한 '손해'를 입게 되거나 명의수탁자가 어떠한 이익을 얻게 된다고 할 수 없기 때문이다).
㉢ 甲은 乙을 상대로 명의신탁 약정의 해지를 원인으로 한 소유권이전등기절차 이행을 청구할 수 없다(명의신탁약정의 해지를 이유로 하는 소유권이전등기청구는 명의신탁약정이 유효여야 하나 사안에서는 탈법목적으로 하는 명의신탁에 해당하여 무효이기 때문이다).

11 ②
매도인에서 수탁자로 소유권이전등기는 유효하므로 현재 소유자는 수탁자 乙이다.

지문분석
① 甲과 乙 사이의 명의신탁약정은 무효다.
③ 甲은 乙을 상대로 무효인 명의신탁약정의 해지를 이유로 하여 소유권이전등기를 청구할 수 없다.
④ 소유권은 대내관계, 대외관계를 불문하고 수탁자가 취득한다.
⑤ 제3자는 악의여도 유효하게 취득한다.

12 ③
신탁자는 수탁자에게 매수자금을 부당이득으로 반환청구할 수 있는데 이때 매수자금은 토지에 투입된 돈이 아니라 토지를 구매하라고 준 돈이므로 토지로부터 발생한 채권이 아니다. 따라서 부동산과는 아무런 견련성이 없으므로 甲은 乙로부터 매수자금의 부당이득을 반환받을 때까지 위 토지에 대하여 유치권을 행사할 수 없다(대판). 부동산실명법 시행 후에는 신탁자甲은 수탁자 乙에게 토지 그 자체가 아니라 토지의 매수자금 상당액을 부당이득으로 반환청구할 수 있다(대판).

13 ②

사례정리
[수탁자가 매수자인 계약명의신탁 사례] 신탁자는 부동산의 소유권을 취득하지 못하고 수탁자에게 제공한 매수자금을 부당이득으로 반환청구할 수 있다. 부당이득반환의 대상은 부동산실명법 시행 후에는 매수자금을, 시행 전이면 부동산 자체를 청구할 수 있다.
옳지 못한 것은 ㉡㉣이다.
㉡ 甲이 X토지를 丁에게 매매계약 체결은 타인소유의 매매로서 유효이다.
㉣ 甲은 丙에 대하여 X토지 소유권이전등기청구를 할 수 없다. 왜냐하면 甲과 丙은 매매계약의 당사자가 아니기 때문이다.
㉤ 계약명의신탁인지 3자간 등기명의신탁인지의 구별은 계약의 당사자가 누구인가의 문제로 귀결된다. 어떤 사람(甲)이 타인(수탁자 乙)을 통하여 부동산을 매수하면서 매수인의 명의를 타인명의(수탁자)로 하기로 하면 특별한 사정이 없는 한 매도인이 명의신탁사실을 알고 있더라도 계약명의신탁이다(대판). 다만, 예외적으로 수탁자를 명의자로 하였더라도 계약명의자인 수탁자가 아니라 신탁자에게 계약에 따른 법률효과를 귀속시킬 의도로 계약을 체결하였다는 특별한 사정이 있을 때는 3자간 등기명의신탁(중간생략형 명의신탁)에 해당한다(대판).

14 ⑤
옳은 것은 ㉠㉢이다.
㉠ 매도인이 악의인 계약명의신탁에서는 매도인에게서 수탁자로의 소유권이전등기는 무효이다. 따라서 수탁자 乙은 소유권을 취득하지 못하고 매도인이 소유권자이다.
㉡ 신탁자는 매매계약의 당사자가 아니고 수탁자가 매매당사자이므로 신탁자 甲은 매도인 丙에 대하여 X토지에 대한 소유권이전등기를 청구할 수 없다.
㉢ 매도인이 악의인 계약명의신탁에서는 매매도 소유권이전등기도 무효이다. 따라서 매도인 丙과 매수인 乙간의 매매는 무효이므로 매도인 丙의 매매대금반환의무와 매수인 乙의 소유권이전등기말소의무는 동시이행관계이다. 따라서 매수인 乙이 X토지의 소유권이전등기를 말소하지 않을 때 매도인 丙은 매매대금반환청구를 거절할 수 있다.

15 ④
옳은 것은 ㉡㉣이다.
㉠ 토지의 소유권을 취득하는 자는 수탁자인 乙이고 신탁자가 아니다.

ⓒ 경매로 인한 계약명의신탁사안으로서 X토지의 소유자가 경매절차에서 甲·乙간의 명의신탁 사실에 대하여 선의·악의 관계없이 수탁자 乙명의의 등기이전은 유효하다(대판).
ⓒ X토지를 甲이 丙에게 매도하는 계약은 타인소유의 매매로서 유효하다.
ⓔ 신탁자와 수탁자간의 명의신탁 약정은 무효이다. 이때 신탁자의 지시에 따라 부동산을 제3자에게 매각하기로 하거나 매각대금을 돌려받기로 하는 약정은 명의신탁의 범주에 속하는 것으로서 무효이다(대판).

16 ④
옳지 못한 것은 ⓒⓒⓔ이다.
ⓒ 경매로 인한 계약명의신탁에서는 甲과 丙의 명의신탁약정 사실을 乙이 알았다하여도 丙은 토지의 소유권을 취득한다.
ⓒ 甲은 丙에 대하여 매수자금을 부당이득반환을 청구할 수 있다.
ⓔ 甲은 丙에게 제공한 부동산매수자금 회수를 담보하기 위하여 X부동산에 대하여 유치권을 행사할 수 없다.

17 ⑤
틀린 것은 ㉠ⓜ이다.
㉠ 甲·乙간의 명의신탁약정은 무효다.
ⓜ 乙이 X토지를 丁에게 처분한 경우 丁이 선의·악의 관계없이 소유권을 취득한다.

18 ④
㉠을 제외하고 나머지는 옳은 지문이다.
㉠ 계약명의신탁에서 신탁자는 매도인과 매매계약 관계가 없으므로 매도인에 대하여 아무런 권리를 행사할 수 없으므로 등기청구권을 행사할 수 없다.

19 ④
옳은 것은 ㉠ⓔ이다.
ⓒ 甲은 무효인 명의신탁해지를 원인으로 乙에게 소유권이전등기를 청구할 수 없다.
ⓒ 甲은 부당이득반환을 원인으로 乙에게 소유권이전등기를 청구할 수 없다. 신탁자와 매도인간의 매매가 유효하고 매수인 甲은 토지의 매도인에게 토지소유권이전등기를 청구할 수 있는 상황이므로 명의신탁자는 수탁자에게 부당이득반환을 원인으로 소유권이전등기를 청구하지 못한다(대판).
ⓜ 乙명의 X부동산을 丁에게 매도한 경우, 丁이 甲·乙간 명의신탁사실에 대해 악의라면 유효하게 소유권을 취득한다.

20 ⑤
모두 옳다.
㉠ 대판 2004다6764
ⓒ 대판 2013다26647
ⓒ 대판 2019다203811
ⓔ 대판 2018다284233

21 ③
옳은 것은 ⓒⓒ이다.
㉠ 매도인(丙)과 토지매수인(甲)간의 매매계약은 유효하다. 그러므로 매도인(丙)의 매수자(乙)에 대한 소유권이전등기 의무는 10년간 존속한다.
ⓔ 甲은 명의신탁 약정의 해지를 이유로 乙에게 소유권이전등기를 청구할 수 없다. 명의신탁약정이 무효이기 때문이다.
ⓜ 乙이 X토지를 丁에게 매각한 경우, 乙은 X토지 매매대금을 부당이득으로 丙이 아니라 신탁자 甲에게 반환해야 한다는 것이 최근의 판례이다.

22 ⑤
甲이 乙의 구분소유토지에 Y건물을 신축하여 소유한 경우, 토지와 건물이 동일인의 소유가 아니므로 乙이 강제경매를 통하여 甲의 지분을 취득하면 Y건물에는 관습법상의 법정지상권이 성립하지 않는다.

지문분석
①② 내부관계에서는 구분소유권을 가지므로 각 구분소유자는 단독으로 자신의 구분소유 부분을 처분할 수 있다. 또한 다른 구분소유자의 방해행위에 대해서도 소유권에 기해 방해배제가 가능하다.
③ 상호명의신탁 문제이다. 구분소유자 내부관계로는 구분소유권을, 제3자인 외부관계로는 공유관계를 주장하여 물권적 청구권을 행사할 수 있다. 그러므로 乙은 특정 구분부분에 대한 제3자 丙의 방해행위에 대하여 외부관계로서의 공유관계를 주장하여 丙에게 공유물의 방해배제를 청구할 수 있다.

23 ④
논점 상호명의신탁의 법리를 사례에 응용할 수 있는가?
옳지 못한 것은 ㉠ⓜ이다.
㉠ 그 특정 소유부분에 대한 상호명의신탁 해지를 원인으로 한 지분이전등기절차의 이행을 구할 수 있을 뿐 그 건물 전체에 대한 공유물분할을 구할 수는 없다(대판).

Memo

ⓒ 각 구분소유적 공유자가 자신의 권리를 타인에게 처분하는 경우 중에는 구분소유의 목적인 '특정 부분을 처분'하면서 등기부상의 공유지분을 그 특정 부분에 대한 표상으로서 이전하는 경우와 등기부의 기재대로 1필지 전체에 대한 진정한 공유지분으로서 처분하는 경우가 있을 수 있고, 이 중 전자의 경우에는 그 제3자에 대하여 구분소유적 공유관계가 승계되나, 후자의 경우에는 제3자가 그 부동산 전체에 대한 공유지분을 취득하고 구분소유적 공유관계는 소멸한다(대판).

ⓓ '자기의 구분소유가 아닌 부분'에 건물을 신축하고 대지만 처분한 경우 그 건물은 처음부터 토지와 건물이 동일인의 소유가 아닌 경우에 해당하므로 관습상 지상권이 성립하지 않는다(대판).